南京大学经济学院教授文选

张二震自选集

张二震 著

南京大学出版社

前　言

　　近代以来,中国痛失两次工业革命和经济全球化带来的发展机遇。1978 年开启改革开放后,中华民族终于走向了工业化、现代化道路。2018 年恰逢改革开放 40 周年,出版以全球化与中国的对外开放为主题的文集,回顾、总结一下已有的研究,是一件有意义且令人高兴的事情。

　　应该说,我们这一代,是改革开放的亲历者和参与者。我 1974 年被"推荐"上大学,作为工农兵学员就读于江苏师范学院(现苏州大学)历史系。该系后与政教系合并,成为政史系。1977 年毕业后,我被"分配"到句容农校任教。一个偶然的机会,我读到了著名经济学家孙冶方的著作《关于社会主义经济的几个理论问题》,联系当时刚刚起步的经济体制改革,对社会主义经济理论问题产生了浓厚的兴趣。那时国家刚刚恢复招收研究生,我便萌生了报考研究生的想法。我给素未谋面的王心恒老师写了一封信,询问报考研究生相关信息,很快得到了王老师的回复,他还为我开列了参考书目,使我深受感动和鼓舞(直到现在,凡是有学生询问考研的事情,我都是每信必复)。我认真自学《资本论》、《经济学术史》和英语等课程,并得到洪银兴老师的指点,于 1982 年考入南京大学经济学系,师从杜闻贞先生攻读政治经济学专业社会主义经济理论方向硕士学位,1984 年年底毕业留校任教。

　　我读研期间,正值我国经济学界理论讨论十分热烈的时期,思想界极为活跃。通过较为系统的学习和思考,我对传统政治经济学理论的局限性有所认识,实际上接受了社会主义仍然是商品经济的思想,对社会主义商品经济的运行机制问题产生浓厚兴趣。我还认为,有计划的商品经济,其实质就是市场经济。我读研期间的研究领域,涉及所有制改革、企业改革、宏观调控、经济学研究方法等。在著名经济学家张卓元老师的指点下,我将毕业论文的主题确定为价格改革问题,并且去北京做了一个月的调研。留校任教后,我从事政治经济学的教学和研究工作,在教学和科研上取得了一定的成绩,1987 年破格晋升为副教授,时为南京大学最年轻的副教授。

我的研究领域真正转向国际经济和中国对外开放问题,始于 1988 年受南京大学公派赴日研修。在日本名古屋学院大学一年期间,在日本著名国际经济学家柴田裕教授的指导下,我系统研读了西方国际经济学的理论。回国以后,原来的经济学系已经发展成商学院,我被要求到新成立的国际经济贸易系工作。1991 年起,我开始在《国际贸易问题》《国际贸易》等专业期刊发表学术论文。1992 年,我被南京大学遴选为首批跨世纪中青年学术骨干。1993 年,南京大学又公派我出国,使我有机会赴哈佛大学经济学系和美国国家经济研究局(NBER),做为期半年的访问研修,完成了《国际贸易政策的研究与比较》专著的写作,实现了研究方向的真正转型。

30 多年来,我主要聚焦于国际贸易理论与政策、中国开放型经济的理论与实践两大研究领域,努力以马克思主义政治经济学的理论与方法为指导,联系当代经济全球化发展新趋势,联系中国对外开放的实践,力求做出一些创新性探索,为国家的对外开放做出应有的努力。文集中收录的论文,基本上反映了探索的成果。

第一,在国内学术界较早对自由贸易和贸易保护的关系做了深层次探讨,提出了自己的看法。从历史上看,自由贸易理论和政策主张的产生,的确是为资产阶级开拓海外市场服务的,但它同时也反映了国际分工和生产力发展的一般规律,要把后者与其在特殊历史条件下的具体内容区别开来。无论是从世界经济的角度还是从国民经济的角度,无论是发达国家还是发展中国家,在国际经济关系相对平等的今天,相对自由的外贸政策,应是发展的方向。在各国经济相互联系、相互依赖日益加深以及经济国际化已成为事实的情况下,谁开放,谁就进步,就发展;谁封闭,谁就落后,就停滞。从这种意义上说,在宏观上不存在自由贸易还是保护贸易的问题,而只有以何种形式、何种程度参与贸易分工的问题。适度的保护政策,其目的是为平等竞争的自由贸易创造条件。因此,从深层次分析,保护贸易和自由贸易不存在根本的对立,而且存在着内在联系。这些探索,旨在为我国不断扩大开放提供理论依据。

第二,突破原有贸易理论生产要素国际间不流动的假定,在国内学术界较早探讨资本流动对国际分工和国际贸易的影响,提出了"要素分工"的概念。随着国际分工、生产要素国际流动特别是资本流动的深入发展,传统的国际贸易方式与国际合作方式日益融为一体,并表现为"贸易投资一体化"。贸易投资一体化的基础,是"要素分工"。即各国参与国际分工,不再以"产品"为界限,而是以"要素"为界限了。因为一件最终产品的全部价值甚至是产品生产的一个环节和阶段,都已不再完全由任何一个国家的本土要素所独自创造,而是由多国以"优势要素"共同参与生产。因此,从本质上看,这种新的国际分工形式可称之为"要素分工"。在要素分工的环境中,发达国家和发展中国家之间分工的主要表现形式,已经不再是简单加工工业与复杂加工工业之间的分工,以及劳动密集型工业与资本、技术、知识密集型工业之间的分工,而是垂直专业化分工,表现为劳动密集型工序或劳动密集型零部件生产与资本、技术、知识密集型工序或零部件的生产之间的分工,甚至是设计与制造的分工,即产品研究和设计在发达国家进行,产品制造在发展中国家进行,发展中国家成了发达国家的"加工厂"。国与国之间的优势更多体现为价值链上某一特定环节上的优势,从而导致国与国之间按价值链不同环节分工的现象。这些理论探索对正确认识当代经济全球化深入发展的新趋势,对于国际贸易分工理论的发展,有一定参考价值。

第三,在国内学术界较早提出,由于当代全球化和国际分工发展的新特点,本轮全球化对政治稳定、基本经济制度合理、开放战略正确的发展中国家更为有利。这已经为我国对外开放的实践所证实。中国主动顺应经济全球化发展大势,积极融入全球要素分工体系,以开放的姿态承接西方产业和技术转移,实现了我国开放型经济30年的高速发展。正如习近平同志在2017年达沃斯世界经济论坛的主旨演讲中指出:"中国是经济全球化的受益者。"中国之所以能够在本轮经济全球化中成为受益者,主要得益于两个方面的因素,一是本轮经济全球化为诸如中国等发展国家带来了战略机遇;二是中国具备了基本条件并实施了正确的开放战略,抓住了这个机遇。

怎样看待对外开放的利益,一直是学术界有争论的问题。中国的开放,一直受"低端锁定""只赚数字不赚钱""比较优势陷阱""污染天堂""妨碍自主创新""民族经济受损"等质疑。理论界一直有这样的观点:我们融入的是低端产业、低端产业链,被低端锁定了,利润都被跨国公司赚去了。我们虽然是贸易顺差,但是外汇储备很大部分买了美国国债,流向美国去了。不能说这些质疑没有道理,在一定程度上也存在这些问题。但是,算账要算大账。我们不能光看贸易投资的直接利益(即所谓静态利益,当然这些利益也是巨大的)。我认为,对外开放的最大利益是开放的间接利益(即动态利益,虽然很难度量)。对外开放对中国经济、政治、社会发展和思想观念的解放的作用是不可估量的。比如,随着对外开放的扩大和国际先进要素的源源流入,促进了我国农村巨额剩余劳动力的转移,激发了闲置要素的潜在生产力,优化了资源配置,带来了先进的市场经济观念和制度体系。开放带动了基础设施和相关产业的发展,促进了新产业的兴起,带动了城市化进程。总之,对外开放对全面小康社会建设和开启中国现代化进程的积极作用,怎么估计都不会过高。通过改革开放,中国成为现行国际体系的参与者、建设者、贡献者,同时也是全球化的受益者。随着以中国为代表的新兴经济体的崛起,世界经济格局发生了转折性变化。发达经济体逆全球化思潮泛滥,纷纷转向保护主义,以中国为代表的发展中国家倡导自由贸易,建立开放型世界经济。从融入全球化到推动全球化,中国实现了应对全球化的战略转变。

　　需要说明的是,收入文集的论文,一些是与我指导的学生合作的。对部分论文做了内容增补和格式上的调整。在文集出版之际,我非常感谢南京大学的培养,感谢经济学院宽松的学术环境,感谢南京大学出版社一直以来的大力支持。

张二震

2018 年 7 月 31 日于南京大学安中楼

目　录

国际贸易理论与政策研究

比较成本理论三题…………………………………………………… 003

略论国际劳动力流动及其原因…………………………………… 011

贸易条件理论的系统考察………………………………………… 016

贸易政策选择的理论探讨………………………………………… 024

论经济一体化及其贸易政策效应………………………………… 033

论美国外贸政策的战略调整……………………………………… 048

略论以生产力理论为基础的保护贸易学说……………………… 056

人才竞争与 21 世纪国际经济竞争……………………………… 061

战后日本的外贸政策及其特点…………………………………… 071

国际贸易的发展利益及其实现机制……………………………… 077

从战略性贸易政策到全球竞争政策……………………………… 088

国际贸易分工理论的演变与发展述评…………………………… 096

关于中国经济学的创建和发展…………………………………… 110

全球化与中国的对外开放研究

浅析我国关税下调的经济影响…………………………………… 119

扩大开放与我国经济增长方式的转变 ················ 126

从开放型经济的角度看东亚金融危机 ················ 133

开拓外资企业中间投入品市场 ···················· 139

从战略高度看"入世" ·························· 142

加入 WTO 与我国对外开放战略的转变 ··············· 146

全球化、要素分工与中国的战略 ··················· 157

全球化与中国发展道路的理论思考 ·················· 160

我国外贸发展中的"去顺差"问题 ················· 172

战略机遇期与中国开放战略的调整 ·················· 181

当前开放型经济发展的几个认识问题 ················ 189

全球要素分工背景下的中国产业转型升级 ·············· 199

外贸对经济增长是"负贡献"吗 ··················· 221

关于构建开放型经济新体制的探讨 ·················· 223

中国外贸转型:加工贸易、"微笑曲线"及产业选择 ········· 234

我国增长新阶段开放型经济的转型发展:目标、路径及战略 ····· 242

论全球价值链分工与中国的外贸发展 ················ 259

我国外贸增速下降:机理分析及对策思考 ·············· 284

论开发区从产业集聚区向创新集聚区的转型 ············· 298

我国外向型经济发展如何实现新突破 ················ 310

为完善全球经济治理做出中国贡献 ·················· 319

逆全球化与中国开放发展道路再思考 ················ 328

全面开放新格局:内涵、路径及方略 ················ 343

从融入到推动:中国应对全球化的战略转变 ············· 355

国际贸易理论与政策研究

比较成本理论三题

一、比较成本、比较优势和比较利益

在大多数论著中,比较成本、比较优势和比较利益是作为同义语来使用的。实际上,细细考察,这三者并不是一回事。比较成本,强调的是生产成本的相对差别;比较优势,是指生产成本相对较低的优势产业;而比较利益,则是指按比较成本原则进行专业化生产,即发展具有比较优势的产业,通过国际贸易而获得的贸易利益。比较成本着眼于劳动生产率的差异,比较利益考察贸易的结果,其间差别还是比较明显的,把它们视为同等概念,是不尽科学的。

什么是比较成本呢? 这个理论的创立者、古典经济学家李嘉图只是表述了比较成本的思想,而没有对比较成本进行明确的定义。因此,后来的经济学家从不同的角度对比较成本做了分析。让我们以李嘉图自己举的例子来说明。

李嘉图假定英国和葡萄牙两国同时生产酒和呢绒。由于生产条件的差异,两国生产同量酒和呢绒的生产成本不同。生产 1 单位呢绒和 1 单位酒,英国各需 100 人劳动一年和 120 人劳动一年,葡萄牙各需 90 人劳动一年和 80 人劳动一年。

根据上述模型,我国经济学家范家骧教授认为,所谓比较成本,就是英国和葡萄牙两个国家生产两种商品所耗费的劳动量的比例。[①] 从葡萄牙这方面看,生产呢绒和酒的成本都比英国低,但劳动成本的比例,呢绒为 90/100,即 90%,酒为 80/120,即 67%。可见,虽然葡萄牙生产两种产品的成本都比英国低,但相比较,酒的生产成本更低,因此酒的生产在葡萄牙具有相对优势或比较优势。从英国这方面看,英国生产酒和呢绒的单位劳动成本都比葡萄牙高。但英国的劳动成本和葡萄牙相比较,则

---

① 　范家骧:《国际贸易理论》,人民出版社 1985 年版,第 13 页。

呢绒为 100/90＝1.1，酒为 120/80＝1.5。这表明英国生产呢绒的成本是葡萄牙的 1.1 倍，酒的生产成本为葡萄牙的 1.5 倍，两相比较，英国生产呢绒的成本相对要低一些，因此英国生产呢绒具有相对优势或比较优势。

日本经济学家小岛清认为，比较成本是一国两种产品成本的比率与他国相应产品成本比率的比较，因而是两国间产品成本比率的比率。[①]

根据李嘉图的例子，英国国内呢绒与酒的成本比率(以 a_1：b_1 表示)是 100：120＝5：6；葡萄牙国内呢绒与酒的成本比率(以 a_2：b_2 表示)是 90：80＝9：8。这样，两者成本比率的比率，即比较成本就是：

$$a_1/b_1：a_2/b_2, 5/6＜9/8$$

从这个相对比率中，可以看出，第 1 项 a_1 的成本即呢绒的成本，在英国是相对低的。同时，第 4 项 b_2 的成本即酒的成本，在葡萄牙也是相对低的。为了使葡萄牙酒的成本相对低的情况看得更加清楚，可以把上式做如下的变动：

$$b_2/a_2：b_1/a_1, 8/9＜6/5$$

可见，按小岛清的定义，英国生产呢绒的成本比较低，呢绒生产有比较优势，葡萄牙生产酒的成本比较低，酒生产有比较优势。

现代西方国际经济学一般用相对价格或机会成本的概念来论证比较成本，也富有启发性。相对价格是指直接用一种商品来表示的另一种商品的价格，或两种商品的交换比率。相对价格较低，即具有比较成本优势。仍以李嘉图的例子来说明。在竞争性市场上，价格比率是由成本比率决定的。在英国，呢绒与酒的成本比率是 100：120，因而 1 单位呢绒交换 0.83 单位的酒，而 1 单位的酒则交换 1.2 单位的呢绒；在葡萄牙，呢绒与酒的成本比例是 90：80，1 单位呢绒交换 1.125 单位的酒，而 1 单位酒则交换 0.89 单位的呢绒。很明显，英国呢绒的相对价格较低，而葡萄牙酒的相对价格较低。英国生产的 1 单位呢绒，在本国只能换到 0.83 单位的酒，而运至葡萄牙能换到 1.125 单位的酒；葡萄牙生产的 1 单位酒，在本国只能换到 0.89 单位的呢绒，而运至英国能换到 1.2 单位的呢绒。很清楚，呢绒是英国的相对优势产业，而

---

① ［日］小岛清：《对外贸易论》，周宝廉译，南开大学出版社 1987 年版，第 19 页。

酒则是葡萄牙的相对优势产业。

　　上述情况也可用机会成本概念来证明。机会成本就是指为了多生产某种商品而必须减少生产其他商品的数量。机会成本和比较成本一样,都是相对的概念。机会成本不同,也就是比较成本不同。机会成本较低的产品,就是具有相对优势的产品。按上例,要多生产 1 单位酒,在英国,就必须放弃 1.2 单位的呢绒,而在葡萄牙,只需放弃 0.89 单位的呢绒;要多生产 1 单位呢绒,在英国,只需放弃 0.83 单位的酒,而在葡萄牙,则必须放弃 1.125 单位的酒。可见,英国生产呢绒的机会成本比较低,而葡萄牙生产酒的机会成本比较低。因此,呢绒是英国具有比较优势的产品,酒是葡萄牙具有比较优势的产品。

　　从上面的分析,不难看出,无论从哪个角度分析,所得到的结论是一致的。那么,按照比较成本原则进行专业化分工和贸易,可获得哪些利益呢? 对这一点,国内出版的论著和教材都做了比较详尽的分析。总的来说,贸易双方都能获得提高消费水平和节约劳动时间的好处。[①]

　　以上,我们对比较成本、比较优势和比较利益做了比较详细的探讨。无论如何,把这三个概念视为同等概念并加以混用,是不尽妥当的。

二、关于比较成本理论的局限性

　　国内学术界对比较成本理论局限性的一些分析值得商榷。当然,这并不是说比较成本理论就没有局限性了。比如,比较成本理论解释产业部门内贸易现象就显得力不从心。但有些关于比较成本理论局限性的意见是不合理的,有必要澄清。

　　一般认为,比较成本理论的局限性有二:一是这个理论以一系列假定为其前提条件,换言之,这个理论只是在一系列假定条件下才成立;二是比较成本理论抹杀了国际分工中生产关系的作用,因而未能揭示出国际分工形成和发展的主要原因。

　　有意思的是,提出上述第一个方面局限性的意见的,是西方资产阶级经济学家。他们认为,比较成本理论以大约九个假定为前提条件,由于这些假定的存在,使得比较成本理论与实际情况脱节,因此需要对这个理论进行补充、修正和扩展。但是,纵

---

① 张二震、陈飞翔:《国际贸易教程》,南京大学出版社 1990 年版,第 62 - 63 页。

观后来西方经济学家的"补充"和"扩展",只不过是列出了影响比较成本理论的因素,而不是对比较成本理论本身的否定。这就是说,比较成本理论阐述的贸易分工原理并未被推翻。这不是说后来的西方经济学家对比较成本理论的研究和发展毫无意义。但是,这些研究和发展与其说是证明了这个理论的局限性,倒不如说是证明了这个理论的普遍性。因为这些研究和发展总的来说是对比较成本理论的丰富和深化。

为什么会发生这样一种情况呢? 因为李嘉图在建立比较成本理论时,正确地运用了抽象法,即对现实经济中的复杂关系进行简化,抽象掉非本质的、次要的因素,以寻求事物之间本质的、内在的联系。李嘉图为了把比较成本理论考察清楚而做的一系列假定,是符合科学的合理抽象。只要是合理抽象,所得出的结论就更真实,更一般,更具普遍性。我们认为,李嘉图在论证比较成本理论时所做的一系列假定是合理的,不能说是"局限性"。李嘉图以后的资产阶级经济学整个儿地庸俗化了,它们只注意事物现象之间的联系,而对李嘉图运用的抽象法不能理解。但是,对马克思主义经济学家来说,指责李嘉图的抽象法,认为比较成本理论只有在一系列假定前提条件下才能成立从而否认该理论的普遍意义,就令人费解了。这种看法会使人们对比较成本理论的合理内核产生诸多误解。

认为比较成本理论抹杀社会生产关系在国际分工中的作用,掩盖国际分工的阶级性和不平等性,是对比较成本理论的又一大批评。不错,比较成本理论是当年在英国新兴资产阶级与土地贵族、金融贵族和大垄断商人进行"谷物法"废存的论战中问世的,是为新兴资产阶级利益服务的,反映了新兴资产阶级的利益。但是,就这个理论所概括的普遍性结论而言,反映的是生产力活动的规律,反映的是国际分工和贸易领域客观存在的经济运行的一般原则和规律。生产力总是在一定的生产关系下发展的,因而国际分工的实质和内容不能不受社会生产方式的制约,我们不能把国际分工简单地说成是生产率差异(比较成本差异)的结果。但是,生产力发展仍有其固有的规律性。正如本文第一部分证明的,按比较成本原则进行国际分工,各国扬长避短,生产各具相对优势的产品进行贸易,就可获得产量增加、消费水平提高和节约劳动时间的比较利益。这是主权国家之间进行贸易分工的客观基础之一,具有普遍适用性。这个原则,资本主义国家、社会主义国家都可以利用来为本国谋福利。因此,可以认为,比较成本理论主要反映的是国际分工和交换的一般规律,而并非为某一阶级所专有,也并非专为某一阶级服务。我们知道,一切经济理论总是反映某一特定社会集团的利益需要的,是为特定的阶级利益服务的。但是,也不排斥某一理论有反映生产力发展要求的、反映生产力发展规律的科学性的一面;而后者正是我们所要肯定和吸取的。切不可用阶级性来否定科学性的一面,在这方面马克思为我们做出了榜样。他既深刻批判了以往统治阶级经济学说中代表阶级私利的非科学性一面,又热烈赞扬和肯定了其中有利于生产力发展的具有科学内核的一面,吸取人类以往一切思想的精华,创立了阶级性和科学性高度一致的经济理论。对比较成本理论这一主要反映生产力发展规律的理论,我们应采取马克思主义的科学态度,切不可因为戴上一顶资产阶级的帽子就全盘否定它的意义。尤其是在国际贸易领域,涉及的主要是主权国家之间的经济关系,只要主权国家之间是平等关系,作为对国际经济交往中的一种规律进行正确概括的比较成本理论,完全可以直接用来作为开展对外经济贸易活动的一种指导原则。这里并不是说要把比较成本理论作为社会主义国家开展对外经济贸易的唯一指导思想,没有这样的意思。至于那种认为比较成本理论是产生旧的国际分工和专业化生产的根源,更是毫无道理。比较成本理论只是说明了国际贸易中扬长避短、趋利择优的道理,怎能要它对国际经贸关系中的不公平的经济秩序负责呢?

三、关于比较成本理论的现实意义问题

从理论上考察,比较成本具有的科学成分和历史进步意义至少表现在以下三个方面。

第一,这一理论表明,不论这个国家处于什么发展阶段,经济力量是强是弱,都能确定各自的相对优势,即使处于劣势的也能找到劣势中的相对优势。各国根据比较成本原则来安排生产,进行贸易,则贸易双方都可以用较少的劳动耗费,交换到比闭关自守时更多的产品,增加总的消费量。这无疑为各国发展经济贸易关系提供了有力的论证,有助于整个世界贸易的扩大和社会生产力的发展。有的同志由于对比较成本理论内含的"比较"和"相对"概念缺乏理解,认为目前发展中国家资源不丰裕,熟练劳动力不足,因而劳动力资源充裕、价格低廉已不是发展中国家的优势,由此断言比较优势理论已不再适用于发展中国家,并提出发展中国家发展对外贸易的原则应

当是:以国际市场需求的变化来安排外贸生产和出口。比较成本理论的特点是对成本不是作绝对的比较而是做相对的比较。要论绝对优势,发展中国家(石油输出国除外)的资源、资本、技术、劳动力等确实都处劣势。但按比较成本理论,可找到劣势中的相对优势,积极参与国际分工、国际交换与国际竞争,以获取更多的贸易利益,加速本国经济的发展。把"以国际市场需求的变化来安排外贸生产和出口"作为外贸的指导原则,未免失之空泛。国际市场需求千变万化,品种繁多,层出不穷,各国在选择自己的出口产品时,还是要比较成本、价格的优劣势,按比较成本原则办事。

第二,比较成本理论表明,价值规律的作用在世界市场的背景下发生了重大变化。在一个国家内部,价值规律的作用的结果是优胜劣汰,通过市场竞争,技术落后、劳动生产率低的商品生产者不断被逐出市场。在这里起作用的是"绝对竞争"原则。但比较成本理论令人信服地证明了,在主权国家之间发生平等交换关系的条件下,劳动生产率落后的国家的生产者不仅不会因竞争而被淘汰,反而有可能从国际贸易和分工中获得利益。这里起作用的是"相对竞争"原则。因此,经济后进的国家不要惧怕对外开放,不要惧怕国际竞争。只要采取正确的外贸发展战略,就可从国际分工和国际交换中获得利益,有助于本国的经济发展,从而最终增强国际竞争力。价值规律国际作用的变化,也给人们进一步探讨发达国家和不发达国家的贸易关系留下了一个令人思索的课题。发达国家固然能从国际贸易中获得了更多的利益(因它的劳动生产率高,其国别价值低于国际价值,可获得超额利润),而发展中国家也能从贸易分工中获得比较利益,节约社会劳动。

第三,比较成本理论还表明,通过国际贸易和分工而使双方互利的程度实际上是在一定范围之内,因此,互利和等价交换是不同的概念。按李嘉图的例子,对英国来说,实际上只要能以少于120人劳动的代价从葡萄牙换得1单位的酒,它就会愿意,因为这种交换毕竟比自己花120人劳动去生产要便宜。但如果超过120人劳动,贸易就会停止。因此,120人劳动是英国交换1单位葡萄牙生产的酒可接受的上限。同理,90人劳动是葡萄牙交换1单位呢绒的上限。具体来说,英国只要能以少于1.2个单位的呢绒换得1单位的酒,葡萄牙只要能以少于1.125单位的酒换得1单位的呢绒,双方就可进行贸易。可见,英国1单位的呢绒,只要换到多于0.83单位的酒,葡萄牙 1 单位的酒,只要换到多于 0.89 单位的呢绒,贸易双方均可获益。对英国来说,贸易的可能性区间在 1 单位呢绒换 0.83~1.125 单位酒之间;对葡萄牙来说,贸易的可能性区间在 1 单位酒换 0.89~1.2 单位呢绒之间。很明显,贸易双方互利的程度实际上是在一定范围之内。

　　人们常常以是否等价交换来判断国际贸易是否有利。从上述分析可以看出,即便是不等价交换,对贸易一方也并非完全不利。互利的范围是一个幅度,而等价交换却是一个点的概念。互利不一定就是等价交换,不等价交换也不一定对某方完全不利。① 这里,两国间贸易关系的实质,实际上就是一个对专业化分工利益的分割问题。如果一方在贸易中受损或不能获利,该方就会退出贸易。在国家关系相对平等的今天,谁也不能无条件地把自己的意志强加于对方。从国际贸易不断扩大的事实看,从各种类型的国家都毫无例外地奉行开放政策的现实看,参与国际贸易是能获得利益的。

　　这里还要附带探讨一个难题。按李嘉图模型,英国以 100 人劳动生产的 1 单位呢绒去交换葡萄牙 80 人劳动生产的 1 单位酒,这里是不是等价交换?英国有没有受到剥削?学术界对此实际上存在两种对立的解释。一种意见是,两国之间的交换符合等价交换原则,因为正如马克思所说:"不同国家的工作日相互间的比例,可能像一个国家内熟练的、复杂的劳动同不熟练的、简单的劳动比例一样。"因此,"即使从李嘉图理论的角度来看,……一个国家的三个工作日也可能同另一个国家的一个工作日相交换。"②这就是说,葡萄牙的劳动是熟练的、复杂的劳动,它在单位时间内创造了更多的价值,因此,葡萄牙用 80 人劳动去交换英国的 100 人劳动,是等价交换,这里不存在剥削。另一种意见与此相反。这种意见认为,英国用 100 人的劳动与葡萄牙交换 80 人的劳动,显然受到了剥削,在贸易中处于不利地位。贸易之所以进行,是为了获得"比较利益",即换得的葡萄酒比自己生产更便宜。这种意见也引用了马克思的话:"这种国家所付出的实物形式的物化劳动多于它所得到的,但是它由此得到的

---

① 参见陈琦伟:《国际竞争论》,学林出版社 1986 年版。
② 《马克思恩格斯全集》第 26 卷,第 3 册,人民出版社 1975 年版,第 112 页。

商品比它自己所能生产的更便宜。"①究竟哪一种意见正确呢？我赞同第一种意见。马克思所说的后进国家"所付出的实物形式的物化劳动多于它所得到的"这句话，不能作为这个国家受剥削的论据。根据马克思的思想体系，国际市场的交换要以国际价值为基础。后进国家的劳动生产率低，国别价值高于国际价值，但国际市场只承认国际价值，商品只能按国际价值实现。而劳动生产率高的国家，其国别价值低于国际价值，自然获利更多。但所获得的额外利益不是从剥削贸易伙伴中得来的，而是劳动生产率高于国际平均水平的结果，因而是劳动生产率高的国家的劳动人民自己创造的。这里不存在价值转移问题。认识到这一点，可以促使后进国家奋发努力，从提高劳动生产率着眼去获取更多的贸易利益，并以此来增强国际竞争力。

以上就比较成本理论本身的有关问题做了探讨。至于比较成本理论在现实国际经济交往中发生作用的条件和范围，一国如何根据自己的实际情况制定符合经济发展和贸易战略等问题，不属本文论题的范围。这里还想指出的是，一国考虑对外经济贸易关系，并非完全从经济利益出发，还要考虑诸如国际政治、国防安全等方面的因素。但只要是考虑到经济利益，比较成本理论就是不可动摇的基础。目前的国际经济秩序确实不合理，发展中国家与发达国家的贸易的确存在不平等交换，发展中国家在国际经济贸易中曾经受到并仍在受到发达国家的剥削。这种状态应该改变，发展中国家正在为建立比较公正合理的国际经济新秩序而奋斗。但这一切是其他种种历史的、现实的原因造成的，与比较成本理论无关。比较成本理论所揭示的贸易互利性原理，作为反映生产力发展和国际贸易发展的一般规律，仍有着不可否认的现实意义。

（原载《国际贸易问题》1991 年第 12 期）

---

① 《马克思恩格斯全集》第 26 卷，第 3 册，人民出版社 1975 年版，第 264、265 页。

略论国际劳动力流动及其原因

劳动力的流动或者更广泛地说移民问题,一直是社会学和人口学的研究对象。随着生产国际化的发展和国际分工的深化,劳动力已经随同其他生产要素一道高度国际化了。因此,劳动力的国际流动问题,已成为当代世界经济的一个重要研究课题。本文拟就这一问题做一初步探讨。

一、国际劳动力流动的历史过程

我们先就近 500 年的国际劳动力流动的历史做一简要回顾。

国际间劳动力的流动,是伴随着资本主义生产方式的产生和发展而大规模发生的。从哥伦布在 1492 年发现了美洲"新大陆"以后,几乎西欧所有国家都有人移民到北美,其中以英国人为最多。这个移民运动从 17 世纪开始,到 18 世纪以后,移民人数还在持续不断。北美新大陆的移民除从欧洲去的白人外,还有许多黑人。这些黑人移民大多数是 1630 年以后通过"三角贸易"从非洲经过欧洲贩卖到北美去的。19世纪中叶以后,华工代替黑奴成为新大陆重要的劳动力来源。1847—1874 年,由厦门、广东、香港、澳门输送到美国、古巴、智利、秘鲁和夏威夷等地的中国劳动力大约有50 万人左右。19 世纪末 20 世纪初,国际劳动力移民进入高潮。千百万人横渡大西洋,蜂拥般地移向美洲和大洋洲,形成近代最大的移民运动。现在美洲和大洋洲的大部分人口就是这么来的。

从哥伦布发现美洲新大陆到第一次世界大战前的几百年间,是国际劳动力流动的第一阶段。这一时期正是欧美资本主义生产方式产生和发展时期。由于工业化需要从国外输入大批劳动力,而广大的亚非地区此时尚处于封建时代,自给自足的农业占统治地位,这就决定了这一时期国际劳动力流动的主要流向是从亚非国家流向欧美新兴资本主义工业国家或新开发的国家,因而这种流动也不免要带有强烈的殖民主义色彩。从贩卖黑奴到掳掠华工,无不是资本主义、殖民主义欺压弱小民族的表现。

第一次世界大战开始到第二次世界大战结束,是国际劳动力流动的第二阶段。在这个阶段,国际上正常的移民大大减少,战争劳务开始出现并大为发展。第一次世界大战期间,欧洲各交战国从殖民地掠夺了大量人力资源充当前线士兵和后方劳动力。一次大战结束后,欧美各国为应付工业化而带来的失业问题,一般对外籍劳动力采取限制性措施。第二次世界大战期间,英美及广大的亚非拉欧各国人民为了对付共同的敌人德、意、日法西斯,不仅在政治和军事领域内协同作战,而且在经济领域内开展广泛的合作,各国的劳务合作大为发展。

从二次大战后到现在,是国际劳动力流动的第三阶段。战后经济恢复时期,西欧各国为弥补劳动力不足,吸收了大量移民。20世纪50年代,移民数就已达200万人。到了六七十年代,欧洲各国经济处于高速发展的繁荣阶段,需要大批劳动力,各国政府对外来的移民也不加限制,这就使得向西欧的移民运动达到高潮。据估计,1974年西欧的外籍工人达到800万的创纪录水平,加上100万没有统计进去的"非法"外籍工人,移民总数可达900万人。目前西欧已成为国际上劳动力流动的主要场所之一,逐渐形成了一个世界性的劳动力市场,它所吸收的劳动力占世界劳务输出总数的25％。70年代以后,中东承包劳务市场逐渐形成和发展。80年代初,中东地区有600多万外籍工人,成为引人瞩目的劳动力吸引场所(目前由于受海湾战争影响,这一地区的劳动力市场遭到严重影响)。战后,随着世界经济的发展,商品、资本、劳动力和技术交流不断扩大,尤其是人员的交流,比以往任何时候都频繁,规模空前。那些劳动力资源丰富的国家纷纷派出劳务人员,参与国际分工,力争变资源优势为国际市场上的竞争优势,赚取外汇,为本国的经济和社会发展服务;那些劳动力资源短缺的国家则通过输入劳务来解决劳动力不足的问题。

上面,我们简要地概述了国际劳动力流动的历史过程。应该指出,第一阶段的国际劳动力流动并不是现代意义的劳务,因为这一阶段的劳动力流动不仅带有殖民色彩,而且从部门和行业分布上都有局限性,并几乎全部定居为移民。第二阶段的国际劳动力流动,大都属战争劳务性质,但因其有组织地用劳工从事军需生产、运输及多项建设事业,使得劳务成为有组织的临时的劳动力流动,所以它更接近于现代意义的劳务输出,是劳务从移民向现代劳务发展的过渡形式。第三阶段的劳动力流动,伴随着现代劳务市场的形成和发展,是真正意义上的现代劳务。而移民定居,则成为一种特殊现象了。

二、劳动力国际流动日益扩大的原因

从上面的分析,不难看出,劳动力国际流动有两种形式:一是移民,二是劳务输出。

这二者是存在一定区别的。从移民的角度看,造成这种形式的劳动力国际流动的原因,既有经济原因,又有非经济原因。

就经济原因而言,工资差距无疑是引起劳动力迁移行动的重要力量。对工资差距的考虑不只是比较两国的工资率。现行工资差距如果是暂时,则不会吸引劳动力的迁移。预期的工资差距必须持续存在许多年,并且预计迁移后一生能有可观的收入,才会形成引起迁移的力量。对劳动力的国际移动也可以用成本收益的方法来进行分析。劳动力移动的成本包括交通运输费用,从原居住国到一个新的国家的迁居过程、寻找工作以及适应过程所付出的经济损失等等。此外,还包括其他一些牺牲,如与亲戚朋友及熟悉的环境的分离、学习新的语言和风俗、为未来前途所承担的风险等等。劳动力国际移动的收益包括在国外获得较高收入、增加就业和受教育的机会等等。一般说,只有在收益大于成本的条件下,移民及其他形式的劳动力国际流动才会发生。

从当代世界经济发展的角度看,促使劳动力国际流动日益扩大的原因有以下几点。

第一,国际分工的深化和产业结构的调整,必然导致劳动力的国际流动。国际分工的深化使各国之间的专业化协作不断加强,原来在一国可以完成的生产过程,现在要在两个国家甚至更多国家的范围里进行。这不仅会引起原材料、资金和设备的国际转移,而且要求劳动力的跨国界流动。由对外投资带动的技术劳务和经营管理人员的劳务出口,即所谓"企业移民",就是劳动力跨国流动的一种形式。随着生产国际化的发展和国际直接投资多方位、交叉流向的进行,不仅发达国家之间的、发达国家向发展中国家的投资以及由此带动的劳务输出在增加,而且发展中国家之间以及发展中国家向发达国家的投资和劳务输出也在增长。

各国产业结构的调整也会引致劳动力的国际流动。一般说来,发达的或比较发达的工业国在高技术领域占据着优势。由于新兴工业部门的不断产生,它们的产业结构也逐渐向高技术层次调整。而发展中国家则因劳动力费用低廉而享有优势。这就使得劳务的国际流动具有必要性和可能性。境内劳务输出,即在本国境内为国外雇主提供劳务、收取劳务费的经济活动,就是国际产业结构调整的直接产物。20世纪60年代以后,由于美、日等发达国家的产业结构向电子计算机和航天技术等高技术产业转移,就把汽车和家用电器的组装业转向了东南亚地区的新加坡、韩国等国家和中国台湾、香港地区,使这些东南亚国家和地区利用本地丰富而廉价的劳动力资源,赚取了巨额外汇劳务费,在那里形成了大规模的境内劳务输出。进入80年代以后,由于世界经济产业结构处于再次大规模的调整之中,东南亚新兴工业国和地区的产业结构正向更高层次调整,中国大陆等劳动力资源丰富的国家和地区可能面临一次发展劳动密集型加工出口业,大规模利用境内纯劳务的机遇。

第二,科技革命促进了劳动力和科技人员的国际流动。人类社会发展至今共发生了三次重大的科技革命,每一次科技革命都极大地推动了社会生产力的发展,同时也促进了科技人员和其他劳务的国际流动。这是因为科学技术在世界各国的发展是不平衡的,这种不平衡又直接影响各国的资本积累和劳动力供求状况。在一些发达国家,由于农业已经机械化了,能够从农业中游离出来的劳动力已经很少,不能满足由于资本积累加快而对劳动力产生的大量需求;而在另外一些经济技术发展落后的国家,由于在科技革命推动下农业机械化程度提高,从农业中游离出来的劳动力除补充本国工业部门外,还会出现剩余劳动力。这就促进了劳动力的国际流动。

第三,从实际情况看,国际援助和世界各地区性组织的建立也促进了劳动力国际流动。目前,国际上有这样一种比较普遍的现象,就是政府双边援助项目的实施多由授援国派出人员进行,而不单是提供资助。这实际上就是一国政府运用外援的方式支持本国对外劳务输出的发展。一些国家通过援外带动本国劳务出口,使劳务的国际转移在国际援助推动下,有了更大的发展。

　　战后世界各地区性经济组织的建立促进了劳务输出的发展。欧洲共同体成员国都把实现劳动力的自由流动当作奋斗目标，而且在关税同盟和农业一体化基本实现后，劳动力的自由流动已经取得了新的进展。其他几个区域性经济组织在其成员国内部的劳务流动方面也做出了一些实际成绩。

　　最后，各国在金融、税收和法律方面的优惠和保护措施，直接推动了国际劳动力流动。

　　综上所述，国际劳动力流动的产生和发展，是和生产社会化的发展及生产国际化的趋势分不开的。这种趋势要求生产的发展突破国界，要求商品、资本和劳动力在更大范围内流动，再加上国际经济领域各种因素的合力作用，使劳动与商品、资本一道高度国际化了。

（原载《世界经济文汇》1991 年第 6 期）

贸易条件理论的系统考察

在西方国际经济学理论中,有关贸易条件的理论值得我们注意和研究。我们知道,国际经济关系,特别是贸易关系,是各个主权国家为获取国际分工和国际交换的利益的竞争关系。虽说在这场竞争中,不会是一方之所得恰好是另一方之所失,而是双方都可能获益,但是谁在这场竞争中获益更多,则是人们所关注的。在现实的国际贸易关系中,贸易利益的分割与贸易条件息息相关。因此,研究和探讨贸易条件理论,对我们扩大对外经济贸易关系,并在对外贸易中获得更多的贸易利益,有着十分重要的现实意义。本文拟对西方有关国际贸易条件的理论做一系统考察,以推动这方面的贸易理论的研究。

一、关于贸易条件的含义

贸易条件是一个国家以出口交换进口的条件,即两国进行贸易时的交换比例。它有两种表示法,一是用物物交换表示,即用实物形态来表示的贸易条件。当出口产品能交换到更多的进口产品时,贸易条件改善了,反之则贸易条件恶化了。还有一种是用价格来表现贸易条件,这种贸易条件就是进出口比价,即出口价格与进口价格的比率,通常用出口商品价格指数与进口商品价格指数之比,亦即贸易条件指数来表示贸易条件。如果贸易条件指数大于100,表明同等数量的出口商品换回了比基期更多的进口商品,贸易条件得到改善。反之则表明贸易条件恶化。可见,贸易条件的实质是国际贸易利益的分割问题。

应该指出,商品贸易条件指数的有效性通常只局限于不发生进出口商品结构变动的一定时期之内,它是用来表示在过去一段时期内,单位商品的贸易利益是增加了还是减少了,即表示贸易利益的变动,并不能表示一国获得的贸易利益总量(这是无法计算的)。而且现实生活中,一国的进出口商品结构有时会发生较大的变动,比如以前进口的商品现在转变为出口,就可能对商品贸易条件发生很大的影响。依据包含有这种变化的长期的商品贸易条件指数做出某种判断,是不可靠的。所以说,这种指数的有效性只限于不发生结构变动的一定时期内。

考察贸易条件,还必须与该国出口生产部门的劳动生产率的状况联系起来。如果在一定时期内,商品贸易条件指数从 100 下降到 80,但如果同期出口生产部门的劳动生产率从 100 上升到 150,那么每人平均获得的进口商品数量还可以从 100 增加到 120,福利也会相应地提高。因此,商品贸易条件的下降并不必意味着一国贸易利益的减少。只要劳动生产率上升的幅度大于商品贸易条件下降的幅度,一国从贸易中获得的净利益就不会减少。在劳动生产率提高的基础上,一国主动地降低商品贸易条件,就可扩大市场占有率,反而有可能获得更大的利益。当然,如果一国商品贸易条件下降的幅度超过了劳动生产率上升的幅度时,该国的贸易利益就会减少,随着贸易量的扩张,实际收入水平将会下降,出现后面要论述的贫困化增长。这时该国就须对国内经济结构进行调整,以改变进出口商品结构。

二、关于贸易条件决定的理论

最早从理论上探讨贸易条件问题的,是英国经济学家约翰·穆勒。他主要提出了相互需求原理来说明贸易条件的决定问题。相互需求原理首先说明,实际的贸易条件是能使贸易双方的总出口恰好支付其总进口的那种贸易条件。它是由双方消费者对对方产品的需求所确定的。一个国家应该用多少出口商品换入一定数量的进口商品,取决于两国相互进口的需求量正好等于它们各自出口供给量时的交换比例,也即供求一致时的交换比例。这就是说,按照两国相互需求所决定的实际贸易条件是使总进口和总出口达于均衡状态时的贸易条件。实际的贸易条件也就是均衡的贸易条件。

那么这个均衡贸易条件即交换比例对哪一国更为有利呢? 相互需求原理认为,相互需求强度影响到贸易利益的分割。均衡贸易条件对哪一方更有利,要看两国相互需求的强度。约翰·穆勒认为:"一个国家以它的产品和外国相交换的交换力决定于……它对这些国家的产品的需求和它们对它的产品需求的数量和需求的增加程度的比较……外国对它的商品需求愈是超过它对外国商品的需求……贸易条件对它愈是有利,这就是说,它的一定数量的商品将会换回更多的外国商品。"①简言之,外国对本国商品的需求程度愈是大于本国对外国商品的需求程度,贸易条件愈是对本国有利。

英国经济学家马歇尔在约翰·穆勒的理论基础上,提出提供曲线作为一种图解法来说明供给和需求如何共同决定贸易条件。他得出的结论与约翰·穆勒的结论一样,即均衡贸易条件决定于进行贸易的两个国家对对方商品的相对需求强度。不过,他较深入地分析了需求变动对贸易条件的影响。马歇尔把需求的变动分为两种情况。一种情况是国内对出口商品的需求增加,另一种情况是对进口商品的需求增加。在国内对出口商品需求增加的情况下,国内消费者把收入更多地花在本国产品上,相对减少了对外国进口商品的需求,假定外国供求状况不变,就会导致贸易量的减少和贸易条件的改善。在本国消费者对进口商品的需求增加的情况下,就会导致进口的扩大,假定外国供求状况不变,那就会导致贸易量的扩大和贸易条件的恶化。

总的来说,约翰·穆勒和马歇尔探讨的,是贸易条件的决定问题,他们主要是从需求方面说明,在两国进行专业化分工和贸易时,现实的交换比例是如何决定的,从而从需求角度对比较成本理论做了补充和发展。他们的研究为贸易条件理论奠定了基础,其理论阐述也不无政策性启发意义。但是,他们的理论存在着明显的局限性。比如,相互需求原理只能运用于经济规模相当,双方的需求都能对市场价格产生显著影响的国家。如果两个国家经济规模相差悬殊,小国的相对需求强度远远小于大国的相对需求强度。这样,小国就只能是价格的接受者,大国就可利用其在进出口需求方面的强大的影响力,使贸易条件朝着有利于本国的方向变动。

三、当代国际经济学对贸易条件理论的发展

随着经济生活的日益国际化,国际贸易在各国经济发展中起着越来越重要的作用,对贸易条件的研究也更加深入了。概括说来,当代国际经济学从以下几个方面对贸易条件理论做了有意义的发展。

---

① 约翰·穆勒:《政治经济学原理》,朗曼·格林公司 1902 年版,第 365 页。

1. 经济发展对贸易条件的影响

如果说约翰·穆勒和马歇尔主要是从需求方面说明贸易条件的现实决定,那么研究经济发展对贸易条件的影响,就是从供给方面来考察贸易条件的变动方向。

探讨这个问题,不能不提到罗勃津斯基定理。这个定理指出:在两种生产要素、两种商品的模型的情况下,在商品和生产要素的价格保持不变的条件下,如果其中一种生产要素的数量增加了,而另一种生产要素的数量保持不变,那么密集使用了前一种生产要素的产品的绝对产量将会增加,而密集使用了后一种生产要素的产品的绝对量将会减少。根据这个结论,生产要素的增加,对贸易条件将会产生如下的影响:当一种生产要素的供给增加时,如果密集使用了这种生产要素的产品是出口产品,那么该国的对外贸易量将会增加。如果国际市场因该国出口增加而引起价格下跌,就会导致贸易条件恶化。如果它不是出口产品而是进口竞争产品,那么该国的对外贸易量将会减少。如果进口商品的世界价格因该国进口减少而下跌,那就会导致贸易条件的改善。可见,经济增长对贸易条件的影响,主要取决于这种增长是出现在进口竞争行业还是出口行业。从上面的分析可以得出这样的结论:假定生产要素增长能影响世界价格,那么,替代进口的经济增长会改善这个国家的贸易条件,而扩大出口的增长会使这个国家的贸易条件恶化。

经济发展与技术进步越来越密切地联系在一起,那么,技术进步对贸易条件会产生什么影响呢? 从对经济发展的作用看,技术进步无疑是增加了生产要素的供给量,比如节约劳动型的技术进步,就等于增加了劳动力供给,节约资本型的技术进步,就等于加了资本的供给,如此等等。因此,技术进步对贸易条件的影响就如同生产要素的增加对它的影响一样。大体上说,节约了出口产品中密集使用的生产要素的技术进步,有助于该国贸易量的增加,但有可能使贸易条件恶化。反之,节约了进口竞争产品中密集使用的生产要素的技术进步,则会增加国内进口竞争(即进口替代)产品的产量,从而减少了贸易量,但有可能改善贸易条件。

现代国际经济学还分析了所谓"贫困化增长"的情况。如果生产要素的增长使得出口产品的供给迅速增加,就有可能产生贫困化增长,即这种增长不但会恶化贸易条件,甚至会使一个国家的经济状况恶化。例如当一个国家传统出口产品的供应量急剧增加时,其国际市场价格必定趋于下跌,甚至可能出现出口增加而收入反而减少的情况。

2. 商品结构与贸易条件

一个国家对外贸易的商品结构状况,是影响贸易条件的重要因素。众所周知,根据恩格尔定律,工业制成品的需求的收入弹性较高而初级产品需求的收入弹性较低。随着经济增长和人均收入的提高,需求会移向奢侈品等工业制成品,并使制成品出口国享有提高产品相对价格、改善贸易条件的好处,而使得那些原料、谷物等初级产品出口国的贸易条件恶化。不仅如此。由于发达资本主义国家的科技进步,导致更经济而有效地使用原料。合成原料的迅速发展,又减少了天然原料的使用,使得初级产品特别是石油除外的矿产品的需求急剧下降,从而加剧了初级产品出口国的贸易条件恶化。发展中国家的初级产品与发达国家的工业制成品的交换,在大多数情况下都是不等价交换,发展中国家的出口价格趋向下降,发达资本主义国家的出口价格趋于上升,从而发展中国家总的贸易条件趋于恶化,已是不争的事实。据世界银行统计,1980—1986 年,按美元计价的非燃料初级产品实际价格下跌 35%,为战后最低水平。按照联合国贸易与发展会议发表的数字,由于价格下跌,仅在 1981—1985 年期间,发展中国家出口主要初级产品所受到的损失达 600 多亿美元。①

早在 20 世纪 50 年代,一些拉丁美洲经济学家就提出依附理论,认为当今的国际经济体制是由发达的资本主义国家作为中心,控制着由发展中国家组成的外围地带。唯有中心国家能够独立自主地发展,而外围地带只能顺应中心国家的发展而发展。这种依附关系在国际贸易方面则表现为贸易条件的长期恶化,经常性的国际收支逆差。阿根廷著名经济学家普雷维什和联合国经济学家辛格赞同这个依附理论,并着重分析了发展中国家贸易条件长期恶化的原因和后果。他们认为,100 多年来,初级产品的价格和制成品的价格相比下降得相当大。由于发展中国家的贸易格局主要是出口初级产品进口制成品,这种情况必然引起整个初级产品贸易条件的恶化。应该认为,他们的分析是有道理的,前面的论述也证实了他们的结论。总之,出口商品结

---

① 《国际贸易译丛》1989 年第 1 期,第 38 页。

构已越来越成为影响贸易条件的一大因素。

3. 贸易政策与贸易条件

20世纪70年代以来,各国贸易政策有逐渐向贸易保护主义转化的倾向,国际贸易体制已从自由贸易趋向管理贸易。国家垄断和国家资本在国际贸易中的作用显著增强,国际贸易的垄断进一步发展。各国普遍运用恰当的经济政策特别是外贸政策对进出口进行干预,以达到改善贸易条件的目的。

从理论上说,政府的经济政策在某种程度上能影响进出口价格的比率,从而有利于改善本国的贸易条件。从出口方面看,一个贸易大国就能利用其在世界市场上的垄断地位,影响本国出口产品的世界价格。当今许多国家都采取优惠政策和措施,大力扶植本国的出口集团,比如出口卡特尔、大型跨国公司等,以增强本国企业在国际市场上的影响力。从进口方面看,一些国家政府规定优先采购本国商品,限制一些商品的过量进口,以防止进口需求过大而使贸易恶化,等等。在某些特定的场合,政府的关税政策甚至能直接改善本国的贸易条件。国际经济学研究了这种情形:当一国是一个大国,它对某种商品的进口需求量占到出口该商品的国家出口量的相当大的比重时,那么它就成为一个垄断的购买者,或者是一个接近于垄断的购买者,从而具有影响进口商品国际价格的能力,就能通过征收关税而向出口国转嫁关税。当然,这里还有一个条件,即进口国对进口商品的需求弹性要大于进口供给弹性。进口国的需求弹性愈大,征收关税使进口商品价格上涨,就会导致需求锐减,就愈能压低进口商品的国际价格。出口国的供给弹性愈小,表明即使出口价格下跌,也无法削减生产、减少供给或无法找到替代性市场,只能以较低价格出售商品。因此,从理论上看,可以说存在着一种最适当关税。所谓最适当关税,按西方国际经济学的解释,是指这样一种关税,它能通过改善该国的贸易条件,克服由于减少贸易量而产生的负效应而使净福利达到最大化。当然,一国征收最适当关税时,很可能招致贸易伙伴的报复,因而这种关税能否实现,还要看其他方面的条件是否具备。

4. 技术贸易与贸易条件

在当代,技术贸易得到了空前的发展。特别是发展中国家,在实行进口替代和出口导向的贸易战略时,都把引进技术作为实现本国经济发展的一项重要政策。引进先进技术,可以提高现有生产要素的生产率,开发潜在的闲置的生产要素,提高产量,生产更多的产品。这里,需要探索的一个问题是,如果引进的技术用于出口部门,它将对该国出口产品的贸易条件产生什么影响呢?

如果引进的技术是偏向劳动密集型产品的技术,那么,为支付进口技术设备的费用,势必要增加劳动密集型产品的出口。但如果世界市场上该类产品已经饱和,甚至供大于求,而有关国家又对劳动密集型产品进口实行保护壁垒措施(事实上如此),那就会使本来就缺乏需求弹性的劳动密集型产品的出口变得更加困难。在这种情况下,试图通过引进偏向劳动密集型产品的技术,生产更多的劳动密集型产品以增加出口,势必导致世界市场价格的下降和贸易条件的恶化。

如果引进的技术是偏向资本密集型产品的技术,为支付进口技术及设备的费用,就要相应地增加出口。一般说来,与进口技术相联系的是资本、技术密集型的产品出口,或者相应地减少了资本、技术密集型产品的进口。很明显,随着进口替代的发展和对引进的技术进行消化吸收以及创新,不仅可以改变进口结构,而且有可能改变产业结构,从而改变出口商品的构成。可见,这是一种有利可图的技术引进。

综上所述,当代国际经济学从多侧面、多因素着手探讨了贸易条件的变动问题,把注意力更多地放在贸易条件对贸易利益的分割的影响上,进而研究贸易条件的变化对一国经济发展和国民福利的影响,丰富和发展了贸易条件理论。

四、几点启示

西方国际经济学关于贸易条件的理论,本质上是为资产阶级国家的贸易实践服务的,其理论基础和体系也不完全是科学的。但是,它或多或少地反映了国际贸易发展中的一些带有普遍性、规律性的东西,是内含科学成分较多的一种理论。国际贸易涉及的是主权国家之间的经济关系,贸易条件则对贸易利益的分割起关键作用,从这种意义上说,我们社会主义国家在发展对外贸易时,完全可能也应当在马克思主义指导下,借鉴国际经济学中有关贸易条件的理论,为我所用。

从上述的贸易条件理论中,我们至少可以得到如下启示:

第一,在发展对外贸易时,要把讲求经济效益放在首位,认真搞好经济核算,反对只追求多创汇而不顾创汇成本的倾向。这就是说,发展对外贸易必须有利可图,能从国际交换中分享贸易利益。那种只顾多创汇,不计成本、不搞核算的做法,无疑是把国内人民创造的财富通过价格转移到国外,长此以往,国民经济是难以承受的。要研究出口商品在国际市场上的需求情况,防止出现"贫困化增长"的情况。

第二,要调整国内产业结构和产品结构,多出口需求弹性大、附加价值高的加工制成品,控制资源密集型产品出口。对于劳动密集型产品出口,要认真研究市场行情的变化,防止出口越多效益下降的情况的发生。对于一些我国在国际市场具有垄断地位的产品,要严格控制出口,以防止竞相低价销售,肥水外流。

第三,要强化政府对外贸的宏观调控,制定正确的外贸政策,合理引导进口结构,要把有限的外汇用于进口先进技术和先进设备上,严格控制奢侈品、耐用高档消费品进口。对于一些大宗进口商品,可利用近似于"垄断购买者"的地位,给国际市场施加压力,争取一个较合理的进口价格,以改善贸易条件。

第四,要积极推进外贸体制的改革,加强联合,一致对外,以增强我国企业在国际市场上的影响力。要发展我国的出口企业集团、综合商社和跨国公司,积极进行出口产品的研制、开发和生产,提高劳动生产率,提高产品质量和档次,以适应国际市场需求的变化。

(原载《国际贸易问题》1991 年第 8 期)

贸易政策选择的理论探讨

自从近代国际贸易成为世界性现象以来,有关贸易政策的理论争论从未停息过。一般认为,这种争论的实质是实行自由贸易还是保护贸易。我认为,这种认识只是一种浅层次考察的结果。本文拟对国际贸易选择的理论进行较为深入的探讨,以期为扩大开放下的我国选择正确的外贸战略和政策提供理论思路。

一、自由贸易的合理性

我们知道,自由贸易理论是从贸易利益的角度来论证自由贸易政策的合理性的。绝对成本说在国际贸易学说史上第一次全面论证了贸易互利性原理。绝对成本说从成本的差别出发,论证了一国只要专门生产本国成本绝对低于他国的产品,就可获得总产量增加、消费水平提高和节约劳动时间的利益。这比起重商主义者认为国际贸易只是对单方面有利的观点来,是大大地前进了一步,但这个理论把贸易互利性的范围限制在绝对成本优势的范围内,使得贸易利益的获得完全受本国自然禀赋和人民特殊技巧或工艺上优势的限制,其理论局限性是很明显的。

在绝对成本说基础上创立的比较成本说,从生产成本的相对差别出发,论证了贸易互利性原理,大大拓宽了人们对贸易利益普遍性的认识。这个理论表明,不论一个国家处于什么发展阶段,经济力量是强是弱,都能确定各自的相对优势,即使处于劣势的也能找到劣势中的相对优势。各国根据比较成本原则来安排生产,进行贸易,则贸易双方都可获利。

被认为是现代国际贸易理论基础的生产要素禀赋理论,只不过是扩展了的比较成本说。其主要贡献在于进一步用生产要素禀赋差异解释了为什么存在比较成本相异,并把个量分析扩大为总量分析,从两国生产要素总供给的差异,从一国经济结构中的资本、土地、劳动力等这些最基本的因素来解释贸易发生的原因和贸易利益。

里昂惕夫之谜的出现,使后来的经济学家改变了在各种假定下研究问题、建立模型的思路,越来越注重于实证分析,注重考察影响贸易格局和贸易利益的现实因素。如有的分析技能和人力资本因素的影响,有的强调自然资源的作用,有的侧重需求偏向原因等,其着眼点都在于找到更加切合实际的决定一国比较优势究竟何在的条件,反映了人们对贸易优势产生原因的新认识,表明技术、人力资本和研发对形成贸易优势的重要作用。

产业内贸易的兴起改变了传统国际贸易理论的形式。它用产品差别、规模经济、消费者偏好差别以及国家之间产品层次结构和消费层次结构的重合,来解释产业内贸易发生的原因。这实际上是比较优劣势分析方法在新情况下的具体运用。比较成本说、要素禀赋说的出发点是产业间贸易,研究如何在不同产业之间进行选择,以找到本国的相对优势产业来参与国际分工和贸易以谋取利益。产业内贸易理论则启示人们如何利用本国企业的知识资产等垄断优势生产差别产品,利用规模经济效应,并结合国际市场需求变动等因素来参与同一产品的市场竞争。理论的形式变化了,相对优劣势的分析方法却继承下来了。国内学术界不少人认为,产业内贸易理论与比较成本理论是彻底对立的,这是误解。其实,产业内贸易理论研究的不过是在战后国际贸易格局发生变化的情况下,一国如何参与贸易分工以获取比较利益的问题。传统格局下的比较利益,来源于生产要素禀赋比率不同而造成的比较成本差异;在水平分工日益发展并成为国际分工主导形式的情况下,其比较利益来源于一国企业的垄断优势、规模经济以及本国企业和产品对国际市场需求变动的反应能力。

从上述对自由贸易理论所做的极其简要的脉络性考察,可以得出这样的结论:虽然这些理论的形式不同,但它们论证的贸易普遍性原理,在本质上是站得住脚的。几百年来,特别是二次大战后近半个世纪以来国际贸易量不断扩大的事实,是对自由贸易理论的最好注脚。

但是,事情还不仅于此。我认为,上述理论论及的,大都只局限于国际贸易的静态利益。而国际贸易还能获得动态利益,这种利益甚至比静态利益还重要。

所谓静态利益,是指开展贸易后,贸易双方所获得的直接的经济利益。它表现为在资源总量不增加、生产技术条件没有改进前提下,通过贸易分工而实现的实际福利的增长。所谓动态利益,是指开展贸易后,对贸易双方的经济和社会发展所产生的间接的积极影响。国际贸易的动态利益是多方面的,主要有以下几点。

第一,提高企业的竞争力。一国对外开放,参与国际贸易,实际上就是把本国的企业直接或间接地纳入与外国企业的竞争之中,这是提高企业素质的一种最有效的刺激。一方面,出口企业不能不同外国生产同类商品的企业竞争;另一方面,国内企业又不能避开进口商品的竞争。这就迫使企业千方百计采用先进技术,加强和改善经营管理,提高劳动生产率,以在出口竞争中立于不败之地。在当今经济竞争成为国际竞争的重要形式的时代,与各国经济发展水平息息相关的企业的经济效率如何,在很大程度上决定了各自在这场竞争中的地位。而提高企业素质、提高企业效率的必要途径,就是把企业推向国际市场,积极有效地参与国际贸易分工。

第二,开拓新的市场,促进经济增长。经济增长与对外贸易之间存在着互相联系、互相影响的关系。经济增长必然使一国去寻找新的市场,而国外市场的扩大及其所带来的新需求又会促进原有工业企业的发展和新工业企业的产生。从出口来看,出口企业往往是面对世界市场来组织生产,市场容量大,容易获得规模效益,使得生产扩大,成本降低,就业增加,取得"乘数"效果。在对外贸易的带动下,一个工业部门的发展又可以带动一系列工业部门的发展,以致各种各样的从属的工业部门都建立起来。由于乘数效应的存在,每种工业所提供的就业机会经常超过其本身部门所提供的就业机会。再看进口,从国外引进国内没有生产的产品,往往能起到开拓国内市场,引导新产业成长的作用。实践证明,进口替代是许多国家,尤其是发展中国家走向工业化的第一步。这个过程就是进口商品刺激国内需求,进而导致进口替代工业部门的产生。如果具备条件,进口替代部门还能转变为出口部门,进口国外的新产品还可促进本国产品的不断更新换代。

第三,促进一国产业结构的合理化。所谓产业结构合理化,是指一、二、三种产业之间比例协调发展以及各产业内部的结构符合社会市场的需求结构,以及各产业逐步由劳动密集型向资金密集型、技术密集型的转移。扩大对外经贸关系,无疑对产业结构的调整起积极作用。一方面,由于任何一国都不可能实现绝对平衡的增长,即供给结构与需求结构刚好符合,因此需要利用世界市场。当国内资源过剩而需求不足时,就面对国外市场组织生产;而在国内需求很大,但缺乏必要的资源和技术条件时,就适当进口。另一方面,开展对外贸易,就必然要发展本国具有现实或潜在比较优势的产业,淘汰和放弃某些不合理的产业,以优化资源配置。进出口竞争的刺激和进出口结构的不断调整,又会促进企业的技术进步,促进产业结构的高度化和资源配置效率的进一步提高。

最后,开展国际贸易必然带来人员的交流、文化的传播和思想的交换,从而对一国的政治、文化和社会进步产生积极影响。这种交流所产生的教育效果和示范效应,有时比物质交换带来的利益还要大,它促进人们思想的进步、思维方式的改变和观念的更新。尤其是现代商品经济和社会化大生产孕育出来的精神文明成果,诸如效率观念、效益观念、服务观念、冒险精神、开拓进取精神等,对于发展中国家尤为重要。这些国家的人民一旦"换了脑筋",就会奋起努力,创造出经济奇迹来。

既然开展贸易能带来多方面的利益,因此,扩大这种贸易,消除各种贸易障碍,采取比较自由的贸易政策,当属明智选择。当然,理论探索的是一般规律,至于各国应如何根据实际情况制定逐步走向自由贸易的战略和政策,那是另一个层次的问题。一国也不能无条件地采取自由贸易政策,下面就此做进一步阐述。

二、保护贸易的正当性

保护贸易理论比自由贸易理论还要源远流长。最早的国际贸易学说——重商主义,就属于保护贸易的理论体系。总的来说,保护贸易的论据可分为三个方面:一是幼稚产业保护论,二是停滞产业保护论,三是其他经济和非经济论据。我们知道,以比较成本说为主线的国际贸易理论,论证了自由贸易最有利于促进生产资源进行合理的国际配置,从而促进各国的经济增长,增进各国的物质福利。因此,自由贸易政策才是最好的政策。那么,保护贸易的理论和政策主张是不是没有任何经济学根据呢? 可以认为,保护贸易理论在以下几个方面,具有明显的经济学上的合理性。

1. 保护贸易的立足点在于保护和促进本国经济增长、发展生产力,以增强本国经济的国际竞争力。应该认为,这种观点的立论本身就是正确的。自由贸易论者认为,只有无条件地实行贸易开放,才能促进经济增长,那是站在经济发达国家立场上得出的结论;而对后进国家来说,则不是这样。在经济发展水平悬殊的情况下,后进国家无条件地开放市场,无异于听任外国廉价商品占领本国市场,让外国先进生产力摧毁本国经济发展的基础。国际贸易是两国之间互有进出口的贸易,而不是一国只把对方国看作自己的产品市场,而不考虑别国也有产业。这样的贸易也是不能持久的。国际贸易不像国内贸易那样优胜劣汰、绝对竞争,而要贯彻相对竞争原则,平等互利,共同发展。因此,后进国家采取保护贸易措施来保证本国工业尤其幼稚产业的发展,通过本国工业的发展来增强国际竞争力,从而最终造成自由贸易、平等竞争的条件,无疑是合理的要求。德国经济学家李斯特认为,一国对外贸易政策,首先必须考虑到是否有利于国内生产力的发展,而不是从交换中获得的财富增加多少,这种见解是极其深刻的。自由贸易论者认为自由贸易政策最能促进经济发展,保护贸易论者则认为,在一定情况下,保护贸易才有利于一国的经济发展。虽然二者的政策主张相悖,其目的都是促进经济发展,具有异曲同工之妙。从当代世界经济的发展看,先进国家也应当容许后进国家采取适当的保护措施,以扶植幼稚工业的发展,这有助于后进国家平等地参与国际竞争,对先进国家的经济发展也有刺激和推动作用。

幼稚产业保护论中有一个重要观点,即保护是为了不保护,保护本身不是目的,而只是手段。一旦幼稚产业成长起来,就撤销保护。即使在保护期间,也不排斥国外的竞争,只是要把这种竞争限制在适当的、本国工业可以承受的范围内。有限度的国外竞争,对本国工业的发展是有益无害的。有人误解贸易保护的政策主张,把它理解成封闭孤立,这是不对的。

2. 实行贸易保护着眼于资源的动态优化配置,考虑的是经济成长的长远利益,这种考虑是符合经济学原则的。资源在某一时点上的最佳配置和在一个较长时期内的合理配置是不同的。自由贸易论者主张按现在一个国家的资源禀赋状况、生产技术水平等比较优势来参与国际贸易分工;而保护贸易论者则主张保护那些现在没有比较优势但将来则有希望成长起来成为具备国际竞争力的那些产业,或主张保护那些有利于国民经济发展的重要产业或部门。应该说,出于资源动态优化配置,着眼于国内经济成长所带来的长远利益而对幼稚工业实行保护,是合理的选择。特别是一国的幼稚主导产业,对国民经济的发展有特别重要的作用,对此加以保护更是一国外贸政策的应有之义。这不只是一个单纯的外贸政策问题,它直接关系到一个国家的经济独立和经济发展,因而也是发展经济学的重大课题。

3. 为保证国内经济结构调整的平稳性,维护本国经济运行的稳定而实行保护政策,也有其合理性。一国产业结构要做出适应国际贸易需要的调整,就要集中发展本国具有比较优势的产业,压缩或淘汰本国没有比较优势的产业。这种产业结构的大调整必然带来经济运行方面的震荡和摩擦。当国际、国内出现新的经济技术变化时,旧的相对优势和效率格局不可避免地要瓦解,新的格局将会产生。以前也许是实力雄厚的国内产业面临着进口产品的激烈竞争而逐渐失去优势,新的产业脱颖而出,其他一些产业在新的国际需求中得到扩展,国内经济面临着新的调整。为了降低结构调整的代价,保证产业结构缓慢、平稳地转换,对一些停滞产业在一段时期内进行适当保护是必要的。

人们对幼稚产业保护论一般持肯定态度,但对停滞产业保护论则持否定态度,称之为"贸易保护主义"。的确,对停滞产业的保护,尤其是发达国家对停滞产业的保护,在一定情况下具有明显的损人利己的性质。它们要求别国开放市场,却不向他国开放市场。保护本国已失去比较优势的停滞产业,这当然是不公正的。但是,在国际竞争日趋激烈的今天,不仅是落后国家完全敞开国门不行,发达国家也要在一定程度上采取保护措施,以防止外来的过大冲击妨碍本国经济的平稳运行,尽量避免或缓解本国停滞产业过快衰落而导致的种种社会经济问题。我们知道,开展贸易,会使出口集团增加收入,使消费者得到实惠,却使进口竞争集团受损,收入水平降低,一些工厂会因进口竞争而关门,工人失业。采取保护措施,可以减缓这种竞争对进口竞争集团的损害,同时又可以使政府发挥收入再分配作用,给予受损部门提供补偿。

上面的分析证明,保护贸易政策有其深刻的经济根源。虽然自由贸易能给各国带来种种利益,但这种利益的获得要受到各种客观经济条件的制约,并且要付出一定的代价。既要积极参与国际贸易分工,又要把获取贸易分工利益的代价降低到最低限度,可以说是当代各国贸易政策的出发点。

这里,我们还要特别指出,不能把一般的保护政策与贸易保护主义混为一谈。在当代,发展中国家为扶持本国幼稚产业等而采取贸易保护措施,不能说是保护主义。贸易保护主义专指发达国家为争夺世界市场而采取的损人利己的贸易政策。为保护主义辩护的种种理由,都可从保护政策的种种论据中"演化"而来。因此,正当的保护政策与保护主义之间,并不存在着相互阻隔的"万里长城",要加以区分,就要分析各国的具体情况。但是,若真要做出保护政策是否"合理"的判断,是件非常困难的事。在这个相互依赖不断加深的世界上,民族利益仍高于一切。一国的对外贸易政策,也都是以本国的利益为基点而不是全世界的福利。

三、对外贸易政策的选择

如何选择一国的外贸政策? 我的看法是,相对自由的外贸政策,应是发展的方向。很明显,在各国经济相互依赖、相互联系日益加深的今天,在国际经济关系相对平等化的今天,谁开放,谁就进步,就发展;谁封闭,谁就落后,就停滞。从这种角度看,不存在自由贸易还是保护贸易问题,而只有以何种形式、何种程度参与贸易分工问题。

长期以来,国内学术界对自由贸易政策持否定态度。改革开放以来,这种情况虽然有所改变,但在思想上、理论上仍存在不少模糊认识。对自由贸易理论和政策批判持否定的论据,据说是来自马克思。早在 19 世纪中叶,马克思在《关于自由贸易的演说》中说过这样一段话:

"……有人对我们说,自由贸易会引起国际分工,并根据每个国家优越的自然条件规定出生产种类。

"先生们,你们也许认为生产咖啡和砂糖是西印度的自然禀赋吧。

"二百年以前,跟贸易毫无关系的自然界在那里连一棵咖啡树、一株甘蔗也没有生长出来。"[①]

其一,马克思的这段话并不是否定自由贸易,而是批判资产阶级学者掩盖国际分工中生产关系的作用,把国际分工说成纯粹是由自然条件决定的观点。国际分工固然是社会生产力发展的结果,也要受到自然条件的制约,但国际分工的实质和内容不能不受社会生产方式的制约。资产阶级学者否定这一点,故意抹杀在自由贸易幌子下对殖民地国家的掠夺。其二,马克思发表这篇演讲的时候,正是资本主义向全世界

① 《马克思恩格斯选集》第 1 卷,人民出版社 1972 年版,第 208 页。

扩张的时期,国际经济关系极不平等,充斥着以残酷的暴力进行的殖民掠夺。马克思深刻揭示了资产阶级学者宣扬的所谓自由贸易的实质,就是掠夺的统治,这当然是正确的。而当今,国际经济关系已相对平等,虽然旧的国际经济秩序仍在起作用,发展中国家仍在贸易中处不利地位,但与马克思所处的时代相比,已不可同日而语。发达国家已不可能无条件地把自己的意志强加在发展中国家头上。因此,不能以马克思依据当时情况做出的评论作为今天批判自由贸易的依据。其三,事实上,即使是马克思本人,当时也认为自由贸易比保护贸易更进步。他说:"不要以为我们所以批判自由贸易是打算维护关税制度。……总的说来,保护关税制度在现今是保守的,而自由贸易制度却起着破坏的作用。……自由贸易制度加速了社会革命。"①马克思是从历史唯物主义的哲学高度,从自由贸易制度起着对落后生产方式破坏作用这一点来肯定自由贸易的。我们理应坚持马克思的分析方法,结合当前国际经济关系相对平等的现实,对自由贸易在战略上的积极作用加以充分肯定。

国内学术界还有一种说法,说是自由贸易和保护贸易各有利弊。自由贸易政策之利,就是保护贸易政策之弊;反之亦然。因此,要对这两种贸易政策持"辩证态度"。有人甚至把"使落后企业处于不利地位"和"增加反非法贸易的困难",作为自由贸易理论和政策的"缺点"。这些看法表面上似乎很辩证、很全面,但实际上是缺乏深刻的实事求是分析的肤浅观点。从历史上看,自由贸易理论和政策主张的产生,是有着具体的历史内容的,因此,要把这些概念所反映的生产力发展和国际贸易活动一般规律的内容,与它们在特殊历史条件下的具体内容区别开来。对自由贸易的理论和政策主张,我们所肯定的,正是那些反映经济运行一般规律的内容。正是在这种意义上,我们肯定和赞成自由贸易的理论和主张。

应该看到,从深层次分析,保护贸易与自由贸易并不存在根本的对立,而且两者还存在着内在联系。其一,保护贸易并不是闭关自守,不发展对外贸易,也不是要排除国外的竞争,而是把这种外来的竞争限制在本国经济可能承受的范围之内。其二,自由贸易哪怕是在观念上也没有走上绝对的自由。亚当·斯密也论述过自由贸易的

_____

① 《马克思恩格斯选集》第 1 卷,人民出版社 1972 年版,第 209 页。

例外。其三,国际贸易是主权国家之间的经济交换关系。如果贸易双方经济实力悬殊,要长久地维持这种贸易关系是困难的。在当今世界贸易中,发达国家之间的贸易占世界贸易的75％左右,而发达国家与发展中国家之间的贸易额只占世界贸易倾的20％左右,就充分证明了经济实力相当,是贸易持久发展的一个条件。经济后进国家适当采取保护政策,逐渐增强其产品的国际竞争力,正是为自由竞争创造条件。保护贸易理论的创始人李斯特,早就鲜明地提出保护是为了不保护,把保护贸易政策作为走向国际自由竞争的手段。从这里不是可以看出尖锐对立的两大贸易理论之间的共同之处吗？总之,在自由贸易还是保护贸易的政策选择上,并不存在非此即彼的答案。总的趋势是趋于开放和自由贸易。问题只在于如何根据本国经济发展的要求,掌握好参与国际竞争的"度",选择参与竞争的合适形式。

上述关于贸易政策选择的探讨,都是从理论角度作的分析。因此,所得出的结论,大多只具有宏观指导意义。至于具体到一国的商品进出口政策,哪些商品可自由进口,哪些商品需限制进口,哪些产业需要扶持和保护,应采取哪些具体的政策措施等,应完全视本国各类产业、各类商品的国际竞争力而定,没有现成的公式可以套用。在这个领域内,适用的是"特殊法则"。学术界有些人大约把宏观意义上的和具体的进出口政策混淆起来了,因此在分析自由贸易政策和保护贸易政策孰优孰劣时,陷入了莫衷一是的逻辑混乱,只好褒贬各半,出现了那些"辩证"的结论。当然,大道理总是管小道理的。宏观意义上外贸政策的选择和具体进出口政策的选择,存在着不可分创的联系。不能因它们属于两个层次的问题就否认其间存在的一致性。总的来说,走向开放,走向相对自由的国际贸易和竞争,是当前和今后世界经济发展的总趋势。

（原载《国际贸易问题》1993年第6期,人大复印报刊资料《外贸经济·国际贸易》1993年第4期转载）

论经济一体化及其贸易政策效应

经济一体化,或称区域经济集团化、贸易集团化,是第二次世界大战以后世界经济领域出现的一种新现象。它发端于西欧,20 世纪六七十年代在世界各地获得迅速发展,80 年代中期以后,其发展的趋势还在明显加强。各种类型的经济贸易集团,无一例外地采取歧视性的贸易政策,从而对国际分工和国际贸易格局产生着重大影响。本文拟对经济一体化及其贸易政策问题进行较为深入的探讨。

一、经济一体化与贸易政策

什么是经济一体化? 国际经济学有着不同的看法。美国经济学家贝拉·巴拉萨在 1961 年提出了至今仍被广泛引述的见解。他认为,经济一体化既是一个过程,又是一种状态。就过程而言,它包括旨在消除各国经济单位之间差别的种种措施;就状态而言,则表现为各国间各种形式差别的消失。他进一步解释说,一体化是将各个部分(国家)联合起来而形成一个整体,即两个或两个以上的国家不仅允许生产诸要素和商品在它们之间自由流动,而且还必须就消除因各国的经济政策而可能存在的无形的歧视,做出一定程度的协调。诺贝尔经济学奖获得者、荷兰经济学家丁伯根将国际经济一体化定义为,消除有关阻碍经济最有效运行的人为因素,通过相互协调和统一,创造出最适宜的国际经济结构。美国经济学家金德尔伯格和林德特则认为,经济一体化是指宏观经济政策的一体化和生产要素的自由移动以及成员国之间的自由贸易。贸易一体化是范围较大的经济一体化的一部分。综合上述思想,结合战后经济一体化的实践,可以认为,经济一体化就是指在组成一体化集团的成员国之间逐步消除所有歧视性贸易障碍和其他非贸易壁垒,实行自由贸易,进而实现生产要素在成员国之间无阻碍地流动,并为此而协调成员国之间的社会经济政策。商品和生产要素自由流通程度的差别以及各成员国政策协调程度(即成员国让渡国家经济主权的程度)的不同,表明了一体化的不同程度和类型。根据组织方式和发展程度来划分,经济一体化有特惠贸易协定、自由贸易区、关税同盟、共同市场、经济联盟、完全经济一体化等六种类型。需要指出的是,实践中的一体化集团由于其合作的广泛性,不能完全归为一种类型。而且,尽管上述六种一体化形式有程度高低之分,但在实践中并非必然由一种形式向另一种形式发展,也不存在由低级形式向高级形式发展的必然性。

经济一体化的一个重要特征是,实行差别贸易政策。即在集团内国家之间消除或完全消除贸易壁垒,而在集团内国家与集团外国家之间继续保持贸易壁垒。只不过经济一体化的类型不同、程度不同,其贸易政策存在一些差异罢了。西欧共同体经过关税同盟的成功实践,已于1993年1月1日正式宣告形成内部统一大市场。商品、资本、劳务已实现在同盟内的完全自由流通。除英国、爱尔兰和丹麦外,欧共体其余9国于1993年年底实行人员的完全自由流动。北美自由贸易区在美、加自由贸易协定生效的基础上,扩展到墨西哥。美、加、墨自由贸易协定于1992年12月17日分别由三国首脑签署,后经三国议会批准,并将于1994年1月1日起生效。东南亚经济联盟也一致同意自1992年起在15年内建成东盟自由贸易区。非洲各国也于1991年6月签署了建立非洲经济共同体条约,加快经济一体化步伐。可见,当今世界,地区经济一体或贸易集团化,已是全球性的浪潮。不仅有发达国家之间的一体化,而且有发展中国家之间的一体化。值得注意的是,发达国家与发展中国家越过经济发展水平较大差距的障碍,也开始组建一体化贸易集团。战后经济一体化的兴起以及20世纪90年代以来的新发展,绝不是偶然的。一方面,它反映了国际分工在当代的日益深化,各国之间的联系日益紧密,生产和消费越来越超出了本国的范围向国际化方向发展,各国经济"各自为政"的局面已成过去。国家之间,地区之间的经济联系愈来愈需要更多的"协调",因而需要组建某种形式的经济集团以处理共同事务。另一方面,它又反映了多边的自由贸易体制正面临着巨大的挑战。贸易保护主义的重新抬头、迫使各国纷纷向区域性的自由贸易寻找出路,贸易集团因此应运而生。毫无疑问,经济一体化的贸易政策,将对集团内外国家的贸易和经济发展乃至全球范围的分工和贸易产生深远的影响。

二、经济一体化贸易政策的静态效应

区域经济一体化的出现,对以比较成本为基础、主张在全世界范围内实行自由贸易的理论,确实是一个挑战。国际经济学界很早就对一体化现象进行了理论探讨。这种探讨一般集中在两个方面。一是研究关税同盟形式的经济一体化的静态效应,二是研究共同市场形式的经济一体化对贸易及经济增长的动态效应。后来,日本经济学家小岛清提出协议性分工理论,对经济一体化理论又做了一些新发展。另外,国际经济学界在研究经济一体化对集团内国家的经济影响的同时,对集团外国家的经济影响问题,也有所涉及。

所谓经济一体化的静态效应,是指假定经济资源总量不增加、技术条件没有改进的情况下对集团内国家贸易、经济发展以及物质福利的影响。一些西方国际经济学家认为,自由贸易能使世界福利达到最大化;关税同盟在成员国内部减免关税,从而趋向自由贸易,因此必然导致成员国福利的增加。而对整个世界,虽然不能像完全的自由贸易那样达到世界福利的最大化,但也能增加世界福利。因此,关税同盟对贸易和经济发展的作用是积极的。

美国普林斯顿大学经济学教授雅各布·维纳则认为,上述思想是不全面的。他在《关税同盟问题》一书中指出,关税同盟在成员国内部实行自由贸易,对成员国外国家保持一致的贸易壁垒,会产生"贸易创造"(Trade creation)和"贸易转移"(Trade diversion)两种效果。关税同盟的成员国能否从关税同盟中得益,要看与结成关税同盟前相比较,是产生了贸易创造效果,还是贸易转移效果,还要看关税同盟的其他经济效应,再加以综合比较,才能确定。

什么是贸易创造和贸易转移?怎样评价关税同盟的福利影响?我查阅了维纳的原著,又读了英国经济学院教授理查德·利普塞的著名论文《关税同盟理论的综合考察》,发现国内外学术界对贸易创造、贸易转移以及关税同盟福利影响的解释与维纳的定义和解释不尽一致,存在一些概念不清甚至自相矛盾的地方,有必要讨论清楚。我们引用利普塞在那篇论文中的数字例子展开说明。

假定在一定的固定汇率下,X商品的货币价格在A国为35元,在B国为26元,在C国为20元。这里A国代表本国,B国代表关税同盟伙伴国,C国代表世界其他国家。见下表。

国别	A	B	C
X 价格	35 元	26 元	20 元

假定在 AB 两国结成关税同盟前，A 国自己生产 X 商品，那该国必然要借助于关税保护。对 A 国来说，对 B、C 两国征收 75％以上的无歧视关税，就足以阻止 C 国的进口，以保护本国的 X 商品生产。这里假定关税为 100％。与 B 国结成关税同盟后，两国相互取消关税，实行自由贸易。这样，A 国就不需要自己生产 X 商品，而改向 B 国购买。A 国自己生产需要 35 元成本，而向 B 国购买只要 26 元，节省了 9 元的机会成本，创造了从 B 国向 A 国出口的新的贸易和国际分工（专业化），这就是所谓"贸易创造"效果。因此，当关税同盟中某成员国的一些国产品被来自另一成员国的更低成本的进口品所替代时，便发生了贸易创造。那么，为什么 A 国要与 B 国而不是与 C 国结成关税同盟呢？与 C 国结盟，X 商品不是更便宜吗？日本经济学家小岛清对此做了深刻分析。他认为，在国际贸易中起作用的是"相对竞争原理"而不是"绝对竞争原理"，保持贸易国之间的国际收支平衡的要求，决定了贸易伙伴之间必须相互有进出口，并大致保持贸易平衡。A 国之所以与 B 国结成关税同盟，是因为还存在着另一种商品 Y，其成本在 A 国为 26 元，B 国为 35 元，C 国则仍为 20 元。A 国若与 C 国结盟，X、Y 商品都处绝对劣势，这样 A 国就会陷入入超而难以为继。而与 B 国结成关税同盟后，A 国虽放弃了 X 商品的生产，而从 B 国进口，但它可专门生产 Y 商品并向 B 国出口。很明显，A 国向 B 国出口另一种商品 Y 所获得的更大利益，超过因放弃从同盟外最低成本供给者进口 X 商品所蒙受的损失。不仅如此，A、B 两国结成关税同盟还因为存在 C 国的强大竞争压力。C 国无论是 X 商品还是 Y 商品，成本都是 20 元。如果三国放任自由贸易，那 A、B 两国都只能从 C 国进口 X、Y 两种商品。这样，A、B 两国就会陷入贸易逆差。如果 A、B 两国分别对付 C 国，那就只好各自筑起高高的关税或非关税壁垒。无论哪种情况，A、B 两国都很难发展贸易关系。如两国结成关税同盟，则既能共同对付外部的竞争，又能创出两国间的贸易，扩大国际分工，提高生产资源的使用效率。

关税同盟在成员国内部实行自由贸易,并对外实行统一的关税壁垒。如果一国因参加关税同盟,使得原来从外部世界进口价格低廉的商品,变为向同盟内成员国购买高价商品,便发生了贸易转移。可见,所谓贸易转移,是指由原来向同盟以外国家的低价购买转而向同盟内伙伴国的高价购买。仍按前例,假定缔结关税同盟前,A 国自己不生产 X 商品(或由于资源关系,或由于成本太高等),而只能进口来满足国内市场需求。在这种情况下,A 国当然是从价格最低的 C 国进口,X 商品的价格为 20 元。A 国与 B 国结成关税同盟后,共同筑起对 C 国的关税壁垒。为了阻止同盟外国家 C 国 X 商品的进口,根据 C 国 20 元与 B 国 26 元的差距,对 C 国的 X 商品征收 30%以上的统一关税。这样,A 国就由从 C 国进口 X 商品转而向 B 国购买,X 商品价格为 26 元。由于结盟后,A 国从同盟外低价购买转向同盟内的高价购买,这就是贸易转移。很明显,如果不考虑其他原因,单独就贸易转移本身来考察,这会给 A 国带来物质福利的净损失,对 C 国来说则是失去了 A 国的市场;从整个世界看,则是国际资源配置恶化,使生产的转移偏离了比较利益原则。而对 B 国来说,则不能说有什么损失。它因与 A 国结成关税同盟而得到了 X 商品的市场,且维持了比外部世界更高的价格。

从上面的分析,不难看出,缔结关税同盟前的状况如何,决定了关税同盟是产生贸易创造还是贸易转换的关键。若结盟前各国封闭,自给自足,则结盟后产生贸易创造,关税同盟是扩大的自由贸易;若结盟前贸易相对自由化,则结盟后产生贸易转移,关税同盟便成了扩大的保护主义。当然,在现实经济生活中,情况要比上述简化的例子复杂一些。但这不会妨碍贸易创造和贸易转移的本质规定。

我们再来看另一种情况,假定 A 国在结盟前既不是完全自由免税进口,也不实行完全的自给自足,而是征收一定量的进口关税。比如 A 国为取得一定财政收入或适当限制进口等原因,对 X 商品的进口征收 20%的无歧视关税。这样,C 国 X 商品的价格为 24 元,B 国则为 31.2 元。结盟前 A 国会仍从 C 国进口。结盟后,取消了对 B 国的关税,价格仍为 26 元,对 C 国则征收 30%以上的统一关税,C 国的 X 商品价格涨到 26 元以上。因此,A 国在结盟后则转而向 B 国购买。这是贸易创造还是贸易转移?按上面的定义,结盟后,A 国由从 C 国的低价购买(24 元)转而向 B 国的高价购买(26 元),可以肯定,这是发生了贸易转移。但是,假定 A 国结盟前对 X 商品进口征收 50％的无歧视关税。结盟后取消对 B 国的关税而保留对 C 国的关税,情况又是怎样的呢? 结盟前,C 国 X 商品的含税价格为 30 元,B 国 X 商品的含税价格为 39 元,A 国当然从 C 国进口。A、B 两国结成关税同盟后,A 国以前用 30 元进口的 X 商品,现在用 26 元就可从 B 国买到了。在这里,发生的是贸易创造还是贸易转移? 利普塞认为,这是贸易转移型关税同盟,因为 A 国从向 C 国低成本(20 元)购买转而向 B 国高成本(26 元)购买。但如果从包括关税的购买价格来看,则是由高价购买(30 元)转向低价购买(26 元)。按维纳的定义,应属贸易创造。后来的经济学家可能发现了这个矛盾,因此普遍认为,贸易转移型关税同盟"既可以导致贸易创造又可以导致贸易转移"。翻开新近出版的国际经济学著作,几乎都持这一观点。我认为这是不准确的。从组成关税同盟的成员国的角度看,不管结盟前是否征收关税,结盟后由高价购买转向低价购买就是贸易创造,由低价购买转向高价购买就是贸易转移,而不管出口国的实际成本是多少。按上例,虽然 C 国 X 商品的实际成本是 20 元,但在 A 国与 B 国结成关税同盟前对进口商品 X 统一征收 50％的关税,A 国消费者实际购买价格为 30 元。与 B 国结成关税同盟后,取消了对 B 国的关税,保留对 C 国的关税,A 国进口由 C 国的 30 元转向 B 国的 26 元,这显然是属于贸易创造,因为它至少扩大了 A、B 两国间的贸易分工。国际经济学界的流行看法,即认为贸易转移型关税同盟既可导致贸易创造又可导致贸易转移的观点,是不正确的,在逻辑上也说不通。

一般来说,组成经济一体化集团后,对集团内成员国的福利影响及经济发展的作用是积极的,否则难以解释经济一体化何以成为国际性的现象。从经济学理论分析角度出发,贸易创造型关税同盟更为可取。因为这种形式有利于资源的优化配置,还因其朝自由贸易方向发展而不会对集团外国家产生消极影响。而贸易转移型关税同盟,则是朝贸易保护主义方向发展的,它不利于国际贸易分工的扩大,因而不值得肯定。根据西方国际经济学家的分析,关税同盟类型的经济一体化在下列条件下更有可能导致贸易创造并使成员国福利增大。(1)结成关税同盟之前成员国的关税壁垒越高,则关税同盟形成后在成员国之间创造贸易的可能性就越大,而不发生贸易转移的可能性越大。(2)关税同盟与世界其余国家的贸易壁垒越低,贸易转移的损失就越小。(3)形成关税同盟的成员国越多,并且它们的规模越大,更有可能将低成本的生产者并入同盟之内,那导致贸易创造的可能性就越大。(4)成员国之间的地理位置靠得越近,则运输成本越小,表明成员国之间贸易创造的障碍越小。(5)形成关税同盟前的贸易量越大,以及关税同盟国潜在的经济关系越紧密,作为关税同盟形成的结果更有机会获得显著的福利。(6)成员国之间的经济竞争性越大而不是互补性越大,随着关税同盟的形成,集团内生产专业化分工就会越发展,贸易创造的机会也越大。因此,形成关税同盟的成员国一般都是资本劳动禀赋比率相差不大,经济发展阶段、技术、收入、文化水平(从而需求结构)等互相类似、互相接近的国家,而不是经济发展水平存在较大差距的国家。这样,关税同盟的形成就能促进工业品之间竞争性国际分工,导致贸易创造。

关税同盟还能产生其他方面的静态福利效应。例如,由于撤除了成员国之间的海关,可以节约设置海关、边境查巡等开支。不管是贸易创造型还是贸易转移型关税同盟都会有这样的好处。贸易转移型关税同盟,由于减少了从世界其余国家进口的需求和出口的供给,在国外需求弹性和供给弹性都比较小的情况下,就可能使关税同盟共同的贸易条件得到了改善。关税同盟集团在国际贸易谈判中作为一个单位进行活动,增加了讨价还价的谈判地位,这也是很明显的。

三、经济一体化贸易政策的动态效应

经济一体化不仅有静态经济效应,而且对贸易和经济增长有动态经济效应。据西方经济学家估计,欧洲经济共同体所带来的动态利益大约为静态利益的五倍到六倍。分析经济一体化动态利益的,是所谓研究共同市场的大市场理论。共同市场比关税同盟更进一步,它还实行生产要素在共同市场内部自由流动,从而形成一种超越国界的大市场,使生产资源在共同市场范围内得到重新配置,提高效率。

首先,组建共同市场之类的一体化经济集团,有利于获得规模经济效益。如果各国为了本国的狭隘利益而实行贸易保护,把市场分得过于细小又缺乏弹性,就只能提供狭窄的市场,无法实现规模经济和大批量生产的利益。组成一体化经济集团后,就能把肢解得分散孤立的小市场统一起来,结成大市场,实现规模经济等利益。当然,一个不参加任何区域性经济集团的小国都可能克服国内市场的狭小并通过向世界其

他国家出口达到真正的规模经济。但是，在世界市场激烈的竞争中，外部市场究竟有多大是不确定的。形成一体化集团，就可使各成员国有一个比较稳定且扩大了的市场。生产要素在集团内可以自由流动，也便于生产的集中，从而有利于实现规模节约。因此，当共同市场内某个成员国在某种产业上具有比较优势时，它将有充分的物质条件来发挥这种优势。

规模经济有内部规模经济与外部规模经济之分。内部规模经济主要来自由于内部贸易的开辟或创造而引起的生产规模的扩大和生产成本的降低。外部规模经济主要来源于一体化经济集团的区域经济的发展。区域性的经济结合可导致区域内部市场的扩大，从而带来各行业、各部门经济的相互促进和发展。

其次，一体化经济集团形成以后，实行自由贸易和生产要素的自由转移，使各成员国厂商面临空前激烈的竞争。众所周知，在其他条件不变的情况下，市场竞争的程度越高，经济效率就越高，经济资源的分配也就越趋于最优状态。在组建一体化集团之前，生产者(尤其是那些垄断和寡头厂商)在贸易壁垒的保护下不思进取，不愿通过降低成本、提高效率去获取利益，而是靠垄断来谋取高额利润。西陶斯基曾提出一个西欧的"高利润率恶性循环"或称之为"小市场与保守的企业家态度的恶性循环"的有趣命题。这就是说，在组成共同市场之前，由于人们交往于狭窄的市场，竞争趋于消失，陷入高利润率、低资本周转率、高价格的矛盾之中。由于价格高，很多现代耐用消费品到不了大众之中，普及率很低，企业不能进行大批量生产，却自以质量高为荣。形成共同市场以后，撤除了成员国之间贸易壁垒，各国厂商必须精神振奋迎接集团内其他国家厂商的竞争，从而刺激劳动生产率的提高和成本的下降，并刺激新技术的开发和利用。产品成本和价格下降了，再加上人们收入水平随生产发展而提高，过去只供少数富人消费的高档商品将转为多数人的消费对象，出现大市场—竞争激化—大规模生产—大量消费的良性循环。当然，在竞争增强的同时，一体化经济集团往往会出于与集团外国家竞争的需要，促进集团内有关企业联营、合营甚至合并，这就可能导致各成员国厂商之间形成卡特尔一类的垄断组织，导致竞争淡化，效率下降。这可以通过实施反垄断法来加以制止。

第三，一体化经济集团内各企业为了应付市场的扩大和竞争的加剧，必然千方百计增加投资,以更新设备,采用新技术,扩大生产规模;同时也会吸引集团外国家在一体化区域经济内的投资。一方面,经济一体化集团内生产要素可以自由流动,这为外部投资提供了新的经济条件;另一方面,经济一体化集团对成员国和集团外国家实行的歧视性贸易政策,使集团外国家商品进入成员国市场受到阻碍,而直接投资是冲破贸易壁垒,不致被日益扩大的统一市场排斥在外的有力手段。因此,经济一体化集团的形成不仅刺激成员国增加投资,而且吸引了大量集团外国家的资金。投资的增加无疑会有力地推动区域经济集团国家的经济增长。当然,在经济一体化集团内国家之间,经济发展也是不平衡的,因此集团内国家的投资往往会尽量向靠近市场的地方移动,产生资本移动方面的"马太效应",即经济发达地区会吸引越来越多的投资,而落后的边远山区少量的投资也可能流走。为了促进区域经济的平衡发展,需要一体化经济组织采取适当的政策手段来加以调节。比如,欧洲经济共同体就通过设立欧洲投资银行来资助受到不利影响的地区兴办新企业。

日本经济学家小岛清认为,上述大市场理论阐述的经济一体化动态利益是有疑问的。因为各国为了同其他成员国进行竞争,都集中力量去实现一国规模的企业合理化和一国范围的规模经济。这种规模经济若是企业的内部经济,就必然发展为垄断;若是外部经济,就必然发展为各种产业向特定地区的集聚。因此,获得规模经济的目的和通过竞争激化来达到这一目的,是不能扩大一体化集团内部的分工和贸易的,它只会加深集团内相互间的竞争和对抗,与此相应地还会发展为外向的、向世界市场的扩张,在国际市场上展开激烈的争夺。因此他提出,为使经济一体化集团获得规模经济,并能和谐地扩大成员国之间的分工贸易,需要一种新的国际分工原理作为指导,这就是协议性国际分工原理。一体化经济集团的成员国之间通过协议,相互提供市场,并在此基础上进行国际分工,从而实现规模经济。

尽管协议性分工对经济一体化成员国不如竞争机制有强制性,但也在各国产业内的分工中产生了类似的效应。第二次世界大战以后,科学技术的发展促使国际分工从产业间向产业内乃至产品内的分工深化,使各国处于同一产品的不同生产阶段。各国均以扩大的市场为规模,生产同一种产品的不同部件组合而成的产品成本要比一国生产要低。当然,实行这种协议性国际分工,是要有条件的。一般说,在资本、劳动禀赋比率没有很大差别,经济发展水平大致相近的国家之间,适合这种分工形式。协议性分工的对象商品在哪个国家都能生产,就容易达成分工协议。另外,协议分工生产的商品,也必须是能获得规模经济的商品。

应该说,小岛清的分析是有新意的,反映了当今国际分工日益深化、各国经济相互依赖条件下,需要有更多的国际协作的事实。但是,小岛清的协议性分工理论明显缺乏发生作用的现实机制,即便果真实现了协议性分工,又如何来保证分别专业化生产某种商品的厂商,会在扩大生产规模的同时,具有提高效率、低成本的足够动力和压力,而不会企图利用近乎垄断的地位通过高价来谋取利益。

对于是否存在经济一体化的动态利益以及如何获得这种利益,国际经济学界还存在不同的看法。但上述分析至少可以说明,经济一体化或贸易集团化,对集团国家之间贸易分工的扩大和经济发展,无疑起着积极作用。

四、"南北合作型"经济一体化政策的理论分析

长期以来,人们总是认为,只有在生产力发展阶段、国民收入水平、国民文化程度等大体接近的国家之间,才能形成一体化经济集团。应该承认,经济发展水平比较接近的国家组建一体化经济集团,摩擦较小,矛盾较少,一旦有了问题也易于在相互合作中得到解决。因此,战后一个时期内一般是发达或较发达国家联合起来,或发展中国家之间形成一体化集团。

但是,自20世纪80年代中期以来,特别是90年代以来,世界经济一体化的发展出现了一些新的特点,最引人注目的是发达国家与发展中国家超越经济发展水平较大差距的障碍,组建一体化经济集团。欧洲经济共同体在其发展过程中,从6国到12国,国家间的经济差距不是在缩小,而是在扩大。希腊的加入就是明显的例子。美、加、墨自由贸易区的形成,日本与亚洲及太平洋沿岸国家经济合作的日益紧密,无不显示了经济一体化这一新趋势。

发达国家与发展中国家的经济一体化,姑且称之为"南北合作型经济一体化"的兴起,绝不是偶然的,它是由世界政治、经济、科技等一系列因素决定的。从政治上看,随着"冷战"的结束,和平和发展成为当代世界的主题,经济和科技的竞争成为当前国际竞争的主要形式,这就促使各发达国家重新考虑战略部署,以在这场新的国际

竞争中处于有利地位,并能掌握主动权。这就为发达国家和发展中国家超越经济发展水平,甚至超越意识形态的障碍发展经济合作乃至组建某种形式的一体化集团准备了政治条件。有时候,某种政治上的因素较之经济上的因素更为重要。从经济上看,20世纪年代末90年代初,世界经济普遍不景气,贸易保护主义愈演愈烈,这又加剧了世界经济复苏的困难。在这种情况下,各主要发达国家纷纷从发展区域性市场寻找出路。欧共体1992年年底建成内部统一大市场,又从外部给区域经济集团化以新的推动,迫使美国、日本加快地区经济一体化步伐,以集团来对抗集团。在这个经济一体化的新浪潮中,发达国家例如美国和日本,都把建立区域性经济集团的目光落到了发展中国家身上。发展中国家自身的发展也迫切需要发达国家的资金、技术和管理经验,因此也有与发达国家发展紧密性合作的内在要求。发达国家和发展中国家结成一体化集团,就可优势互补,共同发展,形成强大的经济集团。

分析至此,问题还没有完全解决。为什么这种"南北合作型一体化",不会导致集团内发展中国家民族工业经济的毁灭(如果是这样,发展中国家不可能答应与发达国家形成一体化经济集团)? 这种"互补性"而不是竞争性的国际分工,会不会导致所谓"完全的专业化",即发达国家专门生产工业品,发展中国家专门生产初级产品? 如果不会产生上述这些消极后果,那经济上的根据何在? 发达国家和发展中国家结成一体化经济集团的互利性基础是什么?

众所周知,第二次世界大战以后,由于科学技术获得突破性进展和新的科技革命的发生,世界经济的发展出现了全新的格局。生产力得到空前发展,国际贸易量以比世界产量更快的速度增长,国际分工日益深化,尤其是产业内国际分工得到很大发展,各国间的相互依赖不断加深。发达的交通运输网络和现代通讯网将整个世界连成一体,地球正日益"变小"。在这个过程中,生产要素,尤其是资本的流动越来越具有国际性。借助现代化的金融工具,资本可以很方便地从一个国家迅速转移到另一个国家。生产要素具有高度的可移动性,尤其是资本的高度流动性,对国际贸易、国际分工和国际投资格局,产生了深远的影响,使得传统的国际经济贸易理论,包括传统的关税同盟理论,在解释这些新现象时显得力不从心。我们知道,以亚当·斯密的绝对成本说、大卫·李嘉图比较成本说为代表的古典学派的国际贸易理论,在论述各国进行国际贸易的原因和基础时,都把绝对比较利益和相对比较利益,建立在生产要素不能国际流动的基础上。在这样的假定条件下,一国的要素配置仅由国内生产要素的禀赋条件决定,一国的比较利益仅从国内生产要素禀赋决定的贸易结构中产生。受这种思路的影响,传统的经济一体化理论,主要是早期关税同盟理论,也是建立在生产要素不能自由流动的基础上的。这样,建立一体化经济集团的成员国当然只能是经济发展水平相近的国家,否则,经济发展水平较低的国家的现代工业就经不起发达国家的竞争,这是不难理解的。即便是稍后发展起来的大市场理论,虽然从某种程度上解释了生产要素自由流动的共同市场形式的一体化现象,但由于仍局限于规模经济、竞争激化的分析,而未能充分考虑要素流动对成员国竞争力和经济增长的影响。小岛清就正确地指出了其理论的局限性,要以协议性分工理论来加以补充。但他也未能跳出传统的思维模式,认定经济发展水平差距大的国家之间不可能形成一体化经济集团。

其实,早在 20 世纪 60 年代,就有经济学家注意到生产要素流动尤其是资本、技术的国际流动对贸易分工和投资格局产生的影响,为理解后来发生的"南北合作型经济一体化"现象提供了理论思路。哈佛大学经济学教授雷蒙德·弗农(Raymond Vernon)1966 年在美国《经济学季刊》发表了一篇著名论文《产品生命周期中的国际投资和国际贸易》,提出每一种新产品都可以或分为新产品、成熟产品、标准化产品几个阶段。在每一个阶段上,不同类型的国家有着不同的比较优势,因此对于美国来说,在产品生命周期的不同阶段应有不同的贸易战略和投资战略。我当面请教过弗农教授,问他这一理论是否可以作为解释美、加、墨自由贸易区一类经济一体化现象的一种思路。弗农教授表示,这一理论不是他一个人"发明"的,而是总结了许多经济学家的研究成果,有些还不完善,用于理解经济一体化新现象(即发达国家—发展中国家的一体化),可能还要做一些补充。我觉得,弗农教授的看法是实事求是的。20世纪 60 年代的理论来说明 90 年代的问题,当然不免有局限性,但循着这个思路,也许我们就能对 20 世纪 90 年代的新现象做出正确的分析。

正如弗农教授在那篇著名论文中所指出的,国际贸易和国际投资格局的变动,越来越受到技术进步的深刻影响,越来越受到各国资源禀赋的差别的影响。在一种新产品发展的不同阶段,各国的比较优势是不同的。一种产品在它的生命周期运动中,比较优势会从一种类型的国家转向另一种类型的国家,从而引起国际投资和贸易格局的变化。在新产品阶段,由于需要大量研制费用和大量熟练的工人,产品属技术、资本密集型,成本较高,消费市场也要求有相应的高收入支付阶层,因此,该产品大都在美国等创新国生产。由于创新国厂商垄断了新产品的制造技术,因而也垄断了该产品的出口市场。新产品一般比较昂贵,其产品出口,也是首先出口到创新国以外的其他工业发达的高收入国家。随着创新国(如美国)的新产品在其他发达国家逐渐打开销路,诱人的市场前景为这些发达国家的厂商生产这种产品提供了刺激。无须花费创新国本来必需的大量科技开费用,也无须支付国际运费及关税,就使得这些发达国家有可能降低生产成本。创新国看到这种情况,就会改变贸易战略和投资战略,直接到其他发达国家投资。生产这种新产品占领当地市场以替代原来的出口。创新国懂得,如果它们不生产这种产品,东道国的公司也会生产。因此,创新国的直接投资行为是"防御性"的。在这一阶段,新产品变成了成熟产品,技术开始普及,因而成为主要是资本密集型产品。创新国出口开始减少。首先是减少对直接投资国的出口,然后是减少对其他国家的出口。最后,创新国成了成熟产品的净进口国,或者从本国子公司进口,或者从其他发达国家的公司进口。对于创新国而言,新产品"打回老家"来了,产品生命周期宣告结束。

事情还不止于此。这个周期在创新国是结束了,但在开始生产这种新产品的其他发达国家,产品生命周期还在继续着。随着时间的推移,成熟产品成了标准化产品。创新国的技术专利也许已经失效,也许已经扩散。新技术已不再"新",随着教育、科技的普及而变得容易掌握。当产品成为标准化产品时,生产成本低廉便成了重要的竞争力量。创新国或其他发达国家的公司,就会到发展中国家投资设厂,转让技术,生产这种标准化产品。低收入的发展中国家劳动费用低廉,地价便宜,政策优惠,环境保护标准也不如发达国家那样严格,生产标准化产品极具竞争力。因此,当生产过程标准化和创新国的技术专利失效后,生产便转移到发展中国家进行了。这时,产品事实上已成为资本—劳动密集型的了。这些发展中国家最终会成为该产品的净出口国,把产品出口到创新国和其他发达国家。一种新产品,它最初是创新国的出口垄断产品。而后,当它传播到其他工业化国家时,它就成为成熟产品,最后变成标准化产品在发展中国家"定居"。今天,电子计算机等高科技产品正处于这种产品周期的开始一端,而纺织品、皮革制品、橡胶制品等则处于另一端。一位英国经济学家说,汽车终将成为明天的纺织品。韩国已经向美国、日本等国出口汽车这一事实,表明汽车也接近于标准化了。

新产品的国际投资和国际贸易模式之所以发生上述有规则的变化,是因为不同类型的国家,在产品生命期的各个阶段上的比较优势不一样。而这又与各国创新能力、工业技术水平、劳动力及其价格状况有关。应该指出的是,在世界产业结构处于不断调整的大背景下,由于各国产业处于不同的层次,发达国家凭借雄厚的资金和科技力量,不断提升本国产业结构,使之向高资本密集型、高科技型方向转变,而将一些资源密集型、劳动密集型的产品转移出去。而发展中国家恰恰成为这些转移产业最合适的接受者。它们为了发展民族经济,制定了一系列优惠政策吸引发达国家的一些产业转移到本国,与本国丰富的资源、廉价的劳动力相结合,生产出具有国际竞争力的产品。可见,产品的国际投资和国际贸易模式的变化,与世界产业结构的演进也有着密切的联系。

分析至此,我们可以来回答前面提出的问题了。发达国家与发展中国家形成一体化经济集团,是因为各自存在相对优势。在生产要素国际流动的基础上,通过直接投资的"媒介",使各国相对丰裕的,具有比较优势的生产要素相互配置,"组合"出成本较低、具有竞争力的商品进行国际贸易,使各国都能获得比较利益。在生产要素国际流动的条件下,这种"互补性"的国际分工已经改变了传统的形式,不会导致发展中国家民族工业的毁灭,反而能利用自身的优势,吸引发达国家的资金、先进的技术和管理经验,发展壮大民族经济。发达国家也可把一些在本国已不具优势的产业转移出去,并提高资本的利润率。比如,发达国家由于劳动力费用高昂,生产一些资本—劳动密集的标准化产品已没有优势,甚至难以为继,转移到发展中国家,与低廉的劳动成本、便宜的地价、优惠的税收相结合,就可生产出具有国际竞争力的产品,获得丰厚利润,何乐而不为? 发展中国家也可从引进外资、引进技术、发展工业经济中增加就业,提高收入,并在国际经济合作中学习到发展经济、参与国际分工、国际竞争的经验。可见,发达国家和发展中国家的经济一体化,具有坚实的互利性经济基础。时代变了,情况变了,观念也会变。1990年,墨西哥还表示在近期不准备和美国签订自由贸易协定,因为怕本国工业不能与美国企业竞争。仅仅两年以后,墨西哥签署了美、加、墨自由贸易协定。有意思的是,在美国经济学界和企业界反而担心形成自由贸易区后来自墨西哥的"不平等竞争"。因为墨西哥劳动费用低廉,劳动保护、环境保护标准不如美国高,因而美国资本必然大量流向墨西哥,生产出成本低廉的商品与美国进行竞争,美国一些产业就会"吃不消"。因此,美国就此还不断向墨西哥施加压力,要求它制定标准更严格的劳动保护和环境保护方面的"规定"。

当然,这种"南北合作型"的经济一体化也存在不少新问题。对发达国家来说,由于企业会转移到劳动费用低廉的发展中国家去。这虽然会提高资本报酬率,但同时也转移了就业机会,使劳动者受到损害,失业增加,收入降低,从而引起劳动者的不满和反对,增加社会摩擦。同时,发达国家的高科技产业尚未发展到足以替代传统产业的程度,因此,传统产业由于追逐高额利润而过度外移,会对本国经济带来较大影响。对于发展中国家来说,仍然存在对本民族经济的冲击问题。虽然外资大量流入有助于发展经济和增加就业,但如何保证外资的流入及其结构符合本国经济发展的总体目标,防止发达国家跨国公司的掠夺性经营乃至外国资本对民族经济的控制和伤害,仍是一个值得重视的潜在问题。但是,在国际分工、国际竞争更加深入发展的今天,世界经济一体化已成为不可逆转的潮流,一些矛盾和问题将会在相互合作和协调中逐渐得到解决。

(原载《南京大学学报》1994年第1期)

论美国外贸政策的战略调整

20 世纪 70 年代中期以来,特别是 80 年代以来,美国的外贸政策发生了重大转折,即由二次战后竭力倡导自由贸易转而主张"公平贸易""对等贸易""管理贸易"等等。美国采取种种极富进攻性的贸易手段以限制进口,同时千方百计打入别国市场,其贸易政策具有明显的保护主义特征。显然,作为资本主义超级大国的美国的贸易政策发生重大战略调整,极大地影响了世界经济贸易秩序和格局的变化。本文拟对美国外贸政策调整的背景、调整的内容及其特点做一初步探讨。

一、美国外贸政策调整的背景

美国外贸政策的转变,首先与美国在世界经济贸易中的地位变化有关。第二次世界大战结束以后较长一段时间内,美国的经济实力在国际上占绝对优势。从 1937 年到 1948 年,美国工业生产和对外贸易在世界工业生产和国际贸易中所占的比重,由 35% 和 12% 上升到 45% 和 18%,分别提高了 28.6% 和 50%,黄金储备在资本主义世界中所占的比重由 50.5% 上升到 74.5%。1948 年,美国的工业生产在资本主义世界工业生产中所占的比重为当年英、法、西德、日本四国合计(19.7%)的 2.7 倍[①]。在国际收支方面,美国是当时唯一拥有大量贸易顺差的国家。美元是当时唯一受欢迎的国际储备货币和结算货币。在资本输出方面,美国几乎成了唯一的新增资本提供国。从 1945 年到 1960 年,主要资本主义国家新增对外投资达 120 亿美元,其中 70% 左右来自美国。在这种情况下,美国凭借其强大的经济实力,担负起重建战后自由国际经济秩序的领导角色,倡导建立了国际货币基金组织、世界银行、关税与贸易总协定,重新安排了世界商品、资本、货币的流通秩序,促进了战后国际经济的

---

① [日]宫崎犀一等编:《近代国际经济要览》,东京大学出版社 1983 年版,第 138 页。

长期稳定发展。美国在推进国际贸易自由化的过程中,获益自然也不小。应该说,美国倡议、发起建立关贸总协定,就是企图以雄厚的经济实力为后盾构筑关贸总协定这样一个阵地,以促使其他国家大量削减关税,推动贸易自由化,保证自己能够占领并左右国际市场。虽然由于当时各国普遍采用外汇管制措施,使在关贸总协定主持下贸易自由化谈判所取得的关税减让的直接效益有所下降,但美国工业仍以出口和直接对外投资的方式,在欧洲建立了重要的市场地位。美国扶植日本、西欧以及其他一些发展中国家或地区经济发展的政策也非常成功。到 1960 年左右,大多数遭受战争破坏的工业化国家,生产都达到或超过了战前水平,20 世纪 60—70 年代,还出现了亚洲“四小龙”等一批新兴工业化国家和地区。

然而,随着日本、西欧及一些发展中国家和地区的崛起,美国在经济上的霸权地位受到了挑战,在世界经济贸易中的地位日益下降,对外贸易中的市场份额逐步缩小。就拿美国较发达的制造业来说,其占世界市场的份额从 1953 年 29.4％急剧下降为 1959 年的 18.％。到 20 世纪 50 年代后期,棉纺织品、石油以及一些农产品部门的竞争已相当明显,加上美元不断升值,到 60 年代后期,激烈的竞争已蔓延到诸如鞋类、收音机、电视机、轮胎和内胎、半导体、厨房设备、珠宝和某些钢铁产品。到 1971 年,美国占世界制品出口的比重已下降到 13.4％。与此相反,西欧的制成品出口占世界制成品出口的比重却从 1953 年的 48.6％上升到 1959 年的 52.3％,1971 年又上升到 55.1％,而日本在此期间的份额从 3.9％上升为 6.8％,继而上升为 10.7％。按美国著名国际经济学家鲍德温的说法,到 60 年代后期,美国的经济地位已从战后初期的霸主下降到一小组国家中的一员,这些国家中单个国家的行为会严重影响国际经济秩序,但不能支配国际经济秩序,昔日的霸权地位已不复存在了。

20 世纪 70 年代中期以来,尤其是 80 年代以来,美国的出口贸易在世界出口贸易中的地位进一步下降,如从 1975 年占世界出口的 12.86％下降到 1987 年的 10.35％,而日本和西德稳步上升,分别从 1975 年的 6.66％、10.77％上升到 1987 年的 9.57％和 12.16％。① 近代国际贸易发展史告诉我们,一个国家经济实力越强,越

———————————

① 参见《国际金融统计》1990 年 6 月号及该刊 1988 年贸易统计增刊。

能在世界市场上占支配地位,就越是主张在世界范围内的自由竞争;而一个国家的经济实力下降,则会倾向于保护主义。

美国在国际经济贸易中地位的下降,反映了美国经济相对衰落、国际竞争力下降的事实。据估计,1979年美国竞争能力指标保持正数的商品,约占全部出口的16%,进口的9%,而竞争能力为负数的商品占全部出口的14%,进口的23%。由于各国经济的进一步国际化,国际分工形式也发生了变化,传统工业部门的生产设备和技术、管理经验在世界上广为扩散,使得一些产品在发展中国家生产更有比较优势,这就引起了世界范围产业结构的调整。一些发展中国家和地区努力发展外向型经济,积极引进外资和先进技术,按比较优势原则调整产业结构,在传统工业品生产中形成了出口优势,不少产品成功地打进了美国市场。而美国由于结构调整的困难而未能及时从已丧失国际竞争力的领域退出,只能求助于贸易保护主义。不仅如此。由于受海外高额利润的驱使,美国将大量资本和产业转移到国外,造成了美国产业的严重"空心化",尤其是制造业出现萎缩。这一方面削弱了美国的经济实力和竞争力,导致出口下降,另一方面又增强了引进美国产业和技术的国家的经济实力和竞争能力。

美国经济实力的下降和国际竞争力的减弱,使美国在对外贸易上出现了持续的巨额贸易逆差。1971年,美国战后第一次出现了20亿美元的贸易赤字。其后除1973年、1975年分别有过10亿美元和90亿美元的顺差外,至今每年一直是逆差。特别是20世纪80年代,贸易逆差迅猛上升,1984年突破千亿美元大关,1987年达到1703亿美元的顶峰。随后虽略有下降,但其后三年仍维持在1200亿美元以上的巨额数字。整个80年代,美国的贸易逆差累计超过了10 000亿美元。而同期日本和西德的贸易顺差则年年都在大幅度增长。其中对日本的逆差80年代以来一直是美国贸易逆差的最重要的组成部分,大都占30%以上。长期居高不下的巨额贸易赤字,是美国外贸政策转向保护主义的直接原因。尽管美国大多数经济学家和贸易官员都认为,贸易出现巨额逆差的根本原因在于宏观经济因素,而消除逆差的可能手段在于宏观经济政策的调整,即财政政策和货币政策。但由于这些调整涉及棘手的政治问题而很难实施,比如增税和减少社会支出,都很难获得大多数国会议员的通过,理由是基于意识形态或者是害怕其选民不同意。而抱怨外国人,即把美国贸易赤字的原因归咎于外国企业和政府的不公正贸易做法,则不会引起选民不同意的那种风险。因此,20 世纪 70 年代中期以来,特别是 80 年代以来,美国的保护主义压力不断增加,直至公开放弃自由贸易的口号,而举起反对所谓"不公正贸易"以实现"公平贸易"的旗帜,美国外贸政策也因此发生了战略性的转折。

值得注意的是,美国自 20 世纪 70 年代末以来,特别是 80 年代中期以来采取的具有浓厚保护主义色彩的管理贸易政策,已初见成效,使得美国的外贸逆差有较大幅度的下降。特别是 1991 年,美国外贸逆差降 662 亿美元。当然,美国外贸逆差减少的原因是多方面的,其中主要因素还有美国产品的国际竞争力增强等,但是,不容否认,美国保护主义的外贸政策起了重要作用①。美国外贸政策调整的良好"效果",更促使美国外贸政策向进攻性保护主义转变。可以预见,美国要根本消除贸易逆差,至少在近期不大可能,因此美国贸易政策的短期走向仍是趋向于保护主义。

二、美国外贸政策的调整及其特点

一般认为,20 世纪 70 年代中期以来,特别是 80 年代以来,美国外贸政策调整的目标,是通过各种贸易保护手段来保护国内市场,维护在现有力量对比条件下所能达到的最大国际竞争优势,因而这是一种以保守为主,而不是以进攻为主的战略。我认为,这是不全面的。不管美国经济实力怎样削弱,它仍然是世界上经济力量最强大的国家,也是世界上最大、相对来说最开放的市场。几乎凡是外向度高的国家,无论是发达国家还是发展中国家,都离不开这个市场。因此,如果说,当年美国凭借强大的经济实力,竭力推行全球范围内的自由贸易,以实现自己的战略意图和经济扩张的目的的话,那么,70 年代中期以来,美国则是利用自己的"余威",采用贸易保护主义的手段,以维护并扩大自己的经济利益。可以认为,美国的贸易保护政策的基点是美国本身的经济利益,这是由世界政治、经济格局的演变所决定的。为达到这一目的,采取的政策手段则是进攻性的而不是保守性的。一方面,美国广泛使用贸易报复手段,对进行所谓"不公平贸易"的对手进行打击;另一方面,通过对有关国家施加政治和经

---

① 参见方文:《1987 年—1991 年美国贸易逆差的变动特点和原因分析》,载《国际贸易问题》1993 年第 2 期。

济压力,进行贸易干预,迫使对方做出有利于美国的让步,如自愿开放市场、扩大自美国的进口等。我们知道,战后很长一段时期内,美国为实现其政治上抑制共产主义的战略意图和所谓安全的需要,曾对日本、西欧等国采取扶植政策,以维持"自由世界"的老大地位。随着日本、西欧的崛起、冷战的结束,把它们联合起来的安全纽带已不复存在。正如美国贸易代表坎特所说的:"我们曾使经济利益屈从于外交政策或防务考虑的时代早就过去了。"美国政府把经济实力看作是国家安全的关键内容。为了经济利益,不惜与贸易伙伴打一场贸易战。

因此,我认为,美国外贸政策的这次战略性调整有两大特点:一是结束把经济利益屈从于安全考虑的历史,把对外经贸的立足点放在维护并扩大美国的经济利益上;二是采取进攻性的贸易保护主义手段,以实现美国需要的"公平贸易"。从 20 世纪70 年代中期以来,特别是 80 年代以来,这个思路一直是比较清晰的,即变"自由贸易"为"公平贸易"。美国总统克林顿 1993 年 2 月 17 日在国会演说时明确宣布:"我们将坚持在国际市场上实行公平交易规则,并将此作为扩展贸易的国家经济战略的一部分。"这说明美国新一届政府不仅仍奉行"公平贸易"的外贸政策,而且进一步把它提高到经济战略的高度。

为实现外贸政策的战略目标,20 世纪 70 年代中期至今,美国政府主要采取了以下一些措施和政策手段。

1. 加强外贸立法,为贸易保护政策提供法律依据。1974 年《贸易改革法》是战后第一部有严重贸易保护主义倾向的立法,它首次确定了各种非关税壁垒在法律上的地位。1979 年《贸易协定法》增加了反倾销、反补贴专章,并将与多边贸易谈判有关的政府采购协定付诸实施,还规定了司法审查及其程序。1984 年《贸易与关税法》重点修改了 1974 年《贸易改革法》中的某些条款,如普惠制的延长与取消、降低劳务贸易、高技术产品和直接投资壁垒的国际协定等。而 1988 年《综合贸易法》作为新贸易保护主义形成的法律标志,除了保留上述贸易立法中有关非关税限制条款外,还从多方面强化了保护主义措施,如扩大美国国际贸易委员会(其前身为美国关税委员会)的权限并加强美国贸易代表授权,完善贸易保护程序,如反倾销的"听证会""司法审查"等,使贸易立法的贯彻有了组织上和程序上的保证。

2. 利用非关税壁垒加强对进口的限制。名目繁多的非关税壁垒,其中不少就是由美国首先"发明"和采用的,如"自动出口限制"等。美国的非关税措施不仅数量多,而且实施的范围不断扩大,涉及工业、农业、服务业和高技术领域。据统计,美国受各种非关税壁垒影响的进口额从 1966 年的 93.79 亿美元增至 1986 年的 1 030.69 亿美元,20 年内增长了 10 倍,分别占当年总进口额的 36.4% 和 45%。另据国际货币基金组织 1988 年提供的报告,1980—1987 年期间,美国共进行了 411 起反倾销调查、283 起反补贴调查、60 起利用关贸总协定例外条款限制进口的保护行动,其中 40 起是针对来自发展中国家的进口。1988 年 5 月,世界贸易中共有 261 项"自动出口限制安排",美国就占了 62 项①。而这些协议大部分是出口国迫于美国反倾销、反补贴调查的威胁而做出的选择。

3. 针对所谓进行"不公平贸易"或在自由贸易方面做得不够的国家,进行单方面的贸易报复。20 世纪 80 年代以来,随着美国贸易赤字的急剧增加,美国越来越多的国会议员、政府官员和经济学家认为,作为多边自由贸易体制框架的关贸总协定的体系是不健全的。非关税壁垒激增,农产品贸易保护有增无减,劳务贸易、知识产权贸易缺乏约束规则,总协定解决贸易争端的机制又慢又麻烦,因而国际贸易这个"角逐场"实际上是不自由、不公平的。因此,自 80 年代以来,美国开始从单纯的限制进口转为对贸易伙伴进行报复。一方面,积极发起并控制乌拉圭回合的多边贸易谈判,在关贸总协定内施加压力以改善美国的国际贸易环境;另一方面利用 1974 年《贸易改革法》中的 301 条款以及 1988 年《综合贸易法》中修订过的 301 条款,对所谓外国企业的不公平贸易行为进行调查、制裁和报复。1988 年《综合贸易法》还扩大了美国贸易立法的域外管辖范围,即以美国的贸易立法为依据,只要外国生产商大幅度增加出口从而对美国生产者造成损害,就会被认为是不公正贸易,而不管出口增加的原因是什么。美国一向是按照本国的贸易立法和价值标准来处理同其他国家的关系而著称的,这种独断专横性在 301 条款的运用中得到了充分体现。

---

① Ito, Takatoshi, and Anne O. Krueger. eds. 1993. TRADE AND PROTECTIONISM. The University of Chicago Press, p. 189.

4. 在不放弃通过关贸总协定这样的多边机制解决贸易问题的同时,将重点向双边协调机制倾斜,推进区域保护主义。众所周知,战后美国一直致力于通过关贸总协定的多边机制来消除贸易壁垒和解决贸易争端。但由于关贸总协定本身的不完备,对于一些重要的敏感性外贸领域,如农产品补贴和纺织品及服务贸易等领域,因乌拉圭回合旷日持久,再加上世界经济贸易集团化浪潮的冲击,促使美国外贸政策的重心从多边向双边转移。虽然美国发起了乌拉圭回合谈判,仍未放弃利用多边机制,但在实际动作上已经开始更多地利用双边机制。例如,美国以 1988 年《综合贸易法》为依据,加强针对性的双边贸易谈判,强调对等互惠条件。在美国的压力下,日本、德国以及亚洲"四小龙"等对美国有大量盈余的伙伴做了一些让步,采取了有限度的开放市场、扩大内需、货币升值以及实行出口多元化等措施,来调整与美国的贸易关系。为对付区域集团化的挑战,美国于 1985 年与以色列签订了双边自由贸易协议,1988 年与加拿大签订的自由贸易协定已于 1989 年 1 月 1 日起生效。1991 年又在美国推动下进行创建美、加、墨自由贸易区的谈判,并于 1992 年布什总统卸任前正式草签了北美自由贸易协定。很明显,美国今后将不会再单纯依靠关贸总协定作为开展外贸活动的唯一机制,而会更多地依赖已有的双边机制,并会创造、发展更多的双边协议,走向"有管理的世界贸易"。当然,美国也不会放弃对完善关贸总协定多边贸易体制的支持,因为关贸总协定仍然是美国利益的至关重要的阵地;但美国利用双边机制来代替、补充并冲击多边机制这一政策是不会改变的。

5. 在加强对国内市场保护的同时,更多地将政策重点转向扩大出口、开拓海外市场上。20 世纪 70 年代中期开始直至 80 年代中期,美国外贸政策的主要注意力一直放在采取单边报复措施和其他贸易保护政策,限制进口以保护国内市场。80 年代中期以后,美国外贸政策开始转向鼓励扩大出口,并在一些双边谈判中做过某些努力。到了 90 年代,这个趋势又进一步得到加强。据估计,目前美国 1 400 万工人的工作是与出口业务直接相关的。自 1984 年以来,美国制造业的任何增长都归因于海外贸易的扩大。但由于各种原因,美国的国外市场份额并未达到期望的程度。因此,美国政府采取所谓"干预性外贸"的做法,即通过对有关国家政府施加政治和经济压力,迫使其做出有利于美国的让步,向美国开放市场,包括通过协议保证美国产品在该国市场上的份额。近年来,在美国与一些贸易伙伴的双边贸易谈判中重点已从贸易保护和对不公平贸易行为的报复制裁,转为"市场准入"。这表明,尽管美国仍坚持保护国内市场的政策,但打入国外市场,开辟国外市场已上升到突出位置,或者说前者更多的是实现后者的一种手段。比如,在与中国的双边贸易关系中,美国对最惠国地位和301条款调查问题大事渲染,并反复提出了许多附加条件和保护性措施;但与此同时,却尽力推进"市场准入"利益。在中美双边谈判和恢复中国在关贸总协定缔约国地位谈判中,美国还提出了对美国利益予以特别考虑的要求。在1993年西方七国首脑会议上,美国在市场准入问题上取得重要收获,并和日本达成了有关双边贸易的框架协议,日本许诺进一步向美国开放市场,努力削减对美顺差。

值得注意的是,美国的国内宏观经济政策也已开始实现向出口导向战略的转变。美国已决定实行一些鼓励出口导向的工业政策,其中包括对中小企业和新创企业提供最大胆的、目标明确的支持,在税收、国际市场情报服务、外贸财务支持等方面为它们提供方便,使中小企业和新创企业成为扩展外贸的新的生力军,对有国际市场潜力的新技术领域予以投资倾斜,以便取得长期的国际竞争优势,调整进出口结构,改善美国的国际市场地位,等等。

（原载《国际贸易问题》1994年第2期）

略论以生产力理论为基础的保护贸易学说

19 世纪德国最进步的资产阶级经济学家李斯特,1841 年出版了他的名著《政治经济学的国民体系》,创立了一套以生产力理论为基础、以保护关税制度为核心,为后进国家服务的保护贸易学说。在当代,保护贸易学说在新的历史条件下又得到了多方面的发展。在我国开放型经济深入发展,我国经济越来越融入世界经济体系的情况下,认真研究保护贸易的理论和政策主张,对于我国这样的发展中大国如何掌握好参与国际竞争的"度",选择参与国际分工的适当形式,从而在不断开放中获得经济发展的利益,无疑有重要现实意义。

众所周知,古典经济学家亚当·斯密和大卫·李嘉图从他们的价值理论出发,提出绝对成本理论和比较成本理论作为自由贸易学说的基础,强调通过国际自由贸易来使一国的财富得以增加,提高实际福利水平。李斯特否认这种观点也适用于经济落后国家。他提出了生产力理论来代替古典学派的价值理论,并以此作为其保护贸易学说的基础。在李斯特看来,财富本身和财富的生产力是有重大区别的。财富本身固然重要,但发展生产力更为重要。他写道:"财富的生产力比之财富本身,不晓得要重要多少倍;它不但可以使已有的和已经增加的财富获得保障,而且可以使已经消失的财富获得补偿。"个人如此,拿整个国家来说,更加是如此。李斯特还强调指出:"生产力是树之本,可以由此而产生财富的果实,因为结果子的树比果实本身价值更大,力量比财富更加重要。"①因此,一国在对外贸易中实行什么样的政策,首先必须考虑的是国内生产力的发展,而不是从交换中获得的财富增加多少。

---

① 〔德〕弗里德里希·李斯特:《政治经济学的国民体系》,陈万煦译,商务印书馆 1961 年版,第 118 页。

　　根据生产力理论,李斯特鲜明地反对英国古典学派关于无条件实行自由贸易的观点,主张德国和一些经济落后国家实行保护贸易政策,认为这是抵御外国竞争、促进生产力成长的必要手段。进口国外廉价商品,短期内看来十分合算,但本国的产业得不到发展,就会长期处在落后和依附的地位。而采取保护贸易政策,开始时国内厂商提供的产品成本要高些,消费者为此必须支付较高价格的货币,短期内利益受到了损害,但这是发展本国工业的一个条件。为了生产力的发展,暂时在消费上做出牺牲是必要的、值得的。在本国的产业发展起来之后,人们的损失会得到补偿。

　　值得指出的是,李斯特只是把保护贸易政策看成是一种手段,而不是目的。他明确指出,"国际贸易的自由和限制,对于国家的富强有时有利,有时有害,是随着时期的不同而变化的。"①因此,要根据本国经济发展的不同阶段采取相应的贸易政策。后进国家经过保护并建立了具有竞争力的工业后,就应撤销这种保护,逐步实行自由贸易政策。关于保护对象的选择,李斯特认为,受到保护的应当是国内幼稚的、但有发展希望的工业,受保护对象通过一段时期之后能够成长起来。在一般情况下,如果某种产业不能在比原来高40%至60%的保护税率长期存在下去,这种产业就缺乏保护的基本条件,因而不应当给予保护。保护期应当以30年为最高界限,在这个期限内仍然不能成长起来的产业,政府就不应当继续保护下去。

　　李斯特以后的经济学家对上述以生产力理论为基础的保护贸易理论又做了一些发展。英国古典经济学家约翰·穆勒是自由贸易论者,但他赞成李斯特的幼稚产业保护论,并对如何确定保护对象提出了三点看法:(1)正当的保护只限于从外国引进的产业的学习掌握过程,过了这个期限就应取消保护。(2)保护只应限于那些被保护的产业,在不久之后,没有保护也能生存的产业。(3)最初为比较劣势的产业,经过一段时间保护后,有可能变为比较优势产业。② 日本当代经济学家小岛清进一步提出,要根据要素禀赋比率和比较成本的动态变化,选择一国经济发展中应予保护的幼稚产业。其一,所保护的幼稚产业,要有利于对潜在资源的利用。如果保护政策能

①　〔德〕弗里德里希·李斯特:《政治经济学的国民体系》,陈万煦译,商务印书馆1961年版,第47页。
②　〔日〕山本繁绰:《贸易政策与理论》,日本东洋经济新报出版社昭和四十八年版,第39页。

促使该国创造出利用潜在资源的国内外市场等条件,从而带动经济增长,那么,保护政策就是正当的。其二,对幼稚产业的保护要有利于国民经济结构的动态变化。一国的要素禀赋比率是动态的、变化的。比如,如果资本积累率超过劳动力增加率,那对资本密集型产业的保护,就有利于国民经济结构的动态转变。其三,保护幼稚产业,要有利于要素利用率的提高。开发一种新的产业,也就意味着引进一种新的生产函数。如果一种幼稚产业在保护下成长起来以后,能对其密集使用的要素加以大规模地节约,从而能在既定的资源下维持其产量的增长,那保护政策就是合理的。①

约翰·穆勒和小岛清都是从经济发展和结构变动的角度来选择幼稚产业和确定保护政策的,这些论述使得以生产力理论为基础的保护贸易学说大大地向前扩展了。循着这个思路,一些经济学家还从促进本国产业多样化的角度论证保护贸易的重要性。这种论点认为,如果一国高度专业化生产一种或几种产品,国内其他需求依赖进口,就会形成比较脆弱的经济结构。一旦国际市场发生变动,国内经济就难以适应和调整。通过贸易保护,就可以促进落后产业的发展,形成产业多样化格局,以保持国民经济结构的平衡,减少对外依赖的脆弱性。

自从近代国际贸易成为世界性现象以来,有关贸易政策的理论争论从未停息过。一般认为,这种争论的实质是实行自由贸易还是保护贸易。我认为,这种认识是一种浅层次考察的结果。上面我们简要论述的以发展生产力为核心的贸易保护的理论和政策主张,不仅有其明显的经济学上的合理性,而且就其本质来讲,与自由贸易的理论和政策并不存在根本的对立,而是存在着内在联系的。

第一,保护贸界政策的立足点在于保护初促进本国的经济增长,发展生产力,以增强本国经济的国际竞争力。应该认为,这种观点的立论本身就是正确的。自由贸易论者认为,只有无条件地实行贸易开放,才能促进经济增长,那是站在经济发展水平高的国家立场上得出的结论,而对后进国家来说,则不是这样。在经济发展水平悬殊很大的情况下,后进国家无条件开放市场,无异于听任外国廉价的商品占领本国市场,让外国先进生产力摧毁本国的经济基础。在国际贸易中,不像在一国国内贸易那

---

① 〔日〕小岛清:《对外贸易论》,周宝廉译,南开大学出版社1988年版,第307页。

样优胜劣汰,绝对竞争,而要贯彻相对竞争原则,平等互利,共同发展。因此,后进国家采取保护措施来保证本国工业,尤其是幼稚工业的发展,从而增强国际竞争力,正是为自由贸易、平等竞争创造了条件。李斯特认为一国实行什么样的贸易政策,首先必须考虑到是否有利于国内生产力的发展,而不是从交换中获得的财富增加多少。这种见解是极其深刻的。自由贸易论认为自由贸易政策能促进经济发展;保护贸易论认为在一定条件下,保护贸易政策才能促进经济发展。虽然二者的政策主张相悖,其目的都是促进经济发展,具有异曲同工之妙。从国际经济关系和世界经济的发展看,后进国家经济发展了,能平等地参与国际分工、国际竞争和国际交换,对先进国家的经济发展也有刺激和推动作用。

幼稚产业保护论中还有一个重要观点,即保护是为了不保护。保护本身不是目的,而只是手段。一旦幼稚产业成长起来,就撤销保护。即使在保护期间,也不排斥国外的竞争,只是要把这种竞争限制在适当的、本国工业可以承受的范围内。有些人把保护贸易理解成闭关锁国,断绝与其他国家的经济往来,这至少是误解。

第二,实行保护贸易政策着眼于资源的动态优化配置,考虑的是经济成长的长远利益。这种考虑是符合经济学原则的。资源在某一时点上的最佳配置和在一个较长时期内的合理配置是不同的。自由贸易论者主张按现在一个国家的资源禀赋状况、生产技术水平等比较优势来参与国际贸易分工,而保护贸易论者则主张保护那些现在没有比较优势,但将来则有希望成长起来成为具备国际竞争力的那些产业,或主张保护那些有利于国民经济发展的重要产业或部门。应该说,出于资源动态优化配置,着眼于国内经济成长所带来的长远利益而实行保护政策,是合理的选择。特别是一国的幼稚主导产业,对国民经济发展有特别重要的作用,因为主导产业联系效应大,提供的就业机会多,对此加以保护更是一国贸易政策的应有之义。这不只是一个单纯的外贸政策问题,它直接关系到一个国家的经济独立和经济发展,因而这也是发展经济学的重大课题。

人们总认为自由贸易和保护贸易是截然对立、水火不相容的。实际上,从深层次分析,就可以发现两者之间还存在着某种内在的联系。其一,保护贸易并不是闭关自守,不发展对外贸易,也不是排除国外的竞争,而是把这种外来的竞争限制在本国经济可能承受的范围之内。其二,国际贸易是主权国家之间的经济交换关系。如果贸易双方经济实力悬殊,要长久地维持这种贸易关系是困难的。经济后进国家适当采取保护政策,逐渐增强其产品的国际竞争力,正是为自由竞争创造条件。李斯特早就鲜明地提出保护是为了不保护,把保护贸易政策作为走向国际自由竞争的手段。从这里,不是可以看出所谓对立的两大贸易理论的共同之处吗?

在现实经济生活中,为保护贸易政策辩护的理由是多种多样的,有经济的、政治的、社会的、文化的理由,各种理由还常常交织在一起。我认为,以生产力理论为基础的保护贸易学说,是最有说服力的,完全可以作为经济后进国家制定外贸战略和政策的参考。在各国经济相互依赖、相互联系日益加深的今天,在国际关系相对平等化的今天,谁开放,谁就进步,就发展;谁封闭,谁就落后,就停滞。因此,相对自由的外贸政策,应是发展的方向。但对发展中国家来说,则应把开放与适当保护结合起来,把发展对外经济贸易关系与培育本国产业国际竞争力结合起来,在积极参与国际贸易分工中不断寻求发展机会。在我国"复关"在即,对外开放向高层次、宽领域、纵深化方向发展的新形势下,如何处理好扩大开放与适度保护的关系,是一个亟待解决的重大现实课题。

（原载《生产力研究》1994 年第 3 期）

人才竞争与 21 世纪国际经济竞争

　　和平与发展是当今国际关系的主流,而经济竞争,则成为国际竞争的主要形式。随着国际分工、国际交换的深化,各国的经济生活日益国际化。在世界经济已连成一片、形成网络的情况下,各国经济竞争力越来越不取决于自然资源因素等传统的经济发展优势,而是取决于人为的相对优势,即取决于科技和人才的优势。国际经济竞争越来越表现为科技和人才的竞争。在我们即将跨入 21 世纪的历史转折关头,深入探讨人才竞争与国际经济竞争的关系,对于把握未来 21 世纪国际经济竞争的特点,制定正确的人才战略和经济发展战略,无疑具有重要意义。

一、国际经济格局演变与人才竞争

　　我们首先来稍稍回顾一下近代以来国际经济竞争的历史,考察人才竞争与国际经济格局演变的关系,以获得一些有益的启迪。

　　众所周知,近代社会分工的形态是随着社会生产力的发展而不断变化的。技术革命提高了交易效率,促使社会分工形态和分工范围不断发展。其中专门的企业家、专门的教育,特别是专门的科研是分工更重要的方面,而国际分工,则可以视为社会分工向国外延伸的自然结果。从近代世界经济发展的实践看,哪一个国家的制度结构能适应分工状态,就能保证培养出合适的人才,吸收和掌握当时第一流的科技成果,从而赢得经济发展的优势,在国际经济竞争中处于有利位置。

　　英国在 1640 年资产阶级革命以后,就立即进行了教育制度的改革,以普及教育,提高全社会的文化素质和科技水平,培养现代生产所需的各种人才,并实现意识形态的个人主义化,鼓励个人奋斗。正是由于提供了这些制度背景,才培养了一大批发明家,促进了工场手工业的发展,催化了第一次产业革命。工场手工业继而发展为工厂机器大工业,社会化大生产成为经济活动的主要形式。产业革命使英国成了世界的工厂。银行、保险、证券等大量金融人才的涌现,适应了现代金融发展的要求,使得英国成了国际金融中心。人才方面的优势保证了英国成为第一次工业革命的发祥地。英国依靠经济技术优势,控制了落后农业国的自然资源优势,使它成为"农业世界的伟大工业中心"和"工业的太阳"。显然,英国当时在国际分工中处于主导地位。

19世纪70年代开始,主要资本主义国家发生了第二次产业革命。这一时期,发电机、电动机和内燃机等开始广泛应用,一些新兴的工业部门如电力、石油、化工、汽车制造等开始出现。在这个产业转换过程中,主要资本主义国家的经济竞争地位发生了巨大的变化。

如前所述,英国是第一次产业革命的先驱,当时,几乎所有的重大科技发明都产生于英国。即使是外国的发明,英国也都能很快吸收并付诸实践。短短几十年间,英国迅速建立起以纺织、煤、铁为核心的第一代工业体系,长期在世界工业生产中居领先地位。但在后来发生的新的科技革命中,英国无动于衷,漠然置之,不再鼓励发明创造,只依靠掠夺海外资源维持其在国际竞争中的地位。而其他资本主义国家在吸收英国的科技发明后,积极加以改进,迅速跟上。尤其是美国,它在世界上首创了12年国民义务教育制度,并且普及了高等教育,建立了专利制度,保障创造发明者的利益,创建了工业实验室,推动创造发明的产生,同时制定优惠政策吸引外国人才。德国也采取了类似的措施。正是美、德采取了强制性的制度安排,使新的制度适应新的分工形态,才造就了一代科技、经济管理等方面的专门人才,使美、德在第二次产业革命的国际经济竞争中赶上和超过了英国。从19世纪中叶起,世界科技中心开始向美、德等国转移。

值得提出的是,英国不仅在第二次产业革命中出现的以电力、化学和汽车工业为核心的第二代产业体系的技术竞争中处落后地位,而且英国的企业组织形式变革也显得相当迟缓。在第一次产业革命中建立起来的英国企业,大部分属独资或合资企业,技术简单,规模较小,组织形式也不很复杂。这种组织形式无疑符合蒸汽时代的技术要求。但是19世纪下半叶出现的电气、化学、汽车等新技术产业是近代科技发展的直接结果,生产技术极为复杂,所需资本数额巨大,并非早期的独资或合伙企业所能承担。这就要求企业组织形式发生根本性的变革。股份公司应运而生。19世纪六七十年代,美国出现了托拉斯,德国出现了康采恩。股份公司形式的私人垄断组织既能在短期内筹集大量资本,又能采用新技术进行大规模经营,因而有利于新兴产业的建立和发展。而英国向垄断过渡进程缓慢,生产资料占有规模和形式不适合新兴产业形成。英国把大量资本输出国外用于掠夺海外资源,而不是用来培养人才,投资新兴产业。当原有制度中出现不利于人才培养因素时,政府也未能及时采取强制性的制度变化来适应新的经济形势对人才的需求。股份制形式的垄断组织对企业家才能提出了更高的要求。美国的制度背景保证了大批适应新的经济组织需要的企业家不断涌现。美国和德国在追赶英国的过程中,采用了强制性制度变化,加快了人才培养速度,尤其是培养了大批发明家和企业家。这是导致美国、德国经济地位上升、英国相对衰落的根本原因。

国际分工格局在第二次世界大战以后发生了极大的变化,一系列新独立的国家使国际分工的基础发生了根本变化,原来以宗主国与殖民地的经济联系为主的国际分工形式不再存在,取而代之的是各个政治上相互独立的国家之间的国际分工,各个国家利用本国的比较优势进行生产,但自然赋予的要素条件能否转化和形成各国在特定商品上现实的成本和价格优势取决于企业的生产水平、劳动熟练程度及管理水平。随着企业生产技术和经营管理水平的提高和企业的人力资本的积累,企业逐步从劳动密集型产品生产转移到高附加值的资本密集型产品的生产。国家的经济竞争力取决于企业家的才能、科技人员开发新产品的能力、熟练工人的多少。战后的美国拥有五个绝对的优势:它是世界上最大的市场、有技术程度最高的工人、最多的资金、最好的技术以及世界上最好的经理人员,从而在国际分工中处于支配地位。

由于美国拥有以上五个绝对优势,所以不断开发研究出新产品。垄断了新产品的制造技术,也就垄断了这种产品的世界市场,以福特方式生产的一大批美国跨国公司也应运而生。其他国家没有实力同美国在开发新产品上竞争,只指望在美国着手退出的市场加入竞争,日本及西欧经济利用美国输出的资本,一方面用来引进并吸收美国的先进技术和管理经验;另一方面加强了人力资本投资,使经济增长从数学级数增长变为几何级数增长,逐步缩小了与美国的差距,一些发展国家由于重视人才培养,能很快吸收跨国公司的技术和管理经验,也得到了迅速发展。

20世纪60年代后期,第三次工业革命的成果——原子能、电子计算机、空间技术的应用促进了生产力的高速发展,资本主义世界国家开始进入新的转折时期。在生产及供给体系中,以福特方式为代表的大批量生产的优势正在丧失,灵活专门化生产方式正取而代之,富裕社会的出现和微电子技术革命为这个新转折准备了条件。收入水平的提高使得消费者的行动变得更有选择性,更加多样化,它要求产品高质量、高性能、有明显个性,及时更新换代。从供给角度则要求多品种、小批量生产。微电子技术则为灵活供给创造了条件。国际分工的基础出现了新格局,科技革命使国际分工由垂直型或水平型向二者的复合型转化;由主要受资源禀赋所制约变为以科技优势为导向的分工,由产业之间、企业之间的分工向产业内部和企业内部的分工转化。

在新的转折时期,由于各国培养人才体制不同,培养的人才有的适应新的分工形态,有的国家不能适应,从而导致各国相对经济竞争地位的变化。美国的地位相对衰落,而日、德地位上升。美国的科技侧重于基础研究,不注意应用技术,美国的教育体制着重在管理教育,对单个工人的投资少,对基本技能投资少,更注重专门性工作技能的教育。然而,当国际分工进入产业内和企业内分工时,基本技能和应用技术越来越显得比专门化教育、基础研究更重要。而美国政府没有采取相应的法律和政策改变人才培养体制,而日、德政府适应新的国际分工条件下对人才的需求,改变培养人才体制,加强了这方面人才的培养,逐步增强了自身的竞争力,当今世界经济才出现了美、日、欧三足鼎立的格局。

国际经济竞争的历史表明:归根到底,国际经济竞争是人才的竞争,国际分工不同时期需要不同的人才,一国只要能建立良好的制度培养出适应国际分工要求的人才,就能在国际经济竞争中保持领先地位或从落后国家变为主导国家。

二、人才竞争在21世纪国际经济竞争中的地位

20世纪80年代后期以来,绿色革命与材料科学革命的兴起,降低了经济发展过程中自然资源的重要性,通信技术革命性的变化及高技术在远程通信和计算机领域的广泛应用,世界各国的联系日益密切,相互依赖程度越来越深。卫星通信、移动通信、传真机加强了处理传递信息的速度和能力,信息技术提高了个人的创造能力和交

际能力,提高了交易效率,降低了交易成本,形成了全球资源网,使国际金融进一步发展成为世界性的资本市场,证券市场的作用增大,企业筹资越来越多地通过证券市场走向国际,电脑和电信手段使拥有资本不再是优势。只有人才的相对优势才是一国的长久竞争优势。

即将到来的 21 世纪面临的第四次工业革命,产生 21 世纪最高生活水准的工业:微电子、新材料科技、电信通讯、民用航空、机器人和机器工具以及计算机和软件。任何一个单独国家都不可能获得并保持第四次工业革命中的全面的技术领导地位,甚至在一个诸如微电子、遗传工程或新型工业材料的主要领域获得并保持领导地位也不大可能。事实上,每一主要领域都代表着一组高度专业化和高度分工的活动,需要大批专业化人才。每个国家都拥有自己具有相对优势的专业人才,即使是发展中国家也在某些领域拥有自己具有相对优势的专业人才,从而专业的相对有利条件也很可能分布在相当多的国家。企业的最佳规模、批量生产的经济效益以及产品的更新换代,均要求实行专业化生产和生产的国际化协作,特别是生产技术复杂的高科技产品,没有国家间的合作,往往便不能进行正常的生产,一件产品通常需要几个国家共同完成,其中每个国家只生产具有本国成本优势的中间产品。21 世纪仍会有各种高技术和低技术产品,但是,绝大多数产品和服务都由属于高科技的加工技术制造出来。汽车属于低技术产品,但制造汽车的机器人属于高科技;纺织业属于传统工业,但设计用的计算机及其软件则属于高科技。在高科技加工制造技术方面领先,对几乎所有的产业都至关重要。掌握第四次工业革命中出现的加工制造技术是个人致富、企业成功、国家创造高水准人均国民生产总值的关键。各国必然为争夺在"脑力产业"中领先地位而发展科技、培养人才,从而对新科技革命中经济竞争地位的竞争也就表现为科技和人才的竞争。

跨国公司在当代科学技术、国际经济和国际贸易中发挥着越来越重要的作用,跨国公司是国际性生产的主要组织者。自 20 世纪 80 年代后半期以来,跨国公司已遍及世界各地,渗透到各个经济部门和领域。大型的跨国公司发展的网络系统业已形成,它们大都有为数众多的子公司和关联公司,有的多达成千上万家。为了分担研究与开发的昂贵费用,分散因竞争激烈和产品生命周期缩短而产生的投资风险,分担巨额的营销费用,适应竞争的需要,跨国公司的投资经营活动不断在世界范围内转移,从而引起了跨国公司的全球经营战略发生改变,采取了合资经营、特许经营、联合经营及兼并战略。由于大规模的跨国经济活动,国界的重要性大大下降,对跨国经营起重要作用的技术、信息和资本,通过微电子技术在空中就能发生交易。此外,各国政府对跨国公司的控制也在不断放松,全球性的跨国公司逐渐发展成为"无国籍公司",这类公司很难辨明其国籍,其产品更是"多国籍化"。伴随着跨国公司的扩大,全球性市场正在形成。全球性跨国公司以整个世界为自己的市场,以争夺全球份额为目标,在配置各种资源中,不仅考虑本国的比较优势,而且谋求在全球范围的经济利益,全球性市场的形成是世界经济全球化的必然结果。跨国公司的合资经营和战略联盟已经模糊了作为福特制的跨国公司的特征——等级制度和公司间的界限,客户们正在帮助和创造新的产品和服务。竞争者正在相互拥抱,进入新的市场和制造他们单独无法生产的产品。竞争者、供应者和客户之间的高层次合作,终将会产生很多重叠,以至于很难确定公司之间的界限。在世界经济连成一片、形成网络的情况下,自然资源、资金与新产品技术又均能在全世界迅速流动,各国的竞争优势就会越来越依靠相对流动得慢的人才。

在 21 世纪,随着产业内贸易的发展,各国收入水平的提高,各国居民收入差距也越来越大,加上各国的文化背景不同,各国居民的需求不一样,即使在同一国家,居民的需求层次也会有所不同。面对这样的市场细分,任何企业不可能生产满足各国消费者的不同层次消费品,即使是同一国家也会有困难,跨国公司经营对象只能为满足某一层次偏好的消费品或服务,手段也主要依靠不断创新的技术,跨国公司也就从大批量生产的大众化商品的跨国公司变为追求高价值的跨国公司。这种追求高价值的跨国公司生产的产品数量少,但能赢得高利润,主要是因为一方面顾客乐意为完全满足他们需要的商品和劳务付出高报酬,另一方面高价值的生意不容易被世界各地生产大众化商品的竞争者所模仿。此外,在大众化商品生产者之间的竞争使用同种工艺过程生产的大众化商品的利润减少,那是由于这些商品能在世界各地生产或仿制。21 世纪发达国家越来越多的公司赢利是由于转向高水准的专业化服务。产品的新的进入壁垒不是生产产品数量或价格,而是发现用某种技术生产的商品和某一细分市场相吻合的技巧,发达国家的核心公司不再集中在产品,他们的经营战略越来越多地集中在专业化的知识。

21 世纪对人才的要求越来越高,为适应 21 世纪的国际经济竞争,21 世纪的人才要具备四种素质:抽象思维能力、系统思维能力、实验本领、合作天赋。在 21 世纪的高价值公司里需要以下人才:工程师、设计师、项目规划师、广告策划人员、营销人员、经理等。这些人才是高价值的公司的价值源泉,主要是由于他们拥有以下三种本领:首先有解决问题的本领。拥有这种本领的人才必须用熟悉的专业知识将各种独立状态重新配置,再将这些知识转化成能创造利润的设计或命令。这种人才必须不停搜寻信息,重新组合,并加以提炼以解决出现的各种问题。第二种本领是帮助顾客并理解他们的需要,以及为他们定制的产品怎样最好地满足他们的需要。营销大众化的产品,要求向顾客介绍特定产品的优点,取得许多订单,为满足一定的销售额而营销,而为满足特定顾客的需要定制的产品的营销则要求对顾客的情况有熟悉的知识,获得比较优势的关键在于评估新问题与定制产品运用解决新问题的可能性,劝诱方式被评估机会所代替。第三种本领是将具有解决问题本领的人和具有评估本领的人联系起来,处于这种角色的人必须能够明白特定技术及运用这种技术生产的新产品的市场潜力,筹集开展这个项目所需的资金,以及将合适的问题解决者和评估者联系起来。这就是在 21 世纪的新的经济组织中的经理或总裁,他们起着战略经纪人的作用。在拥有上述三种人才和公司中,利润不是来自规模经济,而是来自对客户的新的需求和新的技术带来的产品或服务的联系的持续发现,包含这种价值的产品不容易在世界范围内复制。每一个高价值的公司在忙于提供以下服务:专业化的研究、策划、设计服务,为解决问题、评估机会、专业化销售或市场定位提供咨询服务,以及为问题解决者和机会评估者提供资金、管理的专业化经纪人服务。生产和服务之间的区别越来越模糊。越来越多的价值和工作是由服务创造出来的。

21 世纪科技进步、经济发展和国际分工的特点,决定了人才竞争在未来国际经济竞争中处核心地位。对一个企业来说,人才是企业最大的财产;对一个国家来说,人才优势是一国在国际经济竞争中的最大优势。一国拥有人才的多少和质量在很大程度上决定了该国在全球经济网络中的地位,决定了该国在未来国际分工中的获利程度。在 21 世纪,国际经济竞争的实质就是人才的竞争,就是劳动者的教育水平和技能的竞争。

三、中国: 面对 21 世纪的选择

我国自对外开放以来,积极参与国际竞争与国际经济合作,努力发挥我国经济的比较优势,发展开放型经济,取得了举世瞩目的成就。但是,应该看到,在科技革命深入发展、国际贸易商品结构发生巨大变化,高科技含量、高附加价值制成的贸易比重迅速上升的情况下,我国出口支柱产业仍然是附加价值较低的劳动密集型、资源密集型产业,与当今世界贸易资金密集型,尤其是技术、知识密集型产品占主导地位的状况很不相称。我国出口额最大的仍是纺织品、服装、鞋类、玩具、旅行用品及箱包。据估计,1993 年,我国在近 500 亿美元的出口额中,仅仅得到 68.4 亿美元的净收汇,大部分出口只是赚到一点加工费。这说明,我国参与国际分工、国际交换仍主要是依靠资源优势和廉价劳动力的优势。

如果说,在发展开放型经济的起步阶段,我们还能或只能依靠资源、廉价劳动力等传统竞争优势参与国际分工和竞争的话,那么,随着我国经济日益与世界经济融为一体,单单依靠传统优势就显得很不够了。特别是在新的以知识为基础的财富创造系统中,劳动力费用在生产成本中所占比重越来越小,一般体力劳动的廉价优势将逐渐消失。在未来 21 世纪的国际经济竞争中,中国将不能再依靠传统竞争优势,而要依靠人才竞争,才能赢得在未来国际经济竞争中的主动权。

应该清醒地看到,在 21 世纪人才和经济竞争中,中国虽然也有不少有利条件和机会,但从总体上看,由于原有的基础薄弱,中国仍无法与美、日、欧等发达国家和地区相比,而只能通过努力,逐渐缩小与发达国家的差距。搞不好,也有扩大差距的可能。尤其值得注意的是,中国不仅面临这些发达国家的挑战,而且还面临着像印度、韩国、巴西、墨西哥这些发展中国家的挑战。目前印度的科技队伍已达到了 300 多万人,并建立了比较先进的门类齐备的科研设施,在核能和核医学研究方面都进入世界前列,韩国已成为世界半导体制造大国,这些发展中国家的科研经费均高于我国。

中国作为一个发展中大国,要赶上世界的先进国家,必须加强自身的科技力量,建立振兴经济必备的技术基础。中国在科技方面尚处落后状态,只依靠国内的技术

开发,无疑会拉大与发达国家的差距,必须走引进和利用外国技术这条捷径。跨国公司由于在科学研究、生产和管理技术上拥有的优势,已成为国际技术转移的主要来源。在决定跨国公司直接投资投向的因素中,低工资的吸引力正在下降,技术水平及科研开发能力的影响显著增强,尤其在一些技术较高、规模较大的国际投资项目中。国际资本的流向也主要是人才密度高的国家和地区,首先考虑发达国家,然后考虑新兴工业化国家,最后才考虑发展中国家。除了吸引跨国公司直接投资,直接引进国外的先进技术也是推动国内技术进步的捷径,但是起决定作用的是对引进技术的消化吸收,并有所提高,有所创新。如果本国人才对引进的技术设备仅停留在生产使用上,不能了解其技术原理和设计思想,掌握其技术诀窍,就很难提高企业的技术水平和自主开发创新的能力,结果形成跟在别人后面不断购买设备的局面,陷入"引进—落后—再引进—再落后"的恶性循环中。可见中国无论采取何种途径发展科技,增强经济竞争力,都必须依靠人才。只有拥有人才,科技发展才能进入良性循环,拥有人才才是真正的优势。

中国目前已基本建立了比较齐备的科研设施,拥有一定规模的科技人才,但与总人口相比,比例很低,人均教育费用低于发展中国家平均水平。尽管在某些方面,中国居世界领先地位,但据有关资料表明,中国使用机器设备的总水平比先进国家落后15～20 年,某些领域甚至更加落后。从人才结构来看,我国的应用型人才相对理论研究型人才更为缺乏,此外,人才分布的地区结构和行业结构也不合理。从人才使用上看,由于人才管理体制上的不合理,导致人才配置不合理,不能有效发挥人才作用,一方面存在大量专业不对口,另一方面由于激励机制不够,未能人尽其才,导致另一种形式上的浪费。企业对人才只使用,从不注重再培训,这是人才使用上的第三种浪费。从人才供应上看,人才培养由政府包揽,这种单一形式,垄断一切,缺乏竞争,使政府的人才培养效率难以提高;另一方面,作为一个发展中大国,中国没有也不可能对教育进行大规模的投资,使得许多急需人才得不到培养。贫困地区的基本教育得不到保障。典型的例子如九年制义务教育,尽管以法的形式固定下来,但由于缺乏财力保证,许多儿童仍得不到基本教育,在其他一些领域,也因政府的财力限制而使人才培养扩展不开。

中国的现有体制不适应现在的社会分工状况,仅靠诱致性制度变迁,太慢,有可能拉大中国与发达国家差距,必须有强制性的制度变迁,即政府必须在许多领域促使体制转换,新的体制必须是开放的,面向世界,面向 21 世纪。

政府可以在以下方面改革,以有利于人才培养:

1. 转换企业经营机制,做到人尽其才。面临国内外市场激烈竞争,企业要以经济效益为中心,不断优化劳动力结构,进行科技开发,降低劳动消耗,提高劳动生产率和工作效率,这对企业从业人员提出了更高更新的要求。企业有了劳动用工权和工资分配权,可以将培训、使用、效益和待遇挂钩,企业从自身实际和需求出发吸引人才,培养人才。

2. 社会人才市场的形成。用工制度改革、户籍制度改革,用人单位和劳动者进行双向选择,促进人才市场形成。

3. 管理制度法制化。人才管理方式必须信息化,运用现代手段,运用计算机,职工培训和再培训必须行业化。

4. 教育、生产和科研一体化。学校通过与社会的合作获得社会的支持和更多更可靠的办学信息,从而强化学校的教育功能。学校适应社会经济发展的需要,一方面要拓宽专业口径和培养渠道,在保证少量基础学科人才培养的前提下,加强应用人才培养。

5. 人才培养投资渠道多元化。政府主要投资在九年制义务教育、基础研究及大的科技开发中心,其余则遵循谁投资谁收益的原则。

6. 重视人才的引进与交流,只有这样才能跟上世界科技发展水平。

(与徐忠合作。原载《江海学刊》1994 年第 4 期,人大复印报刊资料《世界经济》1994 年第 11 期转载)

战后日本的外贸政策及其特点

  战后日本经济从一片废墟中迅速崛起，被视为经济奇迹。日本本来是一个资源贫乏、人口稠密、科学技术水平相对落后的国家，经过短短几十年的发展，一跃成为世界经济强国，其原因是多方面的，但其中对外贸易扮演了极其重要的角色。战后日本以贸易立国，充分利用世界经济贸易发展的一切机会，在资源、技术、市场、外汇和资金积累等方面为经济的迅速恢复和高速发展提供了许多有利的条件。在这一过程中，日本政府的外贸政策起了关键作用，它使日本一次次抓住了发展的机遇，在参与国际分工和国际竞争中成功地以最有利的经济结构态势实现经济的外向发展，并在不断发展中优化本国的产业结构，增强国际竞争力。本文拟对日本战后至 20 世纪70 年代中期以前的外贸政策的演变及其特点做一粗略考察，以获得一些有益的启示。

  第二次世界大战结束后，日本经济濒临崩溃的边缘。如何重建战后日本经济？当时日本许多经济学家提出了各种战略设想，并就新的国际环境下日本经济发展道路的选择问题展开了一场大论争。论争的焦点是，走国内资源开发的道路还是走国际贸易立国的道路？以经济学家都留重人为代表的"国内开发主义"认为，当时日本商品的国际竞争力很弱，要增加出口，只能降低出口商品价格，这样，实际收汇率并不会提高。日本由于资源贫乏，需靠进口原材料来维护出口生产，如果出口上不去，进口又下不来，长此以往是难以为继的。因此，日本只能走国内资源开发的道路，以此来增加国内就业、恢复和发展日本经济。[①] 以中山伊知郎为代表的"贸易立国主义"则认为，尽管日本经济发展的国际条件发生了不利的变化，但从日本经济发展的固有

---

  ① ［日］都留重人：《日本贸易政策的主要问题》，《经济研究》杂志 1953 年 7 月号。

特点来看,日本仍然只能走"贸易立国"的道路。贸易立国主义者主张把振兴贸易作为整个产业问题来看待,即不是就贸易论贸易,而是把贸易问题放到整个产业发展的大背景中来考虑,把对外贸易作为经济发展的基础,使整个产业向这方面发展[①]。这场论争的结果,贸易立国主义观点取得了胜利,并成为战后日本国际贸易分工政策最早的基本指导思想。

把"贸易立国"作为基本国策,还未解决发展贸易的方向问题,即以怎样的形式参与国际分工和国际交换的问题。经济学家大来佐武郎进一步发展了中山伊知郎的思想,提出了通过政府政策的培育、扶持来发展出口产业,参与国际分工的理论。这就是说,日本的外贸政策不应只是一般地提倡参与国际分工,而是要立足于通过政府政策的合理干预,扶持发展出口产业来参与国际分工;后起国家的弱小产业经过国家的扶持,也可以成长为强大的出口产业。那么,应该把哪些行业作为主要的出口行业来加以扶持呢? 多数经济学家认为,日本必须扶持整个世界需求在不断增长的重工业、化学工业部门。经济学家筱原三代平对此进行了理论上的论证,最终完成了国际贸易与产业结构的结合理论,提出了著名的结构选择标准,即比较收入弹性标准和比较生产率标准。筱原认为,日本的产业结构应当具有这样的特征,即出口对象国在下一阶段的收入提高中,人们新增收入的最大比重所投向的产品,恰好是日本正在大量生产的产品。

随着战后世界经济的迅速恢复和发展,世界贸易中对重工业、化学工业产品的需求急剧增长,日本贸易立国的长期方向也越来越明确。实现产业结构和出口商品结构重工业化、化学工业化的主张,不仅体现在日本的《新长期经济计划》(1957 年)和《国民收入倍增计划》(1960 年)中,成为政府的重要产业政策和贸易政策,而且成为日本企业家和全体国民的共同行动。在 20 世纪 60 年代技术革新和设备投资高潮的推动下,日本成功地实现了产业结构和出口商品结构的重工业化、化学工业化,并在使出口商品结构与世界市场需求结构相一致的过程中不断推动产业结构向更高的层次演进,从而带动了日本经济的高速发展。可见,日本将"贸易立国"作为战后发展经

---

① ［日］中山伊知郎:《这十年——经济》,《日本经济新闻》1955 年 8 月 16 日。

济的基本国策,并且把培育、扶持发展重工业、化学工业等产品的出口作为贸易立国的长期方向,既符合日本的国情,也适应了世界贸易结构变动的趋势。

还要指出的是,日本的经济发展离不开国际贸易,这不仅基于日本资源贫乏、必须依赖进口这一事实,而且因为日本国内市场相对狭小,容纳不了庞大的生产力,其工业品的相当部分必须依赖出口。出口支持进口,进口为了出口,这是一个不断自我循环的过程,也是日本"加工贸易型"经济的基本特征。日本经济要得以发展,就无法摆脱这种循环。日本的经济外向度高,与世界经济融为一体,这促使日本人民奋发努力,"变短为长",以加工技术、经营管理、生产效率、产品开发、市场营销等优势,克服资源贫乏的劣势,把日本建成了世界第二经济强国。日本在发达资本主义国家中,应付经济危机的能力最强(例如最先克服了石油危机的影响)、失业率最低等,都是与日本经济高度依赖对外贸易的特点有关。有一种观点认为,日本经济过度依赖对外贸易,是其致命的弱点。我不赞成这种看法。在生产国际化越来越发展的今天,在世界市场已被发达的通信、运输连成一体,生产和消费越来越具世界性的今天,一个国家没有足够的开放度,才是经济发展的"致命弱点"。

如上所述,日本贸易立国的国策之所以能获得成功,日本政府发展外贸的政策和战略起了主导作用。日本外贸政策的一个显著特点是:它不只是一般的商品进出口政策,而是把外贸政策与整个国家的产业政策结合起来,通过扶持本国的产业、提高国际竞争力以振兴出口,使外贸的扩大能动地促进本国经济的发展和产业结构的优化。不断提高本国产业的国际竞争力,始终是日本外贸政策的支点。日本发展外贸的政策和战略具体体现在以下几个方面。

1. 进口保护政策

战后初期,日本工业还很落后。工业品中除丝绸、棉织品、杂货等劳动密集型产品外,其他产品大多无国际竞争力。为了保护国内脆弱的工业,为本国产业在幼小阶段创造一个提高国际竞争力的成长环境,日本在相当长的时期内,采取了广泛的进口限制政策。1949 年 12 月,日本政府公布《外汇及外贸管理法》,对外贸进行直接管理,并实行外汇配额制度,以便对进口进行直接限制,同时保证有限外汇的合理使用,以达到扶持国内幼稚产业的目的。日本的外汇配额制直到 20 世纪 60 年代末才被取消。

日本对国内产业进行保护的另一手段是关税。进入 20 世纪 60 年代以后,在国际压力下,限制进口的行政性措施被迫废止,关税措施便成为抑制进口的主要措施。事实上,与欧美各国相比,日本的进口关税从 20 世纪 50 年代到 60 年代一直呈递增的趋势。为适应加工贸易型经济的需要,日本采取随加工度提高、名义关税率递增的关税升级结构,使实际保护率高于名义保护率。日本征收进口关税的原则集中体现为以下几点:一是对初级产品和原材料低税或免税;二是对有发展前途的产业,特别是新兴产业所用原材料征低税,对这类产业的制成品征高税;三是对生产资料征低税,对消费资料征高税。关税按产品加工程度和用途的不同呈梯形结构,且各阶梯之间相差幅度很大,既体现了保护关税的宗旨,同时反映出日本发展本国加工工业、振兴出口的战略目标。20 世纪 60 年代中后期到 70 年代,日本的化学、石油化工、钢铁、有色金属、金属制品及机械等部门的实际保护率不断降低,正好说明这些部门已在保护和扶持下增强了国际竞争力。

2. 产业扶持政策

日本一方面对进口实行限制政策,以保护本国产业;另一方面,制定一系列政策措施,对本国新兴产业和幼稚产业进行大力扶持。根据日本的国情,日本选择扶持与发展的重点产业有两个特点:一是它们不是发达国家正在向外转移的产业,而恰好是要与发达国家在获取贸易利益方面进行竞争的产业;二是日本在这些产业的发展上并无特殊的自然禀赋优势。因此,要实现这些产业的发展,只能靠保护和扶持。

日本政府扶持重点产业(尤其是出口重点产业)主要采取以下措施:(1)制定发展各种重点产业的战略规划和法规。20 世纪 50 年代初,在政府参与下,一些重点行业如钢铁、电力、造船、化肥、汽车等制定了合理化规划和一系列法规。通过战略规划的制定和立法的形式,确立重点发展产业的优先地位,使其享有金融、财政等方面的一系列优惠。(2)对重点发展产业在税收和其他方面给予优惠。如允许机械设备特别折旧,免除重要机械的进口税,减免出口收入税收,允许从利润中提取各种准备金,以减少课税、增加企业积累,对一些矿业、工业进行技术研究和进口最新机器设备,政府则提供补助金等。(3)在金融方面,对要扶持的重点产业,政府金融机构给以优惠的低息商业贷款。如日本开发银行、日本进出口银行、中小企业金融金库等对特定行业的企业提供低息贷款，其中尤以日本开发银行的长期低惠贷款最为重要。（4）鼓励引进国外先进技术的政策，并鼓励引进后积极消化。

3. 出口鼓励政策

在日本的外贸政策中，出口政策占有突出的地位。没有出口，就没有进口，"贸易立国"和经济发展就无从谈起。在日本经济恢复和发展的过程中，直至20世纪60年代中期，一直为国际收支问题而困扰，振兴出口就显得特别重要。日本政府在实行进口限制政策以尽最减少外汇支出的同时，实行了一系列鼓励出口创汇的政策。其中主要有外汇分配优惠制度、出口优惠金融制度、出口振兴税收制度和出口保险制度等。为了鼓励出口，日本政府在实行外汇管制的同时，在外汇分配上给出口商以优惠待遇。出口优惠金融制度的做法是，日本银行对外汇银行的出口汇票予以再贴现和贷款担保，并实行比官方基准利率低的优惠利率。由于外汇银行的出口汇票买入价是以日本银行的贴现、贷款利率为基础的，所以出口商可以得到低于其他商业汇票利率的出口贷款。出口振兴税收制度的具体措施包括：出口收入的一部分免征所得税制度、出口加速折旧制度、开拓海外市场的准备金制度、出口退税制度等。出口保险制度是指在国外意外事件使出口商遭受损失时，政府予以部分赔偿。据估计，日本政府向出口亏损企业提供了相当于其损失额80％～90％的补偿。

4. 逐步自由化政策

进入20世纪60年代以后，日本政府开始着手推行贸易自由化。日本推进贸易自由化的进程，亦有其鲜明的特点，就是根据产业的国际竞争力的状况陆续开放，扶持成熟一个开放一个，然后用实行贸易自由化的产业掩护继续保护扶持的产业，即所谓有选择、有节制的贸易自由化政策。日本政府宣布的"贸易自由化"大纲规定的目标，是把20世纪60年代只有40％的进口自由化率逐步提高到90％左右，并提出下列原则：一是及早实行原材料的进口自由化；二是首先从与本国产品竞争程度低的项目以及本国产品已具备国际竞争力的项目开始推行自由化；三是对于国内正在推行产业合理化计划或按照扶持计划正在进行技术研究和推行合理化的产业，要衡量其成果来实行自由化。总之是要根据各种商品的具体情况来谋求扩大进口的数量，促使其逐步增强竞争力以最终达到自由化。

应该说,日本渐进式的自由化政策是相当成功的。一方面,根据各个产业国际竞争力的状况分期分批实行贸易自由化,有效地保护了本国工业尤其是重要产业的发展;另一方面,对本国产业不是进行无限期的保护,而是有一个可预见的自由化的时间表,这对被保护的产业是一种压力和动力,促使其改替经营管理,提高生产效率以迎接自由化的挑战。实践表明,面临外国商品的竞争,这大大促进了日本企业进行大规模的设备投资,积极引进外国先进技术,从而使钢铁、化学、机械等工业部门得到迅速发展,出口急剧增加。当初在决定实行贸易自由化时,日本经济界有人担心外国货会冲击国内市场,不少领域将为外国货所占领。但实行自由化的结果,不但没有出现这种情况,反而使世界市场条件得到改替,企业经济效率得到提高,出口迅速扩大,使日本贸易在不断渐进的开放中由逆差趋向顺差,推动了日本经济的高速发展。

(原载《国际贸易问题》1994 年第 8 期)

国际贸易的发展利益及其实现机制

　　得自国际贸易的利益大致可分为两类:国际贸易的静态利益和国际贸易的动态利益。所谓静态利益,是指开展贸易后,贸易双方所获得的直接的经济利益,它表现为在资源总量不增加、生产技术条件没有改进的前提下,通过贸易分工而实现的实际福利的增长。所谓动态利益,是指开展贸易后,对贸易双方的经济和社会发展所产生的间接的积极影响。静态利益偏重于一国通过贸易所获得的消费方面的好处(当然,这种好处与分工后生产力的提高有关),而动态利益则注重于开展贸易后对生产的刺激作用以及对社会生活的其他诸方面的积极影响。如果说,静态利益是直接的贸易利益,那么,动态利益就是贸易带动和促进经济发展的利益。本文拟就国际贸易的发展利益以及贸易促进经济发展的现实机制和条件等问题,做一深入分析。

一、国际贸易发展利益理论的演变

　　国际贸易与经济发展的相互关系为自古典学派以来的历代经济学家所重视。他们常常是自由贸易的热烈拥护者,极力宣扬扩大国际贸易的优越性。他们的著作不仅令人信服地论证了贸易的静态利益,而且还包含丰富的关于国际贸易动态利益(亦即发展利益)的思想。最早涉及国际贸易与经济发展相互关系的问题的,应是英国古典经济学家亚当·斯密。他提出的动态生产率理论和剩余产品出口(Vent for Surplus)模型,对以后的理论发展有重要影响。斯密认为,分工的发展是促进生产率长期增长的主要因素,而分工的程度则受到市场范围的强烈制约。对外贸易是市场范围扩展的显著标志,因而对外贸易的扩大必然能够促进分工的深化和生产率的提高,加速经济增长。斯密的这些论述包含了国际贸易具有带动经济增长作用的最初思想。斯密的"剩余产品出口"理论更是着眼于贸易对经济增长的带动作用。他首先假定一国在开展国际贸易之前,存在着闲置的土地和劳动力,这些多余的资源可以用来生产剩余产品以供出口,这样贸易就为本国的剩余产品提供了"出路"。他写道,对外贸易可以"给国内消费不了的那一部分劳动成果开拓一个比较广阔的市场。这就可以鼓励它们去改进劳动生产力,竭力增加它们的年产物,从而增加社会的真实财富与收入"。① 这种剩余产品的生产不需要从其他部门转移资源,也不必减少其他国内经济活动,因而出口所带来的收益及换回的本国需求的产品,也没有机会成本,因而必然促进该国的经济增长。需要说明的是,李嘉图的比较成本说是以国内充分就业和一般均衡为前提的,因此,出口部门的扩张是通过从进口替代部门转移资源来实现的,涉及进口替代部门缩减。就这一点而言,并不必然得出经济总量同时增长的结论。因此,"剩余产品出口"理论可与比较成本说互补。

李嘉图创立的比较成本理论,论证了贸易静态利益的基础。实际上,他的著作也包含国际贸易带动经济增长的思想。他认为,对外贸易是实现英国工业化和资本积累的一个重要手段。他指出,经济增长的基本动力是资本积累。随着人口的增加,食品等生活必需品的价格因土地收益递减规律的作用而逐渐昂贵,工资(劳动力的价格)也将随之上涨。在商品价格不变的条件下,工资上涨将使利润下降,从而妨碍资本积累。通过对外贸易,如果能够从外国获得较便宜的食品等生活必需品以及原料,就会阻止在本国发生作用的土地收益递减倾向,促使经济增长。总之,李嘉图认为,通过进口廉价初级产品,阻止土地收益递减、工资上涨和利润下降倾向,就可保证资本积累和经济增长。②

较为系统地论述贸易的发展利益的古典经济学家是英国的约翰·穆勒。他关于贸易对经济发展贡献的论述给后来的经济学家很大的启发。他第一次明确区分了贸易利益和发展利益。他认为,国际贸易具有两种利益,一种是直接利益,另一种是间接利益。直接利益包括两个方面:一是通过国际分工,使生产资源向效率较高的部门转移,从而提高产量和实际收入;二是通过贸易可以得到本国不能生产的原材料和机

---

① 〔英〕亚当·斯密:《国民财富的性质和原因的研究》,郭大力、王亚南译,商务印书馆 1979 年版,第 19 页。

② 参见〔英〕大卫·李嘉图:《政治经济学及赋税原理》第五、六、七章,郭大力、王亚南译,商务印书馆 1976 年版。

器设备等该国经济活动持续进行所必需或不可缺少的物质资料。间接利益则表现在，通过贸易分工推动国内生产过程的创新的改良，提高劳动生产率；通过产品进口造成新的需求，刺激储蓄的增加，加速资本积累，等等。穆勒这样写道："市场的扩张使生产加工过程趋于改善，一个为比本国更大的市场进行生产的国家能够引入更为广泛的劳动分工，能够提高机器设备的使用效率，也更可能进行生产过程的创新和改良。""开放了贸易，通过使人们熟悉新鲜事物，有时可以使一个原先因缺乏精力和雄心壮志而造成资源开发不良的国家经历一次工业革命，驱使那些原来满足于微不足道的舒适和惰散的人更为勤奋地劳动，以满足他们新的偏好，以致鼓励了储蓄，提高了资本的积累。"穆勒还指出，贸易通过下列途径推动不发达国家的发展："外国工艺技术的引进，提高了资本的收益率；外国资本的引进使生产的增长不仅仅依赖于本国居民的节约和精打细算，并且为本国居民提供了激励性的示范，向人们传输了新的观念。"[1]约翰·穆勒的这些精辟论述对后来发展经济学家产生了深刻的影响，它启发人们从新的角度来认识贸易利益问题。

受古典经济学家上述观点和理论的启发，后来的经济学家进一步探讨了贸易对经济发展的带动问题。与亚当·斯密"剩余产品出口"模型相似的有所谓"大宗产品"（Staple）出口带动增长理论和发展经济学家刘易斯的二元经济模型。所谓大宗产品，主要指原材料或自然资源密集型产品。这些产品的开发和新发现，常常导致国内大量剩余。这些剩余由大批量的出口吸收，便可减少国内资源的闲置和失业，增加国民收入和消费，提高储蓄和投资，从而带动整个经济的增长。这一模式是加拿大经济学家因尼斯在20世纪30年代根据加拿大对外贸易和经济发展的史实中总结出来的，因此一般认为并不具有普遍性。但是这一思想还是有启发价值的。著名发展经济学家罗斯托认为，在经济发展的各个阶段上，都有一个带动整个经济起飞或高速增长的领先部门。当初级产品生产和出口达到相当的规模和水平时，它就有可能成为这样的领先部门。

刘易斯在1954年提出的二元经济模型，与发展中国家有特别密切的关系。他把

---

① 上述引文转引自许心礼等《西方国际贸易新理论》，复旦大学出版社1989年版，第3-4页。

经济分为两大部门,一个是现代的、资本主义的工业部门,另一个是传统的尚未进入资本主义阶段的农业部门。现代的工业部门采用现代技术,面向市场,易于接受变革。传统的农业部门技术落后,生产仅能糊口,没有什么产品流向市场,收入只能维持最低生活水平。现代工业部门运用再生产资本,雇佣工资劳动力,进行以利润最大化为目的的生产活动;传统农业部门由于受制度和组织形式及资源条件的约束,劳动的边际产品低,并且常常低于其平均水平,劳动力供给因而具有"无限"的特点。现代工业部门的企业家追求利润的最大化,有吸收劳动力以扩张工业生产的积极性。该部门的劳动生产率较高,面对农业部门的低工资水平,工业部门只要提供略高于农业部门维持最低生活的工资,便可得到源源不断的劳动力供给,同时还可进一步增加利润。借助资本的积累,工业部门得以不断扩张,吸收源源不断的农业剩余劳动力。只要现代工业部门的边际产出超过传统部门,整个经济就可以从劳动力转移中得到好处。尤其是在剩余劳动力尚未吸收完,资本主义部门工资不上升的情况下,利润和积累在国民收入中的比重将不断上升,经济增长将加速。如果资本主义部门即现代工业部门生产的是出口产品,传统部门生产的是进口产品,对外贸易的扩展无疑将有助于扩大现代工业部门产品的市场和需求,并降低劳动力的工资(因为食品的价格将因进口而降低),从而进一步增加资本主义部门的利润和积累,促进经济增长。

基于以上观点,再联系到19世纪后半期至第一次世界大战前许多国家利用对外贸易促进经济增长的事实,贸易是"经济增长的发动机"(Engine for Growth)的观点便应运而生。贸易是经济增长发动机的理论命题是 D. H. 罗卜特逊在20世纪30年代首次提出来的,50年代 R. 纳克斯对这一学说又进行了进一步的充实和发展。纳克斯在分析19世纪国际贸易的性质时指出,19世纪的贸易不仅是简单地把一定数量的资源加以最适当配置的手段,它实际上是通过对外贸易把中心国家的经济成长传递到其他国家,即中心国家经济迅速增长引起的对发展中国家初级产品的大量需求引发了发展中国家的经济增长,因此,对外贸易是经济增长的发动机。这一理论认为,较高的出口增长率是通过以下几条途径来带动经济增长的:(1)较高的出口水平意味着这个国家有了提高其进口水平的手段。进口中包括资本货物的进口,而资本货物对于促进经济增长是特别重要的。资本货物的进口使这个国家取得国际分工的利益,大大节约了生产要素的投入量,有助于提高工业的效益,它是经济成长的主要因素。(2)出口的增长也趋向于使有关国家的投资领域发生变化,使它们把资金投向国民经济中最有效率的领域,亦即它们各自享有比较优势的领域。在具有比较优势的领域进行专业化生产,就会提高劳动生产率。(3)出口也使得一国得到规模经济的利益。国内市场加上国外市场比起单独的狭小的国内市场就能容纳得下大规模的生产。(4)世界市场上的竞争会给一国的出口工业造成压力,以降低成本,改良出口产品的质量,并淘汰那些效率低下的出口工业。(5)一个日益发展的出口部门还会鼓励国内外的投资,并刺激加工工业或附属工业以及交通运输、动力等部门的发展,并促进国外先进技术和管理知识的引进。[①]

澳大利亚国际经济学家马克斯·科登提出了贸易对经济增长率影响的理论。他的理论的主要特点是,将对外贸易与宏观经济变量联系起来进行分析,并且特别强调对外贸易对生产要素供给量的影响和对劳动生产率的作用。科登认为一国进行对外贸易,对宏观经济将产生以下5个方面的影响:第一,收入效应,即通过贸易,提高了收入水平,贸易的静态利益转化为国民收入总量的增加。第二,资本积累效应,当派生于贸易利益的一部分收入增加额被用于投资时,该国的资本积累就会增加。第三,替代效应。如果投资品是进口含量较大的产品,则由于贸易的开展,会使投资品对消费品的相对价格下降,这将导致投资对消费的比率提高。因为投资成本的下降,人们更多地将收入用于投资了。投资率的提高无疑会带动经济增长率的上升。第四,收入分配效应。贸易的发生将会使收入转向出口生产大量使用的生产要素,这些生产要素的报酬大大提高。如果各个生产部门或各种生产要素所有者的储蓄倾向是不同的话,则这种收入分配的变化又会影响储蓄率的高低。例如,当收入更多地分配于储蓄倾向较高的部门或要素所有者,则在其他条件不变的前提下,储蓄率就会提高,因而提高了资本积累率。第五,要素加权效应。假定生产要素的劳动生产率增长不一致,那么产出的增长率就可视为各种生产要素增长率的加权平均数。当出口扩大,并且出口生产使用的是那种增长更快的生产要素时,出口生产的增长率往往会提高得

---

① 转引自姚曾荫主编《国际贸易概论》,人民出版社1987年版,第56页。

更快。科登认为,所有上述效应都是累积性的,这意味着贸易对经济增长的贡献作用将随着经济的发展逐渐得到强化。[①]

20 世纪 80 年代中期以来,以罗默、卢卡斯等人为代表的新增长理论,把创新作为推动生产率增长的核心因素。这一理论通过对增长因素的计量分析指出,发达国家经济增长的大部分应归功于生产率的提高。基于这一事实,新增长理论构造了一系列模型,将创新活动内生化视为有目的的研究和开发投资的结果。这一投资活动的显著特征是不仅能带来更高的利润率,而且有溢出效应和外部收益。在这里,创新是推动生产率增长的核心因素。新增长理论所揭示出的增长机制表明,如果对外贸易能够刺激一国的创新活动,便能促进该国的经济增长。显然,创新活动与对外贸易之间有着较为密切的关系,这种联系是通过更为广阔的市场、更为频繁的信息交流和更加激烈的竞争对创新活动的刺激而实现的。可见,从新增长理论中能够引申出对外贸易促进经济增长的新的依据。[②]

以上我们极其简略地考察了关于国际贸易发展利益理论的演变。可以说,随着国际分工、国际贸易的发展和各国经济国际化的深化,人们对国际贸易作用的认识也在不断扩展,对国际贸易带动经济增长与发展的动态利益的认识,也更加深化了。开展国际贸易的目的,不仅仅局限于"互通有无",亦不仅仅着眼于通过交换获取静态贸易利益,提高消费水平和增进国民福利,而更多的,是通过贸易的发展促进信息、物质、思想的交流,激发本国的创新机制,从而带动经济发展。当然,国际贸易能否对一国经济发展起现实的推动作用,这要取决于一系列内外部条件。稍后我们将做更深入的分析。

二、国际贸易促进经济发展的现实机制

国际贸易具有促进一国经济增长、增加就业和提高收入水平的重要作用,我们称之为贸易的发展利益或动态利益,已为理论研究和经济生活实际所证明。但贸易促进经济发展的现实机制是什么? 贸易通过什么途径和方式带动经济发展? 上面介绍的关于国际贸易发展利益的各种观点中虽都有所涉及,但都不够全面,不够系统。下

---

① 参见许心礼等《西方国际贸易新理论》,复旦大学出版社 1989 年版,第 10-11 页。
② 熊贤良:《对外贸易促进经济增长的机制和条件》,《国际贸易问题》1993 年第 7 期。

面试做些归纳性分析。

概括说来,国际贸易促进一国经济发展,是通过下述这些机制的作用而实现的。

1. 开展国际贸易,必然使市场竞争机制充分发挥作用,从而刺激企业素质的提高,增强企业的国际竞争力。一国对外开放,参与国际贸易,实际上就是把本国的企业纳入与外国企业的竞争之中。一方面,持续的进口产品的激烈竞争将促使本国的企业提高效率。竞争必然加速低效率的企业退出市场的过程,同时促使高效率的企业达到合理的规模,从而优化本国的市场结构,改善本国企业的实绩。即使本国企业在本国市场上处于垄断地位,仍然不得不面对国际竞争的压力,为了自身的生存而努力降低成本,提高竞争力。另一方面,出口企业不得不同外国生产同类商品的企业展开竞争。为了扩大在国外的市场份额,出口企业就必须坚持不懈地努力生产出成本低、质量好的商品去参与竞争,并不断按国际市场需求结构的变化调整自己的产品结构,按国际标准生产,按国际营销惯例办事。这无疑会刺激企业素质的提高。企业经济效率的不断提高和国际竞争力的不断增强,无疑是一国经济发展最本质的基础。

2. 开展国际贸易,必然带来市场的扩大。国内外市场的不断开拓,无疑会有力地带动经济增长。

先看出口。出口企业往往是面对世界市场来组织生产,市场容量大,容易获得规模经济效应。所谓规模经济,是指随着产品数量的增加,单位产品的成本会降低,从而提高经济效益。事实上,许多工业部门要求有适度的初始规模,具有规模经济的性质,如汽车、电冰箱、电子计算机等等,采用大规模生产的方式可以使成本降低很多。如果一国的企业在为国内消费者提供这一类商品的同时,还能在国际市场上销售同类产品,那就不仅企业能提高盈利水平,而且国内公众也只需支付较低的价格。不仅如此,在出口贸易的带动下,一个工业部门的发展又可以带动一系列工业部门的发展,以致各种各样的从属的工业部门都建立起来。因为在经济运行中,各产业之间呈现出各种联系。所谓"联系",是指一个部门在投入和产出上与其他部门之间的联系。这种联系有两个方面:一是后向联系,即某个部门同向它提供投入的部门之间的联系;二是前向联系,即某个部门同吸收它的产出的部门之间的联系。如果出口产业是"联系效应"大的主导产业,就可取得很大的"乘数效果",带动其他一系列部门的发展,从而循环反复地连续推动国民收入和就业量的增加,推动经济的持续发展。

再看进口。从国外引进国内没有生产的产品,往往能起到开拓国内市场,引导新产业成长的作用。由于国内仍未生产,一时无法确定新产品会有多大的市场,即在一定的价格条件下社会需求量究竟是多少。当国内进口需求很大,以致即使高关税壁垒也难以阻挡进口时,国内企业就得到了明确的生产信号,进口替代的工业由此发展起来。实践证明,进口替代是许多国家,尤其是发展中国家走向工业化的第一步。这个过程就是进口商品刺激国内需求,进而导致进口替代工业部门的产生。如果条件具备,进口替代部门还能转变为出口部门,进口国外的新产品还可促进一国产品的不断更新换代。

3. 开展国际贸易,必然会激发企业的创新机制,推动技术进步,从而促进经济增长。从进口看,技术和设备的进口将直接促进国内生产的发展和生产率的提高,其作用类似于创新对增长的刺激,而且还节省了创新的成本。从出口看,出口的扩大使得创新活动所能获得的收益上升,从而反过来刺激本国企业的产品和技术的创新,带动经济增长。

4. 开展国际贸易能加速资金积累,促进经济增长。一般说,国际贸易从三个方面促进一国的资金积累。一是出口部门往往能获得较好的经济效益,能提高积累率,从而加速发展。二是外贸的发展为引进外资提供必要的条件。一个国家的偿债能力最终是由该国的出口能力决定的。出口越多,在国际市场上筹措资金的余地就越大。另一方面,进口往往同国家之间的借贷关系联系在一起,这又可利用外国的资金来引进技术和设备等等。三是对进口竞争部门提供刺激。在封闭经济条件下,企业往往满足于现有的市场,积累扩大再生产的动力不足。进口市场竞争的出现,使企业产生了提高积累率的巨大压力。无论什么情况,积累总是扩大再生产、促进技术进步的一个重要因素。

5. 开展国际贸易,有利于促进一国经济结构的变动。现代经济发展包括不可分割的两个方面:经济总量的增长和产业结构的优化,而且结构优化还是现代经济发展的主题,是推动现代经济持续增长的最重要推动力。所谓产业结构的优化或合理化,是指一二三产业之间比例协调发展以及各产业内部的结构符合社会市场需求结构，以及各产业逐步由劳动密集型向资本密集型、技术密集型的转移。扩大对外贸易，无疑可对产业结构的调整起积极作用。一方面，由于任何一国都不可能实现绝对平衡的增长，即供给结构与需求结构刚好符合，因此需要利用世界市场。当国内资源过剩而需求不足时，就面对国外市场组织生产；而在国内需求很大，但缺乏必要的资源和条件时，就适当进口。另一方面，扩大对外经贸关系，积极参与国际分工，引进竞争机制，就必然要发展本国具有现实的或潜在的比较优势的产业，淘汰和放弃某些不合理的产业，以优化资源配置。进出口竞争的刺激和进出口结构的不断调整，又会促进本国企业的技术进步，促进产业结构的高度化和资源配置效率的进一步提高。

6. 开展国际贸易，必然带来人员的交流、文化的传播和思想的交换，从而对一国的政治、文化和社会进步产生积极影响，反过来促进经济发展。国际贸易对一国生产和消费所产生的示范作用和某种教育效果，在某种意义上说比物质交换带来的利益还要大，它促进人们思想的进步、思维方式的改变和观念的更新。尤其是现代商品经济和社会化大生产孕育出来的精神文明成果，诸如效率观念、效益观念、服务观念、冒险精神、开拓进取精神等等，对于经济发展落后的国家尤为重要。中国自改革开放以来，在抵制资本主义固有的腐朽思想侵蚀的同时，大胆吸收一切有益于经济发展和社会进步的精神文明成果，使人民逐渐摆脱封建的、小生产的以及"左"的思想的束缚，抛弃了封闭落后、小富即安、不思进取的精神包袱，大踏步走向国际贸易、国际分工和国际竞争的舞台，在实现经济高速发展的同时，以崭新的面貌屹立于世界民族之林。

三、国际贸易促进经济发展的条件

国际贸易促进一国经济发展的条件是多方面的。既有国内的条件，也有国际环境条件；既有微观条件，也要有宏观条件。由于各国现实的经济条件呈现出多样化，国际贸易促进经济增长的类型也呈现出多样性，没有统一的模式。

首先，国际贸易能否对一国的经济发展起带动作用，要看该国的经济主体能否采取合理的行动，能否对国际贸易做出合理的行为反应，要看该国是否具备必要的市场经济发展的条件。从微观主体来看，如果企业缺乏追求利润最大化的动力，那么即使面对巨大的进口竞争压力，它们也会无动于衷，不会去迎接竞争而努力提高自身的效率。即使有进口的先进技术和设备,它们也可能不去充分利用这些技术和设备以增加产量和降低成本。当然,企业更不会积极谋求扩大出口而积极从事创新活动,不会谋求最大限度的规模经济,由出口而获得的收入和剩余也将得不到最有效的利用,更谈不上实现出口增加、经济增长的良性循环。从市场发育状况看,如果缺乏完备的市场体系和市场结构,生产要素在本国不能充分自由地流动,那么由进出口所引起的经济资源的重新配置和优化配置就无从谈起。就拿出口来说,它对经济发展推动作用大小与否,取决于出口部门与国内经济其他部门在生产、技术和市场交换等各方面的联系程度,这就要求有一个较为成熟的市场体系作为联系的"渠道"。这样,出口增长才能通过市场这一中介向各个部门传递经济和技术的"信息",通过出口的扩大而牵动资源的重组和优化配置,带动经济增长。如果市场发育程度较低,经济结构不合理,要素市场之间、商品市场之间、商品市场与要素市场之间的联系程度较低,即使出口形成了潜在的动力,但由于出口的增长向各经济部门传递动力的各种必要的经济和技术渠道不畅或中断,或者其他经济部门无力或无法做出积极的反应,那出口增长就无法带动经济增长,而且出口本身也会衰竭下来。另一方面,出口产品生产函数的性质对出口作用的大小也有很大关系。这是因为,使用不同投入系数、使用不同生产要素的出口产品往往具有不同的联系效果。出口产品的技术性质及其技术水平与其他部门技术水平的差异程度也被视为一个重要的变量。如果出口生产的技术水平与其他部门相差不多,或出口的扩张仅仅是外延规模的扩大,投有伴随着技术进步和创新,则其他部门从出口的发展中受益的可能就很小。

其次,国际贸易对收入分配的影响对贸易带动经济增长的作用也是一个制约因素。开展国际贸易,会引起本国生产要素收益发生变化。从短期看,贸易会引起出口行业的产品价格上升,因而出口行业的所有生产要素都会获益;同时,进口竞争行业的产品价格下降,因而这个行业的所有生产要素都会受损。从长期看,贸易会引起生产要素在出口部门和进口竞争部门之间的重新配置,引起生产要素市场供求关系的变化,从而影响到生产要素的价格和收益。所谓"斯托尔拍-萨缪尔森定理"概括了这种情形,即开展贸易后,会使出口行业(价格上升行业)中密集使用的生产要素的报酬提高,而使进口竞争行业(价格下跌行业)中密集使用的生产要素的报酬降低。如果贸易引起分配格局的变化变得十分不合理或不公正,就会波及社会的安定,影响经济的平衡增长。这样,政府就必须采取适当的收入分配调节政策和措施,比如利用税收、补贴等办法,使任何个人或阶层都不因对外开放而蒙受收入水平绝对下降的痛苦。进一步分析,如果出口收入的国内分配有利于对国产品具有较高消费倾向的集团,其结果就会有效地提高对本国产品的需求,从而带动本国的生产和就业。当出口收入的增加集中到储蓄倾向较高的居民手中,则出口的扩大又会给其他部门的增长提供资金,提高投资水平。反之,如果有较高进口倾向的集团或对进口品消费倾向较高的居民更多地得到了出口收入,则出口对经济发展的贡献力量就受到了削弱。当然,收入分配对经济发展的影响大都是间接的,但贸易引起收入分配格局的变化对经济发展产生影响,则是可以肯定的。

再次,国际贸易能否持续地带动一国经济发展,还要看能否在总体上保持贸易收支的平衡。在开放的市场经济的运行过程中,对外贸易的基本功能是维持国民经济的总量均衡,而这一点会集中反映到进出口贸易的收支平衡上来。一方面,国民经济中的总供给与总需求,从根本上决定着一国对外贸易是出超还是入超;另一方面,贸易收支的平衡状况又制约对外贸易是否有效地帮助一国经济达到总量均衡。实践表明,贸易收支平衡是外贸增长过程中的一个中心环节,对一国的经济运行和发展有着非常重要的影响。以研究经济增长问题而著称的西方经济学家哈罗德,把对外贸易收支平衡的变动同经济增长联系在一起,曾经提出过这样的命题:一国经济增长率高于其他国家,可能形成入超倾向。这里暗含这样的意思:如果该国不能实现开放型经济发展中的贸易收支平衡,那迟早要影响经济的长远发展。20 世纪五六十年代日本经济高速增长时期,就曾经因贸易收支逆差过大,外汇储备不足,不能支持高速增长的进口而实施紧缩,放慢经济增长的步伐。

最后,国际贸易能否发挥带动经济增长的作用,还要看一国能否选择正确的外贸政策和外贸发展战略,并能适时地根据变化了的国内外情况调整这种政策和战略。

(原载《南京大学学报》1995 年第 4 期,人大复印报刊资料《外贸经济·国际贸易》1995 年第 12 期转载)

从战略性贸易政策到全球竞争政策

一、新贸易理论战略性贸易政策的局限性

二战以后,产业内贸易、公司内贸易不断发展,跨国投资成为经常现象,传统国际贸易理论的严格假定被不断突破,使其在解释新的现象方面明显缺乏解释力。里昂惕夫之谜的产生导致经济学家们对传统贸易理论的反思,对战后国际贸易新现象进行研究,导致了很多新的贸易理论的产生,主要有产品生命周期理论、人力资本理论、技术贸易理论、需求偏好相似理论、产业内贸易理论等。20 世纪 80 年代,以美国经济学家克鲁格曼和以色列经济学家赫尔普曼为代表,对各种新的贸易理论进行综合,创立了所谓"新贸易理论"。[①] 新贸易理论以规模经济和不完全竞争为前提,提出了战略性贸易政策,强调政府对经济的干预作用,主张政府凭借生产补贴、出口补贴等政策手段,扶持本国战略性产业,特别是那些知识与技术密集程度高、具有技术外溢效应和外部经济效应,但存在市场失灵的高新技术产业的成长,使其获得规模经济效益,增强其在国际市场上的竞争能力。同时,采取进口保护(如高关税等)以促进出口,使本国企业扩大市场份额并转移外国企业的经济租,从而获得战略优势。应该说,新贸易理论及其战略性贸易政策,更符合不完全竞争的市场结构的现实,是国际贸易理论和政策的新发展,为一国扶持将来可能具有比较优势和规模经济效益的产业提供了依据。如日本在 20 世纪六七十年代和七八十年代分别对钢铁和半导体产业的成功扶持和保护就是战略性贸易政策的成功例子。

然而,理论研究表明,战略贸易政策在具体实施中有着很大的局限性,它要求政

---

① [美]保罗·克鲁格曼、[美]茅瑞斯·奥伯斯法尔德:《国际经济学》,海闻等译,中国人民大学出版社 1998 年版。

府有完备的信息,还必须防止不同利益集团的寻租活动,特别是它的以邻为壑、以牺牲别国利益来提高本国福利的做法,势必引致此起彼伏的贸易战,最终使各方都不能得益。作为战略贸易政策的创立者之一的美国著名经济学家保罗·克鲁格曼教授,对战略贸易政策做了许多实证研究,他自己也承认这种政策的实施所获得的总体收益是很有限的。如果说战略性贸易政策在 20 世纪七八十年代有一定的实施条件的话,那么,如今这样的时代条件已不复存在了。在当今世界,产业内贸易、公司内贸易大发展,国家间的相互依赖日渐加深,出现了你中有我、我中有你的局面。在这样的情况下,若硬要采取战略性贸易政策,只会招致别国的敌对和报复,不仅抵消了这种政策的效果,还会导致两败俱伤。在这样一种市场日趋全球化、一体化的条件下,开放市场、减少壁垒、进行公平有效的竞争,在竞争中求生存、求发展,可能是一种现实的选择。因此一些西方国际经济学家将研究的重点从战略性贸易政策转向全球竞争政策的研究,并取得了不少成果。这方面的代表作有由美国学者爱德华·格雷厄姆(Ed-ward M. Graham)和戴维·理查森(J. David Richardson)主编的《全球竞争政策》①,书中详细论述了竞争政策的内容、目标、全球竞争政策的协调与实施,还研究了主要发达国家的竞争政策的案例,颇具参考价值,特作一简要评述。

二、竞争政策的内容和目标

什么是竞争政策?竞争政策规定竞争的强度、合作的范围以及这两者的法律界限,它是竞争和合作的制度综合。竞争政策旨在使市场运行得更完美,如果设计得当,它将成为完善市场的一种社会基础措施。竞争政策有两大目标:效率与公平。值得注意的是,竞争政策的目标不是竞争,而是效率与公平,而竞争则是次要目标,或更确切地说,是一种手段或工具。

作为竞争政策目标之一的效率,其经济学意义比较清楚。它包括静态效率和动态效率,几乎每个国家的竞争政策都致力于减少低效率。最常见的低效率是拥有市场权力的垄断者少生产、定高价,以及相对价格和成本的扭曲,导致对投资者和消费

---

① Edward M. Graham, J. David Richardson, 1997 Global Competition Policy, Institute For International Economics.

者的误导。其次是产品过度标准化或过度细分;创新活动受压抑;研究与开发严重重复,规模经济得不到重视,等等。

一般来说,各国对于公平的共同看法是反强制和反对各种滥用市场权力的行为。许多竞争政策中体现了反强制原则(如反对强迫合作),其他竞争政策则禁止滥用市场权力的行为,如水平卡特尔禁止分销商与外部供应商的交易,就是一例。美日关于胶卷和摄影器材争端的核心,就是美国指控日本滥用市场权力,妨碍美国胶卷进入日本市场。竞争政策的效率和公平目标可以在微观、中观、宏观三个层次上进行讨论。在开放经济条件下,微观、中观、宏观层次分别指单个部门、提供多种产品和服务的一国经济、国际范围的多国经济。这三者相互联系、相互渗透、相互作用、密不可分。

(一) 微观层次——部门的竞争政策

部门的竞争政策又可分为四个层次,分别为:单个企业行为、企业间联合行为、生命周期行为和社会行为。下面我们就来具体讨论在各个不同层次上竞争政策关注的主要目标。

1. 单个企业行为

对于单个企业,竞争政策旨在消除定价或营销的非效率、对消费者和竞争者的不公平对待、企业的其他滥用市场权力的行为。这里需要明确的一个问题是:企业规模并不是其能力的度量指标。甚至小企业也会拥有一些特殊权力并滥用它。从本质上讲,为了反托拉斯而将大企业拆成小企业有时既无效率也不公平。同样,对跨国大企业拥有的巨大力量的担心有时也是不必要的。

2. 企业间的联合行为

没有一家企业希望其产出市场呈竞争状态,垄断将最受欢迎。因而企业间总有潜在的勾结危险。这时竞争政策将关注兼并、合作中的反竞争行为,确保企业间相互竞争,而不是佯装竞争。

3. 生命周期行为

生命周期的主要目标是更广范围内的效率和公平。此时的效率包含理想投资率、创新以及开发满足顾客不同需要的产品。此时的公平必须规定允许某企业消亡的环境:要么被其他企业吸纳,要么将资本变现、流动。有时效率问题会导致整个部门的消亡,这时常会引起公平问题,特别是另一国存在同样部门时。生命周期中考虑最多的是动态或长期效率,因而也就自然涉及知识产权的保护。不过,对于知识产权保护的范围和时限怎样确定最适度,仍是个不确定的问题。

4. 社会行为

不同部门的竞争政策不同,竞争政策常常要服从于部门公益规定(特别是运输、电讯和公用事业),它还要支持农业与高科技产业政策,并且总要基于国家安全的考虑。竞争政策有时也服务于社会目标而不考虑具体产业,如扶持小企业、少数民族企业;维持本土文化;对落后和不发达地区提供保障服务等。

(二)中观和宏观层次——一国经济和世界范围内的竞争政策

1. 一国经济和世界范围内的效率

单个企业或产业的效率在于比较某种产品的投入成本与产出价格,而一国经济的效率在于比较不同部门之间的相关价格和成本。在某个时点上,如果一国经济满足以下两个条件,那它就是有效率的。首先,各部门产品和劳务价格有着与完全竞争条件下相同的相对价值,而不管这种极端的竞争形式是否真正存在或价格是否接近成本。其次,不同部门、不同企业的投入成本相同,不存在特权部门或企业。缺乏创新使得即使静态低效率也会在长时间内存在,若一国至少对技术引进开放市场,那它就不一定会出现技术落后和资源配置的低效率。而当某国经济对外开放时,由于国内保护所带来的效率的下降,国内企业会感受到来自国际竞争者的压力。不断一体化的全球金融市场是这些竞争压力的触发因素。从长期来看,各国不得不进行竞争政策的协商与合作,使得各国公司间的竞争趋向公平和有效率。

2. 一国经济和世界范围内的公平

当市场的潜在构成者是多部门经营跨国大企业(如三菱、西门子等)时,竞争政策的公平目标对于它们来说就不再那么重要了。其主要原因之一就是:这些企业在许多部门进行多样化经营,因此竞争政策对于不同部门的不同规定,对这样一个企业来讲就不一定不公平。如果它在某个部门经营不佳,它可以改变定位,将资源投入另一个部门进行生产。而那些小企业或仅生产少数几种产品的企业则不然,它们更需要竞争政策,特别是那些不相称地成为市场进入和创新主体的小企业,公平的竞争政策尤为重要。大企业常与成百上千的小企业进行垂直合作,因而这些小企业的公平和效率需要就由大企业而不是政策所代表。最后,如果大企业预见到相互之间可能存在的不公平竞争,还可以通过联合法律行动或其他合作来解决公平问题。

三、全球范围内对竞争政策的协调和实施

从上面的论述可以看出,竞争政策有着多层次、多角度的特点。适用于某个企业、某一产业或某个国家的竞争政策并不总是对其他企业、产业或国家适用。这是因为像其他社会规范一样,竞争政策也反映各国的历史和文化特点。因而,它是在不断变化的,而且在各国之间也不尽相同,尽管一些国家还没有正式的竞争政策,但是正式实施竞争政策的国家正在不断增多。大多数东欧和拉美国家以及韩国、墨西哥等也颁布或修改了它们的法规。还有一些国家正在计划或起草类似政策。各国在制定国家这一层次上的竞争政策时,自然都基于本国、本民族的利益,这不免又要踏上战略性贸易政策的老路,极易引起纠纷。因而,迫切需要在宏观层次上即全球范围内进行协调。世界贸易组织(WTO)已经专门建立了一个关于贸易和竞争政策的正式工作组,专门解决源于竞争政策问题的国际贸易争端。另外,美国学者爱德华·M. 格雷汉姆和大卫·理查森提出了模仿乌拉圭回合的《与贸易有关的知识产权协定》(TRIPS),达成《与贸易有关的反托拉斯措施》(TRAMS),它涉及全球范围的卡特尔、阻碍市场进入的措施、兼并、收购这一系列内容。

原则上讲,使竞争政策国际化主要有以下四种方式:

1. 创立一个国际法律实体和执行机构。在全球范围内将竞争政策融入世界多边贸易体系的最直接的方法,就是在 WTO 的发起下创立一个执行竞争法的国际机构。然而,这只有在各国对竞争政策的具体原则有较强且持久一致的认识的情况下,才是可行的。

2. 各国竞争法和政策的协调。这里的协调指各国通过协商和协议的方式采取几乎统一的实体法和执行标准。然而,不论是标准的制定还是实施,目前各国既缺乏政治上的一致,也缺乏理念上的一致。而且许多国家也不愿改变各自国内的政策法规标准来达成一致。不过,各国还是可以就竞争法和政策的某些方面进行协调的。比如,大多数国家都禁止人为操纵价格和其他卡特尔安排。

3. 利用 WTO 对 TRAMS 达成一致，并把竞争问题融入 WTO 争端解决程序。许多学者认为，若冲突双方不能通过协商解决争端，则应将问题提交 WTO，通过争端解决程序来解决。最早对此问题提出比较具体建议的是美国经济学家福克斯（FOX）。此后，经济学家爱德华·M.格雷汉姆和大卫·理查森在福克斯建议的基础上又有所发展，认为应将 TRAMS 的重点放在增强竞争性上。他们提出，TRAMS 协定应包括以下几个方面内容。

（1）对外国企业在本国设立的分支企业实行国民待遇。我们知道，增强市场竞争度是达到竞争政策目标的重要途径，那么国民待遇也就是竞争政策问题。事实上，由于它是和 WTO 协定密不可分的投资问题，它涉及贸易和投资政策，并和竞争政策高度相关，所以它应该是竞争政策最先考虑的问题。若一国政府对外国企业实行国民待遇，那么有关市场准入的很多贸易政策问题最终都将不复存在。但是，一国政府不会完全地、无条件地给予外国企业国民待遇，所以 WTO 要充分利用已有的机制对此进行协调。

（2）对卡特尔和类似卡特尔的行为进行国际控制。许多国家允许本国出口卡特尔存在是基于这样一种考虑：本国的出口商需要某种集体力量来与外国对手进行有效竞争。然而，若每个国家都允许出口商组成卡特尔，那么任何国家的得益都将被其他国家和出口卡特尔所抵消。最后，卡特尔限制了产量，提高了价格，损害了消费者，使谁都不能得益。因此，几乎所有的竞争政策专家都同意，在大多数情况下（少数例外）卡特尔是不好的。因此，几乎现有的所有竞争法都包含了反卡特尔条款，那么对于禁止大多数卡特尔达成国际共识将相对容易。

（3）扩大 WTO 协商程序。除卡特尔以外的与贸易有关的问题则很少能像上面所述的那样对争端解决程序达成国际一致，但制定新法规还是有可能的。特别的，可以扩大现有的（WTO）协商程序。若私人企业行为被指证为妨碍出口或投资，则 WTO 成员方有义务对此进行协商。

4. 改革世界贸易法。大多数世界贸易法（如反倾销法）可在 TRAMS 协定内部进行改革。例如，在对该协定进行协商的过程中可以包括反倾销改革。然而，对反倾销的改革可能会引起较多争议。因为许多贸易专家视反倾销法为国际贸易法的一个不可缺少的保护措施,因为它保护了国内生产者不受定价低于成本的进口货物的冲击。而大多数经济学家和竞争政策专家则对反倾销持反对态度,因为它提高了价格,降低了消费者福利,并且常被用来作为打击竞争对手的一种手段。因此,可以用竞争法取代反倾销措施(比如欧盟内部、澳大利亚与新西兰之间就进行了此种尝试),这种转变是与国民待遇这个概念相一致的。事实上,受到激增的倾销指控的跨国大企业是反倾销的真正受害者。至今,这些大企业尚未有效形成对抗反倾销的力量。但随着跨国大企业数目的不断增加,在不久的将来对反倾销进行重大改革甚至取消它的呼声将越来越大。

四、对全球竞争政策的评价及其对我国的启示

一些国际经济学家认为,全球竞争政策在具体实施时存在很多难点,如缺乏统一的具体标准、不同的环境和前提导致不同的规范性结论等。所以,竞争政策是一个在不断完善、发展的政策体系,它的许多领域也有待进一步的研究和探讨。但是,随着贸易的增长和在投资基础上国际市场的相互渗透,竞争政策的作用必定会日渐显现。各国也会更多地对各自的竞争政策进行协调,以适应国际竞争的需要。

近年来,我国不少学者主张效仿发达国家,采取战略性贸易政策,通过政府干预以扶持我国具有潜在比较优势和规模经济的战略性产业①。但是,在经济全球化不断发展,我国经济日益国际化的情况下,实施战略性贸易政策的条件已经不复存在,即使实行了,其效果也值得怀疑。首先,保护哪种产业很难确定。在我国的所谓战略性产业中,外商投资企业(包括合资企业)居多,如汽车产业、电子产业等,很难分清民族工业和外国企业的界限。就拿汽车工业来说,增强保护固然保护了我国的一些企业的利益,但同时也间接保护了德国、法国、日本等国在我国的合资汽车业,使得这些外国投资者得益。由于这些外资企业面临的竞争度大大降低,因而不必转让最新技术,也能得到高额回报。其次,即使确定了战略性产业,也很难进行有效保护,特别是在我国积极做出各种努力,争取早日加入 WTO 的时代背景下,我们更应顺应全球市场日益开放的趋势,积极主动地制定、采取符合我国国情的竞争政策,促进各国企业

---

① 张培刚、刘建洲:《新贸易理论及其与发展中国家的关系》,《经济学家》1995 年第 2 期。

(包括国内企业)进行公平有效的竞争。对一些特别需要保护的产业,也不一定采取提高贸易壁垒的做法,可以运用财政、金融手段进行有效扶持,以尽快增强企业的国际竞争力。

因此,国际经济学界关于全球竞争政策的研究对我国有重要启发意义。(1) 在经济全球化的趋势下,我们应该坚持改革开放的路线,根据我国的具体情况,进一步开放市场,降低各种有形的和无形的壁垒,营造良好的贸易和投资环境,致力于创造公平、有效的竞争环境,并创造条件对外商投资企业采取国民待遇,吸引更多的跨国公司来我国建立企业,利用其技术外溢、知识辐射的作用,推动我国的技术进步和产业升级。(2) 提高我国市场的竞争度,鼓励外国企业之间在我国市场上开展竞争,迫使外资企业将最先进的技术拿到中国市场上来进行竞争;国内的企业也会在积极参与国际国内的竞争中不断发展壮大。

(与丁杨合作。原载《经济学动态》1999 年第 5 期)

国际贸易分工理论的演变与发展述评

国际贸易分工理论是探讨国际贸易分工发生的原因、贸易利益、贸易格局变动的理论。如果从亚当·斯密的《国民财富的性质和原因的研究》(即《国富论》,1776 年出版)算起,国际贸易分工理论发展至今,已经有 200 多年的历史了,其间经过古典阶段、新古典阶段和新贸易理论阶段,反映了国际贸易发展的不同阶段的特点。20 世纪 80 年代以来,随着经济全球化的不断发展,生产要素流动特别是国际投资对国际贸易的影响日益加深,贸易与投资日益呈现出一体化的局面,国际经济贸易理论亟待创新。但是,理论创新不能脱离对传统理论的继承和发展。因此,对国际贸易分工理论进行较为系统的回顾,对于纠正学术界对国际贸易分工理论的某些"误读",明确当代国际贸易分工理论发展的方向,并以正确的理论来指导业已融入全球化的中国经济实践,无疑具有重要意义。

一、古典国际贸易理论

国际贸易分工理论的创立阶段,即古典阶段,从 1776 年亚当·斯密在《国富论》中提出绝对成本理论到 1817 年大卫·李嘉图在《政治经济学及赋税原理》中提出比较成本理论,前后共 41 年。

(一)绝对成本理论及其贡献

亚当·斯密的绝对成本理论,是建立在他的分工和国际分工学说基础之上的。在《国富论》一书中,开篇第一句话就论述分工,认为分工能提高劳动生产率,降低成本,促使国家财富增加。斯密将其分工理论推广到国际贸易分工领域,创立了绝对成本理论,令人信服地论证了一国只要专业化生产本国成本绝对低于他国的产品,用以交换本国生产成本绝对高于他国的产品,就会使各国的资源得到最有效率的利用,获得总产量增加、消费水平提高和节约劳动时间的利益。斯密不仅论证了国际贸易分工的基础是各国商品之间存在绝对成本差异,还进一步指出了存在绝对成本差异的原因。斯密认为,每一个国家都有其适宜生产某些特定产品的绝对有利的生产条件,因而生产这些产品的成本会绝对地低于他国。一般说,一国的绝对成本优势来源于两个方面:一是自然禀赋的优势,即一国在地理、环境、土壤、气候、矿产等自然条件方面的优势,这是天赋的优势;二是人民特殊的技巧和工艺上的优势,这是通过训练、教育而后天获得的优势。一国如果拥有其中的一种优势,那么这个国家某种商品的劳动生产率就会高于他国,生产成本就会绝对地低于他国。

斯密的绝对成本理论并不难理解,但是,在国际贸易学说史上,具有划时代意义。这一学说从劳动分工原理出发,在人类认识史上第一次论证了贸易互利性原理,克服了重商主义者认为国际贸易只是对单方面有利(即一国之所得必然是另一国之所失)的片面看法,从而给自由贸易政策以理论上的支持。根据其理论,斯密主张取消对外贸易中的一切特权和限制,实行贸易的无限自由。他认为,只有在自由贸易条件下,适宜的国际分工体系才能建立,各国才能合理地使用资本和劳动力,从事最有利的生产。这种贸易分工互利的"双赢"思想,到现代也没有过时,将来也不会过时。从某种意义上说,这种"双赢"理念仍然是当代各国扩大对外开放,积极参与国际分工贸易的指导思想。一个国家,一个民族,闭关自守肯定落后;以邻为壑的贸易保护主义政策,只会导致"两败俱伤"的结果,仍然是斯密的贸易分工理论留给我们的最重要启示。至于各国以何种形式、在何种程度上参与国际贸易分工以获得利益,那是另一个层次的问题,需要根据各国的国情和经济发展状况来决定。

不仅如此。斯密关于人们"在不同职业上表现出来的极不相同的才能,在多数场合,与其说是分工的原因,倒不如说是分工的结果"的论述,还是杨小凯教授等创立的新兴古典贸易理论研究的出发点。杨小凯的内生分工与专业化的贸易模型认为:"随着交易效率不断改进,劳动分工演进会发生,而经济发展、贸易和市场结构变化现象都是这个演进过程的不同侧面。"新兴古典贸易理论的发展,为解释"国内贸易和国际贸易提供了一个统一的理论内核"①,其完美的理论框架和现实解释力引人瞩目,使得新兴古典贸易理论成为当代贸易分工理论的重要流派,也是斯密的贸易分工理论生命力的有力证明。

(二)比较成本理论及其评价

虽然绝对成本理论对国际贸易理论和政策的贡献是显而易见的,但在具体的贸易格局上,斯密把互利性贸易限制在绝对成本优势的范围内,其理论局限性同样非常明显。在绝对成本理论的基础上,英国古典经济学家大卫·李嘉图提出了著名的比较成本理论,第一次以无可比拟的逻辑力量,论证了国际贸易分工的基础不限于绝对成本差异,只要各国之间产品的生产成本存在着相对差异(即"比较成本"差异),就可参与国际贸易分工。按照比较成本差异进行国际分工,各国生产具有比较优势的产品,进行贸易,就可获得比较利益。"两优择重、两劣取轻"的思想,就是比较成本理论的"合理内核"或"精髓"。

李嘉图的比较成本的理论的问世,标志着国际贸易学说总体系的建立。美国当代著名经济学家萨缪尔森称它为"国际贸易不可动摇的基础","是在那些可以称作既正确且重要的社会科学原理中首屈一指的"。比较成本理论揭示了国际贸易领域客观存在的经济运行的一般原则和规律。如果说,绝对成本理论在人类认识史上第一次论证了贸易互利性原理,那么,比较成本理论就进一步将贸易分工互利性原理一般化、普遍化了。也就是说,李嘉图的基于比较成本的分工原理比斯密的基于绝对成本的分工原理更具有一般性。比较成本理论表明,不论这个国家处于什么发展阶段,经济力量是强是弱,都有可能确定各自的相对优势,即使处于劣势的也可能找到劣势中的相对优势,在国际分工体系中找到自己的定位,从参与国际贸易分工中获得利益。从哲学高度看,比较成本理论揭示的是人类分工、协作、交换、互利的"大道理"。只有从这个角度看,才能深刻理解比较成本揭示的分工思想。

为了进一步说明这一个道理,我们不妨举大家熟悉的律师与打字员的例子,这个

---

① 杨小凯、张永生:《新贸易理论、比较利益理论及其经验研究的新成果:文献综述》,经济学(季刊)第 1 卷第 1 期,北京大学出版社 2001 年版。

例子几乎在每一本流行的国际经济学教科书中都可以找到。律师能提供法律服务，打字的速度也是打字员的两倍(因为他天资聪颖)，而打字员只会打字，且打字速度只有律师的一半。也就是说，律师处于绝对优势，打字员处于绝对劣势。比较成本理论告诉我们，即使在这种情况下，也存在互利性分工的可能性。律师应该专门从事法律服务，打字员在社会分工体系中也有他的地位和作用。而且这种分工对两者都会是有利的。国际经济领域也是如此。

后来的一些经济学家对比较成本理论的"误读"，都与对李嘉图揭示的"大道理"理解不深有关。

一些经济学家(主要是西方经济学家)经过严格证明(包括数学推导)，提出比较成本理论只是在一系列假定前提下(大约有九大假定)才能成立。比如假定只有两个国家、两种产品、一种要素(劳动)，一旦放宽了一些假定，比如多于两种产品，就很容易找到比较成本理论不能成立的例子。实际上，李嘉图是在阐述其比较成本思想时，正确地运用抽象法而做的假定，意在说明贸易分工互利性的"道理"。也就是说，李嘉图打了个"小比方"，说了个"大道理"，这种分析方法正体现了比较成本理论的科学性。

另一些经济学家(主要是发展中国家的经济学家)认为，比较成本理论只着眼于眼前的静态优势，不注重培育动态比较优势和长远发展利益。按李嘉图的话去做，把生产的相对优势长期固定在少数几种产品，特别是固定在少数初级产品的生产上，将是非常不利的。其至还有人认为，比较成本理论是产生旧的国际分工和专业化生产的根源。比较成本理论阐述的是贸易互利性的普遍原理，而不是对国际分工格局的具体"规划"，李嘉图绝没有让一些国家长期生产初级产品的意思，更不能对不公正的国际经济秩序负责。现存的不合理的国际经济秩序，是其他种种历史的现实的原因造成的，与比较成本理论本身无关。

关于比较优势理论的讨论，近年来在我国学术界还有一个讨论的热点，即如何看待比较优势和竞争优势的关系。其实两者并无根本对立。其一，如果不注重发挥现实的比较优势，何谈竞争优势？其二，从最抽象的理论层次分析，按照比较成本优势进行完全专业化分工，两国在特定产品生产上就具有了绝对竞争优势。假定A国生产 X 和 Y 产品比 B 国都具有绝对优势,而 A 国生产 Y 具有比较优势,B 国生产 X 具有比较优势。两国进行完全专业化分工,A 国专门生产 Y 产品,B 国专门生产 X 产品,则 A 国的 Y 产品就会有绝对竞争优势,B 国的 X 产品也会具有绝对竞争优势。道理很简单,因为 A 国完全放弃了 X 产品的生产! 其三,如果有多个国家同时出口具有比较优势的同类产品,一国的比较优势能否转化为竞争优势,那就要看各国产品的比较竞争力状况了。

二、新古典国际贸易理论

(一)生产要素禀赋理论及其贡献

20 世纪 30 年代,瑞典经济学家伯尔蒂尔·俄林出版了《地区间贸易和国际贸易》一书,提出了生产要素禀赋理论,用在相互依赖的生产结构中的多种生产要素理论,代替李嘉图的单一生产要素理论。俄林的生产要素禀赋理论称为新古典贸易理论,被视为现代国际贸易分工理论的基石。由于俄林在其著作中采用了他的老师赫克歇尔 1919 年用瑞典文发表了一篇重要论文的主要论点,因此生产要素禀赋理论也被称为赫克歇尔-俄林模型(H－O 模型)。

赫克歇尔-俄林模型假定各国的劳动生产率是一样的(即各国生产函数相同),在这种情况下,产生比较成本差异的原因有两个,一是各个国家生产要素禀赋比率的不同。所谓生产要素禀赋,指的是各国生产要素(即经济资源)的拥有状况。一般说来,一个国家丰裕的生产要素,其价格就便宜;反之,比较稀缺的生产要素,其价格当然就高些。各国生产要素禀赋比率不同,是产生比较成本差异的重要决定因素。各国都生产使用本国禀赋较多,价格相对便宜的生产要素的商品以供出口,这样,双方都可获得利益。另一个是生产各种商品所使用的各种生产要素的组合不同,亦即不同商品生产的要素密集度不同。根据商品所含有的密集程度大的生产要素的种类的不同,可以把商品大致为劳动密集型、资本密集型、土地密集型、资源密集型、技术密集型、知识密集型等不同类型。即使生产同一种商品,在不同国家生产要素的组合也不完全相同,例如同样生产大米,泰国主要靠劳动,而美国则主要靠资本和技术。不论是生产不同的商品,还是生产相同的商品,只要各国生产商品所投入的生产要素的组合或比例不同,就会产生比较成本差异,从而产生贸易分工的基础。很明显,一国如果对生产要素进行最佳组合,在某种商品的生产中多用价格低廉的生产要素,就能在该种商品上具有较低的比较成本。

俄林论证生产要素禀赋理论的逻辑思路是:商品价格差异是国际贸易的基础,而商品价格的差异是由于商品生产的成本比率不同;商品生产成本比率不同,是因为各种生产要素的价格比率不同,而生产要素价格比率不同,则是由于各国的生产要素禀赋比率的不同。因此,生产要素禀赋比率的不同,是产生国际贸易的最重要的基础。一个国家出口的是它在生产上大量使用该国比较充裕的生产要素的商品,而进口的是它在生产上大量使用该国比较稀缺的生产要素的商品。各国比较利益的地位是由各国所拥有的生产要素的相对充裕程度来决定的。用俄林的话来说,就是:"贸易的首要条件是某些商品在某一地区生产要比在另一地区便宜。在每一个地区,出口品中包含着该地区拥有的比其他地区较便宜的、相对大量的生产要素,而进口别的地区能较便宜地生产的商品。简言之,进口那些含有较大比例生产要素昂贵的商品,而出口那些含有较大比例生产要素便宜的商品。"①

H-O模型继承了传统的古典比较成本理论,但又有新的发展。

第一,李嘉图用比较成本差异阐述了贸易互利性的普遍原理,而俄林等则进一步用生产要素禀赋差异解释了为什么比较成本有差异。第二,俄林把李嘉图的个量分析扩大为总量分析,不是单单比较两国两种产品的单位劳动耗费的差异,而直接比较两国生产要素总供给的差异,从一国经济结构中的资本、土地、劳动力等这些最基本的因素来解释贸易分工基础和贸易格局,在理论上有所发展和创新。

赫克歇尔-俄林模型不仅能说明比较成本的决定因素,而且也能说明要素价格的变动以及收入分配。在开展贸易后的短时期内,由于只发生商品价格的变动而没有发生生产要素在进出口部门之间的流动,两国价格上升行业(出口行业)的所有生产要素的报酬都会上升,两国价格下跌行业(进口竞争行业)的所有生产要素的报酬都会降低。开展贸易后的长时期内,由于商品相对价格的变动引致了生产要素在进出

---

① [瑞典]伯尔蒂尔·奥林:《地区间贸易和国际贸易》,王继祖等译校,商务印书馆1986年版,第23页。

口部门之间的流动,引起了生产要素市场供求关系的变化,从而导致生产要素价格的变化,影响要素所有者的报酬收入,即会使在价格上升的行业(即出口行业)中密集使用的生产要素的报酬提高,而使在价格下跌的行业(即进口竞争行业)中密集使用的生产要素的报酬降低。如果各国都以各自的生产要素禀赋比率差距为基础进行贸易,其结果是贸易前相对丰富的要素价格上涨,相对稀少的要素价格下降。这样的过程发展的结果,将会逐渐达到要素价格比率的国际均等化。这就是所谓"要素价格均等化定理"。1949年,美国著名经济学家、诺贝尔经济学奖获得者萨缪尔森在《再论国际要素价格均等》一文论证了这一定理。赫克歇尔-俄林模型从一个国家的经济结构来解释贸易格局,而要素价格均等定理则反过来分析国际贸易对经济结构的影响。国际贸易的发生增加了对相对丰富资源的需求,从而提高了它的价格,也就是增加了它的报酬;另一方面减少了对相对稀缺要素的需求,从而降低了它的报酬。国际贸易可以改变一国的经济结构,使生产要素得到最有效率的利用,从而使产量增加,收入增加。这些分析对于一国如何利用本国的资源禀赋优势参与国际贸易分工以获得贸易利益,无疑具有积极意义。

可见,新古典贸易理论对于国际贸易分工理论的贡献是多方面的,俄林因此获得了1977年诺贝尔经济学奖。但是,国内外学术界对这一理论也一直存在争论。

马克思主义经济学界认为,赫克歇尔-俄林理论合乎西方经济学界在国际贸易领域内抛弃劳动价值论的需要。因为该理论显然是建立在三要素论的基础之上的,这就是劳动创造工资、资本创造利息、土地创造地租的著名的"三位一体公式",而这个公式曾遭到马克思的严厉批判。细细分析,赫克歇尔-俄林理论与所谓三位一体公式,其实并无很大关系。三要素论讲的是商品价值创造问题,而赫克歇尔-俄林理论分析的是贸易分工双方产生比较成本差异的原因而不涉及价值创造问题。从经济运行的角度分析,必须承认,土地、劳动力、资本、技术等资源禀赋状况在决定各国的产品生产成本和外贸格局上起着重要作用。马克思在俄林前几十年就做过这样的论述:"在单个资本家之间进行的竞争和在世界市场上进行的竞争中,作为不变的和起调节作用的量加入计算中去,是已定的和预先存在的工资、利息和地租的量。这个量不变,不是指它们的量不会变化,而是指它们在每个场合都是已定的,并且为不断变动的市场价格形成不变的界限。例如,在世界市场上进行的竞争中,问题仅仅在于:在工资利息和地租已定时,是否能够按照或低于现有的一般市场价格出售商品而得利;也就是说,实现相当的企业主收入。如果一个国家的工资和土地价格低廉,资本的利息却很高,因为那里资本主义生产方式总的说来不发展;而另一个国家的工资和土地价格名义上很高,资本的利息却很低,那么,资本家在一个国家就会使用较多的劳动和土地,在另一个国家就会相对地使用较多的资本。在计算两个国家之间这里可能在多大程度上进行竞争时,这些因素是起决定作用的要素。因此在这里,经验从理论方面,资本家的利己打算从实际方面表明:商品价格由工资、利息和地租决定,由劳动的价格、资本的价格和土地的价格决定;这些价格要素确实是起调节作用的形成价格的要素。"①

(二)生产要素禀赋理论的发展

生产要素禀赋理论的提出不仅是对国际贸易分工理论的发展,同时也对二战后的国际贸易分工格局起了很大的指导作用,并受到不少经济学家的重视。其中,美国经济学家里昂惕夫1953年还以美国1947年和1951年的进出口结构为案例,借助自己的投入产出法,想来验证该理论的正确性。结果,他发现美国出口的竟然是劳动密集型产品,进口的却是资本密集型产品,这一结论与赫克歇尔-俄林模型推断的贸易格局相反而被称为里昂惕夫之谜。

里昂惕夫之谜的出现引起了国际经济学界对赫克歇尔-俄林模型的激烈而富有意义的争论。不少经济学家据此认为赫克歇尔-俄林模型被推翻了,因为可以找到大量诸如里昂惕夫之谜之类的"经验证据"。② 这里也明显存在对要素禀赋理论的"误读"。

其一,国际经济学界对昂惕夫之谜所做的种种解释,如要素密集度变换论、要素非同质论、贸易壁垒论、需求偏向论、自然资源论等等,大都没有离开要素禀赋理论的基本分析方法,即一国要素禀赋比率决定一国产业(或产品)比较优劣势的的方法。

----

① 《马克思恩格斯全集》第25卷,人民出版社1975年版,第988-989页。
② 杨小凯、张永生:《新贸易理论、比较利益理论及其经验研究的新成果:文献综述》,《经济学》(季刊)第1卷第1期,北京大学出版社2001年版。

可以说,围绕里昂惕夫之谜做出的各种理论分析,补充、丰富了要素禀赋理论,增强了这一理论对国际贸易实践的解释力。

其二,后来出现的所谓"国际贸易新要素理论"认为,应赋予生产要素以新的含义,扩展生产要素的范围,生产要素不仅仅是生产要素禀赋理论所说的劳动、资本和土地,技术、人力资本、研究与开发、信息以及管理等,都是生产要素,这些无形的"软件"要素越来越成为形成贸易的基础,它决定着一国比较优势格局。新要素理论当然是对要素禀赋理论的发展,但就分析方法而言,新要素理论与传统要素贸易理论并无本质的不同。

其三,纵观西方经济学界关于赫克歇尔-俄林模型在理论上被证伪、经验上被否定的文献,无非是在赫克歇尔-俄林模型所赖以建立的假定条件上做文章,声称要素禀赋理论只论述了贸易量及模式与相对要素禀赋的关系,忽略了需求、技术差别等因素。这显然是对建立经济模型所必须运用的抽象法缺乏足够的理解有关。英国经济学家琼·罗宾逊说过:"建造模型、深化认识的艺术,就是尽可能地做出最为彻底的简化,同时又不致排除掉对有关问题至为重要的因素。""一个模型如果把现实世界的所有因素都考虑进去,其用处不会超过一张比例尺为1:1的地图。"①俄林为了建立要素禀赋理论而做的一系列假定,是合理的。没有科学合理的假定,不运用抽象法,几乎无法进行任何经济分析。只要是正确的抽象,所得出的结论就更真实,更一般,更具普遍性。

关于要素禀赋理论在中国实践中的运用问题,在我国理论界和实际部门也存在一些分歧。

按照H-O模型,中国应该大力发展劳动密集型产业。但在讨论迎接加入WTO的挑战时,国内广为流传着歧视劳动密集型产业的观点,以发展知识经济、高新技术产业而否定劳动密集型产业的重要性,其理由是劳动密集型产业缺乏国际竞争力,不能适应知识经济时代参与国际竞争的要求。实际上,一国的产业竞争力主要取决于

---

①　转引自贺力平、沈侠:《国际经济学方法论与基础理论研究》,经济科学出版社1989年版,第12页。

其产品的成本,成本越低的产业竞争力自然就越强。而一个产业的成本高低主要取决于其是否利用了由该国要素禀赋决定的比较优势。中国目前要素禀赋结构的特点是劳动力相对丰富、资本相对稀缺,因此,具备比较优势的行业和产品大多具有劳动密集型的特征。劳动密集型产业因为成本低廉而具有相当强的竞争力,利润从而可以作为资本积累的量也较大。只要发展中国家能够正确地遵循要素禀赋优势,其经济结构就会随着资本的不断积累而以"小步快跑"的方式逐步缩小与发达国家的差距。

再者,劳动密集型产业也不一定是技术落后的产业,随着高新技术在越来越多的产业里的快速应用,劳动密集型产业的技术含量也大大提高;同时,资金、技术密集型产业包括高新技术产业中,也有劳动密集型的生产环节。我们应充分发挥我国劳动力相对丰裕、成本低廉的优势,大力发展劳动密集型产业及高新技术产业中的劳动密集型的生产环节,这不仅能够壮大我们的国力,而且可以解决十分重要的就业问题。

三、新贸易理论

以比较成本理论和生产要素禀赋理论为核心的国际贸易理论有两个重要假设前提:一是假设产品的规模报酬不变,二是假设国际市场是完全竞争的。在这些假定前提下建立的理论模型成为国际贸易分工的经典理论。但是,也应看到,现实世界中的许多商品是以递增规模报酬生产的,大规模的生产会降低单位产品的成本。同时,大多数工业品类似但有差异,国际市场是垄断竞争市场。20世纪80年代以来,以美国著名经济学家保罗·克鲁格曼为代表的一批经济学家吸取了以往国际贸易理论的合理因素,创建了一个新的分析框架。这些经济学家利用产业组织理论和市场结构理论来解释国际贸易新现象,用不完全竞争、规模报酬递增、产品差异化等概念和思想来构造新的贸易理论模型,提出了所谓"新贸易理论"。

按照正统经济学理论,不完全竞争扭曲了世界经济中的价格体系,厂商的定价行为背离了产品价格等于边际成本的原则。从整个国家来看,商品之间的价格比率不等于其成本的比率,国际分工不能完全由机会成本调节,从而影响到资源的配置和社会福利,难以达到最优境界。由于纯粹垄断像完全竞争一样不切实际,而解释卡特尔和国际商品协议行为的模式是从寡头垄断理论中推导出来的,因此,新贸易理论主要分析了同内部经济有关的寡头和垄断竞争两种不完全竞争对国际贸易分工所发生的影响。

新贸易理论在分析寡头与国际贸易分工的关系时,大多采用数量假设的古诺模型,即假设寡头厂商在选择其利润最大化产出时,其他寡头厂商的产出不受自己的影响。用古诺方法考察寡头产业结构对贸易格局的影响有两条途径:一条途径是卖方集中对贸易的影响以及贸易对卖者集中的影响;另一条途径是市场分割与贸易两者的相互影响。在卖方集中的情形下,若一个国家为生产一种产品而进行竞争的公司数目少于另一个国家,即卖者集中在后一个国家,其他条件相同,那么,在没有贸易的情况下,第一个国家该产品的价格相对较高;而如果进行贸易,该国就会进口该商品。同时,贸易对卖方集中也有影响,因为贸易的存在,甚至双方进行贸易的可能性,都会加剧卖者之间的竞争。这种竞争的加剧,正是贸易获益的来源。在市场分割的情形下,如果运输成本或其他贸易障碍能使公司对不同的顾客索取不同的价格,寡头厂商就有进行价格歧视的动机。这表明,仅仅由于寡头厂商之间相互入侵对方市场的战略行为(如为夺取更大市场份额而在对方市场上低价倾销),或寡头厂商之间的模仿性出口战略,也能引起国际贸易分工。因此,不完全竞争的市场结构本身可以导致国际贸易分工,比如产业内分工贸易。

新贸易理论在运用张伯伦垄断竞争模型来解释战后国际贸易分工新格局时,强调了产品差异和规模经济的重要性。克鲁格曼甚至证明,在垄断竞争条件下,运用产品差异化,即使两个国家在所有方面完全相同,两个国家也会存在贸易。而且两个国家越相似,贸易量越大。

特别应该强调的是,古典、新古典贸易分工理论是以国家为基本分析单位的,研究的是主要是产业间贸易,因而在传统贸易理论框架中,没有关于公司的分析这是可以理解的。因为产业间贸易的基础主要是基于广义比较优势的要素禀赋优势,从而一个国家的要素禀赋优势当然会转换成公司的竞争优势。而新贸易理论研究的主要是产业内贸易,在产业内贸易中,各国的竞争优势主要表现为公司的特定竞争优势,因为产业内贸易的基础是不完全竞争市场结构下产品差异化优势以及规模经济带来的低成本优势。实际上,规模经济和产品差异化之间也存在着密切的联系。正是由于规模经济的作用,使得众多的生产同类产品的企业在竞争中优胜劣汰,形成一国内某种产品由一家或少数几家厂商来生产的局面,大型企业进而能发展成为出口商。由于规模经济的制约作用,每一国的大型企业只能生产出系列有限的产品来,同时,各国生产的产品又各具特色。产品差异的存在,既是促进企业走向专业化、大型化的因素,从而能获得经营上的规模效益,又为生产者的相互竞争提供了市场。可以说,规模经济和产品差异化之间的相互作用,是导致产业内贸易的基础性原因。而以产品差异化和规模经济优势参与国际贸易竞争的主体无疑是当代国际竞争的主角——公司。

公司的特定优势是一个公司相对于其他竞争对手所具有的垄断优势,主要有两类,一类是知识资产优势,另一类是规模节约优势。所谓知识资产包括技术、管理与组织技能、销售技能等一切无形技能在内。公司拥有并控制了这些知识资产,就能生产出差别产品到国际市场上进行竞争。同时,这类公司通常也容易迅速扩大生产,获得规模节约的效益,增强国际竞争能力。无论是发达国家还是发展中国家,只要拥有具有垄断优势的公司,就可生产出差别产品在产业内贸易的国际市场上进行竞争。可见,要理解产业内贸易现象,离不开对公司作用的分析。

新贸易理论在很大程度上是传统贸易理论的发展而不是全盘否定。传统贸易理论完全竞争、规模报酬不变下的 2×2×2 模型不过是新贸易理论 J×M×N 模型的一个特例。事实上,传统贸易理论的核心——比较优势原理和要素禀赋论仍能解释一部分国际贸易分工现象,特别是产业间贸易现象。新贸易理论则进一步拓展、细化了比较优势原理,并承认比较优势原理是无可辩驳的,只是在引入规模经济之后,比较优势的来源不仅仅限于要素禀赋的相对差异,更重要的是规模经济优势。实际上,新贸易理论的规模经济优势完全可以看作是比较优势的一部分,是动态的比较优势,杨小凯将其称作内生的比较优势。[①]

新贸易理论尤为引人注目的地方,还在于其对贸易现实的解释力。由于以现实世界的客观事实作为理论前提,新贸易理论对产业内贸易、发达国家之间的贸易、贸

---

① 　杨小凯:《内生与外生比较利益说》,《经济学家》2002 年第 6 期。

易量的迅速增长等理论难题的解释雄辩有力,而且在政策建议方面,新贸易理论更是在现实世界不能处于最优的条件下,提出了诸多使经济运行达到次优的对策措施。在这一点上,新贸易理论比完全自由主义经济学更为现实,对策更为可行。

总的来说,当代国际贸易新理论对比较成本理论、生产要素禀赋理论等传统国际贸易分工理论进行了修正、补充和改造,并得出了不少全新的结论,这是对传统理论的挑战。这是因为,传统贸易理论以国家为基本分析单位,以国际市场完全竞争、生产要素在国际间不能自由流动为分析前提。但现实的市场是垄断竞争的,生产要素的国际流动日益普遍,跨国公司的决策影响甚至左右着贸易和投资格局,产业内贸易和公司内贸易发展迅速,在此情况下,再坚持生产要素禀赋比率的分析方法,显然难以对上述贸易新现象做出有力的说明。当代国际经济学家提出了种种新的见解,以说明这些国际贸易分工新现象。规模经济、递增收益和市场结构理论被广泛用来解释产业内贸易和公司内贸易。

但另一方面,新贸易理论又不是对传统理论的全盘否定,两者存在着不可分割的理论渊源关系。新贸易理论的主要观点和分析方法,从根本上讲,仍然没有离开相对优劣势的分析范畴,可以说是比较优劣势的分析方法在新情况下的具体运用。在决定一国以何种方式参与国际贸易分工方面,比较优劣势的分析始终是不可缺少的方法。传统贸易格局下的比较利益,来源于生产要素禀赋比率不同而造成的比较成本差异;新贸易理论则在战后国际贸易分工格局发生变化的情况下,研究一国如何借助规模经济、不完全竞争、产品差异等获取比较利益。当然,这并不是说新贸易理论与传统理论没有区别,因为两者研究的贸易格局不同,理论形式自然也不同。但是,在如何根据实际情况、利用自身相对优势来扩大国际贸易分工,通过贸易分工获取利益方面,两者是相同的。因此,新贸易理论与传统理论并非完全对立,前者是对后者的继承和发展。

通过回顾我们发现,国际贸易分工理论发展的一个主要趋势就是分析的假设前提越来越接近现实,贸易理论对贸易现实的解释力不断增强。但同时我们也会发现,以上各种理论,基本上都是以不存在生产要素的国际间流动作为假设前提的,很少涉及国际直接投资活动,这与当代贸易与投资日益融合的趋势存在一定差距。为此,人们已经开始致力于建立一种融合国际贸易分工和对外直接投资的一般理论,即所谓贸易投资一体化的理论,以增强对现实的解释力。应该指出的是,正如新贸易理论的出现并不是对传统贸易理论的全盘否定而是对传统贸易分工理论的继承和发展一样,人们建立贸易投资一体化理论的努力,不必要也不可能是对基于要素在国际间不流动假设的所有贸易理论的否定,在不同假设前提下的各种贸易理论,即使在当代,对各类特定贸易现象仍然有着很强的解释力,并对实践有着重要的指导意义。

（原载《南京大学学报》2003 年第 1 期,人大复印报刊资料《外贸经济·国际贸易》2003 年第 4 期转载）

关于中国经济学的创建和发展

一、创建中国经济学问题的提出

10多年前,我与顾新华、周振华合作撰写了《非常规分析:经济学研究方法的革命》一文。在那篇文章中,我们提出,社会主义经济学,应该具有深刻的分析力和高度的适用性,能够指导人们按照客观经济过程的内在规律去进行经济活动,以促进社会财富的不断增长和经济的发展繁荣。而传统的社会主义经济理论(即"苏联范式"的社会主义政治经济学),在研究对象和内容上,局限于生产关系,致力于分析比较社会主义与资本主义经济的本质区别;在研究方法上,远离经济改革和建设的丰富实践,进行理论演绎,因而只能推导出一系列抽象的、永恒的"规律"和"原则",丧失了对现实经济问题的解释力,也谈不上对实践的指导。要使传统经济学走出困境,就要实现研究对象、研究内容和研究方法两个方面的转变。[①] 在那篇文章中,我们主要对现代科学方法在经济学研究中的具体运用问题做了一些探索。

10多年过去了,中国改革和发展的辉煌成就,令我们感到吃惊;中国经济学的创新和发展,也出现了百花齐放流派纷呈的繁荣局面。中国经济学逐步"回归"经世致用之学的本来宗旨,对经济改革和发展中的实际问题进行理论探索,不少真知灼见为党和政府所采纳(比如吴敬琏等经济学家关于实行国有经济战略性改组的建议写入了党的十五大报告),推动了中国改革开放的历史性进程。经济学成为我国社会科学中的一门盛世显学,日益受到人们的重视。经济学终于摆脱了"苏联范式"教科书的尴尬与困境,经济学家也获得了社会的尊重与承认。

[①] 顾新华、张二震、周振华:《非常规分析:经济学研究方法的革命》,《南京大学学报》1987年第1期。

最近,构建中国经济学体系、发展中国特色的经济学成为经济学界的热门话题。《经济学家》杂志还开辟《中国经济学论坛专栏》就此课题进行专门研讨。出现这一可喜现象的原因有以下两点:

第一,改革开放以来,中国经济学界逐渐挣脱传统社会主义政治经济学体系的束缚,研究中国改革发展中的新情况新问题,取得了不少成果。但是尚未建立起中国经济学自己的理论体系。旧的理论体系破掉了,新的体系尚未建立,而人们在试图将经济学研究的最新成果进行系统化时,又有意无意地受到"苏联范式"教科书的影响。从现有的社会主义经济学教科书中可以看出,并没有摆脱"苏联范式"的理论框架,无非是加进了一些市场经济和经济改革的内容,给人以"旧瓶装新酒"的感觉,这种情况引起了经济学界的关注。资深经济学家吴敬琏指出:目前我国的经济学教学没能反映出十几年来理论战线上的巨大进步,历史呼唤中国理论经济学的创建。如果说,中国改革的实践对中国经济学提出的主要任务是冲破"苏联范式"教科书的束缚,彻底打破原有理论体系的话,那么在改革开放取得决定性进展的今天,对这一伟大实践进行理论概括,重建中国经济学,是经济学家面临的历史性任务。

第二,改革开放以来,西方经济学被大量介绍到和引进中国。开始是批判为主,即使小心翼翼地有所局部肯定,也忘不了给它戴上一顶"庸俗经济学"的帽子。自从1992年邓小平同志南方谈话发表、党的十四大肯定确立社会主义市场经济的改革目标后,西方经济学中反映市场经济发展一般规律的概念理论、观点和方法受到空前的重视,其对市场经济运行的解释力和应用性价值也在一些经济学家尤其是青年经济学家的极富创见的论著中得到证明。但是,就像任何理论——即使是马克思主义的科学理论——也不能照搬照抄一样,西方经济学当然也不能死搬硬套,而只能有所借鉴,为我所用。西方经济学产生和发展的经济条件和制度背景与我国不一样,即使是正确的东西,也不一定能用来解释我国现阶段改革发展的实践。我们在阅读一些西方著名经济学家研究中国经济的论著时,尽管会有所启迪,但总会觉得他们说得"不像"是我们这儿发生的事情。一些西方经济学家也承认,按照正统的经济学理论,无法理解中国改革开放以来经济的高速发展。我国经济学界甚至有人认为,能把20年来中国经济增长的过程描述清楚,给中国经济高速增长之"谜"以令人信服的理论解释,就是一件很不容易的工作!因此尽管西方经济学的引进大大促进了中国经济学的发展,但毕竟不能替代我们自己的探索和思考,中国经济学家应该也需要创建中国特色的社会主义经济理论。

二、创建中国经济学的体系的条件已经具备

虽然在要不要创建中国经济学的问题上,我国经济学界已经基本达成共识,但在创建中国经济学体系的条件是否已经具备时机是否成熟的问题上,学术界还存在不同的看法。

倡导探讨中国经济学构建问题并对此发表系统见解的刘诗白教授,虽然没有明确提出时机是否成熟问题,但实际上认为创建中国经济学的历史任务已经摆到经济学家的面前。他在《中国经济学构建的若干问题》的长篇论文中,对中国经济学产生的条件和内涵、研究范围、研究方法做了深入探讨,提出了一些富有创见的具体设想。① 经济学家沈立人先生也认为,建立中国经济学或先从建立经济学的中国学派切入,在需求更迫切的同时,也逐步具备了可能性。② 还有一些学者提出,要在东西方经济学的综合中创新、构建中国经济学,而且对不同经济理论进行综合的条件已经基本具备。更有不少学者立足国情,对中国经济改革和发展的实际问题进行扎扎实实的分析,为创建中国经济学埋头苦干。经济学家冒天启主笔的《转型期中国经济关系研究》一书(湖北人民出版社 1997 年版),以中国现阶段的体制转型和经济发展为研究主题,以国家与企业的关系、社会与个人的关系、中央与地方的关系、城市与农村的关系作为研究的基本线索,以实证分析为基本分析方法,其理论和分析框架具有鲜明的中国特色,被认为是一部重要的中国理论经济学著作。③

另一种观点则认为,构建中国经济学体系的条件和时机尚未成熟其主要原因,一是中国的经济理论"先天不足"和"后天失调";二是中国目前市场经济形态的不成熟性和不确定性,而且市场经济理论及实践与马克思主义的结合点不会在短期内找到;

---

① 刘诗自:《中国经济学构建的若干问题》,《经济学家》1997 年第 1 期。
② 沈立人:《跨世纪的中国经济学》,《经济学家》1998 年第 2 期。
③ 胡家勇:《中国理论经济学的主题:转型和发展》,《经济研究》1998 年第 1 期。

三是我国经济学界自身的素质亟待提高。蒋学模教授也认为,现在还不具备充分揭示社会主义运动规律的客观条件,现在的社会主义政治经济学,实际上只能探讨经济文化落后国家建设社会主义经济的规律性。①

建立一种经济学理论体系,固然需要一定的社会经济条件。但是如果说,要等一种社会经济形态完全成熟后才有可能建立理论体系,则是不符合历史事实的。亚当·斯密生活在产业革命前夕的资本主义工场手工业时期,资本主义生产方式远未发展成熟并占统治地位,但并没有妨碍他写作了伟大的《国富论》,谁能否认他创立了政治经济学的理论体系? 马克思在世的时候,资本主义还未出现 1929 年那样的大萧条,但我们不也能从马克思对资本主义基本矛盾的深刻分析中,体会到马克思理论的深刻洞察力和惊人的预见力吗? 理论是实践的反映,但又高于实践,这就是理论的魅力和指导价值。社会主义实践还未出现时,不是产生了马克思主义的科学社会主义理论吗? 当然,在客观经济过程的矛盾尚未完全暴露之前,作为研究经济运行规律的经济学理论体系,不可能十分完善,但理论发展的逻辑过程,就是随着社会经济形态的不断成熟而不断完善的过程。西方经济学对市场运行机理的研究,也是随着市场经济的不断完善而发展的。从这一角度看,蒋学模教授的观点是正确的。目前的中国经济学,其任务就是探讨经济文化落后国家(中国)建设社会主义经济的规律性。

中国改革开放的实践为理论发展提供了相对成熟的土壤和条件,社会主义市场经济理论的提出,党的十五大对邓小平建设有中国特色的社会主义经济理论的准确概括和总结,实际上已经形成了中国社会主义经济学的理论框架。因此可以认为,创建中国经济学体系的条件已基本成熟。

事实上,摆脱"苏联范式"、创建中国经济学的艰苦探索可以追溯到经济学家、思想家顾准。他早在 20 世纪 50 年代初就对社会主义商品生产、商品交换和价值规律等问题进行了最初的探讨。稍后,杰出的经济学家孙冶方于 1956 年发表了《把计划和统计放在价值规律的基础上》的论文,以其理论上的远见卓识,提出了具有鲜明特色的关于社会主义条件下价值规律作用的著名观点,成为我国最早倡导对传统经济

---

① 蒋学模:《关于社会主义政治经济学的几个问题》,《经济学家》1997 年第 2 期。

体制进行改革的理论先驱。近 20 年来，由于改革开放实践的推动，中国经济学的发展也进入了新的时期。从计划经济为主市场调节为辅，到计划与市场相结合，从有计划的商品经济到社会主义市场经济，人们对处于社会主义初级阶段的中国经济发展规律性的认识逐步深化，其中包含了中国几代经济学家辛勤探索的心血。党的十五大报告，高举邓小平建设有中国特色的社会主义理论的伟大旗帜，深刻总结了我国近 20 年来改革开放和经济发展的丰富经验，在一系列经济理论问题上又有新的重大突破。十五大报告中关于社会主义经济建设问题的理论阐述，实际上为中国经济学构筑了大的理论框架。中国改革开放的伟大实践和邓小平建设有中国特色的社会主义经济理论的形成，催生了中国经济学的诞生。

三、关于创建和发展中国经济学的理论思考

创建中国经济学，首先要解决的，不是具体的理论框架和体系设计，而是思想方法。这里简要谈些思考。

第一，创建中国经济学，应以马克思主义的立场、观点、方法为指导，大胆借鉴、吸收当代西方经济学的研究成果，概括、总结中国社会主义经济建设的经验特别是改革开放 20 多年来的实践，揭示中国社会主义初级阶段经济运行的客观规律。对于这一点，学术界恐怕是基本一致的。但在思想认识上和实践上，是存在很大差异的。

什么是马克思主义的立场观点方法？说到底，就是实事求是，从实际出发。在理论研究上，就是坚持实践第一的思想路线，从中国社会主义经济建设的实践中概括出理论，并在实践中检验和发展理论。

理论不是出发点，不能从理论出发。应以马克思主义的立场、观点、方法为指导，去研究丰富的实践。而不是从马克思的理论出发，当然也不能从西方经济学理论出发。建立有中国特色的社会主义经济学理论，是前无古人的伟大事业，不要老是从马克思那儿找根据。如果从马克思的理论出发，社会主义就应该搞计划经济而不是搞市场经济，私营经济、个体经济就不能成为社会主义经济的重要组成部分。社会主义就不能存在资本利润、劳动力市场、股份制等经济范畴，按生产要素分配的原则更不能存在。中国经济学研究严重脱离实际、严重落后于实践的原因，根子就是从马克思的某些概念或者某些原理出发而不是从实践出发，违背了马克思主义的实事求是、从

实际出发的基本路线和方法。改革开放以来,几乎每一次改革举措总要在经济学界引起"姓资姓社"的争论。在一些人看来,改革开放的举措是否正确,不是看在实际上是不是促进了生产力的发展,是不是提高了人民生活水平,是不是增强了中国的综合国力,而是首先要看是不是符合他们理解的马克思主义,符合他们理解的社会主义方向。实际上,即使是马克思主义的一些基本原理,也不是一成不变的,也应该在实践中发展。比如,按照生产关系一定要适合生产力发展的原理,家庭联产承包责任制是与以手工劳动为主的传统农业生产力水平相适应的,因此,随着农业机械化市场化、社会化程度的提高,就应该让生产关系"升级",看起来这是符合马克思主义原理的,其实不然。1998 年 10 月 14 日党的十五届三中全会公报指出:"家庭承包经营,不仅适应以手工劳动为主的传统农业,也能适应采用科学技术和生产手段的现代农业,具有广泛的适应性和旺盛的生命力。"很明显,这是坚持和发展了马克思主义。再如,如何解释我国现阶段多种所有制经济并存,按照传统政治经济学原理,是由于存在多层次的生产力发展水平,而私营个体经济是与较低层次的生产力发展水平相适应的。这种解释显然又是脱离实际的。且不说发达资本主义国家生产力发展水平已经达到了很高的水平,也没有发生私有制不适应生产力发展的情况,就在我国,有不少民营、私营经济的科技和生产力水平大大超过国有经济。对我国多种经济成分并存这种现象,需要做出新的理论解释。可见,创建中国经济学,仍然首先要进一步解放思想,摆脱教条主义和"左"的思想的束缚。

第二,中国经济学应该是有中国特色的社会主义经济学。什么是社会主义? 这是我们建立中国经济学必须弄清楚的大问题。

以往我们在回答什么是社会主义的时候,着眼仅是社会主义制度。作为制度,它只能包括生产关系和上层建筑,具体到经济制度,又只能包括生产关系。所以,长期以来,我们把生产资料公有制、按劳分配、计划经济看作是社会主义最主要的东西,也在实践上导致了生产关系盲目变革。邓小平同志在晚年思考什么是社会主义时,冲出了"制度"的局限,他在 1992 年"南方谈话"中,揭示了社会主义的本质特征,给了我们一个社会主义的全新概念,这就是:"社会主义的本质,是解放生产力,发展生产力,消灭剥削,消除两极分化,最终达到共同富裕。"值得注意的是,邓小平同志对什么是社会主义的本质的思考,也有一个发展过程。1979 年,他认为社会主义就是公有制与按劳分配;1985 年前后,他认为是公有制为主体与共同富裕;1986 年,他认为是发展生产与共同富裕。1992 年,他给出了上述完整的全新的回答,将社会主义的本质概括为"发展生产与共同富裕",是对科学社会主义理论的一大发展。对社会主义的认识,不考虑生产力水平,不注重它能否解放生产力、发展生产力的本质,只从正义、平等等美好向往的理念思维中寻求社会主义、评判社会主义、构建社会主义,在理论上是违背马克思主义的,在实践上只能导致空想的假社会主义、贫穷的社会主义。

邓小平同志关于什么是社会主义的全面、科学准确的回答,对于我们创建中国社会主义经济学有着极其重要的指导意义。我们知道,本质是事物的根本属性,它决定了事物的其他任何方面,社会主义也不例外。一切特征、原则、方式、手段等等都由社会主义本质所决定。既然社会主义的本质是解放生产力,发展生产力,消灭剥削,消除两极分化,最终达到共同富裕,那么,生产资料所有制的形式、消费资料的分配方式乃至资源配置方式等等,都只是手段,都是为实现社会主义的本质目的服务的。这样,计划和市场,公有制及其实现形式,发展多种经济成分,按劳分配和按要素分配,利用外资、发展对外贸易和经济技术合作,乃至经济特区、证券市场股票债券,等等,都是手段,不存在"姓社姓资"的问题。既然社会主义的本质是解放生产力、发展生产力和共同富裕,那么,中国经济学就应该是一部中国的《国富论》,应以发展生产力、增长社会财富、实现共同富裕为主线来构建体系,展开分析。至于中国经济学理论框架的建立、经济概念和经济范畴以及分析工具和方法的运用,等等,既可以用马克思主义政治经济学的,也可以用西方经济学的。当然要有所取舍,有所分析,有的还需要赋予新的含义。马克思创立政治经济学理论时,不是借鉴、运用了资产阶级经济学家亚当·斯密等人的概念、范畴和原理吗? 在创建中国经济学时,对西方经济学的一些经济术语分析工具以至经济学的一般原理,完全可以采取"拿来主义"的办法。

（原载《江海学刊》1999 年第 1 期,人大复印报刊资料《理论经济学》1999 年第 4 期转载）

全球化与中国的对外开放研究

浅析我国关税下调的经济影响

国务院决定,从 1996 年 4 月 1 日起改革和调整我国的进口税收政策,总计 6000 多种进口商品中将有 4000 多种大幅度地降低关税,降幅达 30％以上。同时,我国还将取消进口商品 170 余项的配额许可证和进口控制措施,占现行配额许可证管理商品的 30％以上。我国的关税已连续多次降低,这次关税的降幅是历次关税下调中最大的,调整后的我国进口关税总水平将从目前的 36％下降至 23％,总体下降 12.9 个百分点。在这样短的时间内将关税水平下调这样大的幅度,在世界各国都很少见。因此,我国政府的这次减税举措在国内外引起很大反响。本文拟就关税调整对我国的经济影响问题做一分析和探讨。

一、理论探讨：关税调整的一般经济效应

我们知道,进口关税是一个国家的海关依照海关税则对进口商品征收的一种税,它是通过关税支出而由国内购买者为这种进口商品支付的价格。这就是说,进口关税是一种"可转嫁"的间接税,名义上是进口商交纳,实际上最终还是由进口商品的消费者承担的。一个国家征收进口关税的目的主要有两个:一是增加财政收入,称为财政关税;二是保护国内市场和民族工业,叫作保护关税。目前,除少数第三世界国家仍征收财政关税外,大多数国家征收关税的目的是为了保护本国的生产和市场。关税的保护程度决定于税率的高低。低税率起的保护作用小,高税率起的保护作用大。一般说,进口商品的优势在于包括运费和进口杂费在内的成本比国内同种产品的成本低,两者之间有一个差额。如果关税税率超过这一差额,进口商品的优势将会消失。这样,关税就达到了完全保护的目的。这种"禁止性"的关税在现实经济生活中也属少见。绝大多数情况下,关税起到部分保护作用。

一国征收进口关税会引起商品的国际国内价格发生变动,从而影响到出口国和

进口国在生产、贸易和消费多方面的调整,引起收入的再分配,这就是所谓关税的经济效应。假定进口国是一个贸易小国,即该国某种商品的进口量占世界进口量的很小一部分,因此该国进口量的变动不能影响世界市场价格,就好像是完全竞争的企业一样,只是价格的接受者。这样,该国征收关税以后,进口商品的价格上涨幅度等于关税税率,关税全部由进口国消费者负担。根据现代国际经济学的分析,将产生如下经济效应:(1)消费效应。由于征收关税引起进口商品价格上涨,对消费者造成了直接损害。一方面,如果该进口商品的需求弹性比较小,价格上涨后,消费者不能通过减少需求来调整,那消费者就要支付较高的价格。如果进口产品是具有需求刚性的资本品,那将增加最终产品的生产成本,导致价格上涨,增加消费者的负担。另一方面,如果该进口商品的需求弹性比较大,那国内消费者将减少需求量,从而降低了物质福利水平。(2)生产效应。对于与进口商品相竞争的国内生产者来说,显然是可以从关税保护中获得利益的。外国商品之所以会输入,其根本原因在于国际市场价格比国内市场价格低,或在价格相同的情况下,国外产品质量优于国内。如果自由进口,进口竞争厂商会被迫降低价格,并把自己的产品价格调整到边际成本等于价格的水平。征收关税提高了该商品的国内价格,使得国内生产者得以根据上涨了的价格扩大生产量,增加利润。由于该种商品的国内生产量的增加,会带来对生产该商品提供的投入品(如原料)的需求的增加,同时也会提高同类产品或可替代产品的国内价格;但从整个国家看,一些国内资源从生产更有效率的可出口商品转移到生产较缺乏效率的可进口商品中,由此造成了该国资源配置效率的下降。(3)贸易效应、征收关税提高了进口商品的价格,导致进口减少,从而使经营进口商品的公司和个人损失了部分市场,减少了收入。(4)财政收入效应。只要关税不提高到禁止性关税的水平,它会给进口国带来财政收入,这项收入等于每单位进口商品的课税额乘以进口商品的数量。应该看到,关税收入的一部分要用来支付征收关税这一行为的费用,如海关官员的报酬等。因此,关税收入只有一部分成为财政收入。(5)收入再分配效应。关税还会造成收入从国内消费者向国内生产者的再分配关税引起国内商品价格上涨,生产者增加了利润,其中一部分是从消费者支付的较高价格中转移过来的。关税还造成了收入从该国丰富的生产要素(生产可出口商品)向该国稀缺的生产要素(生产进口竞争产品)的再分配。按照斯托尔珀-萨缪尔森定理,由于征收关税而使得国内商品的相对价格提高,就会增加在该种商品生产中密集使用的生产要素的报酬或收入,这样,该国的稀缺生产要素的实际报酬就会上升,而该国相对丰富生产要素的实际报酬就要下降。例如,当资本丰富国对进口商品(劳动密集型商品)征收进口关税时,对国内生产者和消费者来说,劳动密集型商品的相对价格就会上升,从而劳动(该国稀缺生产要素)的实际工资就会上升而资本所有者的收入就会降低。

如果进口国是一个贸易大国,即该国某种商品的进口量占了世界出口量的较大份额,那该国进口量的调整就会影响到世界价格。该国增加进口,将引起世界价格上涨;减少进口,世界价格就会下降。因此,大国征收关税虽然也有上述小国的种种经济效应,但由于大国征收关税会引起需求减少,可能迫使世界价格下跌,因此有可能改善该国的贸易条件。但另一方面,与小国相比,在其他条件不变的前提下,大国关税对本国生产者的保护作用较小,这是由于大国征收关税所引起的价格上涨,部分地被出口国下降的价格所抵消了。

应该指出,上述分析的只是关税的局部均衡效应,其分析带有短期的静态的特征。事实上,关税还会带来种种动态影响。比如,关税对幼稚产业的保护,可以带来国内产业发展的长期利益,对某些停滞产业的保护,能够保护国内市场和就业,保证国内经济的稳定等等。关税对国内经济也会产生消极的影响,如过度的保护使得国内企业不思进取,技术进步缓慢,劳动生产率低下等。因此,对于关税的经济效应,必须结合经济发展的动态来看。一国征收关税,既有增加财政收入、保护国内市场和生产之利,又有损害消费者利益、降低国民福利之弊。根据现代国际经济学的分析,总的来说,虽然关税对不同的利益集团的福利影响各有不同,但就整体来说,关税对一国的国民福利是弊大于利。征收关税,会扭曲一国的比较优势结构,不利于一国以其资源、要素等优势参与国际分工和国际贸易,难以避免的过度保护会使得本国企业不思进取,技术进步缓慢。高额关税不仅会阻碍国外质优价廉商品进入本国市场,而且由于妨碍了国外先进技术设备和原材料的进口,最终也会影响本国经济的长远发展。因此,除了对一个时期内的"幼稚产业"或"战略性产业"必须实行有弹性的关税保护外,降低关税已成为战后各国扩大开放、更深入广泛地参与国际分工贸易的重要步骤。在"关贸总协定"的推动下,经过多次减让关税的谈判,目前发达国家的平均关税已降至 5% 左右,发展中国家的平均关税已降至 13% 左右。

二、现实分析:我国降低关税的经济影响

我国经过十几年的改革开放,经济外向化程度大大提高。1995 年中国进出口总额达 2 800 亿美元,比上年增长 18%,净增 442 亿美元。其中出口 1 487 亿美元,增长 23,进口 1 320 亿美元,增长 14%,外贸顺差 167 亿美元。外汇储备达 700 亿美元。与中国开展贸易的国家和地区为 221 个,其中最大的贸易伙伴是日本,其他依次为中国香港、美国、欧盟、东盟、中国台湾、韩国。对上述七大贸易伙伴的贸易额达 2 365 亿美元,占我国对外贸易总额的 84%。截至 1995 年年底,已累计批准外资项目 25.8 万个,协议外资金额 3957 亿美元,实际使用外资 1 354 亿美元。已开业的外资企业 12 多万家,就业人数 1 600 多万人。1995 年,外商投资企业进出口总额 1 098 亿美元,增长 25%,占全国进出口总值的比重上升到 39%,进出口额比上年净增 221 亿美元,占全国净增总额的 50%。上述数据表明,我国经济已经日益融合到国际经济中来了。如果用对外贸易额占国民生产总值的比重来表示对外开放度,1995 年我国的对外开放度已达 45% 左右,经济运行的总体质量和水平也有了很大提高,好多产业和产品已具备一定的国际竞争力。在我国开放型经济进一步深入发展的情况下,我国政府不失时机地大幅度降低进口关税,符合当代经济国际化发展的大趋势。这一举措对于增强国内企业的竞争力,促进企业技术进步,提高人民生活水平,推动对外贸易持续发展将产生积极影响,客观上也为我国加入世界贸易组织进一步创造了条件。同时,也给国内一些后进企业造成了一定的压力和挑战。

结合我国具体情况,降低关税将对经济发展产生如下影响。

第一,降低关税对我国经济发展的作用总的来说是积极的。降税有利于企业引进技术和设备,带动企业的设备更新改造,提高劳动生产率和产品竞争力。因为技术和设备的进口将直接促进国内生产的发展和技术的进步,其作用类似于创新对增长的刺激,而且还节约了创新的成本。改革开放以来,引进技术和设备有力地推动了我国经济的高速发展。从"六五"到"八五",我国生产和出口增长最快的一些产品,大都依靠引进的技术和进口设备。多数重要的出口生产企业,都较全面地用引进技术进

行过改造。今后,随着技术进步速度的加快,一些适用技术的生命周期有缩短的趋势,这使得发展中国家采用"引进技术—国产化—自主研制开发"的进口替代模式更加困难,往往是尚未"国产化",就已经成为国际市场上淘汰的技术和产品。因此,在现阶段,没有必要,也没有可能搞完全独立的研制开发,而应以我国的要素、市场等优势参与国际分工,通过不断引进或与国外先进企业的合作来跟踪世界科技发展的最新水平。近两年来,我国企业引进技术和设备的积极性有所下降,"八五"与"七五"相比,对外贸易总额增长了 1.1 倍以上,而技术引进只增长了 48%。这种趋势如果持续一下去,会影响我国产业今后若干年的竞争能力和经济增长前景。导致这种问题产生的一个重要原因是 1994 年人民币汇率大幅度下调后,企业引进设备和技术的成本大幅度上升,加上许多企业的经营状况不佳,无力负担昂贵的引进费用。关税水平下调后,引进技术设备的人民币成本下降,会提高企业进口技术设备的积极性。从已经陆续公布的进口关税税率调整表来看,降税的重点是先进技术设备,这当然是企业进行技术改造的良好契机。

这次关税下调,原材料、一些产品零部件以及其他基础工业产品的降幅也比较大,这显然有利于企业降低生产成本,提高产品在国内外市场上的竞争力。我国有一些重要的工业原材料,不但国内产量供应不足,而且国内生产成本逐年上升,已经接近甚至超过国际同类产品的价格水平。但是由于关税水平偏高国内企业使用这些进口原材料后,产品价格也随之偏高,使这些产品在国内市场和国际市场上的竞争力受影响。这方面的典型例子是纺织品。我国棉花供应量不能满足需要,进口棉纱棉布又要征收较高的关税,使国内纺织品的成本上升,影响了企业效益和出口竞争力。这次较大幅度地下调了原材料、零部件等中间产品的关系,对企业更好地利用国外资源,生产更多的具有国际竞争力的产品,扩大出口,无疑具有重要作用

第二,降低关税能给消费者带来诸多利益。其一,这次降低关税的优先项目,是国内市场上供不应求的短缺产品,这部分产品的进口,将使国内市场的有效供给增加,从而减缓供需矛盾,抑制通货膨胀,提高货币购买力,这实际上等于变相增加工资。其二,降低关税,使得更多的国外价廉物美的商品进入国内市场,给消费者带来多样化的选择。在收入水平一定的条件下,消费者面临多样化的选择,实际上意味着

国民福利的提高。与国际市场和世界消费潮流接轨,不断引进花样翻新的进口商品,引起新的消费需求,还会促进国内消费品生产,反过来又会带动消费水平的提高。其三,国内企业在同类进口产品竞争压力下将被迫应战,促使国内企业降低成本,从而降低商品价格,提高产品质量,提供完善的服务,在国产货与进口货的竞争中,受益的将是消费者。

第三,这次降低关税对国内市场物价和财政收入的短期影响不会很大。这次关税政策调整包括两个方面:一是下调关税税率,二是取消大部分优惠政策。我国以往以各种理由存在的进口关税优惠政策较多,大部分商品并没有按法定税率缴纳进口关税。例如1995年,仅外商投资企业进口的设备和原材料,占我国进口的比重高达48%。再加上区域性的优惠政策(各技术改造项目、重大建设项目等),我国有70%以上的进口商品得到关税减免政策。此外,还有较大比例的走私品。据估计,按法定税率缴纳关税的进口商品大约仅占进口商品的15%。1995年,我国进口额为1 320亿美元,而征收的关税只有300多亿人民币。(《经济日报》1996年2月12日)。因此,过去我国实际上是担了个高关税的"虚名"而已。这次调整关税与取消优惠政策结合起来,有利于规范进口市场,形成内外资企业公平竞争的环境。

这次取消的优惠政策主要有:新设立的外商投资企业不再享受进口设备和原材料减免进口税政策;新批准的重大项目的进口设备,不再减免进口关税和进口环节调节税;各类经济特区、经济技术开发区、高新技术产收开发区等不再享受进口税收减免政策;取消易货贸易和边境贸易的关税优惠;推行加工贸易进口建银行台账的管理方式,以减少借加工贸易之名,免税进口加工后在国内销售的行为。

当然,关税下调也会给企业和个人带来挑战。本来以国内市场为主的企业,必须面对更多的进口商品和国外投资者的竞争,一部分落后企业不迅速进行调整将面临被淘汰的危险。作为享受关税减让好处的消费者,同时也是生产者,如果他们从事的生产和服务行业受到开放的冲击,就要为此而付出代价。一部分受冲击行业的就业者就有可能减少收入甚至失业。问题是如何看待这一挑战。降税所带来的进口竞争压力对提高企业素质是一个很好的刺激,这将会大大促进企业经营机制和增长方式的转变。降低关税,扩大进口自由度,实际上就是把本国企业纳入与外国企业的竞争中去,使企业在本国市场就面临国际市场的激烈竞争,让企业在竞争中学会竞争。

　　由于我国工业发展水平总体上不如发达国家,政府不免要对较多的行业和企业提供保护,这是正常的。但这种保护一定要适度,保护应是走向竞争的短暂的阶段。我国改革开放的实践证明,凡是主动参与国际竞争、接受国外市场挑战的企业和行业,都获得了显著的进步和发展,而一些总希望被保护的企业和行业,则不思进取、安于现状、效率低下。国家大幅度降低关税,引进竞争机制,是提高企业素质、提高企业效率的最有效的手段。同时,竞争还会加速低效率的企业退出市场的过程,促使高效率的企业达到合理的规模,从而优化本国的市场结构,改善本国企业的实绩。当然,对于关税下调可能产生的消极影响,我们也应予足够的关注,采取适当的政策措施有效地减弱降税的不利影响。比如,按照国际惯例,加强法律手段对国内产业的保护,主要通过反倾销、反补贴法减少不正当的进口;在减弱保护贸易政策的同时,通过产业政策支持一些重要战略行业和企业的发展;加快企业体制改革步伐,增强企业活力,建立适应国际竞争的微观基础;保持宏观经济的稳定,稳定人民币汇率,保持国际收支的基本平衡等等。

　　　　　　　　　　　　　　　　　　(原载《国际贸易问题》1996 年第 6 期)

扩大开放与我国经济增长方式的转变

一、正确认识我国经济增长方式转变的国际经济背景

1. 国际分工向纵深和广阔方向迅速发展

20世纪八九十年代以来,国际分工呈现出不同于以往的许多新特点。第一,发达国家之间的工业分工得到迅猛发展,使得生产的"国界"变得模糊起来,产品的"国籍"也不那么明显了。美国罗切斯特市政府原来打算购买一部日本产的铲雪机,后来为了响应"购买国货"的号召,就改买美国制造的铲雪机,但后来发现,原来想买的日本产品是在美国伊利诺伊州制造的,而改买的美国产品是在日本制造的!《华尔街日报》想调查哪个品牌的汽车最"美国化",结果发现是日本的本田汽车!再如美国的波音747飞机,它是由8个国家的1 600个大型企业、1.5万个中小企业协作生产的。第二,传统的"垂直型"国际分工的主流地位已经让位于"水平型"的国际分工。所谓垂直型的国际分工,主要是指发达国家进口原材料、出口工业制成品,发展中国家进口工业制成品、出口原材料的国际分工,水平型国际分工主要是指各国工业生产之间的专业化协作。目前,水平型的国际分工已占主导地位,发达国家和发展中国家之间出现了简单加工工业与复杂加工工业之间的分工,劳动密集型工业与资本、技术、知识密集型工业之间的分工,设计与制造的分工。比如"耐克"牌高级运动鞋是美国产品,但它只负责设计和销售,而鞋子全部在发展中国家生产。第三,产业部门之间的国际分工日益转变为产业内部的国际分工,以产品为界限的国际分工逐步转变为以生产要素为界限的国际分工。美国经济学家罗伯特·赖克在《美国下一条国界》一书中写道:"全球正在变成一个单一的市场。哪里成本最低,就在哪里生产,根本不考虑国界问题。"应该强调指出,虽然由于国际分工的发展,生产日益国际化了,但经济的民族界限仍然存在,产品的品牌是有"国籍"的,在美国生产的本田车,仍是日本产品,

在中国生产的耐克鞋,仍是美国产品,对此我们要有清醒的认识。

2. 国际贸易在克服保护主义障碍中保持良好的增长势头,生产要素国际间流动更加频繁

1996 年,世界商品和服务贸易量已超过 6 万亿美元,世界贸易的增长速度大大超过世界产值的增长速度,服务贸易的增长速度又大大超过商品贸易的增长速度。由于工业分工国际化的发展,初级产品的比重迅速下降,工业制成品的比重迅速上升;国际贸易中产业之间的贸易比重下降,产业内贸易(即同类产品之间的贸易)比重上升。以前,出口和进口大都属于不同的产品,用出口来交换本国不能生产或生产成本很高的产品,而现在进口和出口同一种产品的现象越来越普遍。在贸易政策方面,乌拉圭一揽子协议的签字生效,世界贸易组织的诞生并取代关贸总协定,预示着一个相对自由贸易的新时期的到来。

生产的国际化使得资本流动异常活跃。近两年,国际直接投资年流量在 3 000 亿美元左右,世界对外直接投资总额已超过 2.5 万亿美元,全球共有跨国公司 4 万家,海外分支机构 25 万家,年销售额近 5 万亿美元。随着公司跨国生产体系的建立,各国市场日益受到外国直接投资、非股权参与和贸易竞争的挑战,竞争迫使各国企业更加国际化和跨国化,以获得新的市场和更多的生产要素。竞争的结果是导致国际化生产体系的建立。

3. 区域经济一体化出现了不同于以往的新特点

以前组成经济一体化集团的大都是经济发展水平、国民收入水平、国民文化程度等大体接近的国家,但 20 世纪 90 年代以来,发达国家与发展中国家超越经济发展较大的障碍,也组建一体化集团。生产要素流动特别是资本流动的国际化,使得经济发展水平不同的经济实体的互利合作成为可能。

总的来说,我们这个世界变得越来越开放,各国经济日益与整个世界经济融为一体,进一步扩大开放,已不是你愿意不愿意的问题,而是以何种方式、何种程度扩大开放的问题。我国实行经济增长方式的历史性转变,必须充分考虑和利用国际分工和国际市场,并以扩大开放来促进经济增长方式的根本性转变。

二、正确分析国际国内市场竞争新特点

从国内经济发展的现实来看,经过十几年经济的高速增长,我国市场的基本态势已由卖方市场变成买方市场,许多产品已经"供过于求",防止"重复建设"、制止"同类产品"无序竞争的呼声时常见诸报端。但在现实消费中我们看到,在总体供求平衡的市场上,某些品牌的商品供不应求,生产规模不断扩大,资源继续大量流入;而其他牌子的"同样"商品大量积压。我们已经能大量生产的产品,仍在大量进口,而且市场将会不可逆转地扩大开放。以前是自己能生产的就不进口,而现在越是自己能生产的越是扩大进口自由度。这些现象说明,我国市场经济的发展已经到了一个新的阶段,同一产业、同一产品在同一市场上的竞争已经成为市场竞争的主要形式。也就是说,市场竞争表现为在同类或可替代产品之间的竞争。一个地区的产业竞争力也表现为在同一产业的比较竞争力,表现为同一产品市场竞争中的市场占有率和赢利能力。在计划经济条件下,国家可以通过指令性计划来"定点"生产,制止"重复建设";但在市场经济发展到一定阶段以后,这种"重复建设"是正常现象。以前江苏乡镇企业有个战略叫作"人无我有,人有我转",但在买方市场转入卖方市场以后,大家都在生产市场上"有"的东西,市场竞争当然表现为同类产品之间的竞争。

从开放型经济的发展阶段看,我国(特别是沿海地区)正从所谓外向型经济向国际化经济转变。一般说来,外向型经济发展战略是指一个发展中国家或地区改变原来的与世界经济隔绝的封闭式发展模式,以自身的资源、劳动力等生产要素的比较优势参与国际分工贸易,参加到国际经济的循环中去,在国际经济关系的调整和国际市场的激烈竞争中寻找发展机会,从经济开放中获得比较利益,从而带动本国经济的发展。可以认为,发展外向型经济的实质是积累资本和技术力量,是后发展的国家或地区的经济实现国际化起飞的准备和蓄积力量的阶段。实行外向型经济开放战略的基本政策或措施主要有:(1) 吸引外资,鼓励或引导外资投向劳动密集型产业(这也符合外资投向发展中国家的初始目的)以创造大量就业机会;(2) 鼓励出口,以低成本的劳动密集型产品参与国际市场竞争,以获取支付进口先进技术和机器设备的外汇;(3) 采取各种保护贸易的政策和措施诸如关税、配额等手段保护本国的产业和市场,以逐步培育本国经济的国际竞争力。根据不同的国际经济环境和不同的国情,一些

发展中国家或地区先后采取了"进口替代"和"出口导向"的贸易战略。亚洲"四小龙"在发展外向型经济的时期,差不多都采取了这样的经贸策略,这也是我国沿海地区十几年来走过的发展道路。

外向型经济发展到一定水平或一定阶段,国际和国内的因素会共同起作用,把经济发展推进到国际化阶段。所谓经济国际化实质是市场自由化和国际化,其主要特征,一是市场高度开放,本国市场成为世界市场的一部分,即没有国内市场和国际市场之分,而只有世界市场的国内部分和国外部分,国内市场与国际市场实际上合二为一;二是产业的全面开放,无论是第一产业、第二产业还是第三产业,都向世界开放,全面参与国际竞争,关税、配额等保护贸易措施降至最必要的低水平,本国产业依靠竞争来获得发展;三是投资领域的自由化和国际化,国外资本和国内资本可以在相同条件下进行投资,外资享受国民待遇,同时本国对外投资增长迅速,引进外资和对外投资渐趋平衡。可见,经济国际化实际上就是本国经济与世界经济体系的高度融合。

如果说在外向型经济发展的初始阶段,我们主要是以劳动、资源密集型产品等"比较优势"参与国际分工和贸易,获取比较利益的话,那么,在经济国际化日益发展的今天,我们主要应靠具有国际竞争力的产业和产品(即所谓"竞争优势")来参与国际国内的市场竞争,在竞争中使产业不断升级。我们知道,比较优势涉及的主要是各国间不同产业(或产品)之间的关系,而竞争优势涉及的则是各国同一产业的关系,即是各国的同类产品或可替代产品间的关系。这就是说,在经济国际化的情况下,国际竞争力越来越表现为各国同一产业或同类企业之间相互比较的竞争力。

总之,我们面临的形势是,经济国际化进程日益加快,国际国内市场竞争内容和形式都发生了根本变化,我们就是要在这样的新的竞争环境中推进经济增长方式的转变。很明显,在结构调整中实施名牌战略,培育特定产业和产品的国际竞争优势,既是参与国际竞争的正确选择,又是经济增长方式转变的重要内容。

三、正确处理扩大开放和发展本国经济的关系

经济国际化的发展并不意味着经济的民族界限的消失,经济开放并不意味着不需要对国内市场和国内产业进行适度的保护。不仅发展中国家需要对某些产业进行保护,即使是发达国家,也不是无条件地对外开放本国市场。我国是发展中国家,有

选择地、适度地保护国内市场和产业，是我国在开放经济条件下转变经济增长方式要注意的重大问题。

一般来说，保护政策可能给一国经济发展带来两方面的利益：一是通过关税等手段限制外国商品进口，使国内企业能在本国市场上占有尽可能多的份额，从而获得较大的生存发展空间。特别是那些暂时不具备国际竞争力的幼稚产业，适度保护尤为必要。二是对新兴产业和主导产业进行保护，会产生技术转移和产业关联等外部经济效益。因此，保护的对象主要是两种产业：幼稚产业和主导产业，而不是笼统的国内产业。前者如金融、邮电通讯及一些高科技产业，后者如汽车、石化等产业。当然，在实践中，两者有时是结合在一起的。如汽车工业，在我国既是幼稚产业，又是主导产业。应该指出，并不是所有的落后产业都是幼稚产业，只有经过一段时期的保护，有希望发展成为成熟产业的才算是幼稚产业。在开放经济条件下，保护和发展国内幼稚产业和主导产业，也应采取国际分工的思路，积极引进外资和外国先进技术，使这类产业的发展有个高起点。

保护政策也会给一国经济发展带来消极影响。其一，征收关税等贸易保护措施会抬高进口商品价格或强迫消费者购买本国企业生产的价高质低的商品，损害消费者利益；其二，受保护的企业往往缺乏竞争压力，导致技术进步缓慢，劳动生产力低下；其三，贸易保护总是只能局限在一部分产业，保护政策在给该产业带来利益时，必然要对相关产业造成损害。比如对钢铁工业进行保护，必然对使用钢材的其他产业如机械制造业造成损害，增加这些产业的成本。由于我国工业发展水平总体上不如发达国家，政府不免要对较多的行业和企业提供保护，这是正常的。但这种保护一定要适度，即使是对幼稚产业和主导产业实行的保护，也应以为这些产业创造适宜的发展条件为限，把必要的保护看成是走向竞争的短暂的阶段。保护本身不是目的，而是为了通过必要的保护培育产业的国际竞争力。

近年来，外商投资企业占领国内市场和合资企业中的外商控股问题引起了普遍关注，再加上国内一些企业纷纷将辛辛苦苦创立的品牌拱手相让，换取与外商的合资，更引起了国人的忧虑，由此引起对跨国公司来华投资的抵制情绪。我们应当怎样来看待这一问题呢？

第一，要正确认识经济国际化背景下的民族经济。在经济国际化的大背景下，任何一国经济要想得到振兴和发展，都必须奉行开放政策，积极参与国际分工、国际竞争和国际交换，封闭是没有出路的。因为一国的工业定位离不开经济国际化这个总格局和大环境，一国的工业发展也离不开与跨国公司全球化投资的有机结合。各国经济相互依赖、相互渗透，你中有我，我中有你。可以认为并不存在孤立于全球产业之外的、"纯粹"的民族工业。比如，根据我国领导干部必须坐国产车的规定，桑塔纳属于国产车，那么上海大众应该是民族工业了，但它是合资企业，也不"纯粹"。桑塔纳的核心技术是德国大众的，德国大众把上海大众视为其全球生产体系的一部分，但桑塔纳的80％以上的零部件在中国制造，车也在中国装配，"国产化"程度很高。中外合资企业的产品，即使是使用外国品牌商标的中外合资产品，与外国产品存在着明显的区别，至少算作"洋货"，但如果说是合资企业产品是"真正的"民族工业，似乎也较勉强。这是不是意味着传统含义上的民族工业的概念，已经不能解释当代经济国际化条件下的民族经济？是否应该以新的角度重新审视一国的经济发展？从历史上看，民族工业是指近代殖民地半殖民地国家针对宗主国的垂直分工而独立发展的工业。时代变了，我国已是独立的社会主义国家；国际经济环境也变了，国际分工已使整个世界经济联为一体。因此，我们不应再从传统意义上去理解民族经济，而应以开放的、参与国际分工的大思路来发展我们的民族经济，增强我们的社会主义国家的综合国力。只要符合邓小平同志提出的"三个有利于"，就可以在对外开放中采取更为大胆和灵活的政策，全面参与国际分工、国际竞争和国际交换。

第二，不要怕合资企业的产品占领国内市场，而应鼓励合资企业的产品在国内市场上同真正的外国进口商品进行竞争，以减少和替代进口。合资企业的产品也是国产品。同时，要鼓励合资企业的产品到国际市场上去竞争。实际上，合资企业的产品出口已占我国出口额的40％左右。国内一些人对与外商合资合作的看法，不利于吸引跨国公司来华投资，不符合我国积极参与国际分工、与世界经济互接互补的方针。应该承认，外商投资对我国经济发展做出了重要贡献，外资纷纷涌入中国，是因为看好中国这个极具潜力的市场，如果我们因惧怕市场开放而限制外资，那么投资者就会望而却步，外资就会跑到别的地方去，坐失发展的机遇。

　　第三,在与外商的合资合作中,应注意维护我方利益,实事求是地评估企业原有的固定资产和无形资产,尤其要注意维护我方的品牌和商标的价值。无锡小天鹅洗衣机厂在合资过程中,日方曾要求使用他们的商标,但小天鹅认定合作就必须使用我们的品牌,终于迫使日方让步。现在,小天鹅不仅成为国内名牌,还批量出口日本。这是一个利用国际分工发展我们自己的名牌的生动例证。对于一些企业将商标作价入股等现象,应进行具体分析。中国要创立世界级名牌,有一个过程。跨国公司进来以后,国内市场竞争空前激烈,一些企业的产品其实是没有国际竞争力的,光靠保护是出不了名牌的,通过与外商合资合作,可利用外方所提供的有利条件,学习、消化、吸收国外的先进技术、管理经验和现代营销手段,"边干边学",培养队伍,为打出中国名牌积蓄力量,准备条件。韩国在 20 世纪六七十年代由于鼓励跨国公司投资,也遇到了外国品牌的冲击,市场竞争激烈。但韩国不改变开放政策,国内产业在与外商的合作与竞争中逐渐成长壮大,终于出现了一批像三星、现代这样的名牌企业。而巴西则采取了进口替代政策,对国内产业进行高度保护,虽然在一段时间内促进了经济增长,但终究未培养起有国际竞争力的企业和产品,这值得我们深思。

　　最后,在与外资合作过程中的股权安排问题,应从实际出发,采取较为现实的态度。要强化利用外资的政策导向,对外商充分开放成熟产业和一般产业,大力鼓励基础设施利用外资,合理保护主导产业和幼稚产业。主导产业和幼稚产业应不允许外方控股。对于我们自己有市场、有销路、技术也比较成熟的产业和产品,不一定要搞合资,特别是只能带来"货币资金"而没有带来技术和市场的外资,不能盲目欢迎。应该强调指出的是,我们是在不断扩大开放的情况下发展国内经济,必要的保护手段的使用要考虑开放型经济的特点。在引进外资较多的产业,应大幅度削减保护措施,迫使外商投资企业采用最新技术。

　　(原载《国际贸易问题》1997 年第 6 期,人大复印报刊资料《国民经济管理与计划》1997 年第 7 期转载)

从开放型经济的角度看东亚金融危机

一、从开放型经济的角度看东亚金融危机

如果要评选 1997 年世界经济 10 大新闻,当首推东亚金融危机。国际货币基金组织总裁康德苏曾经说,1994 年年底爆发的墨西哥金融危机是"20 世纪的第一次金融危机",那么,东亚金融危机就可算是 20 世纪的第二次金融危机。

引发这场危机的直接原因被认为是东亚部分国家国际收支失衡和国际投机集团的投机行为。但随着危机的扩展和深入,国际投机集团的作用越来越小,而东亚国家内在的种种问题便一一暴露出来。对此,国内外经济学界从发展战略、宏观管理、金融监管、制度缺陷等方面做了大量分析,提出了诸多解释。本文拟从开放型经济的角度做些深入探讨。

东亚国家大多奉行开放型的经济发展战略,注重利用世界市场,通过鼓励出口、利用外资来带动经济增长。应该说,在经济国际化日益发展的情况下,这个战略是正确的选择,而且获得了极大的成功。近 30 年来,东亚各国的经济增长率一直比世界其他地区的平均增长率高 1 倍。但是,在开放型经济的发展过程中,发展中国家必须十分重视经济结构的调整问题,并使本国的经济结构适应比较优势结构的变化;十分重视通过开放来培育本国产业和产品的国际竞争力,及时提升对外开放的水平和层次。东亚一些国家恰恰没有处理好上述两个重要问题,片面追求经济发展速度和"经济繁荣",忽视结构调整和产业升级,一旦国际经济环境发生变化,国内经济客观上存在的深层次问题就会爆发出来,酿成经济金融危机。

我们首先从贸易角度来分析。东亚国家大多采取出口导向的发展模式,将推动出口作为经济发展的主要动力。率先采用这种模式的日本,利用战后美国开放市场、贸易环境相对自由化的有利条件,以出口带动促进经济增长大获成功。但随着亚洲

"四小龙"等东亚新兴工业化国家和地区的崛起,日本的劳动密集型出口产品遇到了强有力的竞争,被迫进行经济结构的调整,从而实现了产业升级。随着越来越多的劳动力更为低廉的东亚国家采用这种发展模式,又使"四小龙"面临竞争压力而不得不实行产业转移和升级。在这次东亚金融危机中,韩国问题最大,首先是因为出口增长乏力,贸易赤字增大。20 世纪 80 年代以来,随着中国、东欧诸国等实行对外开放政策,使得泰国、马来西亚、菲律宾、印尼等"亚洲四小虎"的劳动密集型产品面临激烈竞争。近年来,东南亚国家的出口产品如服装、电子和电讯产品等,受到中国等的竞争挑战,而这些国家又没有及时进行出口结构的调整,再加上这些国家在实行出口导向战略时,都将最终产品的发展作为重点,忽视了中间投入品的进口替代,因而对中间投入品的进口依赖一直比较大,结果这些国家出口衰退,进口增加,导致贸易赤字剧增,经常项目赤字扩大,外汇储备减少。如泰国 1996 年经常项目逆差达 162 亿美元,占国内生产总值的比例高达 8.5%,超过 1994 年墨西哥金融危机爆发时的 8% 的比例。在过分依赖出口的发展模式下,一旦出口下降或停滞时就会严重影响产业的发展和金融状况,进而动摇宏观经济的基础。

　　日本经济学家小岛清曾经指出,对外贸易是为国民经济更好地发展服务的,是实行经济发展的一个助手,而不是主角。随着国民经济的发展,比较优势结构是不断变化的。所以,必须根据这种变化及时调整进出口结构。国际贸易是否能够经常对国民经济做出有利的贡献,同国内的经济和贸易结构顺利转变能力或者结构调整能力有直接的关系。如果缺少这种能力,贸易反而会牵制经济的发展。这次危机充分证明了这一点。一国的贸易结构固然应反映其比较优势结构,更应根据比较优势结构的变化及时调整产业结构和贸易结构,以适应新的国际竞争。东南亚一些国家的教训就在于没有及时进行出口产业结构和产品结构的调整,实现工业结构从劳动密集型向高附加值的技术密集型转变。因此,不能因为出现这次危机就轻易说"出口导向"的模式过时了,问题在于这些国家的结构调整滞后,没有抓住产业升级的历史性机遇。

　　我们再从利用外资的角度来分析。这些年来东亚经济的高速增长,与外资推动有很大关系。通过引进外资,一方面克服了普遍存在的国内资本不足的约束,支持了经济的高速增长；另一方面，鼓励外资进入以出口为目标的制造业，保证了"出口导向"战略的顺利实施。但是，一些国家的外资利用，至少存在两大问题，一是引进的外资进入出口加工制造业，虽然引起了生产能力的惊人扩张和高速发展，但这种发展大多是外资与东道国廉价资源和劳动力结合的结果，是对西方技术、生产的模仿，也就是说，这些国家没有通过引进外资促进本国经济结构的调整和产业升级，培育出本国具有国际竞争力的产业，而只是成为跨国公司的海外加工厂；二是引进的外资结构有问题。一些东南亚国家为了大量引进外资，较早地开放了资本项目，但国内的相关制度、宏观管理水平与人才都达不到应有的水平。当外资大量涌入时，这些国家无力将外资导入可贸易产品的生产领域，只好任凭外资集中于股市、房地产领域形成泡沫经济。这些短期外资一有风吹草动，就会疯狂外逃，在外汇市场上引发危机。在借用外债上，规模过大，债务结构不合理，企业借债过多，尤其是短期外债过多。比如在韩国的大量短期外债中，企业借债占了很大比重。在泰国，银行和其他金融机构向外国贷款者借了大量以美元计算的短期贷款，然后把钱重新借出，而这些钱又大部分流向股市和房地产。危机爆发前，泰国的外债占其国内生产总值的40%，菲律宾占54%，印度尼西亚占39%。在这些外债中，将近25%是短期贷款，而泰国短期贷款的比例更高达45%以上。

有一种观点认为，东亚金融危机证明了"外资并非越多越好"，东亚一些国家就是吃了外资太多的亏。我们认为，这种看法并不准确。东亚一些国家发生金融危机固然与外资有关，但外资本身不是危机的原因，而是这些国家利用外资的政策和管理出了问题。如果基本经济状况健康、产业结构合理、市场体制完善、宏观管理科学，外资流入及其投向就会符合经济发展的需要，外资再多也不会有事。新加坡外资占国民经济的3/4，这次受金融危机影响最小，就是因为对外资管理得当。

二、东亚金融危机与我国开放型经济的发展

这次东亚金融危机对我国开放型经济的发展有明显的影响。从对外贸易看，这种影响表现在两个方面：一是由于金融危机和货币贬值的原因，东南亚一些国家进口成本上升，会导致我国对这些国家的出口下降，影响对这些国家的出口市场的开拓；二是由于这些国家的货币贬值又增强了本国出口产品的竞争力，从而使我国的一些

出口产品在美、日、欧市场上的竞争压力加大。从吸引外资看,这种影响也反映在两方面:一方面,由于东亚地区对我国直接投资的比重较大,危机使这一地区的直接投资能力大大下降,从而影响我国的外资引进;另一方面,东南亚国家最近相继出台吸引外资新举措,而且重点在吸引外商直接投资方面,这对我国吸引外资也形成挑战。但总的说来,这次金融危机对我国外贸发展和吸引外资影响不是很大,完全可以通过调整来抵消危机的消极影响。我们所要高度重视的,是东亚金融危机对我国开放经济发展的启示或警示意义。

我国自 1979 年改革开放以来,较好地发挥了本国的比较优势,对外贸易取得了长足的进步。1994 年,我国出口额为 1 210.4 亿美元,1995 年为 1 487.7 亿美元,1996 年突破 1 500 亿大关,达 1 510 亿美元。到 1997 年,我国进出口贸易总额达 3 250 亿美元,其中进口额为 1 423 亿美元,出口额为 1 827 亿美元。但是,应当看到,我国的出口产品仍以劳动密集型为主,出口商品结构较落后,出口规模的扩大主要靠大量附加值低的初级加工制成品支撑。据统计,现阶段我国轻纺产品的出口量,几乎每年都占出口总额的 50% 左右。在国内外经济环境发生很大变化的情况下,我国再维持原来的外贸格局显然是不行的。我国的外贸发展要上新台阶,应该有新思路。总的说来,我国应结合自身的发展状况,大力调整产业结构,逐步实现由劳动密集型向资金技术密集型的战略转变,为实现我国外贸结构的转变提供产业基础。

我国对外贸易以劳动密集型产品为主,在外向型经济的起步阶段具有合理性。但是,我们应当看到,对外贸易追求的不应当仅仅是静态的贸易利益,而是动态利益,即追求贸易在促进长期经济增长、产业演进、技术进步和制度创新等方面的动态利益。随着我国经济的发展,特别是在沿海开放地区,人民生活水平不断提高,工资水平不断上升,因此以劳动密集型为主的加工产品不再具有比较优势,加之周边欠发达的亚洲国家具有更为廉价的劳动力,更具比较优势,因此,我国在这类产业出口上渐渐失去比较优势。另一方面,劳动密集型的加工产品在国际市场上竞争激烈,在世界贸易中的比重持续下降。众所周知,第二次世界大战以后,特别是 20 世纪 80 年代以来,国际分工、国际贸易呈现出全新的格局。在新科技革命的推动下,国际分工已由过去的资源制约型向科技优势导向型转化。以产品为界限的部门间的国际分工逐步转变为以生产要素为界限的部门内部的国际分工。在传统的贸易分工格局下，一国的产品竞争优势主要是由该国的要素丰裕程度决定的，在这里，占主导地位的是不同产品交换的部门之间的贸易。而在新的贸易分工格局下，产品的竞争优势不再单纯由要素丰裕程度的比较优势决定，而由科技进步、规模经济和劳动生产率的提高来决定。在这里，占主导地位的是同一产品不同品种和型号的国际交换，以及同一产品的不同零件的国际交换。在这种情况下，我国显然不能固守传统优势，而应大力发展科技，培养人才，跳过要素比较优势的陷阱，适时进行产业结构的调整，将潜在的比较优势转化为现实的动态比较优势，实现我国出口结构的战略性转变，并在区际贸易和国际贸易中保持竞争优势。

在利用外资方面，我国也取得了令世人瞩目的成就。自1993年以来，我国引进外资额已连续5年位居世界第2位。据统计，在过去近20年中，我国累计利用外资已超过3 600亿美元，1997年全年累计实际使用外商直接投资达519亿美元。但是，统计数据也显示了以下几个特征：一是外商投资主要分布在中小规模的劳动密集型产业、一般加工业、一般性技术产业，如在服装加工、电子、纺织、塑料、塑料制品、建材、食品机械、金属制品、电气设备、皮革及其制品等10个行业中的外商投资占总投资额的70％以上。而在资金密集型、技术密集型产业则投资较少。在第三产业中，投资主要集中在旅游、房地产、公用事业等非生产性项目，而在交通运输业、邮电通讯业、科研和综合技术服务业外商投资较少。二是从外商投资的规模来看，仍然较小。据统计，在1979—1987年间，在可查的2 829个投资项目中，100万美元以下的占58％，100万～500万美元的占34.1％，500万美元以上的仅占6.9％。而且调查的结果还表明，投资额在100万美元以下的生产型项目中，大多为劳动密集型，投资额在100万美元以上的工业项目中，轻纺等劳动密集型项目占80％。三是从投资主体来看，在改革开放的前几年，港澳台地区的投资占了绝大部分，以后有所下降，如1993年为76.24％。到1996年下降为59.07％，但港澳台资本仍占绝对优势。四是从投资的区域分布来看，外商投资主要分布在沿海开放地区，以1994年为例，在432.13亿美元的外商直接投资中，东部地区为271亿美元，约占70％，投资的区域分布明显失衡。从以上的分析可以看出，外商的这种投资结构在一定程度上利用了我国的廉价劳动力等要素优势,并在一定程度上提高了我国加工业的技术水平和产品的技术档次,促进了加工业的改组和提高,有利于提高产品竞争力和增加加工制成品出口,但从长远的观点来看,随着国际经济竞争态势的变化,这种以劳动密集型为主的产业越来越面临严峻的挑战。二战以后,国际间直接投资方向发生变化,即投资由发达国家流向发展中国家转为发达国家之间相互直接投资,恰恰说明了低附加值的劳动密集型产品在国际市场上是没有竞争力的,而发达国家所拥有的高科技及其所能带来的高附加值,才是吸引直接投资的真正根源。我国最近又修订颁布了《外商投资产业指导目录》,意味着我国在利用外资方面已进入产业调控时期,我国将逐步引导外资从劳动密集型产业向资本密集型、技术密集型产业转变,并引导外资从沿海开放城市向内陆地区转移,重视利用外资发展高新技术产业,特别重视利用外资来促进经济结构的调整,引导外资进入新兴的有生命力的产业,如信息产业等。通过引进外资,促进我国产业结构的优化升级,并力求培育出具有国际竞争力的产业和产品。

最后,还要强调指出的是,这次东亚金融危机的主要原因不是因为开放过度而是改革滞后,经济结构问题没及早解决,经营体制落后于世界经济一体化发展的现实。遭受这次危机以后的东亚国家不是关闭金融市场,而是采取更加积极的措施实行更大程度的开放,企图通过开放来增强市场机制的作用,提高国际竞争力。这也许是东亚金融危机给予我们的最重要的启示之一。

（与赵会蓉合作。原载《国际贸易问题》1998 年第 8 期）

开拓外资企业中间投入品市场

在拉动江苏省经济增长的诸因素中,开放型经济的发展起着举足轻重的作用,其中外商投资企业对经济增长的贡献越来越大。据我们的调查,利用外资名列全省第一的苏州市,外向型经济的带动作用越来越明显,有所谓"二、三、四、五、六"之说,即外资企业的税收占全市税收的 20%,GDP 占 30%,企业数占 40%,固定资产投资占50%,出口占 60%。东亚金融危机使江苏省外贸公司和企业自营出口增长速度下降,有的甚至出现负增长,但"三资"企业依靠其高新技术产品优势和市场优势保持快速增长的势头,显示出较强的抗风险能力。

在充分肯定外商投资企业对江苏省经济增长的外向拉动作用的同时,也应该看到,外资企业对江苏省地方产业发展的带动作用还远远没有发挥出来,在有些方面还对江苏省经济发展产生负面影响,值得研究和重视。

第一,外商投资企业,包括跨国公司在江苏省的投资,尽管一些项目本身的资金、技术密集程度较高,但在江苏省生产的环节大多是简单加工和组装,产业链条短,加工增值率低,且生产能力集中于下游产业,所需零部件过度依赖进口,对中上游产业带动作用小,对江苏省产业的带动和经济结构优化的作用不明显。以外资大、项目多的苏州市为例,外商投资企业进出口的主要方式仍是进料加工、来料加工贸易,占外资企业进出口总额的 75%左右。外资企业实际上是利用江苏省较高素质且价廉的劳动力和优惠政策,开展加工贸易。

第二,由于外资企业主要是组装加工和市场销售,我们的企业又未能融入这些国际大公司的分工体系,外资企业的"技术外溢"效应不明显,结果是市场是让出去了,技术却没有换到,反而与江苏省一些加工产业形成"同构竞争"。大量外资企业的产品同我们内资企业的产品形成激烈竞争,虽然有刺激内资企业技术进步和产品质量提高等积极作用,但大多数国有企业都不是外资企业的对手,物美价廉的外资企业产品的市场占有率迅速提高,挤占了内资企业的市场。

第三,外资企业增资项目多、独资项目多的现象值得关注和分析。近年来,江苏省利用外资呈现出大项目多、增资项目多、独资项目多的新特点,这些特点在苏州市尤为明显。据统计,苏州市 1998 年上半年新批的 231 家外资项目,新批合同外资 20.1 亿美元。其中增资外资企业达 125 个,共增资 127 次,增加合同外资金额 10.2 亿美元,占新批合同外资总额的 50.75%,其中增资额超千万美元的项目 19 项。独资企业达 155 家,占新批外资项目数的 67%,合同外资 16.74 亿美元,占新批合同外资额的 83.3%。这一方面表明了外商对江苏省投资环境的满意程度进一步提高;另一方面也反映了外资企业特别是跨国公司对国内企业的挤出效应进一步显现。独资企业比例的迅速增大固然表明外商对我改革开放的信心,但国内企业也因此失去了通过合资合作的学习机会,更加难以获得技术外溢效应。

上面的分析表明,引进了技术含量高的大项目,并不等于引进或学到了先进技术,这些外资项目也不会自然而然发挥其波及效应,从而带动相关产业的发展,弄不好只是引进了跨国公司的一个海外加工厂、一个产品加工基地。因此,必须认真研究进一步提高利用外资的层次和水平的新思路,即不能仅仅满足于为跨国公司提供良好的投资环境和高素质的劳动力,而是要积极主动地参与高层次的国际分工协作,融入国际化生产体系,从而带动本地产业的发展和升级。

那么,从何着手才能做到这一点呢? 这就是:大力开拓外资企业的中间投入品市场,努力扩大外资企业中间投入品的本地化比例,通过生产与外资企业配套产品,充分利用外资大项目的产业关联效应和波及效应,从而分享外资企业国内外市场不断扩大的利益。

第一,进一步解放思想,转变观念,从参与国际分工的高度来看待与外资企业的配套。近年来,随着外商直接投资规模的扩大,特别是跨国公司开始大举进入我国市场,国内产业面临越来越大的竞争压力,保护民族产业的呼声时时见诸报章。但是,把开了的门再关上,或者采取高贸易保护措施,不仅与经济国际化的大趋势不符,而且不利于我国加入 WTO,有违扩大改革开放的精神。今天,国际分工正逐渐由部门之间的分工向部门内部分工发展,以产品为界限的国际分工向以生产要素为界限的国际分工发展,生产的国界早已被打破,许多产品已经是国际分工协作的结果,纯粹的"国产货"的比重越来越小。国际贸易方式也发生了重大变化,即由过去主要使用本国要素资源直接出口最终产品的方式逐渐向大量进口资本品、中间产品和原材料,然后加工成成品出口的加工贸易方式转变。开拓外资企业中间投入品市场,顺应了生产国际化的趋势,是促进江苏省产业升级和参与国际分工的一条捷径。

第二,外资企业在我国的蓬勃发展,客观上形成了一个以电子、机械、轻工、纺织为主的中间投入品市场。特别是一些大项目,资金投入大,技术含量高,产业链条长,中间投入品市场需求更大。这个市场规模大,需求面向中上游产业,最终产品销往国内外市场。目前,外资企业生产所需的大多数中间投入品,尤其是真正体现技术水平的零部件大多通过进口来满足,由国内采购或生产的比例不高。但这不等于说外资企业不愿意在国内采购或生产。对多数外商来说,决定其进口还是在国内采购或国内生产的主要因素是在保证质量的前提下,中间投入品进口成本与国内采购或生产成本的比较。

第三,经过几十年的发展,我们已经形成了基础较好、产业门类齐全的工业体系,但外资企业的本地采购比例,还大大低于东南亚发展中国家,有着巨大的发展潜力。江苏省素以加工工业发达著称,加工设备比较先进,加工能力强,有与外资企业的配套能力,而且一些企业尤其是国有企业存在加工能力闲置、等米下锅的状况。如果我们通过积极努力,把国内企业的产品打入这一市场,不仅可以为中上游产业提供巨大的市场机会,而且可以通过外资企业的出口渠道,把中上游产业带入国际市场,参与国际分工和竞争,这对于整体产业结构的优化升级,无疑具有战略意义。但是应该看到,江苏省外资企业中间投入品市场还远远没有得到开发,要认真研究和制定相关政策,促进企业积极参与外资企业的配套产品的生产。

(原载 1999 年《中国工业经济》第 5 期)

从战略高度看"入世"

　　我国于 1986 年提出了"复关"申请,至今历时已达 14 年。虽然国际经济秩序还远远谈不上合理公正,但实践证明,后进国家包括中国只有积极顺应经济国际化的潮流,制定正确的发展战略,在参与国际分工和国际竞争中寻找发展的机会,才是强国富民之道。我国已经于 1999 年 11 月 15 日就"入世"问题与美国达成了重要协议,因此,我国加入 WTO 已是指日可待。

　　从"复关"到"入世",中美谈了 13 年。怎样从战略高度看待中国加入 WTO 的重要意义呢?

　　1. 我国改革开放取得的巨大成就,使得我们不断加深对加入 WTO 重要意义的认识,改变了原先对市场开放的似是而非的看法。加入 WTO,是我国改革开放自身的需要,是主动适应经济全球化趋势,全面参与国际分工、国际交换和国际竞争的需要,也是不断促进我国市场取向的经济体制改革的需要。也就是说,我们逐渐认识到市场开放是符合贸易双方利益的,当然也是符合我国根本利益的。经济学的基本理论告诉我们,开展国际分工贸易,不会是"一方之所得,就是另一方之所失"的"零和博弈",而是可能达到互利的"双赢"结果。这次中美达成我国加入 WTO 的双边协议,就是一个"双赢"乃至"多赢"的协议,它不仅有利于美国,而且有利于中国,也有利于世界经济的稳定和发展。

　　2. 加入 WTO,意味着在经济国际化、全球化的趋势日益发展的背景下,我国经济将全面融入世界经济体系,全方位参与国际分工与国际竞争。我们知道,经济国际化的实质是市场的自由化和国际化,从一国的角度看,其主要特征:一是市场高度开放,国内市场和国际市场实际上合二为一;二是产业全面开放,无论是第一产业、第二产业还是第三产业,都向世界开放,全面参与国际竞争,本国产业依靠竞争获得发展、提升的动力；三是投资领域的自由化和国际化，外资享受国民待遇，引进外资和对外投资渐趋平衡。可见，经济国际化实际上就是本国经济与世界经济体系的高度融合。而 WTO 的宗旨正是倡导贸易和投资的自由化，促进各国市场的开放，其制定的贸易、投资、金融等规划旨在规范各国的市场行为主体（即企业）在国际市场上的公平竞争。加入 WTO，将对我国经济发展产生积极影响，关键在于我们能否抓住"入世"所带来的调整和发展的机遇，采取正确的战略和对策。从总体上看，我国大部分地区特别是沿海地区已经进入了工业化后期的发展阶段。按照发展经济学的理论，在这一阶段，经济发展的主要动力不再是总量的增长而是经济结构的变动。一方面是三次产业之间的比重变化迅速，第三产业的比重将进一步提高，特别是知识密集型、人力资本密集型服务业（如金融、保险、信息、教育等）发展迅速，并成为拉动经济增长的重要力量；另一方面，农业和制造业的内部结构也面临着深刻的调整，科技进步成为提高第一、第二产业增长速度和质量的主要推动力。也就是说，我国经济发展存在着结构调整的内在要求。"入世"后，国际竞争的压力大大增强，将成为我国经济结构调整的最大的外在动力。我们应以积极姿态迎接竞争，并利用国际国内竞争压力促使产业结构的高度化。实践证明，经济结构的调整，仅靠政府推动是不够的，市场竞争才是结构调整的主要推动力量。

3. 我国改革开放取得的巨大成就，使我国的经济实力和竞争力得以加强，从而增强了抵御外部经济冲击的承受能力，也大大提高了我国在加入 WTO 问题上的谈判能力。应该承认，从总体上说，一国融入世界经济体系，既有发展的机遇，又面临着竞争的挑战；既要积极参与国际贸易分工，又要把获取贸易分工利益世界经济与政治论的代价降低到最低限度，避免开放对本国经济的过度冲击。可以说，这是各国制定外贸政策的出发点。中国加入 WTO 的谈判进程中的讨价还价，一波三折，从一个侧面反映了这一点。据报道，在这次中美双边谈判中，我方坚持以发展中国家的身份加入 WTO 的原则、坚持权利和义务相互平衡的原则不动摇，但在具体问题上，又有灵活性，互谅互让，终于达成了历史性的协议。

4. 我国改革开放取得的巨大成就，使得我国成为世界上一个最具发展潜力的市场。中国已经是世界第十大贸易国的事实，充分说明"中国离不开 WTO，WTO 离不开中国"已不仅仅是一个口号。没有中国的参加,WTO 就不能说是完整意义上的世界贸易组织。美国等西方大国也认识到,遏制中国的发展不仅不可能,反而会失去中国这一巨大的市场,妨碍自身的利益。中国在世界经济中的作用已经举足轻重,在东南亚金融危机中的表现,如坚持人民币不贬值等,反映了中国是一个负责任的大国。美国也逐渐认识到中国在世界经济乃至世界政治事务中的重要作用。出于自身利益的考虑,美国在这次谈判中做出了明智的决定。

5. 在我国"入世"问题上,一直存在"利大还是弊大"的争论。与"利弊"说相联系,理论界和实际部门的一些观点,都把我们对外国开放商品和投资市场看成是我们"入世"而单方面付出的所谓"代价",而把"讨价还价"争取来的适度保护期和暂时的保护"壁垒"看成是对我国"民族利益"的保护。这里实在存在着很大的认识上的偏差。出口对经济增长的拉动作用普遍被重视,而进口对经济增长的贡献常常被忽视甚至被误解。开放市场,扩大进口,不仅能够消除经济增长的技术和先进机器设备的供给约束,而且还有刺激消费需求、带动新产业成长的作用。引进外资的积极作用也不用多说,已经为我国经济发展的实践所证明。至于我们"争得"的保护,只应该被看作是培养一些暂时不具备国际竞争力的产业的手段。保护本身并不能带来"利益",而是不得已而采取的一种临时性措施。认识到这一点,对我国幼稚产业尤其具有重要意义。

当然,应该承认,"利弊"说就静态意义上说是有一定道理的。比如对我国具有比较优势的劳动密集型产品来说,"入世"增加了出口机会,是谓"利";资本、技术、知识密集型产品以及服务业将受进口竞争的冲击,是谓"弊"。但从动态角度看,"入世"意味着我国经济开放度的增加,意味着全面参与国际分工与合作。国际竞争特别是进口竞争的压力将促使我国加快社会主义市场经济体制的建立,促进我国企业国际竞争力的增强,促进我国产业结构、产品结构的调整,有利于我国经济增长方式的转变,静态意义上的"弊"就会转化为动态意义上的"利"。因此从战略高度看,入世是我国经济发展的需要,符合我国的根本利益。

6. 中国加入 WTO、全面融入世界经济体系,会不会影响"国家经济安全"? 我认为,第一,邓小平同志经常说,发展是硬道理,落后就会挨打,而封闭则会落后。经济不发展,国家不强盛,何谈国家安全? 实践证明,没有哪一个国家在封闭条件下发展起来,也没有哪一个国家因为开放而导致经济崩溃。我国自改革开放以来,经济发展,人民生活不断改善,国力日盛,就是明证。第二,在经济全球化背景下,各国经济相互依赖,你中有我,我中有你,这不仅是生产力发展的必然规律,同时也是世界和平和安全的保障。在经济全球化的今天,对国家经济安全乃至主权安全要有新认识。比如,中美之间经贸关系越密切,美国在华投资越多,美国在华的利益就越多,中美经济对抗、军事对抗的可能性就越小。第三,正因为各国经济相互依赖,全球经济越来越需要相互协调,共同防范经济、金融风险,这正是经济全球化的一个重要表现。东亚金融危机蔓延以后,一度有波及全球的危险。发达国家包括美国和发展中国家加强了协调,以避免殃及自身,就是一个很好的例子。WTO 正是一个协调国际贸易政策和规则的组织。"入世"以后,我国可以与各国加强合作,参与新的"游戏规则"的制定,共同为改变不合理的经济秩序而努力,以更好地维护我国以及发展中国家的利益,同时也维护了国家安全。

(原载《世界经济与政治论坛》2002 年第 2 期)

加入 WTO 与我国对外开放战略的转变

我国自 1986 年提出"复关"申请,到参加"乌拉圭"回合谈判、积极进行加入 WTO 的努力,至今历时已达 14 年之久。虽然国际经济秩序还远远谈不上合理公正,但实践证明,后进国家包括中国只有积极顺应经济国际化的潮流,制定正确的发展战略在参与国际分工和国际竞争中寻找发展的机会,才是强国富民之道。我国已经就"入世"问题与美国等国家达成了协议,与欧盟的谈判也已接近尾声。因此,我国 2000 年加入 WTO 已不存在实质性障碍。

加入 WTO,意味着在经济国际化、全球化的趋势日益发展的背景下,我国经济将全面融入世界经济体系,全方位参与国际分工与国际竞争。加入 WTO,还意味着我国的对外开放面临着质的变化,即由主动开放向被动开放转变,由政策性开放向体制性开放转变。认真研究我国对外开放面临的国际国内新情况,适时进行对外开放战略的转变,对于我们主动应对加入 WTO 以后所面临的机遇和挑战,无疑具有重要的意义。

一、我国加入 WTO 以后对外开放所面临的国际背景分析

从国际经济背景看,随着国际分工、国际交换和生产要素国际流动的深入发展,各国的经济生活日益国际化了,不同国家或地区在经济、政治、科技、文化等方面的联系越来越密切。特别是进入 20 世纪 90 年代以来,和平和发展成为当今世界的主题,经济竞争已成为国际竞争的主要形式,各国的经济合作和竞争呈现出与 20 世纪 80 年代初我国开放起步阶段时不同的特点,经济全球化进程加快,成为世界经济发展的主流。这主要表现在以下几个方面。

1. 国际分工向纵深和广阔方向迅速发展促进了生产国际化的发展,成为经济全球化的基础。这又表现在两个方面:一是发达国家和发展中国家之间的工业分工得

到迅猛发展,传统的"垂直型"国际分工的主流地位已经让位于"水平型"的国际分工;二是产业部门之间的国际分工日益转变为产业内部的国际分工,以产品为界限的国际分工逐步转变为以生产要素为界限的国际分工。发达国家与发展中国家还出现了一种设计与制造的分工,即产品研究和设计在发达国家进行,产品制造在发展中国家进行。

2. 跨国公司的活动日益全球化是经济全球化的主要推动力。跨国公司最初是发达国家的企业为了开拓国外市场、追求更高利润而对外进行直接投资的产物。跨国公司的对外直接投资无疑推动了经济生活的国际化、全球化。这表现在经济国际化、全球化程度的提高总是伴随着跨国公司数量的增多。据统计,1993 年,全世界共有跨国公司 3.5 万家,拥有全球子公司 17 万多家。而据联合国贸发会议发布的《1999 年世界投资报告》的资料,至 1998 年,全球共有跨国公司 6 万多家,拥有 50 多万家境外分支机构,对外直接投资存量达 4 万多亿美元,海外分支机构在所在国的销售额达 11 万亿美元,大大超过了 7 万亿美元的世界出口额。跨国公司掌管全球 1/3 的生产、80％的对外直接投资、2/3 的国际贸易、70％以上的技术转让,跨国公司成为经济全球化的主要推动力量。而另一方面,经济全球化、国际竞争的日益激烈,又从两个方面促进了跨国公司的日益全球化。一是许多国家的政府(不管是发达国家,还是发展中国家)鉴于跨国公司在国际经济生活中的作用,纷纷扶持本国跨国公司的发展。发达国家不断放松对垄断的限制,鼓励大公司、大企业之间的联合与兼并,有的甚至直接介入跨国公司的经营活动,以通过跨国公司来贯彻政府的经济贸易政策。发展中国家由于起步晚,政府则对跨国公司的发展予以扶植,给予各种优惠,促使其发展壮大,这使得跨国公司的分布日益全球化。根据联合国贸发会议的统计,1996 年以发展中国家为基地的跨国公司占全球跨国公司总数的比例达到 17.8％,发达国家为 81.7％,而 1993 年这一比例分别为 7.7％和 92％。二是跨国公司本身适应经济全球化的需要,不断调整经营战略,在加强对全球经济生活的渗透、积极参与全球经济竞争的同时,更注重寻求全球范围内的合作,广结战略联盟,从而出现了真正意义上的"全球公司",其突出表现是近年来国际范围内动辄涉及几百亿、千亿美元以上资产额的联合与兼并。

值得注意的是,跨国公司研究与开发出现了全球化趋势。20 世纪 80 年代以前,跨国公司的对外直接投资遵循产品生命周期理论,它们一般将研究与开发中心设在母公司,对国外子公司则实行技术与产业的梯度转移。80 年代,特别是 90 年代以来,随着国际竞争日趋激烈,为了使生产更接近市场,降低研究与生产费用,同时也是为了迎合东道国日益高涨的技术当地化的呼声,并利用东道国的便利条件实行研究与开发,跨国公司纷纷在海外设立高新技术创新机构,建立国外技术研究所、技术开发公司、研究与开发实验中心,或出资购并海外高科技企业,从而使研究与开发日益呈现全球化趋向。

3. 国际投资的迅猛发展是经济全球化的重要表现。资本是经济运行的血液,由于投资直接关系到一国的经济发展,在经济全球化背景下,无论是发达国家还是发展中国家都纷纷放宽对利用外资的限制,以吸引外资弥补国内的资金缺口。而跨国公司出于产业转移及竞争的需要,也在全球范围内到处投资,使国际投资从投资主体到投资对象都呈现出全球化倾向。GATT 乌拉圭回合谈判达成的《与贸易有关的投资措施协议》更为国际投资的全球化提供了制度保障。20 世纪 90 年代以来,国际投资发展迅速,1991—1996 年全球对外直接投资额年均增长 11.8%,大大高于同期世界出口贸易额年均 7% 的增长率。1997 年国际直接投资总额达 4 000 亿美元,1998 年更达 6 440 亿美元,比上年增长 61%。国际直接投资的急剧增长,大大加快了经济全球化的进程。

4. 国际贸易自由化是经济全球化的主要内容。由于生产、投资、科研开发日益具有全球性,这必然要求生产要素(资本、技术、劳动力等)和最终产品能够在全球范围内自由流动。虽然 20 世纪 70 年代中期以来新贸易保护主义兴起,二战后的贸易自由化进程放慢,但由于国际分工使得各国经济联系加深,经济的相互依赖程度提高,因此世界上几乎没有哪一个国家公开反对贸易自由化。加上各种国际组织的推动,特别是 GATT 组织的 8 轮多边贸易谈判,使得国际贸易中的关税与非关税壁垒的运用受到遏制,贸易自由化成为不可阻挡的大趋势。贸易自由化最直接的体现就是 10 多年来国际贸易的迅猛发展,根据统计,80 年代以来国际贸易在稳定增长中,不断出现高峰,1984 年、1988 年世界贸易额分别比前一年增长 8.1% 和 7.9%,1994

年、1997 年则比前一年分别增长 10％和 9.5％,国际贸易的增长速度几乎都超过同期国民生产总值的增长速度。国际贸易的这种增长除了生产过程的内在推动外,国际多边贸易体制的形成(WTO 的建立)也使之获得了制度上的保证。1999 年,世界贸易量已超过 7 万亿美元,占世界 GDP 的 20％以上,其中服务贸易量已超过 1.3 万亿美元。1980—1995 年,国际商品贸易年平均增长率达到 5.6％,大大超过世界产值的增长速度;服务贸易年均增长速度达到 9.3％,大大超过商品贸易的增长速度。

5. 区域经济一体化出现了不同于以往的新特点。以前组成经济一体化集团的大都是经济发展水平、国民收入水平、国民文化程度等大体接近的国家。但 20 世纪 90 年代以来,发达国家与发展中国家超越经济发展差距较大的障碍,也组建一体化集团。美、加、墨自由贸易区的形成,亚太经合组织决定在 2020 年以前形成亚太自由贸易区,显示了经济一体化的这一新趋势。生产要素特别是资本流动的国际化使得经济发展水平不同的经济实体的互利合作成为可能。在生产要素国际流动的条件下,"互补性"的国际分工已经改变了传统的形式。只要发展中国家采取正确的策略,广泛参与国际分工就不会导致民族工业的毁灭,反而能利用自身的优势,吸引发达国家的资金、技术和管理经验,发展和壮大民族经济。发达国家也可把一些在本国已不具备优势的产业转移出去,并提高资本的利用率,促进产业结构的优化升级。总之,经济发展水平的差距,已不是相互开放、扩大合作的障碍。

二、我国加入 WTO 以后对外开放所面临的国内背景分析

从国内经济背景看,我国对外开放的制度背景、经济结构背景也与 20 世纪 80 年代初大不相同。

首先,在经济体制改革目标模式的选择上,我国已经确立了"有中国特色的社会主义市场经济"改革目标。这一目标模式也就是计划和市场相结合的现代市场经济模式。市场在资源配置中起基础性作用,计划起宏观调控作用。市场机制在微观层面上调动企业和个人的积极性,计划手段在宏观上保证国民经济的总量平衡。在所有制构成方面,我国已经将对个体经济、私营经济在国民经济中与公有经济共同发展的地位写进了宪法。今后一段时间,在公有经济大规模改革和重组的过程中,要保证国民经济的快速、稳定和健康发展,一系列鼓励和维护个体、私营经济发展的政策法

规将逐步出台和完善,特别在约束个体、私营经济发展的资金环境方面,相关的金融结构将逐步建立,金融政策将逐步落实。在建立稳定的社会主义市场经济秩序方面,维护市场公正、保证公平合理的竞争环境方面的法律法规已相继出台。应该承认,在建立社会主义市场经济体制框架方面,沿海地区走在全国前列,具备迎接经济国际化挑战的制度基础。

其次,从经济发展阶段看,我国沿海地区已经进入了工业化后期的发展阶段。按照发展经济学的理论,在这一阶段,经济发展的主要动力不再是总量的增长而是经济结构的变动。一方面是三个产业之间的比重变化迅速,第三产业的比重将进一步提高,特别是知识密集型、人力资本密集型服务业(如金融、保险、信息、教育等)发展迅速,并成为拉动经济增长的重要力量。另一方面,农业和制造业的内部结构也面临着调整,科技进步成为提高第一、第二产业增长速度和质量的主要推动力。也就是说,我国经济发展存在着结构调整的内在要求。"入世"后,国际竞争的压力大大增强,将成为我国经济结构调整的最大的外在动力。我们应以积极的姿态迎接竞争,并利用国际国内的竞争压力促使产业结构的高度化。实践证明,经济结构的调整,仅靠政府推动是不够的,市场竞争才是结构调整的主要推动力量。

再次,我国经济经过 20 多年高速增长的量变积累和市场化进程的不断加快和深化,国民经济逐步摆脱了传统计划经济体制所造成的短缺经济的卖方市场状态,宏观供求关系已经发生了根本性的变化,初步形成了买方市场的供求格局。其主要标志是:(1) 供给总量基本满足或超过需求总量,几乎没有供不应求的商品;(2) 各类市场——从消费品到投资品、从商品到生产要素、从发达地区到落后地区——都呈现买方市场态势;(3) 生产能力相对过剩,据统计,全国 50％的工业品生产能力利用率在 60％以下;(4) 价格水平持续回落,甚至出现负增长;(5) 企业目标从追求利润最大化调整为追求市场最大化,降价竞争成为企业不得已的常用手段;(6) 市场约束成为企业生存和经济发展的决定性因素。市场供求格局的根本变化,使得我国企业尤其是沿海企业不得不面对国际市场寻求发展的空间,企业跨国经营势在必行。

三、加入 WTO 与我国对外开放的新阶段

我国以往的对外开放有两大特点:一是我国的对外开放是一种主动开放,二是政

策性开放。结合上述国际国内的背景分析,可以看出,加入 WTO 以后,我国经济全面融入经济全球化的潮流,我国的对外开放也面临着质的变化,即由主动开放向被动开放转变,由政策性开放向体制性开放转变。

所谓主动开放,就是我国对外开放的步骤的安排、开放的时序的把握,开放程度的掌握,都是由我们自己决定的。与体制改革相类似,我国的对外开放也是走的一条"渐进"的道路,采取的是"梯度开放"战略。从经济特区的创办到沿海港口城市开放,再到开辟沿海经济开放区,及至 20 世纪 90 年代浦东新区的开发和开放,沿江、沿边和内陆省会城市的开放,逐步形成了沿海、沿边、沿江内陆相结合的多层次、多渠道、全方位的对外开放的格局。在开放的内容上,主要是发展外向型经济,改变原来的与世界经济隔绝的封闭式发展模式,以自身的资源、劳动力等生产要素的比较优势参与国际分工贸易,参加到国际经济的循环中去,在国际经济关系的调整和国际市场的激烈竞争中寻找发展机会,从经济开放中获得比较利益,从而带动本国经济的发展。其基本措施主要有:(1) 吸引外资,鼓励或引导外资投向劳动密集型产业以创造大量就业机会;(2) 鼓励出口,以低成本劳动密集型产品参与国际市场竞争,以获取支付进口先进技术和机器设备的外汇;(3) 采取各种保护贸易的政策和措施,诸如关税、配额等手段保护本国的产业和市场,以逐步培育本国经济的国际竞争力。总之,开放的主动权在我们手里。加入 WTO 以后,我国作为 WTO 的正式成员国,必须遵循 WTO 为国际贸易所制定的为各成员国普遍接受的规则,如非歧视、更自由、可预见、鼓励竞争等原则,逐步削减贸易和非贸易壁垒,推动货物贸易、服务贸易、投资与金融等领域的自由化,按照多边自由贸易的框架的规定开放市场。也就是说,我国一旦成为 WTO 的成员国,就必须遵守 WTO 的"游戏规则",受到 WTO 自由多边贸易体制框架的约束,开放的时间表已经不掌握在我们的手里了。当然,我们应该也能够按照权利与义务平衡的原则以及作为一个发展中国家应该享受的优惠待遇,对国内产业提供适度保护,但这也只能在 WTO 的框架内进行,而不能自行其是,这就是所谓被动开放的实际含义。如果我们不能正确把握融入经济全球化潮流后参与国际分工与竞争的主动权,变"被动开放"为积极应对,适时转变开放战略,就很难做到在参与经济全球化的过程中趋利避害,掌握加入 WTO 以后经济发展的主动权。

　　与主动开放相联系,我国以往的开放具有明显的政策性开放的特点。一是地区政策倾斜。从经济特区的创办到沿海港口城市开放,再到开辟沿海经济开放区,及至20世纪90年代浦东新区的开发和开放,中央政府无不给予特殊的经济政策和优惠。二是采取包括减免税收、降低地价等各种优惠措施鼓励外商来华投资,给予外资企业以"超国民待遇"。1978年到1999年,我国合同利用外商直接投资总额已经超过6 000亿美元,其中实际利用外资金额已经超过3 000亿美元,从1993年起,已经连续7年成为仅次于美国的第二大资本输入国。利用外资取得这么大的成就,显然与我国各级政府的优惠政策有关。加入WTO以后,这种政策性开放显然已经与国民待遇等多边国际贸易规则不符,而且造成内外资企业的不公平竞争。我们知道,WTO规则的实质是市场经济规则在世界范围内的运用和发展,旨在倡导公平、公开的竞争秩序和规范的竞争环境。因此我国的对外开放必须由政策性开放向体制性开放转变,加快社会主义市场经济体制的建设,完善有关经济法律、法规和政策,以符合WTO规则的规定。要尽快建立既适应WTO运作机制要求,又适应社会主义市场经济特点的政府运行机制和企业经营机制,创造内外资企业公平竞争的市场环境。

　　在改革与开放的时序问题上,我国理论界一直存在孰先孰后的争论。一种观点认为,改革应该在先,开放可以稍稍滞后,建立了社会主义市场经济体制,包括微观基础的再造、市场体系的完善和间接的宏观调控体系的建立,并使我国的产业具备一定竞争力以后,再逐渐对外开放国内市场。另一种观点认为,建立社会主义市场经济体制是一项非常艰巨的系统工程,除了加快改革外,以开放促进改革,才能加快市场经济体制建立的步伐。应该说,这两种观点都有一定的道理,在实践中,改革开放也是相互促进的。但是,在我国加入WTO以后,为使我们的行为规则和运作机制适应WTO的要求,以开放促进改革显然已经是现实的选择,改革的步伐必然要加快。

四、加入WTO以后我国对外开放战略的构想

　　1. 加快服务业的对外开放步伐。如果说,我国第一轮开放是以劳动密集型加工制造业为主要内容的话,那么,在加入WTO的新一轮的对外开放中,服务业的开放是个重点。服务性产业一般可以分为两大类,一类是简单劳动密集型的服务业,如小商品市场零售业、小型餐饮业、一般家政社区服务业等。另一类是技术密集型、人才

密集型的服务业,如金融、保险、旅游、电信、信息咨询、旅游、现代零售、批发商业等服务性产业。这里讲的扩大开放的,主要是指后一类服务性产业。这类服务性产业有两个重要特点:一是市场需求有广泛的世界性,产业发展在满足国内市场发展的同时也满足了国际市场的需求,像金融、保险、信息、咨询、旅游等服务商品的市场属性本身就是国际性的;二是这类服务性产业大都是知识密集型的,其国际竞争优势主要靠技术和管理,而不是简单的劳动力成本,这就是说,这类服务性产业大都是知识密集型的高技术产业。我国成为世界贸易组织的成员后,服务性产业开放亦是大势所趋。要理解这一点,只要看看中美关于中国"入世"谈判中的"要价"就行了。美国等发达国家要我们开放的几乎都是服务业,因此,应主动逐步开放金融、保险、旅游、电信、咨询等服务市场,使沿海这类产业在竞争中逐渐成长。

2. 适应产业梯度转移的规律,将沿海地区的劳动密集型产业有步骤地向中西部转移,或向本地区的后进区域转移,通过扩大与跨国公司的合资合作,提升沿海地区第二产业的科技水平,实现第二产业从劳动密集型向资金密集型、技术密集型的战略转变。从某种意义上说,我国一些地方特别是沿海地区 20 多年来外向型经济的发展,得益于政府的政策倾斜。沿海地区以其区位优势、劳动力优势吸引了大量外资,发展以出口为导向的劳动密集型产业,积累了资金和技术,带动了经济的高速增长,但也不可避免地拉大了与中西部地区的经济发展差距。加入 WTO 以后,地区倾斜的开放政策变成了普遍开放的"阳光政策",再加上沿海地区劳动力成本的不断攀升,继续发展劳动密集型的出口产业已不具备比较优势,这类产业向劳动力成本更为低廉的中西部地区转移已是势所必然。对于得开放风气之先的我国东部沿海地区来说,顺应经济全球化潮流,积极实施对外开放战略的转变,对于提升这一地区的对外开放的层次和水平,对于带动我国中西部地区开放型经济的发展,无疑有着极其重要的意义,这也符合我国政府加快中西部地区开放开发步伐的战略意图。

3. 实现贸易战略和引进外资战略的转变。在贸易战略上,我们应逐步改变依赖劳动密集型产品出口的状况,以符合国际质量标准和规格的差别产品参与同一产品市场的国际竞争,以产业内贸易作为对外贸易发展的方向。在引进外资方面,改变原来主要以优惠政策吸引外资的做法,给予外资国民待遇,创造内外资平等竞争的市场条件。要把吸引外国跨国公司投资作为吸引外资的重点,把发展与跨国公司的协作配套,作为发展开放型经济的重点,作为一篇大文章来做。目前,跨国公司大都采取"本地化战略",愿意在当地采购零部件而不是进口,只要质量有保障,因此外资企业的配套市场是很大的市场。外资企业在我国的蓬勃发展,客观上形成了一个以电子、机械、轻工、纺织为主的中间投入品市场。特别是一些大项目,资金投入大,技术含量高,产业链条长,中间投入品市场需求更大。这个市场规模大,需求面向中上游产业,最终产品销往国内外市场。目前,外资企业生产所需的大多数中间投入品,尤其是真正体现技术水平的零部件大多通过进口来满足,由国内采购或生产的比例不高。但不等于说,外资企业不愿意在国内采购或生产。对多数外商来说,决定其进口还是在国内采购或国内生产的主要因素是在保证质量的前提下,中间投入品进口成本与国内采购或生产成本的比较。不少来华投资的跨国公司如摩托罗拉、德国大众等积极推行"本土化"战略,支持提高产品的"国产化率"的努力,获得了互利的结果。我们应努力扩大外资企业中间投入品的本地化比例,通过生产与外资企业配套产品,充分利用外资大项目的产业关联效应和波及效应,从而分享外资企业国内外市场不断扩大的利益。如果我们通过积极努力,把国内企业的产品打入这一市场,不仅可以为中上游产业提供巨大的市场机会,而且可以通过外资企业的出口渠道,把中上游产业带入国际市场,参与国际分工和竞争,这对于整体产业结构的优化升级,无疑具有战略意义。另外,在吸引外资上,不仅要引进大项目,而且要注意引进为外资大项目配套的外资项目。许多外资大项目,也都是采取国际化分工的方式,许多零部件是要进口的,如果我们的企业打进零部件市场有困难,可以考虑把供应大公司零部件的外资企业吸引到我国来投资。这不仅方便了外资大企业,而且还会降低零部件成本。

要注意在与跨国公司的合作中发展高新技术产业。在科学技术日新月异的时代,发展高新技术必须走开放的道路,在开放的环境中来发展高新技术产业,其捷径就是与资金、技术实力雄厚的跨国公司合作,成为跨国公司的国外生产基地,成为它们整个国际生产线的一个环节和国际销售网络的一部分。把它们的利益与合资合作企业的利益结合起来,它们才有动力不断提供新技术和先进的管理方式,我们的高新技术产业才能跟上全球技术更新发展的潮流。我们应抓住这一机遇,做好两方面的工作。一是欢迎对跨国公司来华投资举办 R&D 中心。在这一方面,沿海地区并不缺乏人才,而是缺乏市场信息和关键设备。与跨国公司合作,就可解决这一问题。二是可鼓励有条件的企业像海尔和春兰集团做的那样,到海外去开办 R&D 中心,直接获取国外的最新信息和技术。

4. 积极研究加入 WTO 以后利用外资的新方式。加入 WTO 以后,我们的企业(包括上市公司)面临着新的发展机遇,这表现在以下几个方面。(1) 开放的世界将给企业带来进军国际市场的机遇。资本的双向流动是经济国际化的重要标志之一,即在吸引外资的同时也积极参与对外投资。比如美国,1996 年对外投资 849 亿美元,吸引外资 846 亿美元,是当年的最大投资国和最大东道主。我国沿海地区经济发达,有一些产业已具备相当的实力,完全可以走出国门,实行国际化经营。要积极推行大经贸战略,提高服务贸易的档次,将利用外资、对外投资、劳务输出、带料加工等结合起来,鼓励企业加快跨国经营,寻找新的增长点。一些具备条件的企业可以通过跨国经营(出口、海外销售基地的建立和对外投资),进军世界市场,也可以通过收购、兼并等直接投资的新形式进入国际市场,进行跨国经营,从而成长为跨国公司。(2) 一些优质企业可以通过海外上市(中国香港、新加坡、美国等)直接进入国际资本市场筹集资金。一些具备条件的高科技小型企业可以到中国香港二板市场上市,也可以到新加坡上市。(3) 加入 WTO 将给外国资本进入中国市场提供新的机遇,我国利用外资的方式面临着新的转变。传统的举办"三资企业"的引资方式的局限性越来越明显,占全球跨国投资主导地位的收购、兼并方式将随着我国资本市场的发育、完善而成为我国吸引外资的主要方式。这样,将为国内企业包括上市公司加强与国际资本的合资合作提供新的通道。当然,我国由于 A、B 股市场尚未合并,还不允许外资进入国内证券市场买卖人民币股票,外资还不能收购国内的上市公司,但可以创造外资间接收购国内上市公司的条件。

间接收购是指收购方通过购买某上市公司的控股公司或主要持股公司自身的股权,达到可以控制这些控股公司或主要持股公司的程度,或者授意被自己控制的公司收购某上市公司的股份,从而得以间接控制该上市公司的行为。这些控股公司、主要持股公司或受控公司可以是境内法人,也可以是境外法人,所持有或收购的股份可以是上市公司的国家股、法人股或社会公众股。这种收购方法在当前法律禁止外资直接购买上市公司人民币股票的条件下,尤具实际意义。比如可以另行在国外注册公司或在国内注册公司(不上市),使其成为我国上市公司的控股公司,这样,外资就可以通过收购该上市公司的控股公司或主要持股公司自身的股权,达到间接控制国内上市公司的目的,为外资打开一条进入中国市场的途径。

(原载《南京大学学报》2000 年第 3 期)

全球化、要素分工与中国的战略

二次大战后,国际分工的主要形式发生了变化,其特点是各国以各自的比较优势参加国际分工,逐渐形成了以产品为界限的国际分工,即产业间的国际分工。发达国家在竭力维护传统国际分工的同时,扩大和发展有利自己的水平型国际分工,集中发展资本、技术乃至知识密集型的行业,而把一些资源密集型、劳动密集型行业转移到发展中国家,形成了发达国家与发展中国家之间特殊的"垂直水平型"的产业分工。比如,简单加工工业与复杂加工工业之间的分工,劳动密集型产业与资本、技术、知识密集型工业之间的分工。20世纪90年代以来,国际分工又出现了新特点,即国际分工的形式正从产品分工向要素分工发展。这种分工发展趋势在20世纪末已经充分显现,并在21世纪初继续发展。在要素分工的环境中,发达国家和发展中国家之间分工的主要表现形式,已经不再是简单加工工业与复杂加工工业之间的分工,以及劳动密集型工业与资本、技术、知识密集型工业之间的分工,而是垂直专业化分工,表现为劳动密集型工序或劳动密集型零部件生产与资本、技术、知识密集型工序或零部件的生产之间的分工,甚至是设计与制造的分工,即产品研究和设计在发达国家进行,产品制造在发展中国家进行,发展中国家成了发达国家的"加工厂"。国与国之间的优势更多体现为价值链上某一特定环节上的优势,从而导致国与国之间按价值链不同环节分工的现象。如果我们把一种产品的生产过程分解为一系列的互不相同但又互相关联的经济活动,其总和即构成企业的价值链,每一项生产环节就是这一价值链上的一个环节。分工细化必然会产生以下两种情况,一是该产品价值链将被分解成若干独立环节而处于不同企业的控制之下;二是尽管这些不同的环节仍然处于同一企业(如跨国公司)的控制之下,跨国公司也必然在全球范围内整合资源,将价值链中的每个环节放到最有利于获得竞争优势的地点。无论哪一种情况都必然会导致以产品为界限的国际分工转变为以要素为界限的国际分工,国与国之间的比较优势也将更多体现在价值链上某一特定环节的优势,从而导致国与国之间按价值链不同环节分工的现象。

随着国际分工、生产要素国际流动特别是资本流动的深入发展,传统的国际贸易方式与国际合作方式日益融为一体,并表现为贸易投资一体化。随着分工形式的变化,产业间贸易、产业内贸易逐步向公司内贸易、垂直专业化分工与贸易发展,加工贸易成为国际贸易的主要形式。这种贸易形式的转变是与国际直接投资、国际产业资本转移密切相关的,是贸易投资一体化的。跨国公司全球资源整合、分工优化配置的过程,就是跨国公司所"经营"的贸易投资一体化的过程。通过贸易投资一体化的发展,跨国公司在国与国之间按价值链不同环节进行了分工,实现了产品价值链中的每个环节的全球优化配置。

中国加入 WTO 以后,我们面临的国际环境发生了很大的变化,产品内分工、跨国公司生产价值链上不同环节的专业化分工成为国际分工的主要表现形式。在这么一个分工环境中,决定现在和未来中国在国际分工交换中所获利益的,不再取决于进口什么、出口什么,而是取决于参与了什么层次的国际分工,是以什么样的要素、什么层次的要素参与国际分工,对整个价值链的控制能力有多少。因此我们应当从贸易投资一体化和要素分工的高度,从全面融入跨国公司为主导的国际分工新体系为导向来规划中国的开放战略。

在国际分工深化和贸易投资一体化的新形势下,高新技术、资本与低成本劳动力的结合是提高制造业竞争力的重要基础和有效途径。我国现阶段最大的要素优势是无限供给的廉价的劳动力优势,引进外资与我国劳动力要素相结合,成为世界工厂,就是必然的现实的选择。而且,这种结合在世界上只有中国能够做到。实践已经证明,以丰富劳动力资源吸引跨国公司资本和技术的流入,不仅扩大了劳动力的就业,促进了传统产业生产能力的提升,而且资本和技术的"溢出效应"和当地企业界的"学习效应"又促进了产业结构的升级和新兴产业的发展,并形成了产品加工向上游和下游延伸的趋势。当代国际分工的新特点为我国利用劳动力优势参加国际分工提供了良好的机遇,我们的优势已经不仅体现在劳动力密集型产品制造上,而且将更多地体现在劳动力密集型环节的生产上,尽管从整体看产品可能是高技术产品。目前技术含量高的中国制造产品在全球市场上还远未形成主流,但在劳动力密集型生产环节方面,中国仍是世界上最具竞争力的国家之一,这不仅表现在优质、廉价的劳动力资源上,更多地体现在中国这些年发展所积累的大规模加工组装业优势和产业发展必不可少的巨大的市场规模,这些比较优势就是中国制造业未来发展的保证。未来20到50年内,中国最大的优势是低成本的制造。

应该指出的是,其一,我们强调利用劳动力优势发展制造业并不意味着中国不需要自己的高科技产业,我们只是强调高科技产业的选择方针应该是有所为有所不为,高科技产业不应该作为现阶段的根本的战略选择。应该清醒地看到,在很长一段时期内,我国最大的问题是就业问题;我们最大的优势是劳动力丰富。当然,我们应该注重高新技术改造传统产业,提高我国产业的国际竞争力。其二,我们强调以我国现实的优势、丰裕的劳动力为基础参加国际分工,并不意味着我们认为我国要永远以廉价劳动力作为参与国际分工的基础。相反,我们应该不断提高要素质量,以不断提高中国在国际分工体系中的地位。其三,劳动密集型产业并非没有国际竞争力(否则就很难理解这么多国家包括发展中国家对中国产品反倾销)。劳动密集型产业也能打造名牌、培育出国际性大企业。

其实,全球化对发展中国家和发达国家都存在挑战和机遇,关键看怎样应对。贸易投资一体化的发展,使得发达国家和发展中国家互补性国际分工改变了传统的形式。在存在国际间要素流动的情况下,在一定条件下,自由贸易不仅对发达国家有利,对发展中国家也有利。在一定条件下,甚至对发展中国家更有利,中国改革开放的辉煌成就就是明证。我们应利用发展中大国的地位,在WTO的框架内,积极推进贸易、投资自由化的进程,并积极参与区域经济一体化的合作,不断开创开放型经济发展的新局面。

(原载《经济界》2005年第9期,《新华文摘》2005年第22期,人大复印报刊资料《外贸经济·国际贸易》2006年第2期转载)

全球化与中国发展道路的理论思考

一、问题的提起

在我国加入 WTO 之前,很多人担心中国经济经受不住外来冲击,"狼来了"的讨论很是热烈。加入 WTO 以来中国经济的优异表现,逐渐打消了人们的疑虑。自从 2001 年 12 月加入 WTO 以来,我国的开放型经济进入快速发展的轨道。2001 年至 2005 年,我国实际利用外资总额达 2 741 亿美元,5 年实际利用外资数占改革开放以来实际利用外资总额 6 224 亿美元的 44%。对外贸易的发展更是突飞猛进。2001 年,中国进出口贸易总额为 5 000 多亿美元,2002 年 6 200 亿多美元,2003 年 8 500 多亿美元,2004 年超过 1.1 万亿美元,2005 年进出口总额达 1.4 万多亿美元。也就是说,2005 年的进出口贸易额是 2001 年的将近 3 倍。再看外汇储备。2001 年年底,我国外汇储备为 2 000 多亿美元,到 2005 年年底达到了 8 000 多亿美元,2006 年突破了 1 万亿美元。中国已经成为成为仅次于美国和日本的世界第三大贸易体,外汇储备名列世界第一。没有人否认,5 年多来中国经济年均增长将近 10%,与开放型经济发展的拉动有很大关系。为什么我国开放型经济发展如此迅速? 怎样看待或者怎样评价我国对外开放的成效? 是不是可以做出这样的判断:中国是经济全球化的受益者? 今后中国对外开放的路子应当怎么走? 对于这些问题,在理论和实际部门是存在不少争论的。因此,对这些问题进行深层次的理论探讨,对于我国在更大范围、更广领域、更高层次上参与国际经济合作和竞争,有着重要意义。本文结合自己多年的学习和研究的体会,谈一些不成熟的看法,偏颇之处难以避免,欢迎批评指正。

二、对外开放,对谁更有利?

按照传统的国际分工和国际贸易理论,由于发展中国家的产业竞争力低下,开展自由贸易,虽然也能给发展中国家带来一些"比较利益",但在总体上,对于发达工业化国家更为有利。因此,发展中国家要获得发展,实现工业化和现代化,必须靠贸易保护政策,以阻隔来自国际市场先进工业的竞争,为国内产业的发展创造条件。一些更为激进的经济学家甚至认为,在不平等的世界经济体系中,发达国家与发展中国家的利益存在根本性冲突,发达国家的发展是建立在对发展中国家的剥削和掠夺的基础上的,融入发达国家为主导的国际分工体系,发展中国家很难获得真正独立自主的发展。最为著名的是弗兰克、阿明等的"依附理论"和阿根廷经济学家普雷维什等的"中心—外围"理论。这些理论为拉美一些国家采取封闭式的进口替代战略提供了理论依据。

然而,战后世界经济的发展实践并没有支持"依附理论"。选择开放型发展战略的国家和地区如亚洲"四小龙"等取得了经济增长的奇迹,而奉行内向型发展战略的一些拉美国家,经济竞争力下降,发展受阻,还得了"拉美病"。中国改革开放以来的增长奇迹也说明了采取对外开放战略的正确性。

中国改革开放以来取得的辉煌成就,极大地改变了世界经济格局和利益格局,引起了发达国家特别是美国的反应。近年来,美国等发达国家不再无条件提倡全球化了,而是到处宣传所谓"全球经济失衡",还把这种失衡归咎于发展中国家,特别是中国。有一种观点认为,作为世界第一大国的美国,已由过去的资本净输出国变为资本净输入国,源源不断地向发展中国家和石油输出国借入资本,以维持贸易和经济的增长,这就引发了美国与中国和其他一些发展中国家的贸易、汇率的多种争端,而美国的贸易和资本项目双赤字和中国的双顺差,是全球经济失衡的集中表现。在这种背景下,美国等发达国家逐渐转向贸易保护主义或有选择地自由化;而以中国为代表的发展中国家,成为WTO主导下的多边贸易体制的维护者和以贸易自由化和投资自由化为主要内容的全球化的推动者,在对待重启多哈谈判的问题上,发达国家和发展中国家的不同态度就是明证。这一现象也发生在区域经济一体化发展的新趋势上。根据传统的经济一体化理论,发达国家和发展中国家不可能建立自由贸易区,理由很简单:发展中国家的民族工业不能经受发达国家先进工业的冲击。但是,美加墨自由贸易区的建立、欧盟的不断扩大,东亚区域合作的蓬勃发展,证明经济发展水平的差距已经不是区域经济合作的障碍。而且,经济落后的国家参与自由贸易区之类区域经济合作的积极性,比发达国家要大得多。

这就提出了很有意思的重大理论问题,当代经济全球化是不是发生了某些有利于发展中国家的根本性的变化? 如果答案是肯定的,那么依据是什么呢?

我认为,从根本上说,在和平和发展的大环境下,在技术进步的推动下,全球化的国际分工基础发生了重大变化,要素流动成为新一轮全球化的本质特征,由此引发的产业转移给具备基本发展条件的发展中国家带来了发展的机遇,[①]只要应对得当,新一轮全球化也许对发展中国家更为有利。对此,我们已经有一些较为详细的系统分析[②],这里仅做简要概述。

大致来说,当代国际分工可以分为产业间分工、产业内分工与产品内分工三种基本类型。产业间分工和产业内分工是以产业或产品为界限的,而产品内分工是以生产要素为界限的。由于国际产业分工正在从传统的产业间分工,向产业内部的分工、进而向产品内分工转变,产品的价值链被分解了,因而国与国之间的优势更多地体现为价值链上某一特定环节上的优势,从而导致国与国之间按同一产业或产品的生产环节或工序的分工的现象。对于这种产业链链分工或价值链分工,国内外学者大都称之为垂直专业化分工,[③]我认为是不准确的,因为生产环节或业务流程的国际分工,也可能是"水平型"的,把这种分工形式称之为以生产要素为界限的国际分工或"要素分工",反映了国际分工的本质,可能更为确切。产业链分工或价值链的分解,是跨国公司在全球范围内进行贸易和投资活动的结果;而要素分工的实质,就是跨国公司在全球范围的资源整合。

由于国际分工的新变化,国际产业转移也出现了新特点。国际产业转移已经演进为产业链条、产品工序的分解和全球化配置,国际产业转移也由产业结构的梯度转

①　张幼文、梁军:《中国发展对世界经济体系的影响》,《世界经济研究》2006 年第 10 期。
②　参见张二震:《全球化、要素分工与中国的战略》,《新华文摘》2005 年第 22 期;张二震、方勇:《要素分工与中国开放战略的调整》,《南开学报》2005 年第 6 期;张二震、马野青、方勇:《贸易投资一体化与中国的战略》,人民出版社 2004 年版。
③　张小蒂、孙景蔚:《基于垂直专业化分工的中国产业竞争力分析》,《世界经济》2006 年第 5 期。

移逐步演变为增值环节的梯度转移。是跨国公司而不是国家，成为新一轮产业转移和重组的主体。外包，成为跨国公司进行国际化生产经营活动的主要方式。跨国公司适应产品内分工、价值链分解的要求，把非核心的生产活动外包给成本更低的发展中国家的企业去完成，使位于不同国家的企业形成一个国际分工协作网络，每一个生产环节都成为全球生产体系的一部分。跨国公司将一些生产制造和经营环节转移到具有低成本制造优势的发展中国家，自己则专注于价值增值环节具有相对竞争优势的核心业务。首先转移的，当然是劳动密集型制造加工环节、工序或零部件，但随着东道国要素禀赋结构的变化，会逐渐向高端加工延伸。"保留擅长的，外包其余的"，成了跨国公司增强国际竞争力的重要手段。一些跨国公司甚至把通常所理解的所谓关键环节或流程如研发、技术和营销都外包了，自己则成了国际生产网络的掌控者和经营者，成为名副其实的"虚拟公司"。

制造业由于易于标准化、技术扩散能力强等特点，一直是国际产业转移的主要内容。随着经济全球化的不断发展，信息通信技术的广泛应用，新兴市场国家基础设施的改善和劳动力素质的提高，以及全球服务贸易规则的实行，服务业只能局限于一国国内的格局被打破，旨在降低制造业交易成本的生产性服务业开始向外转移。服务业加快了全球调整和转移的步伐，出现了服务业结构调整及其转移的新趋势，这就是国际产业转移从制造业向现代服务业延伸。服务外包成为成长最快的服务业跨国转移，大大推动了服务业进入国际分工体系。所谓服务外包，是指作为生产经营业的业主将服务流程以商业形式发包给境外服务提供者的经济活动。联合国贸发会议估计，2005 年全球服务外包市场超过 3 500 亿美元，其中发展最为普遍的有商务服务计算机及相关服务，影视和文化服务、互联网相关服务，各类专业服务等，设计软件、电讯、金融服务、管理咨询、芯片、生物信息等多个行业，涵盖产品设计、财务分析、交易处理、呼叫中心、IT 技术保障、办公后台支持和网页维护等多种服务类型。服务外包的迅速发展，使服务业这个传统上"不可贸易行业"的性质发生变化，是服务业全球分工体系形成的重要载体。①

---

① 江小涓：《中国对外开放新阶段：更均衡合理地融入全球经济》，《经济研究》2006 年第 3 期。

我们知道,各种生产要素流动性是不同的,资本、技术的跨国界流动的障碍较少,而一些要素则不能流动或流动性较弱,比如土地、产业配套能力、政策环境等。因此,新一轮国际产业转移,本质上是可流动的要素追逐不能流动的要素进行的全球生产重组的过程。很明显,这种产业重组不仅有利于跨国公司增强全球资源配置能力,而且给发展中国家带来了发展的机会。像中国这样的政治稳定、基本经济制度合理、基础设施完备、人力资源充沛且市场容量大的发展中国家,是跨国公司产业转移的首选地。通过吸引外资,尤其是外商直接投资(FDI),中国聚集了大量优质国际生产要素,特别是中国稀缺的先进要素,如技术、标准、品牌、国际营销网络、市场竞争制度、企业家及企业家精神等,与中国大量闲置的丰裕的生产要素如低价优质劳动力相结合,大大激发了潜在的生产能力,推动了中国经济的高速增长,使中国迅速成了世界先进制造业的生产基地,并跻身于贸易大国的行列。产业转移的过程还正向越南等国家继续延伸。而印度,则利用自身的优势,成为迄今承接国际服务业转移尤其是承接软件外包最成功的国家。

产业国际转移和重组的后面是世界性的产业结构的调整和就业结构的调整。如前所述,主导这一轮全球化是跨国公司,而不是国家,而跨国公司的利益与母国利益不总是一致的,可能与东道国存在共同利益。有着资本天性的跨国公司对利润的追逐要大大高于对国内经济的关心。当年,坚决支持中国加入WTO的,大都来自欧美特别是美国的巨型跨国公司。随着跨国公司采取外包这一国际化生产形式,大量的就业机会转移到发展中国家,引发了发达国家与发展中国家的经济贸易摩擦。因经济结构调整滞后引发的一系列社会问题,导致"反全球化浪潮"更多地出现在发达经济体。[①] "中国机会论""中国威胁论",成为世界的热点。我有一个看法:中国机会论,反映了中国的发展是一种互利共赢模式的事实;而没有什么市场的所谓"中国威胁论",从经济意义上看,实在是反映了中国竞争力的提高。以前,我们总说,我们不怕来自任何方面的任何威胁,实际上是在人家对我们实行封锁威胁的情况下的团结

---

①　目前国外不仅出现反全球化浪潮,而且很多国外学者还提出了不少理论框架来分析全球化带来的不利影响。对反全球化理论进行更为系统而深入的分析,对于认识当代全球化的本质,正确理解中国为什么要实施全球化战略,是十分必要的。

自强的反映,也是一种无奈的选择。现在我们对外开放了,价廉物美的"中国制造"满世界都是,人家感到竞争的巨大压力。中国产品遭遇来自发达国家越来越多的反倾销,从一个侧面证明了中国经济的竞争力的大大增强。我们倡导互利共赢、和谐发展,不是刚好证明我国国力在不断增强吗? 时代变了,以贸易自由化和投资自由化为主要内容的经济全球化,越来越有利于中国这样的发展中国家。美国著名经济学家保罗·萨缪尔森针对中国出口增加、挤占了美国的就业这一现象进行了分析,认为当发达国家和发展中国家之间的"收入差距"大于"生产率的差距"的时候自由贸易也许(对发达国家)是有害的,从而为发达国家进行贸易保护提供理论依据。[1] 萨缪尔森代表发达国家利益而忽视后进国家利益的反全球化观点,反映了经济学从来就不是一门纯粹的资源配置理论。但是,从他的论述中,至少我们也能看出,现在的全球化,对于发展中国家是存在发展机遇的。

实行对外开放战略,全面融入国际分工体系,采取相对自由的贸易政策和投资政策,利用两种资源、两个市场加快发展,是后进国家富民强国的必由之路。由于中国共产党和中国政府顺应全球化浪潮,抓住了发展的机遇,采取了正确的对外开放战略,在中国聚集了国际先进生产要素,[2]极大地提高了财富生产能力,不仅使中国成为全球化的受益者,而且如诺贝尔经济学奖获得者斯蒂格利茨所说的,中国的发展还"成功地促进了全球经济的繁荣和稳定"。(《人民日报》2006 年 3 月 31 日)

三、怎样评价中国的开放战略?

尽管加入 WTO 以后中国经济受惠于经济全球化,但是,在不断扩大开放的进程中,仍然存在很多争论。在要不要对外开放问题上,不存在争论,但是,在如何看待我国对外开放的路径选择,如何看待对外开放的效益,今后对外开放的路子如何选择等问题上,则存在不同意见。应该认为,有争论不仅是正常的,而且是有益的。但是,有

---

① 樊纲:《中国特例与一般理论的发展》,《经济研究》2005 年第 3 期。

② 张幼文、黄仁伟教授认为,在世界经济体系进入全球化的今天,要素聚集能力成为一种新的国际竞争能力,并成为当前中国的国家核心能力。因为国际先进要素的聚集及其合理使用,不仅能快速增加一国的物质财富,提升一国的国际地位,而且能增强该国对世界体系和国际事务的影响力。参见张幼文、黄仁伟等著:《2006 年中国国际地位报告》,人民出版社 2006 年 5 月版,第 8-11 页。

一些争论涉及今后我国怎样选择开放战略的大问题,需要认真加以讨论。限于论题和篇幅,这里仅就利用外资的相关问题,做一简要讨论。

没有人否认改革开放以来引进外资对我国经济发展的积极作用。学术界的争论主要在以下几个方面:一是认为中国已经从一个缺钱的国家变成了一个资金剩余的国家,外资对中国经济的推动作用在下降;二是认为外资企业在中国的发展,跨国公司大规模进入,尤其是以并购方式进入中国,会形成行业垄断,危及国家产业和经济安全;三是外资进入与中国廉价劳动力相结合,成就了中国世界制造业加工大国的地位,但是中国产业"被锁定"在低端加工,落入了所谓"比较优势陷阱"。而且,加工的附加价值低,只是赚一点可怜的加工费,中国人是在为发达的富国"做苦力"。

应该认为,这些看法在很大程度上反映了实际情况,值得我们重视。另一方面,这些观点也存在明显的片面性。其一,与改革开放初期存在的资金、外汇"双缺口"相比,现在我国的资金供给状况确实是大大改善了,银行存有巨额的居民和企业存款,增长迅速的外汇储备甚至还成了宏观经济调控的难题之一。但是,外资(FDI)流入从来就不仅仅是一个资金问题,而是技术、品牌、管理、营销渠道、制度等"一揽子生产要素的流动"。近年来,美国和英国一直是外资流入最多的国家,我们能够说美国和英国"缺钱"吗?我们确实比过去"有钱"多了,但是仍然缺乏把资金转化为资本的能力,还需要向外资企业"学习"。而外资进入中国,有助于把中国的闲置资金转化为现实的生产能力,就像外资进入有利于利用中国大量富余劳动力一样。正如商务部跨国公司研究中心主任王志乐指出的,外资企业是中国企业的一部分,不是外国企业,它们不仅具有中国企业的法律地位,而且已深深地融入中国经济体系——创造了中国约 1/3 的工业产值,提供了全国超过 1/5 的税收,雇用了 2 000 多万员工。其二,外资企业市场份额大,只能说企业取得了市场支配或优势地位,这是垄断的条件,但不等于垄断。判断是否垄断主要看市场竞争主体是否运用其优势地位限制竞争,目前中国有少数行业确实存在某个外资企业市场份额集中度高的情况,但是并没有出现外资企业利用市场优势限制竞争的情况。① 我们看到的是,外资企业在中国面临

---

①　金碚等:《加入 WTO 以来中国制造业国际竞争力的实证分析》,《中国工业经济》2006 年第 10 期。

着越来越激烈的竞争,根本谈不上产业控制和危及国家经济安全。当然,外资企业在中国获得了丰厚回报,加入 WTO 近 5 年来,外国投资者从中国汇出的利润就近580 亿美元,但那是正常的商业利润,证明中国与外国投资者实现了互利双赢。世界经济发展的历史已经证明,一个合作互利、互相依赖的世界才是一个安全和谐的世界。中国实行对外开放以来,经济竞争力大大提高,保障了国家的经济安全和国家安全。

如果外资企业具有垄断倾向,我们可通过相关法规加以约束。我国商务部等部委已经出台了相关法规,对此进行了相当周密的限定。至于近年外资并购案增多,反映了中国企业的发展和市场经济的完善,反映了外资对中国经济发展的信心,是件好事。由于我国的特殊国情,外资进入中国大都采取"绿地"投资方式,但是实际上,跨国公司对外直接投资的主要方式是并购。我们应该尽快完善相应的法律规范、市场标准等,逐步把跨国并购作为引进外资的一个重要方式,这对中外双方都是有利的:外资可借此更快地进入中国市场;中国可以实现资源的重新配置,节省资源。例如外资并购形成新的企业往往不需要新的土地。在土地资源越来越紧张的情况下,通过并购引进外资应当鼓励才是。① 最近几年,外资进入中国的增速在下降,2005 年还出现了负增长。如果我们积极创造条件,转向主要以国际通行的并购方式引进外资,就可能扭转外资增速下降的局面,更多地利用国际资源加快发展。

至于中国引进外资以后中国的产业结构是不是改善了,制造业的竞争力状况如何,我们用事实来说话。中国社会科学院工业经济研究所金碚等利用最新统计数据对我国加入 WTO 以后国际竞争力的现状及变化趋势进行了实证研究,得出的重要结论是:由于中国制造业的竞争优势在不断提升,中国制造业的国际竞争力尤其是制成品出口竞争力越来越强,其地位在中国的外贸中已经占有绝对优势,其中,钢铁、汽车产品、办公及电信设备、非电气机械、其他半制成品具有相对较强的竞争力;产品竞争优势的主要标志——国际市场占有率大幅度提升,中国工业制成品国际市场占有率的名次在 2004 年就超过了日本,仅排在欧盟及美国的后面,中国产品在美国、欧

---

① 华民:《我们究竟应当怎样来看待中国对外开放的效益》,《国际经济评论》2006 年第 1－2 期。

盟、日本的市场渗透率快速上升。可以认为,在出口环节,中国制造业的国际竞争力已经居于中等比较优势地位,正处于向次强阶段过渡的临界状态。

张小蒂、孙景蔚最近的一项研究分析了 1990 年以来中国产业竞争力的变化趋势。他们通过分析显性比较优势指数和贸易竞争指数,发现近 15 年来中国较有较强国际竞争力的产业主要分布在劳动密集型产业,但是国际竞争力呈下降趋势;中国工业品的国际竞争力在稳步上升,尤其是电子通信设备和机械运输设备等技术(资本)密集型产业的国际竞争力有了明显上升。他们发现,中国产业竞争力的这种变化与垂直专业化在中国的发展密切相关。承接发达国家技术(资本)密集型产业的劳动密集型生产环节的国际转移,大大提高了中国先进制造业的国际竞争力。他们这项研究的最大贡献在于,证明了中国技术(资本)密集型产业的国际竞争力的提升往往是中国劳动力要素的比较优势在其中的生产环节(如组装、加工等)起作用的结果。中国劳动力比较优势通过积极参与全球垂直专业化分工而与跨国公司的生产链(或价值链)紧密结合起来,与跨国公司先进的设计、研发、管理、营销网络等紧密地结合起来,会使得这些产业的国际竞争力的提升较之少参与垂直专业化分工的传统劳动密集型产业更快。这就回答了中国会不会被锁定在制造业"低端"的疑虑。

我很赞成这样一种看法,即在现阶段乃至很长一段时期内,我国最大的问题是就业问题,我们最大的优势是无限供给的优质廉价的劳动力优势。中国的发展不能脱离国情。我们要发挥比较优势,以自己现实的要素禀赋优势参与国际分工,大力发展劳动密集型的加工业。[①] 引进外资与我国劳动力要素相结合,成为世界工厂,是必然的现实的选择,也是我们的发展机遇。而且这种增长是就业导向的,使广大人民能够分享经济增长的成果。未来 20 到 50 年内,中国最大的优势是低成本、高质量的制造。张小蒂、孙景蔚的研究表明,在要素分工的条件下,高新技术、资本与低成本劳动力的结合是提高制造业竞争力的重要基础和有效途径。而且,这种结合在世界上只有中国能够做到。实践已经证明,以丰富劳动力资源吸引跨国公司资本和技术的流入,不仅扩大了劳动力的就业,促进了传统产业生产能力的提升,而且

---

① 华民:《我们究竟应当怎样来看待中国对外开放的效益》,《国际经济评论》2006 年第 1-2 期。

资本和技术的"溢出效应"和当地企业界的"学习效应"又促进了产业结构的升级和新兴产业的发展,促进了企业自主创新能力的提高。这就是发展中国家的"后发优势"。

还有一个需要回答的问题是,怎样看待我们融入跨国公司生产链或价值链所获得的收益? 不少学者认为,跨国公司先进要素与我国廉价劳动力结合的结合,只是使中国成为一个世界加工厂,而不是一个真正的世界工厂,张幼文教授干脆称之为"世界工场"。中国为跨国公司的品牌做代工,即做 OEM 加工,获得的只是很微薄的要素报酬,相对于外国要素所获得的高收益,我们的开放效益不高。要通过培育稀缺要素或高级要素,来改善中国的国际分工地位,提高开放效益。因此,必须大力提高企业自主创新能力,积极实施品牌,努力培育有竞争力的国际性大企业。

应该说,这些分析是很有道理的。但是,也应该看到,第一,在要素分工的背景下,各国以要素优势参与国际分工,高级要素获得高报酬、低级要素获得低报酬,分工收益按要素分配,是市场经济的客观规律。我国大量低技能劳动力的报酬是不高,甚至还存在损害劳动者合法权益的现象,应该重视。但是,对于剩余劳动力来说,比起没有工作做,他们的处境还是大大改善了。劳动者技能提高了,产业升级了,他们的报酬就会随之提高。如果用法律等强制手段硬性规定"最低工资",虽然有一些作用,但是跨国公司会在长期做出调整,把生产基地搬到成本更为低廉的国家,反而造成更多的失业。因此,应该用提升劳动者技能和素质,提升产业层次的办法提高劳动者的收入。由此可见,政府在提升劳动力素质方面,应该切实承担起责任来。第二,如前所述,由于产品内分工的发展,外包是跨国公司增强国际竞争力的重要手段,一些跨国公司甚至把研发、技术和营销都外包了,自己则成了国际生产网络的掌控者和经营者,出现了真正意义上的"生产国际化",各国企业只是国际化生产的一个环节、一个阶段。从这种意义上说,国际生产中的代工即 OEM,已经是普遍的经营模式,代工的效益也未必比做品牌效益差,实际上,中间产品加工的附加价值大,风险低。台湾的富士康的集团是专业生产 6C 产品及半导体设备的高新科技集团,在中国大陆、中国台湾以及美洲、欧洲和日本等地拥有数十家子公司,在国内华南、华东、华北等地创建了八大科技工业园区。自 1991 年以来,集团年均营业收入保持超过 50% 的复合增长率,是全球最大的计算机连接器和计算机准系统生产商,连续 9 年入选美国《商业周刊》发布的全球信息技术公司 100 大排行榜(2005、2006 年排名第二),连续四年稳居中国内地企业出口 200 强第一名,跻身《财富》全球 500 强。富士康的重要经营模式就是为品牌产品做代工。这说明代工企业也可以成长为国际性企业。中间产品也可以造就品牌,英特尔即此一例。所以问题不在于你是否做代工,而是做哪一个片段、何种要素密集型的中间产品的代工。这里一点都没有否定品牌价值的意思。但是,中国现阶段要在企业中普遍推行国际品牌战略,是不现实的,能产生几个有一定国际影响的知名品牌,就了不起了。江小涓的一项研究显示,现在已经出现了"国内企业做品牌,海外企业做代工"的新现象。目前国内品牌的笔记本电脑和手机,都在大量利用海外特别是台湾地区的企业代加工。2002 年,联想公司的所有笔记本电脑、70%～80%的 PDA 以及 40%的母板产品均由台湾地区的厂商负责生产。显然,OEM 不只是"赚点可怜的加工费"。第三,我们应该以开放的心态来看待自主创新。自主创新不是自己创新,自主创新包含原始创新、集成创新和引进消化吸收再创新三种形式,原始创新能力当然最重要,但现阶段我们更要提倡的是集成创新和引进消化吸收再创新。这要求我们的企业积极吸纳全球资源,在学习国际先进技术的基础上,实行要素的组合创新。按照熊彼特的观点,从经济学角度看,创新的实质是生产要素的新组合。

四、简要的总结

这一轮全球化给中国这样的发展中国家的发展机遇,是在和平发展的大格局下,国际分工深化的结果,也是与发达国家高科技产业进入成本竞争阶段相联系的。由于改革开放总设计师邓小平同志和中国共产党的高瞻远瞩,中华民族抓住了国际产业资本的国际转移这一历史性机遇,实行对外开放战略,以要素优势参与国际分工,获得了经济发展的巨大利益。尽管中国成为国际生产要素聚集最多的国家,但是,我们也清醒地看到,到目前为止,整合这些资源的进行国际化生产、获益最多的,大都是外资企业,中国还只是以要素优势而不是企业优势去参与国际竞争与合作。培养具有整合全球资源能力的企业和企业家,已经是当务之急。我们知道,不是单纯以要素优势而是以具有整合全球资源能力的企业去参与国际竞争之日,就是中国经济步入强国之列之时。尽管这还要假以时日，但是我们正向着这个正确的方向迈进。

（原载《南京大学学报》2007 年第 1 期，人大复印报刊资料《社会主义经济理论与实践》2007 年第 5 期转载，《高等学校文科学术文摘》2007 年第 2 期摘要转载）

我国外贸发展中的"去顺差"问题

一、问题的提起

改革开放以来,中国通过一系列的优惠政策,吸引外商直接投资、大力发展加工贸易,逐步融入以发达国家跨国公司主导的全球产业分工体系,并形成了一整套有利于出口的政策体系,包括汇率、税收、融资、保险等。在这种背景下,中国制造业国际竞争力有了较大幅度的提高,从而使得中国自 1994 年以来进入持续顺差阶段,2007和 2008 年分别达到了 2 622 亿美元和 2 955 亿美元。持续的贸易顺差虽然使中国获益颇多,比如经济的增长、就业的扩大等,但与此同时也带来了流动性过剩、经济外部风险加剧、贸易摩擦日益频繁以及所谓"宏观经济失衡"等问题。为此,2006 年有关部门制定了"压顺差"等宏观调控政策,并从 2007 年开始人民币汇率快速升值、降低出口退税、限制加工贸易、"调整"外资政策等。"压顺差"的宏观调控政策对我国开放型经济造成的负面影响,从 2008 年下半年开始显现:我国开放型企业,特别是沿海地区出口企业和出口型加工贸易企业经营遭遇严重困难。与此同时,发端于华尔街进而迅速波及全球的金融危机不期而至,对我国的开放型经济又造成突然冲击,外贸出口、引进外资双双大幅下挫。面对开放型经济发展的严峻形势,中国政府迅速调整了宏观经济政策和外贸政策:稳外需、促出口不仅是应对危机的重要手段,也是危机后中国外贸将长期坚持的基本取向,因为外需在将来很长一段时间内,在拉动中国经济增长方面仍将具有重要作用。

危机虽然对中国外贸造成冲击,但并没有从根本上改变中国外贸不平衡发展的基本趋势,2009 年在国际金融危机严重影响下的中国,仍然存在 1 960.61 亿美元的贸易顺差,所谓全球经济失衡中的中国贸易不平衡发展再度成为国际社会关注的焦点。由此来自以美国为代表的发达国家以及 IMF 要求人民币升值的压力不断加大,美国甚至要将中国列为"汇率操纵国",中国出口产品遭遇的贸易摩擦也是频频升级。正值此时,2010 年 4 月份公布的中国贸易数据显示,3 月份贸易逆差为 72.4 亿美元,中止了自 2004 年 5 月开始连续 70 个月贸易顺差的局面,而 5 月份公布的 4 月份贸易顺差也是大幅收窄,仅为 16.8 亿美元,同期相比下降 87%。这一变化当然不会是在"稳外需、保出口"政策下"压顺差"带来的结果,但不乏"去顺差"的倾向。因为面对人民币升值压力,中国政府可能加大境外采购以缓解人民币升值压力。这是否意味着中国贸易政策在放弃"压顺差"之后,面临持续的贸易顺差又出现"去顺差"的倾向呢? 中国的贸易顺差是否需要"去"呢?

二、从"压顺差"到"去顺差"

如果说 2006 年年底"压顺差"的宏观经济政策,我们可以把它理解为通过各种宏观调控措施和贸易政策,试图主要通过"压制"出口或者说减少出口,进而达到"平衡"贸易收支的话。那么,在为了应对危机以及危机后仍将坚持的"稳外需、保出口"政策下,试图主动地并且主要通过增加进口的方式来"平衡"贸易收支,则可以将之理解为一些专家学者所称的"去顺差"。我们认为,2010 年 3 月份出现的 72.4 亿美元的贸易逆差以及 4 月份出现的贸易顺差大幅收窄的现象,既不意味着中国贸易形势骤然恶化,从此将进入贸易逆差时代,也不能说明中国对外贸易将会从此平衡发展,而在一定程度上是中国主动地"去顺差"的结果。

从海关统计数据来看,进口的大幅增加是导致中国 3 月份贸易逆差和 4 月份贸易顺差大幅收窄的直接原因。3 月份,中国出口贸易额为 1 121.1 亿美元,同比增长 24.3%,而进口额高达 1 193.5 亿美元,同比增长的幅度却高达 66%,其增幅接近于出口增幅的 3 倍;4 月份的贸易数据显示,中国出口贸易额为 1 199.2 亿美元,同比增长 30.5%;进口贸易额为 1 182.4 亿美元,同比增长 49.7%,其同比增速也是高于出口贸易的近 20 个百分点。我们认为这一变动在一定程度上是"去顺差"的结果,即进口的"大幅度"增加具有"人为"因素,而并非完全的市场行为结果。之所以做出这样的判断,主要基于以下几个方面的认识。第一,从对 3 月份贸易收支的预测来看,中国商务部陈德铭部长早在 3 月份就"预言"可能会出现贸易逆差,因此逆差的出现并不令人感到诧异。而在此之前,除贸易摩擦不断外,由中美贸易不平衡所引发的"汇率之争"就异常激烈,到了 3 月份更是进入白热化阶段:美国国会约有 130 名议员联合上书美商务部和财政部,指责中国低估人民币汇率,有操纵汇率之嫌,并扬言要求将中国列入"操纵汇率国"名单,对中国进一步施加压力。在这一背景下,中国进口的大幅增加,与其说是在向世界"证明"中国并非刻意追求贸易顺差、"汇率"并非是导致中国贸易失衡的原因,还不如说是以此来给美国一个台阶下,以缓和中美之争,"去顺差"也就成了一种可能的选择。况且,中国商务部新闻发言人姚坚在 5 月份的一次发言中也明确表示,今年中国贸易顺差将在去年同比削减 1 000 亿美元的基础上再减少 1 000 亿美元,上半年外贸进出口处于平衡点将成为常态。由此可见,进口大幅增加和外贸逆差的出现或者顺差的大幅收窄,不能不说是"去顺差"的结果。第二,从贸易差额构成的企业主体来看,3 月份,国有企业贸易逆差急剧上升,外商投资企业和其他性质的企业仍然保持了小幅贸易顺差。其中,国有企业名下的贸易逆差 161.2 亿美元,比去年同期净增加 94.6 亿美元,增长 1.4 倍,贸易逆差的绝对增加额也超过了 72.4 亿美元的总体逆差额。而外商投资企业和其他性质的企业分别保持了 28.2 亿美元和 60.7 亿美元的贸易顺差。4 月份,国有企业名下的贸易逆差为 159.3 亿美元,同比增长 49.8%。国有企业名下贸易逆差的大幅上升,似乎可以从另一个侧面说明,"去顺差"的存在性。第三,从贸易差额构成的贸易方式来看,3 月份,一般贸易项下的进、出口额分别为 657.2 亿美元和 455 亿美元,逆差额为 202.2 亿美元,而加工贸易项下的进、出口额分别为 358.6 亿美元和 587.6 亿美元,实现贸易顺差 229 亿美元。4 月份,一般贸易向下的逆差也达到了 127.7 亿美元,而加工贸易项下则实现了 217.2 亿美元的贸易顺差。与上述第二点密切相关的是,自 20 世纪 90 年代以来,外商投资企业占据了中国加工贸易的 80%以上,逐渐成为我国贸易顺差的主要来源,当然,也是贸易顺差的主要受益者。而一般贸易的企业主体大部分则是国内企业。因此,一般贸易项下所出现贸易逆差的大幅增加和加工贸易项下所保持的贸易顺差局面,再次说明了"去顺差"存在的可能性。

三、"去顺差"不能有效解决中国贸易收支失衡问题

面对中国持续性的贸易顺差局面,"去顺差"的方式能否有效解决中国贸易收支失衡问题? 是否应该"去顺差"? 如何"去"顺差? 等等。要正确认识这一问题,就必

须对中国现阶段贸易顺差形成的根本原因及其持续性有着清醒的认识。

首先,要正确分析中国贸易顺差形成的根本原因。虽然,促成中国贸易顺差的因素很多,既有储蓄过度、消费不足的原因,也有政策激励因素;既有产能过剩的影响,也有地方保护和国内市场分割等体制因素导致不同生产技术的企业首选进入国外市场的作用,等等。但是上述因素只是在一定程度上或多或少地影响了中国贸易顺差的规模,但并非是中国外贸顺差形成的根本的决定性因素。我们认为,中国持续性贸易顺差形成的决定因素在于:以产业国际转移和产品内分工快速发展为主要特征的经济全球化趋势下,中国融入全球经济和国际分工,是以其特有的劳动要素禀赋优势承接国际产业结构梯度转移和产品价值增值环节国际梯度转移的必然结果。改革开放以来,特别是1992年我国确立了社会主义市场经济体制后,由于承接国际产业转移的制度基础得到进一步完善,中国抓住了国际产业结构调整和转移难得的历史性机遇,承接了大量来自发达国家和新型工业化国家的制造业国际转移,进入了承接产业国际转移的快速发展阶段。主要表现为外国企业特别是跨国公司,开始在我国进行大规模投资,中国利用外商直接投资的规模日益快速增长,从1992年FDI的162亿美元利用额快速上升至2008年的8700亿美元的累计利用额。中国制造业,特别是劳动密集型产业的国际竞争力因此有了大幅提高,制成品出口快速增长,这对中国自1994年以来形成的持续贸易顺差具有决定性影响。与此同时,20世纪90年代以来,经济全球化的分工基础发生了重要变化,已由传统的产业间和产业内分工为主,逐渐向产品内分工为主转变。分散化生产技术(Fragmentation of production technology)迅速发展,全球竞争的日趋激烈,通过产品生产分割(Fragmentation of production)将不同地区的特有优势转化为企业内部优势成为跨国公司普遍采用的战略,这就使得每个国家专业化生产同一产品的不同工序或零部件,或者说不同生产环节按照不同特征被配置到具有不同要素禀赋的国家或地区。中国作为发展中国家,主要凭借劳动力相对丰富的比较优势和良好的投资环境,具备吸引劳动密集型生产环节流入的重要区位优势,从而构筑了承接国际资本和产业转移的平台。中国全面融入跨国公司主导的产品内国际分工体系中,成为国际生产网络特定环节的重要配置地,因而成为跨国公司主导的全球生产网络中的"价值增值地"和"出口平台"。因此,产品内分工背景下,中国以其劳动要素禀赋优势承接产品价值增值环节国际梯度转移,是导致中国贸易收支盈余的另一决定性因素。概言之,经济全球化背景下,中国融入国际分工体系,发挥比较优势,承接产业国际转移和产品价值增值环节国际转移,是中国贸易顺差形成的根本因素。

其次,中国贸易顺差是否具有可持续性?可以认为,在未来较长一段时期内,促成中国贸易顺差形成的决定性因素会长期存在,因而,中国贸易顺差具有长期可持续性。这一点可以从以下两个方面得到说明。第一,经济全球化的形势虽然不断变化,但其趋势不可逆转,国际产业转移和重组仍将继续,以产品内分工为主的国际分工体系仍将向纵深方向发展。国际产业资本转移和重组是在经济全球化发展趋势下跨国公司受利益驱动的理性选择结果,是在全球范围内优化资源配置的要求。特别是在后危机时期,在危机中遭受重创的发达国家,要想走出危机的阴霾,技术创新与产业创新是根本之道,这必然推动后危机时代全球范围内更大规模的产业转移和重组,这会为中国承接国际产业转移带来新的历史机遇。而产品内分工实质上更是跨国公司在全球内进行资源整合、优化资源配置,从而不断提高其竞争能力的重要手段。目前,以发达国家跨国公司为主导的部门内分工、产品内分工的国际分工体系,已经形成了全球范围内优化配置资源产业链,不同国家或地区都可能是某一产品不同生产环节或程序的参与者,产品内分工下的国际生产分割确实已经将整个世界变成"地球村",世界各国无论是在危机中还是危机前,都已经形成了"一损俱损,一荣俱荣"互利共赢关系,要想彻底改变这种分工格局,将要付出巨大成本和代价。这是谁也不愿意的,美欧"再制造业化"努力也同样改变不了这一大格局。因此,无论从跨国公司为了提升其全球竞争力的主观需求角度来看,还是从产品内分工发展的便利条件来看,在后危机时代,产品内分工都将在国际分工体系中得到不断深化。所以,经济全球化的推进将导致贸易投资自由化程度得到进一步发展;科技革命特别是信息及互联网技术的不断发展,将为要素在全球范围内自由流动提供更为便利的条件;随着技术进步与创新,产品生产分割能力也将得到进一步提高。中国作为劳动要素禀赋优势十分突出的国家,必然成为跨国公司"外包"部分产品生产环节和工序的首选地区。第二,中国劳动要素禀赋优势具有长期性。虽然在过去的几年里,中国劳动力工资出现不断上涨的现象,但是,这种上涨并非是由于劳动供给短缺所造成的,更多的是因为劳动生产率的提高、经济增长、劳动者自身素质变化等因素所致。据统计,到 2008 年年底,中国农村人口在 13 亿总人口中所占比例仍在 50% 以上。因此,在未来几十年,即便不考虑中国人口进一步增长的情况下,也意味着中国将有近 3 亿~4 亿的农业人口需要向城市转移,这一庞大的数字意味着在未来几十年里,中国劳动力仍然接近于无限供给。因此,中国未来较长一段时间内,比较优势仍将体现在劳动力要素禀赋上,未来几十年内,中国最大的优势是提供低成本的制造和低成本服务,继续发挥比较优势,承接全球产业结构转移和产品增值环节梯度转移,是中国的必然选择。对此,我们应该有清醒的认识。总之,中国劳动禀赋优势的长期存在性,以产业国际转移和产品增值环节国际转移为主要特征的经济全球化不断发展,决定了由此而形成的中国贸易顺差将长期存在。

四、"去顺差"的负面效应值得警惕

以上分析表明,经济全球化快速发展背景下,跨国公司主导的产业结构国际梯度转移和产品价值增值环节国际梯度转移,与中国特有劳动要素禀赋相耦合,是中国贸易顺差形成的根本原因,并且这些决定因素将在长期内存在,因此,中国贸易顺差具有长期可持续性。从这个角度来说,中国贸易不平衡发展以及由此而形成的长期贸易顺差局面,是世界资源优化配置的结果,是跨国公司利用中国比较优势的客观使然,是实体经济的一种"均衡",是中国与其他国家和地区"互利共赢"的表现形式,所以无论是"压顺差"还是主动地"去顺差",都是对资源配置的"扭曲"。然而,尽管持续的贸易顺差使得中国受益良多,但也带来了日益频繁的贸易摩擦以及人民币升值压力不断增大等问题,而且从货币层面看,中国长期贸易顺差的确是存在"虚拟经济失衡"。为此,中国政府也采取了一系列政策措施,试图减缓外贸顺差带来的问题。但是,实践证明试图通过减少出口来"压顺差"以减缓持续贸易顺差所带来的不利影响,不仅无用无益,而且有害。那么通过"去顺差",即增加进口的方式是否可行、是否是一种更为理性的选择呢?对此,我们应该从以下几个方面加以认识。

首先,"去顺差"无法从根本上解决中国贸易收支失衡带来的不利影响,特别是贸易摩擦和人民币升值压力等问题。经验证明,历史上的日本、韩国以及中国的台湾地

区,在经济腾飞阶段都曾经历长期的贸易顺差局面并因此而遭受"剧烈"的贸易摩擦。中国对外贸易不平衡发展具有必然性和长期性,在相当长的一个时期内,中国经济也必将在充满贸易摩擦和贸易争端的环境下发展成长,对此我们要有充分的思想准备。因此,试图通过"去顺差"的方式解决中国经济发展进程中面临的贸易摩擦,不仅不是根本之道,而且也没有必要。至于人民币升值压力,其实主要来自美国。美国以"中美贸易失衡"为借口,一直试图"胁迫"人民币升值。但是大量的理论和实证分析都已表明,中美贸易失衡并非由人民币汇率造成,人民币升值根本平衡不了美国的贸易逆差。这一点,美国人自己,无论是学界还是政界,都是很清楚的。其实美国试图"胁迫"人民币升值的深层原因在于"遏制"中国经济发展,顺带让中国2.4万亿美元的外汇储备缩水。随着中国经济的快速发展和中国在全球贸易和投资领域的活跃,部分美国国会议员认为中国经济的扩张和中国经济的崛起直接威胁到了美国的霸权地位。"胁迫"人民币升值,从而"遏制"中国经济发展才是美国真正目的之所在。其实,美国这一出在历史上就曾上演过。20世纪80年代,日美之间的国际经济摩擦就是典型的案例。随着日本的崛起,美国不愿意看到与自己比肩的军事大国的出现,而一国的经济实力,能够转化为军事实力。出现一个经济大国,意味着美国霸权的削弱,即便日本是美国当时的一个"要好"同盟国。因此,在20世纪80年代,美国依仗其世界经济大国的地位,推行"侵略性的单边主义"战略,逼迫日元升值。1985年《广场协议》的签订,使得在20世纪90年代,世界经济快速发展之时,全球第二大经济体的日本裹足不前,被称为"失去的十年",美国为了维护自身的霸权地位,扼住了日本经济的咽喉。在中国经济快速发展之际,美国欲"故伎重演","遏制"中国经济发展,对此,我们应该保持清醒的头脑。所以,"贸易失衡"只是一个借口,试图采取"去顺差"的方式解决中美"汇率之争"最终只会无济于事。总而言之,面对贸易收支失衡带来的不利影响,中国不可盲目"去顺差"。

其次,中国贸易顺差是"去"不了的。虽然"去顺差"在一定程度上能够起到促进贸易平衡的作用,至少可以再次向世界说明:中国并非刻意追求贸易顺差,中国贸易顺差是市场行为的结果。但是,中国外贸顺差的必然性和持续性决定了"去顺差"无法从根本上平衡中国贸易收支。因此,即便是为了"暂缓"贸易失衡带来的不利影响,

"去顺差"的方法也不宜长期使用,否则会造成资源优化配置的扭曲,对中国经济的发展带来严重的不利影响。而且对"去顺差"措施下进口商品的内容,即,增加哪些商品进口的把握,也是至关重要。从 3 月份中国进口增幅比例较大的商品种类来看,中国海关总署发布的统计数据表明,铁矿砂进口 5 901 万吨,同比增长 13.3%;原油进口 2 106 万吨,同比增长 28.9%;初级形状塑料进口 244 万吨,同比增长 20.2%;未锻造铜及铜材进口 45.6 万吨,同比增长 21.7%;汽车及汽车底盘进口量更是猛增,当月进口达 85 271 辆,环比增长 125%,同比增幅更是达到 269.7%,而高新技术及机电产品进口增速则基本保持稳定。由此可见,"去顺差"在内容选择上侧重于基础原材料和汽车等奢侈品的大幅增加。基础原材料对于中国未来经济增长具有重要的战略意义,但是对于具有战略意义的基础原材料的获取应该通过中国企业"走出去"、开展国际合作等多种方式获取,并且着眼长期和未来,而不能在短期内通过突然提高进口量的方式获取,否则会"哄抬"价格水平,恶化中国贸易条件,对中国造成不利影响,3 月份的"量增价涨"就是典型表现。据测算,3 月份中国出口价格指数为 101.4,而进口价格指数达 117.6,贸易条件指数仅为 86.2。仅仅由于贸易条件的恶化,3 月份中国付出的代价就达 150 亿美元左右,大大高于 72.4 亿美元的月度贸易逆差金额。而从中国经济发展所处的阶段来看,根据 IMF 公布的统计数据显示,2009 年中国人均GDP 仅为 3 678 美元,在世界中的排名第 100 位,为同年美国人均 GDP(46 381 美元)的 7.9%。这一事实表明,中国现在仍然是一个发展中国家,大量进口汽车等奢侈品不是中国的理性选择,不符合中国经济的现阶段发展状况,不利于中国经济的进一步发展。所以,即便是采取"去顺差",那么在选择增加进口商品种类上,也应该着眼于中国未来经济发展的需要,增加能够促进中国经济增长和有利于促进生产力发展的商品进口,诸如高新技术产品等。我们不能因为发达国家"封锁"高科技产品出口,而单纯为了"去顺差"却将增加的产品进口转向"奢侈品",对此,我们必须保持理性。

五、结论

相对"压顺差"而言,"去顺差"在保持出口稳步增长的前提下,主要通过增加进口来"平衡"贸易收支,表面上看起来似乎更合理可行。但是"去顺差"无法从根本上平衡中国贸易收支。我们不应提倡为平衡而平衡的政策思路,而要从互利双赢的思路来看待贸易平衡问题,以产业结构、经济结构调整的思路来化解贸易摩擦,以促进全球经济在合作、竞争、创新中和谐发展。所以,从这一角度来看,即便出于某些合理需要,在某种程度上进行"去顺差",那么"去顺差"也应该能够服务于中国产业结构升级和经济结构调整的需要,服务于促进中国生产力发展的需要,即通过增加诸如高新技术产品等进口,做到既有利于"缓解"贸易失衡带来的问题,又有利于促进中国经济的发展。因此,对于"去顺差"措施下进口内容的把握至关重要,把握得不好,不仅不能解决任何问题,而且还会对中国经济的发展带来不利影响。概言之,"去顺差"不是解决中国贸易顺差的根本之道,即便在短期内需要采取,也不可盲目,需要做出理性选择。

(与戴翔合作。原载《国际贸易》2010 年第 7 期)

战略机遇期与中国开放战略的调整

《中共中央关于关于制定国民经济和社会发展第十二个五年规划的建议》指出,综合判断国际国内形势,我们发展仍处于可以大有作为的重要战略机遇期,国际环境总体上有利于我国和平发展。同时,国际金融危机影响深远,我国发展的外部环境更趋复杂。我们必须坚持以更广阔的视野,冷静观察,沉着应对,统筹国际国内两个大局,把握好在全球经济分工中的新定位,积极创造参与国际经济合作和竞争的新优势。为什么说我们仍处于重要的战略机遇期? 新形势下我们应当如何把握我国在全球经济中的新定位、采取什么样的开放战略? 这是值得我们认真思考和深入探讨的大课题。

一、经济危机实质是什么

2007 年下半年以来,发端于美国的全球金融风暴此起彼伏,迅速波及实体经济,至 2008 年,引起了全球性的经济危机。正确认识这场经济危机的实质,才能更好地把握中国发展的战略机遇期。

理论界和实际部门对这次金融危机的成因达成了大致的共识:有关经济体宏观经济政策不当、长期低储蓄高消费的发展模式难以为继;金融机构片面追逐利润而过度扩张;金融及评级机构缺乏自律,导致风险信息和资产定价失真;金融监管能力与金融创新不匹配,金融衍生品风险不断积聚和扩散。更多的经济学家则从经济周期的角度来分析这次危机的深层次原因。

经济学家发现,世界经济一般每 6～8 年会经历一次周期性调整,这主要是由大规模的周期性资本更新引起,被称为"朱格拉周期";世界经济还有一个大约 50 年左右的长周期,它分为上升和下降两个阶段,上升阶段 20～30 年左右,下降阶段 20 年左右。最早揭示这种周期的是俄国学者康特拉季耶夫,因此它被称为"康特拉季耶夫周期"。长周期内的主导因素是大规模、集群性的科技创新所推动的新产业革命,每个长周期都对应着历史上的一次产业革命。根据上海社会科学院徐明祺教授的分析,发生全球金融危机和经济衰退的 2008 年下半年至 2009 年上半年,8 年左右"朱格拉周期"的衰退谷底与 50 年左右"康特拉季耶夫周期"的转折点恰好"碰头"。尽管对于"康特拉季耶夫周期"的时间划分以及这种周期在第二次世界大战以后的表现存在不少不同看法,但是各方有个共识:我们经历的以信息技术和信息产业革命为特征的这一次长周期的上升期已进入尾声,新一轮科技革命和产业革命则正处于孕育过程中;我们将进入长周期的下降期,世界经济将难现 20 世纪 90 年代的高速增长局面。复旦大学韦森教授也认为,本次金融危机起源于金融衍生产品,但具有世界经济长周期波动性质。因为次贷基于房地产泡沫,而房地产泡沫则是由于 20 世纪 90 年代 IT 革命一轮高增长后缺乏新的动力的结果。从熊彼得的商业周期理论视角来看待这次全球经济衰退,其实早就该发生了,只是由于世纪之交的经济全球化以及与信息网络技术迅猛发展的互动过程中,由于美联储的反周期货币政策、金融衍生品的创新、世界经济的全球化分工,以及国际资本的跨国快速流动等因素而推迟了下来。[①]我很同意徐明祺教授和韦森教授等的分析:从经济周期与技术创新周期来看,世界经济周期的变化总体上是技术创新周期的反映;要使世界经济进入新的增长周期,新一轮技术创新与产业创新是根本之道。美国奥巴马政府致力于推动新能源战略,试图以此为突破口,发动新的经济、技术、环境和社会的总体革命;欧盟提出加快向低碳经济转型,计划启动"绿色汽车、低能耗建筑、未来工厂"三大工程;日本也重点发展低碳经济,尤其是新能源和环境技术开发。应该说,发达国家发展战略的调整适应了经济周期变化的需要,有可能推动世界经济真正走向复苏和新一轮的繁荣。

但是,从全球范围看,科技进步在短期内尚难有集群性的突破,新科技革命和由它带动的新的产业革命在近期难以实现,新能源、节能技术、生物工程和新材料等局部的科技进步和产业化进展,不足以成为新的世界性增长周期的拉动力。新一轮世界经济长周期的增长有赖于未来科技的集群性突破以及新的产业革命,有人预测会

---

① 韦森:《市场经济的商业周期与中国的选择》,《文汇报》2009 年 5 月 9 日。

发生在 2025 年左右。

二、怎样理解中国发展的战略机遇期

　　既然新一轮科技革命和产业革命正处于孕育过程中,我们将进入长周期的下降期,那么,为什么说我国发展还处于重要的战略机遇期呢? 中国的机遇在哪里? 是不是可以这样认为:发达国家启动新一轮技术创新与产业创新发展战略,必将带来新一轮更大规模的全球产业转移;也就是说,国际产业资本转移和重组的格局没有改变。中国致力于推进工业化和城市化,发达国家致力于新一轮技术创新,我们刚好可以打一个时间差。从现在起到 2025 年,还有 15 年,这个 15 年,就是我们的"重要战略机遇期"。我们可以利用扩大开放,继续吸引先进生产要素,承接国际产业转移。利用巨额外汇储备,进口先进成熟技术和高端人才,继续走引进、吸收、消化、再创新和集成创新之路,走低成本制造和服务之路,保持中国经济再持续高速增长 20～30 年。在这一进程中,完成工业化、城市化的历史任务,建成高水平全面小康社会,进而实现基本现代化。当然,我们还可以发挥自己在某些领域的技术优势,采取集中突破、开放式自主创新战略,争取在新能源、新材料以及生物工程和生物技术的某些领域有所建树,以在未来新一轮周期中赢得应有的地位。

　　为什么这样来认识中国的"战略机遇期"呢?

　　一是基于对中国发展环境的判断。虽然经济金融危机的阴影尚未完全散去,但是,当今世界,和平、发展、合作仍然是时代潮流。在后危机时代,全球范围的贸易保护主义确实有所抬头。自从金融危机爆发以来,不少国家特别是受危机影响较大的美国等发达国家在口头反对贸易保护主义的同时,实践中却采取了一系列的带有贸易保护主义色彩的措施,如美国、法国等国政府采购中的优先购买本国货条款,美、欧等发达国家及印度等发展中国家不断出台的针对中国等国进口商品的限制措施,等等。到目前为止,中国已连续 15 年成为遭遇反倾销调查最多、连续 3 年成为遭遇反补贴调查最多的成员。但是,在各国经济相互依赖日益加深的今天,贸易保护主义改变不了当今经济全球化、贸易自由化的总体趋势。以当今世界第一大出口国中国为例,虽然屡屡遭受贸易保护主义的困扰,但是并未对中国外贸发展产生实质影响。2010 年 1—9 月,全国进出口总值为 21 486.8 亿美元,同比增长 37.9%,其中出口

11 346.4亿美元,增长34％,进口10 140.4亿美元,增长42.4％。9月当月,全国进出口总值为2 731亿美元,同比增长24.7％,其中出口1 449.9亿美元,增长25.1％,进口1 281.1亿美元,增长24.1％。2010年1—9月,全国新批设立外商投资企业19 209家,同比增长17.5％;实际使用外资金额743.4亿美元,同比增长16.58％。据商务部有关专家估计,贸易争端影响的出口总额合计只占中国出口总额的1％左右。

二是基于对中国发展现实的判断。经过30多年的改革开放,中国的经济实力显著增强,国际地位空前提高,这是一个客观事实。但如果据此否认中国的发展中国家属性,认为中国已经是发达国家了,显然是一种误判。中国虽然堪称经济大国,但还远未成为经济强国。中国的经济总量高,已经名列世界第二,但人均国内生产总值只有3 700美元左右,仍居世界百位之后。虽然中国人民生活总体达到小康水平,但是按照联合国每人每天1美元的贫困线标准,我国有1.5亿贫困人口;按照中国2009年农村贫困标准1 196元测算,农村贫困人口为3 597万人,相当于法国人口的一半多。我国的科技、教育、社会保障水平与发达国家相比仍有较大差距:2009年中国研究与试验发展经费仅占国内生产总值的1.62％,远远落后于创新型国家的相关比例;我国人均公共教育支出仅为40多美元,美国的相关数字是中国的几十倍之多;中国的残疾人口约8 300万,相当于德国的总人口。在2009年联合国开发计划署"人类发展指数"排名中,我国仅排第九十二位,被划归中等发展程度国家之列。① 为什么中国还是发展中国家呢? 总体来看,是因为工业化、城市化还没有完成。中国仍将长期处于社会主义初级阶段。从某种意义上说,发展差距就是发展的空间和机遇。

总体来看,这场金融危机并没有改变我国经济长期发展的基本面,并没有改变经济全球化给我们带来的战略机遇。我们再做一些具体分析。

第一,金融危机没有改变当前国际产业资本转移和重组的格局。当代全球化的国际分工基础发生了重大变化,要素流动成为新一轮全球化的本质特征,由此引发的产业转移给具备基本发展条件的发展中国家带来了发展的机遇。由于国际分工从产

---

① 汪文斌:《不容忽视的发展中国家属性》,《人民日报》2010年8月11日。

业间分工向产业内分工进而向产品内分工发展,国际产业转移已经演进为产业链条、产品工序的分解和全球化配置。在产业国际转移和重组后面的,是世界性的产业结构的调整和就业结构的调整。随着跨国公司采取外包这一国际化生产形式,大量先进的产业及就业机会转移到发展中国家,给发展中国家带来了机遇。国际金融危机爆发后,中国的经济表现在全球大国中最佳,宏观经济稳定性最好,这意味着中国出口企业享受到了比竞争对手更稳定的环境。由于上述基本面因素,这场危机在总体上还将加快部分先进制造业产能向中国转移的进程,从而形成中国出口第一大国的稳固、可持续的基础。危机将激化价格竞争,原来集中于发达国家的先进制造业不得不加快向发展中国家转移。中国在基础设施、配套产业、劳动力素质和数量、公共服务等方面具备较大优势,先进制造业向发展中国家转移,首选仍是中国。

第二,金融危机没有改变我国在国际分工中的地位。美国搞创新,欧洲、日本搞设计和品牌,中国搞制造,这一分工格局并没有因为金融危机而有所改变。即便是服务外包,承接的是作为生产经营业的业主的某些服务流程,大部分是属于"高级蓝领"性质的工作,技术含量并不高,基本上也是属于现代服务业中低技能劳动密集型产业,也属于"高端产业、低端环节"。时任江苏省委书记在 2003 年 10 月"江苏发展高层论坛"上曾经说过,从大布局来看,错位发展在世界范围看主要是我们与美国、日本这样的国家错位发展,我们主要搞制造业,这它们搞不过我们,但是有很多东西我们都搞不过它们,但是搞制造业,利用现成技术、利用广阔市场、利用廉价劳动力,或者廉价劳动要素搞制造业,它们搞不过我们。这一判断,仍然没有过时。

第三,金融危机没有改变我国现阶段的比较优势。今后三十年,我国相对廉价和更为优质的劳动力优势仍然存在。根据统计,现阶段中国城镇劳动力每年供大于求的缺口约 1 200 万人,农村尚有富余劳动力约 1.2 亿人,就业压力仍然很大,而且每年还有 600 多万大学毕业生需要就业。虽然中国的工资水平不断提高,特别是今年以来,不少省市先后宣布提高最低工资标准,众多外资企业也纷纷加薪,但无论与发达国家还是与亚洲整体水平相比,考虑到劳动生产率因素,中国劳动力价格仍处于较低水平。实践已经证明,以丰富劳动力资源吸引跨国公司资本和技术的流入,不仅扩大了劳动力的就业,促进了传统产业生产能力的提升,而且资本和技术的"溢出效应"

和当地企业界的"学习效应"又促进了产业结构的升级和新兴产业的发展,并形成了产品加工向上游和下游延伸的趋势。我们的优势不仅体现在劳动力密集型产品制造上,而且将更多地体现在劳动力密集型环节的生产上。目前技术含量高的中国制造产品在全球市场上还远未形成主流,但在劳动力密集型生产环节方面,中国仍是世界上最具竞争力的国家之一。中国的发展不能脱离国情。我们要发挥比较优势,以自己现实的要素禀赋优势参与国际分工,大力发展劳动密集型的加工业。这种增长是就业导向的,使广大人民能够分享经济增长的成果。未来 20 到 50 年内,中国最大的优势是提供低成本的制造和低成本服务。对此,我们应该有清醒的认识。

三、对策思考

以上分析表明,坚持对外开放的基本国策,充分利用国际国内两个市场、两种资源,不断提高开放型经济发展水平,是由我国长期处于社会主义初级阶段这一基本国情决定的,是后危机时代我国进一步融入经济全球化和全球新一轮经济周期的必然选择。从开放型经济的可持续发展出发,在扩大开放中,我们要统筹国际国内两个因素,兼顾国际国内多方利益,注意以下几方面的问题。

1. 继续大力引进外资、外智,吸引国际先进生产要素在我国聚集,促进开放型经济产业转型。我国某些地区,如江苏、广东、上海等省市,工业的国际化程度高,已经深深融入产品内国际分工体系,因此,产业结构的转型升级不可能脱离全球化的分工体系。应该看到,虽然机电产业和高技术产业是这些地区产业升级的鼓励方向,是传统劳动密集型产业向新型劳动密集型产业转移的重要领域,也是寻求技术密集和高附加价值发展空间的必由之路,但总体来看,我国外资主导型的先进制造业还难以获得技术垄断性环节的稳定利益,所进入的主要仍是劳动密集和价格竞争主导的环节。不少专家认为,开放型经济产业转型的方向,应该由"中国加工""中国制造"全面地向"中国创造""中国品牌"方向升级、转型,向所谓"微笑曲线"的两端即研发技术和营销品牌方向的"高端"转移。从大思路来看,当然这是有一定道理的,能实现价值链的攀升,出更多的中国品牌,固然值得肯定,但是不能操之过急。借鉴江苏省昆山市的经验,开放型经济产业转型和升级的方向包括两个方面,一是发展加工贸易的本土外向配套产业,构建开放型产业的完整产业链,促进产业聚集;二是在产业链的每一个环节进行创新升级,即进行零部件制造和加工工序、加工环节的配套创新,走开放条件下的自主创新之路,从而促进整个产业链的创新升级。还要强调的是,发展传统产业与发展战略性新兴产业并不对立,低成本驱动和创新驱动是互相促进的。产业发展的多元化,是中国的一大特色。传统产业升级,需要科技引领;新兴战略性产业发展靠开放式自主创新。

2. 以结构调整推进对外贸易尤其是加工贸易的转型升级。具体的做法是,通过实行企业外贸与内贸、代工与创牌协调发展的战略转变,OEM 与 OBM 分开等有效方式,逐步建立起我国局部地区、局部领域的产业竞争优势,循序渐进地推进产业结构和出口结构由低附加值的劳动密集型产业转向高附加值的劳动密集型产业,再由高附加值的劳动密集型产业转向那些附加值更高的、劳动力相对密集的资本密集型产业。鼓励外资企业发展上下游高端产业,吸引其核心竞争力项目转移本土,提高外企的运行质量;鼓励民营企业在研发、生产管理和营销等多个环节与外资企业开展深层次合作,使加工贸易环节从简单的组装提升到关键零部件的加工制造,从外部环节进入核心环节,真正使外资加工制造企业在中国落地生根。

3. 以现代服务业带动先进制造业。经验表明,在工业化中后期,企业的设计策划、技术研发、物流业务流程等不断从制造领域独立出来,出现制造业服务外包化趋势。这些贯穿制造业生产全过程的人力资本和知识密集型生产性服务,是市场资源强大的"调适器",能激活和优化配置各类产业要素,降低交易成本和非再生性资源消耗。优先发展服务业,尤其是金融服务、信息技术服务、商务流程外包等现代新兴生产性服务业,以服务业的加速发展带动先进制造业,充分利用 IT 技术使传统制造业得到信息化改造。制造业要保持持续的竞争力,就必须降低两个成本:一是制造成本,这方面我国已经比较低了,"中国制造"物美价廉大家都知道;二是要降低交易成本,要大力发展生产型服务业,包括软件、工业设计、物流。所以我们要承继国际制造业转移,还要承继国际服务业转移,这样我们就能更好地以开放发展促进我国经济质量的提升,通过引入国外先进的服务业跨国投资和外包,加快生产性服务业的现代化和现代信息技术成果在生产过程中的应用,为我国制造业提供高水平的生产性服务中间投入,使其产品链条上的技术研发、人员培训、经营管理等关键环节能够得到相关支撑服务体系的协作与配合,从而占据价值链的中高端环节。这是我国制造业产业升级的重要途径。我国在开放型经济发展战略上,不仅要建立国际先进制造业基地,而且要建立国际服务外包基地;不仅要建立世界工厂,而且要建立世界办公室。

4. 加快"走出去"步伐。开放经济系统应该是一个可逆的双向循环系统,既有输入又有输出,即有"引进来"又有"走出去"。我国开放型经济的发展在过去相当长一段时间是以"引进来"为主,走出去的企业绝大多数是"小舢板","航母"太少,难以在国际竞争的风浪中搏击。我们长于"引进来",却拙于"走出去","走出去"成了软肋。"走出去"是一个国家或地区利用国际资源和市场的能力以及经济国际化水平的集中体现;是直接利用海外资源、转移过剩产能、缓解贸易摩擦,实现与东道国平等合作、互利共赢的有效途径;是我国应对国内外环境变化、拓展发展空间、优化资源配置的必由之路。在金融危机和人民币升值背景下,国外企业、资源的市场价值不断下跌,一些有条件的企业特别是民营企业更应该积极走出去,让"引进来"与"走出去"联动,变隔离式发展为交互式发展。通过参股控股、收购兼并、合资合作、风险投资、高科技研发、资源开发等多种方式开展境外投资,实现配套生产国际化,促进自主创新和产业升级。

(原载《南京社会科学》2010 年第 12 期,人大复印报刊资料《社会主义经济理论与实践》2010 年第 4 期转载)

当前开放型经济发展的几个认识问题

由美国次贷危机引发的全球金融危机对我国开放型经济造成巨大冲击后,在学术界和实际经济部门引起了关于中国开放型经济发展模式的讨论。一些颇具代表性的观点认为,危机暴露了中国出口导向型经济的脆弱性;全球经济失衡的主要表现是中国的双顺差和美国的双逆差,中国应该改变原来外向型发展模式而采取以内需为主导的发展模式,等等。一些观点已经开始影响政府决策,对经济发展产生了消极影响。由于关系到中国开放战略的进一步选择问题,关系到中国能否进一步抓住本轮经济全球化所带来的发展机遇问题,实在有进行深入讨论的必要。因此,如何在理论上深化认识中国开放型经济发展过程中所面临的上述几个问题,是值得我们认真思考和深入探讨的大课题。

一、中国经济是"出口导向型"经济吗?

投资、消费、出口被称作为是拉动中国经济增长的三驾马车。有关统计数据表明,自 1994 年以来,除个别年份外,中国对外贸易的净出口对 GDP 增长的贡献率一直为正且较高,比如 1997 年和 1998 年两年,贡献率分别高达 44.4% 和 16.5%,2005、2006 和 2007 三年分别高达 23.1%、16.1% 和 18.1%[①]。由此可见,出口贸易在中国经济增长中起着非常重要的作用。因此,很多专家学者将中国的经济发展战略称为"出口导向型"战略,并由此引发出许多关于"出口导向型"战略是否可持续的热烈讨论。我们要讨论的首要问题是,中国经济发展模式是"出口导向型"吗?

我们知道,"出口导向型"战略是发展中国家继"进口替代"战略之后所提出的一种外贸发展战略,通过鼓励和采取优惠政策,提升本国工业制成品和半制成品的国际

---

① 数据来源:中经网统计数据库。

竞争力,使得本国的工业生产能够面向国际市场,其根本目的就是利用扩大出口来积累资金,并带动本国工业化发展。中国对外开放发展的历史进程也的确存在着"进口替代"和"出口导向"的发展阶段。在 20 世纪 80 年代的改革开放之初,中国推行的是进口替代和鼓励出口并举的贸易发展战略。进口替代政策的根本目的在于,通过引进国外先进技术和先进设备,实现工业消费品的进口替代,促进本国工业化发展,推动工业化进程,当初,以技术设备为主的进口商品结构充分反映了这一政策倾向;鼓励出口的政策目的,初期主要是为了解决外汇短缺问题。然而,从实际效果来看,推动中国工业化发展的主要部门是出口部门,而不是进口替代部门。而且,在进口替代部门中,真正成长为具有国际竞争力的是受到较少保护的行业,如彩电、冰箱、洗衣机等;而那些获得大量保护的行业,并没有真正发展起来,汽车工业就是典型案例。进入 20 世纪 90 年代后,特别是 1992 年中国确立了社会主义市场经济体制后,中国对外开放的步伐明显加快,力度明显加大,而 80 年代中国出口部门的优异表现,使得中国在 90 年代初期转向实施出口导向的工业化战略和贸易政策,并且把出口导向战略实施的重点放在了引进外资上。利用外资带动出口,成为中国开放政策的核心。利用外资的"出口导向型"贸易发展战略,不仅表现在对引进外资方面给予了多种优惠的"超国民"待遇,更为重要的是,在外资的产业方向和内销比例方面,实行了较为严格的控制,引导外资流向出口部门。丰富的劳动力资源、相对便宜的土地、较低的能源资源成本和社会成本以及政府给予的各种优惠政策,在比较成本优势和利润最大化的双重驱动下,外资企业大规模进入中国,并主要投向了出口部门,带动了出口贸易和出口导向型工业的迅速发展。此时,中国对外贸易的净出口对 GDP 增长的贡献率,也主要来自外资企业的"净出口"。应该说,这一时期的引资策略和贸易发展战略,的确具有"出口导向型"特征。

但随着中国社会主义市场经济体制的建立,尤其是中国加入 WTO 后,中国对外开放进入新的发展阶段,既不具备发展"出口导向型"经济的客观外部环境,也没有采取"出口导向"的主观政策措施。中国入世以来,人民币汇率不断升值、出口退税的逐步降低、进口关税和非关税贸易壁垒的逐步降低乃至取消、国内市场开放领域的不断扩大等等。这些均表明,中国经济已经是开放型经济,而不是"出口导向型"经济。

20 世纪 90 年代,尤其是 1992 年中国社会主义市场经济体制基本建立以来,中国顺应经济全球化的趋势,利用国际产业分工和重组的历史性机遇,发挥劳动力禀赋优势,创造良好的投资环境构筑承接国际产业转移的平台,通过吸引外国直接投资,融入产品内分工的国际分工体系,成为全球制造业加工制造基地。中国因此在跨国公司国际生产网络中充当了价值增值地和全球出口平台的作用。因此,出口贸易的迅速发展,很大程度上是由外商直接投企业推动的。如果说,这属于出口导向型经济,那也是"被导向"的。进入 21 世纪,特别是中国加入 WTO 以后,中国对外开放进入了一个新阶段,由主动开放和政策性开放转变为被动开放和体制性开放,原有意义上的"出口导向型"也就不复存在了。在加入 WTO 前,中国在对外开放的步骤安排上、在开放时序的把握上以及在开放程度的掌握上,都由我们自己决定,或者说开放的主动权主要掌握在我们自己手里,可以称作主动开放[①]。与主动开放相联系,中国对外开放同时具有明显的政策性开放特点,包括在地区开放的政策倾斜方面、在外贸权限和外资审批以及在引进外资政策方面。但是加入 WTO 以后,中国经济全面融入经济全球化浪潮,对外开放发生了质的变化。这是因为,中国作为 WTO 的正式成员国,必须遵循 WTO 为国际贸易所制定的并被各成员国普遍接受的规则,例如非歧视性原则、更自由、可预见、鼓励竞争等原则,逐步消减关税和非关税壁垒,推动货物贸易、服务贸易、投资和金融等领域的自由化,按照多边自由贸易框架的规定开放市场。也就是说,我们必须遵守 WTO 所制定的"游戏规则",受 WTO 多边自由贸易体制框架的约束。即便中国作为发展中国家仍能享受一定的优惠待遇而对国内产业提供适度保护,但也只能局限于 WTO 框架内进行,而不能"自行其是"。从这一意义上说,中国的对外开放已经转变为被动开放。与此同时,原先的政策性开放显然也是与 WTO 框架下的国民待遇等多边国际贸易规则不相符,而且会造成内外资企业的不公平竞争。在此背景下,中国的对外开放政策随即从政策性开放向体制性开放转变,加快社会主义市场经济体制建设、完善各种法律法规、创造内资企业和外资企业公平竞争的市场环境、建立既符合 WTO 运作机制要求又符合中国社会主义市场经济特

---

① 参见张二震、方勇:《全球化与中国对外开放的基本经验》,《南京大学学报》2008 年第 4 期。

点的政府运作机制和企业经营机制,成为我们的重点任务。实现从主动开放和政策性开放向被动开放和体制性开放的成功转变,中国"出口导向"战略显然已经失去了原有的外部环境。其实,就主观需求而言,中国也没有必要采取"出口导向型"政策,因为"出口导向型"贸易政策的主要目的无非就是解决外汇短缺和推动工业化发展,而目前中国的外汇储备已经超过 3.2 万亿美元,外汇短缺问题早已不存在;从工业化发展角度来看,目前中国制成品出口主要还是以劳动密集型为主,而劳动密集型正是我们的比较优势,在某些行业甚至存在产能过剩的情况,以"出口导向"政策来推动这些行业的发展,也是没有必要的。就开放实践的具体措施而言,中国并没有采取"出口导向"型政策措施。比如,就人民币汇率而言,自 2005 年 7 月 21 日起,中国开始实行以市场供求为基础、参考一篮子货币进行调节、有管理的浮动汇率制度的汇率形成机制改革以来,至今人民币兑美元汇率已经累计升值近 30％;就出口退税政策调整而言,自 2007 年 7 月 1 日起,中国调整 2 831 项商品的出口退税政策,其中取消 553 项产品出口退税,降低 2 268 项商品出口退税率。如果说,目前中国经济发展仍然是"出口导向型"经济的话,那么上述具体实践措施与"出口导向型"战略所要求的应有措施却是完全相悖的,这一点显然无法令人理解。与此同时,中国在开放国内市场方面,已经按照"入世"承诺,自 2002 年起逐年调低进口关税,并于 2010 完全履行了"入世"降税承诺,并且不断扩大了包括服务业在内的各种领域。由此可见,中国经济发展模式属于开放型经济,而不是所谓的"出口导向型"经济。期望学术界和实际部门对此有正确的认识,一是不要自己给自己戴上"重商主义"的帽子,避免授人以柄;二是不要引起政策偏差,妨碍开放型经济发展。

二、全球失衡的本质是什么?

近年来中国对外贸易不平衡发展导致贸易顺差快速增长,已经成为所谓"全球经济失衡"矛盾的核心和焦点之一,引起了国内外理论界的极大关注。美国等发达国家将所谓的"全球经济失衡"归咎于中国。代表美国等发达国家利益的经济学家认为,美国的贸易和资本项目双赤字和中国的双顺差,是全球经济失衡的集中表现,是美国与中国贸易、汇率的多种争端的根源。这种似是而非的观点,把中国对全球经济发展的贡献说成是所谓全球经济失衡的原因,当然是不科学、不符合实际的。但是,这种观点竟然得到中国好多学者的赞同和论证。颇具代表性的观点认为,中国外贸失衡不仅促成了所谓"全球经济失衡",同时也带来了贸易摩擦加剧、国内流动性过剩等损害国民福利的后果,具有不可持续性,因此,应采取"压顺差"和"减顺差"的政策措施"纠正"中国外贸失衡问题从而实现平衡发展。实际上,将所谓全球失衡归咎于中国对外贸易不平衡发展,除了是因为西方部分学者出于意识形态考虑而别有用心之外,更重要的原因可能在于没有从本质上理解全球经济失衡。近年来,在国际社会的舆论压力下,中国一直致力于扩大进口以试图平衡贸易发展,但收效甚微,充分说明传统国际经济理论对外贸失衡产生原因及影响的分析已经无能为力。对全球经济失衡的本质,必须从国际分工出现的新特点、新趋势和新变化的角度进行认识。

20 世纪 90 年代以来,国际分工模式发生了根本性转变,产品内分工,亦即最终产品的价值链分工成为越来越重要的国际分工形式。所谓产品内分工是指以生产要素为界限,按照同一产品的不同工序或零部件进行的分工,其实质是跨国公司进行的全球要素的整合。产品内分工的发展使传统的国际产业转移相应地演进为产业链条、产品工序的分解与全球化配置,国际产业转移由原先的产业结构的梯度转移演化为增值环节的梯度转移,国与国之间按价值链实行不同环节的分工。在产品内分工中,每个生产加工环节都会发生增值,承接中间环节加工的国家必然形成贸易顺差。从上述意义上来看,所谓全球失衡,只不过是虚拟经济所表现出来的幻象而已,从本质上看,实际上是全球资源优化配置的结果,是实体经济的一种动态均衡,是市场经济规律的作用使然。中国对外贸易的不平衡发展,正是在这种背景下产生的。在产品内分工中,中国作为发展中国家主要凭借劳动力相对丰富的比较优势,吸引了发达国家转移过来的劳动密集型加工组装环节,融入了跨国公司主导的国际分工体系中,其外在形式表现为外资主导的加工贸易的发展,并引致加工贸易顺差和外资企业顺差。实际上,与产品内分工环境下全球经济失衡表象相伴随的另一个必然现象,就是外贸依存度的提高。这是因为,在产品内分工情况下,为了完成最终产品的生产之前,中间产品要经过多次跨境流动,或者说国际生产网络的发展必然带来中间品往返贸易的增加,使得贸易额占世界生产的比重上升,这是生产国际化的要求和必然结果。对于承接中间产品加工的国家来说,融入国际分工必然面临着"大进大出"的问题,其结果必然是外贸依存度出现"虚高"。因此,在这种新的国际分工形式下,"过高"的外贸依存度已经不具有传统意义上的因对外部市场过度依赖而面临着巨大风险。所以,从国际分工演进的视角来看,如果说高外贸依存度仍然意味着高外部风险的话,那么这种风险是全球各国面临的共同风险,而绝非中国所面临的特有风险。

那么现在的问题是,为什么所谓全球经济失衡,会必然表现为诸如中国这样的发展中国家出现长期贸易顺差呢?从更深层的角度看,这实际上是在南北经济发展不平衡的大背景下,经济全球化深入发展所带来的必然结果。长期以来,全球经济发展始终处于不均衡的状态,最突出的表现就是南北发展的不平衡。一方面,在经济全球化的推动下,南北国家优势要素的结合使得世界总供给快速上升;另一方面,由于旧的、不公平的国际经济秩序,经济全球化的发展成果并未按照内在需求实现人类共享,发达国家总是利用自己在政治和经济上的有利条件,最大限度地占有贸易和投资利益,甚至利用自己的垄断地位谋求更为有利的贸易条件,经济全球化红利越来越集中于发达国家。而发展中国家获益甚少,甚至出现所谓"贫困化增长"现象。南北差距的扩大导致发展中国家需求不足,世界经济增长于是不得不倚重发达国家的消费,而难以借助中低收入国家的消费,使得世界总供给大于总需求,全球经济失衡应运而生。因此,全球经济失衡本质上是南北发展失衡问题,是南北发展失衡的外在表现。应该说,南北发展的不平衡,既是经济全球化发展至今的累积结果,也是经济全球化进一步发展的桎梏。因为在以全球生产网络为载体的产品内国际分工快速发展的背景下,每一个国家都是生产某一产品的特定生产环节和阶段。因此,最终产品的生产能否顺利实现,取决于参与到全球价值链上每个生产环节的生产可持续性。在此背景下,发展中国家经济相对落后的发展水平已经成为经济全球化发展的瓶颈,全球经济的进一步增长及其可持续性必然要求后起国家经济以更快的速度增长,以缩小与发达国家之间的差距,实现与发达国家之间共同、协调发展,破解"瓶颈"约束。然而值得庆幸的是,在当代,得益于贸易和投资自由化的快速发展,要素的国际流动性不断增强,成为新一轮经济全球化的本质特征,由此引发的产业转移和产品价值增值环节的梯度转移给具备基本发展条件的发展中国家带来了发展机遇。其内在逻辑是:全球经济发展不平衡→经济进一步增长的瓶颈凸显→经济落后的国家成本优势显现

→生产要素向成本优势地区流动和集聚→推动经济落后国家经济增长并表现出全球"虚拟经济"失衡→发达国家和落后国家经济发展差距缩小→"瓶颈"约束问题得到缓解→全球经济朝着均衡协调的可持续方向发展。

由此可见，全球经济失衡的表象，正是经济全球化进一步深入发展受到南北经济发展严重不平衡的制约，而表现出来的一种自我修正机制和结果。因此，从这一意义上来说，全球经济最大的失衡，在于南北国家经济发展的严重不平衡，而在国际分工深入演进和经济全球化进一步发展的大背景下，解决所谓全球经济失衡的根本出路，也在于缩小南北发展差距的不平衡。只有深入全球失衡的本质，我们才能够正确地理解和看待中国对外贸易的不平衡发展问题，才不至于制定错误的政策措施，错失中国开放型经济发展的重要机遇。

三、中国经济发展模式应该转为内需主导型吗？

近十几年来，中国对外贸易快速增长，在全球贸易中所占的比重也不断提高，在学术界引起了有关"中国贸易量增长之谜"的广泛探讨。在这一背景下，很多观点认为，在中国经济规模和贸易规模都已经位居世界前列的情况下，中国外贸增长势必世界经济和全球贸易产生重大影响，甚至可能对世界市场供需平衡关系造成严重冲击，从而引发剧烈的贸易摩擦。与此同时，中国高速增长的出口贸易也面临着一系列现实约束：能源和资源约束日益严峻、环境责任日益加重，等等，也使得中国外需拉动型经济增长模式难以持续。尤其是在本轮全球金融危机冲击之下，全球贸易保护主义抬头和外需减弱，对中国开放型经济造成巨大冲击。不少学者认为，危机充分暴露了中国"外需拉动型"经济发展模式的脆弱性，应该改变原来外向型发展模式，采取以内需为主导的发展模式。

我们认为，正确认识中国经济发展中的内需和外需关系问题，应该从下述两个方面加以分析：第一，"外需"在中国经济发展中是否仍然具有重要作用，或者说，中国的经济发展是不是真的不需要"外需"了；第二，"外需"和"内需"之间是并行不悖的协调关系还是相互冲突的矛盾关系。

先看"外需"在中国经济发展中的作用。从总需求角度，构成经济增长的四大因素分别为消费、投资、政府支出以及净出口。前三项加总即我们通常所说的国内总需求或曰内需。净出口即为出口总额与进口总额之差,其中出口即是我们通常所说的外需,也就是总需求中的出口需求部分,表现为一国商品向国外出口的部分。显然,当其他因素保持不变的时候,外需增加也即出口增加,对一国经济的增长具有拉动作用。这一点对于任何一个国家和地区在任何一个时期来说都是成立的。但是,在经济发展的不同阶段,其意义不尽相同。美国的发展经验表明,进出口贸易是美国实现工业化的重要手段。从1970年至1914年,除了个别年份外,美国进出口持续增长,其制成品出口在全球贸易中所占比重也是持续提高,最高的年份在1900年达到15%,在20世纪初的很长一段时间内,也基本上维持在13%左右。可以说,出口贸易的持续增长在美国的工业化进程中发挥了关键性作用。当前中国仍然处于工业化发展阶段,出口贸易的快速增长是与中国工业化发展阶段的必然结果。更为重要的是,出口或者说外需随着国际分工的演进,其内涵已经发生了质的变化。尤其是在当前以要素流动和产品内分工为主要特征的国际分工形式下,"出口"或者说"外需"的意义已经超出了国民收入恒等式中表面的统计意义。如果说在传统的产业间和产业内以"产品"为界限的分工和贸易形式下,外需主要是通过跨国交易而实现商品价值,进而刺激产出扩大和经济增长的话,那么在以要素流动和产品内分工为主要特征的国际分工形式下,外需则成为"全球生产"得以顺利进行的一种保障和表现形式,因为完成最终产品的生产之前,会要求中间产品进行多次跨国流动,且最终产品是面向全球的需求。所以,此时的"外需"绝不是什么内需不足所致,而是一国参与全球生产分工体系的必然表现。如果忽视"外需",实际上就是轻视参与国际分工、利用全球资源对本国经济发展的重要性,就是放弃经济全球化给各国尤其是像中国这样发展中国家所带来的历史性机遇。

从内需与外需的关系上来看。刺激内需与稳定外需并不矛盾,二者之间具有协同拉动的作用。在受到金融危机的短期冲击、国际市场需求下降时,我们采取扩大内需的手段来缓解金融危机的影响,是必要的,也是正确的。但这并不意味着我们要改变发展开放型经济的大方向,转向"内需为主导"的发展模式,而忽视了"外需"的重要性。不可否认,作为发展中大国,中国国内市场庞大,需求层次也很明显,不少产业依靠国内市场能够达到规模经济要求。但我们绝不能因此将扩大内需与发展出口对立起来,无论从理论还是实践上看,两者都并非是对立关系,而在一定程度上是相互促进的协同关系。中国已经深度融入国际分工体系,出口对中国经济增长的拉动作用不仅仅停留在产出扩大的层面上,更为重要的是,由此而引发的中间产品流动和要素流动带来了更强的知识、技术、观念等溢出效应,并且加强了产业间的关联性,强化了竞争效应,促进了企业的技术改进和效率提升,推动了技术进步、产业结构调整和升级。中国以全面参与跨国公司主导的产品内国际分工形体系的方式,符合中国现实的比较优势,极大地增加了低技能劳动力的水平。就业增加了,劳动者的收入水平相应也就提升了,内需也就自然扩大了。改革开放三十多年来,通过大力发展开放型经济,中国人民的物质生活水平有了显著改善和大幅度提高,这不正是"外需"促进"内需"的最好说明吗? 实践证明,发展出口贸易有利于充分利用国际国内两种资源、两个市场,加快经济发展。由此可见,在全球金融危机后继续稳定并促进"外需"的进一步增长,对于有效扩大"内需"也是具有极其重要的意义的。

"内需"的增长同时对"外需"也有促进作用。实际上,"内需"对出口的重要性或者说对"外需"的促进作用,在国际经济学理论中早已有过深入分析。如瑞典经济学家林德的偏好相似论认为,潜在出口是由国内需求决定的,更准确地说,使一种产品成为潜在出口产品的必要条件是该产品必须是国内消费品或投资品(资本品),即产品存在国内需求,这种国内需求通常被企业家称为国内市场支持(the support of the domestic market)。之所以如此,理由有三:第一,企业家得到的有限信息将阻止他们察觉本地现在不消费的那种物品潜在的需求;第二,即使企业家准确地预见到国外对一定质量的产品的潜在需求,但是由于不熟悉这种需求,也将妨碍企业生产出试销对路的产品;第三,即使生产出了基本合适的产品,但由于远离市场,使得企业为了取得商业上的成功而不断调整产品质量的工作变得很困难,并且代价太大。正是由于上述原因,生产开始是面对国内市场,只是到后来才有一部分产品开始出口。即,出口总是以国内需求作为基础的。迈克尔·波特的国家竞争优势理论也认为国内需求对产品的出口竞争力是至关重要的,具体表现在老练挑剔的国内买主可以迫使厂商提高产品与服务质量;国内领先的需求可以促使厂商在国际上率先进行新产品研发、扩大生产规模;国内需求的增长和独立的买主数量可以给厂商提供多元化的决策信息,等等。

因此，扩大内需与稳定外需并不矛盾，不能将扩大内需与发展出口对立起来，无论从理论还是实践上看，两者都并非是对立关系。应当看到，在经济全球化发展的大背景下，内需和外需都是一国国民经济重要组成部分，二者是相辅相成、并行不悖的关系。所谓"外需"主导抑或是"内需"主导或者是所谓"需求主导转型"的提法是不准确。我们应坚持统筹国内国际两个大局，把扩大"内需"作为长期战略方针，坚定不移地实行互利共赢的开放战略，加快形成"内需""外需"协调拉动经济增长的格局。

四、简要的总结

总结以上讨论，我们认为：第一，中国自融入经济全球化发展开放型经济，对外贸易所表现出来的"出口导向型"表象、较高的外贸依存度以及对外贸易的不平衡发展，其实都是当代国际分工深化的结果，是全球资源优化配置的结果，与跨国公司主导的全球产业结构调整和全球价值链分工密切相关。中国的经济发展不是"出口导向型"经济，较高的外贸依存度也并不意味着面临外部风险增大，而对外贸易不平衡发展也正是源于全球南北经济发展差距这一最大的全球失衡。第二，在要素流动和产品内分工下，"外需"的含义已发生本质变化，对于中国当前经济的发展阶段而言，稳定和提升外需，不仅在扩大就业，而且在促进技术进步和产业结构调整方面，仍然具有重要意义。因此，顺应经济全球化发展大势，继续发挥我们的比较优势，拓展对外开放空间以及优化对外开放环境，充分利用国际国内两个市场、两种资源，不断提高开放型经济发展水平，抓住新一轮经济全球化发展所带来的重要机遇，应该成为我们发展开放型经济的基本战略。

（与戴翔合作。原载《现代经济探讨》2012 年第 1 期,《新华文摘》2012 年第 7 期,《市长参考》2012 年第 1 期转载）

全球要素分工背景下的中国产业转型升级

一、问题提出

改革开放 30 多年来,中国经济发展在取得巨大成就的同时,不平衡、不协调、不可持续等经济乃至社会问题亦相伴而来,尤其是进入 21 世纪以来,上述问题愈发凸显。而始于 2008 年的国际金融危机对开放的中国经济产生了巨大冲击,使得理论和实践工作部门普遍认识到,本轮国际金融危机对中国经济的冲击,表面上是对经济增长速度的冲击,实质上是对不合理的经济发展方式的冲击,转变经济发展方式因此成为理论和实践部门面临的重大问题。作为转变中国经济发展方式核心内容之一的产业转型升级问题,则更是备受关注。而对于如何推进中国产业的转型升级,一些颇具代表性的观点认为,中国产业发展的"两头在外"特征非常明显,并且是以"低端嵌入"的方式被置于全球产业链低端,极有可能被跨国公司主导的国际产业链"俘获"而长期处于低端,即所谓的"低端锁定",实现向所谓"微笑曲线"两端攀升的产业转型升级面临巨大挑战和困境,而解决问题的关键就是要摒弃外需为主导的发展模式,并建立起基于内需为主导的所谓国家价值链。实际上,融入全球分工体系是中国产业获得巨大发展成就的经验所在,尽管在金融危机及其后续影响期间,全球经济复苏乏力以及贸易保护主义抬头等,给中国产业发展带来一定挑战,但是经济全球化深入发展大趋势不会逆转,作为"全球产业链上的中国",其产业发展及其转型升级不可能脱离全球分工体系。但是,如何在进一步深度融入全球经济中促进中国产业的转型升级,则是一个事关发展战略的关键问题。这不仅需要科学认识当前全球分工演进为诸如中国这样的发展中经济体产业发展及转型升级所带来的战略机遇,也需要理性看待和客观把握当前中国产业发展在全球产业格局中的正确定位。如此,才能在正确的发展战略指引下,进一步抓住本轮经济全球化所带来的发展机遇,并将战略机遇真正转化为发展黄金期,在深度融入全球分工体系中推动中国产业的转型升级。

二、要素分工成为当前国际分工的主要形式

当代国际分工主要有三种基本形式:产业间分工、产业内分工和产品内分工。所谓产业间分工,是指不同产业部门之间生产的国际专业化,促使不同要素密集型的产业在不同区域集聚。它是第二次世界大战以前国际分工的基本形态和主导形式,突出表现在亚、非、拉国家专门生产农业原料、矿物原料及某些食品,而欧美等国家则专门生产工业制成品。所谓产业内分工,是指相同生产部门内部各分部门之间生产的国际专业化,主要是指同类产品的差异化分工。二次大战发生的第三次科学技术革命推动了产业内国际分工的快速发展,并成为二战以来至 20 世纪 70 年代间国际分工的主导形式。这突出表现为发展水平、要素禀赋结构以及消费结构等相似的工业国之间所进行的差异化产品贸易,在全球贸易量中所具有的压倒性优势,并且其贸易品主要以制造业行业内的制成品为主。无论是传统的产业间分工还是产业内分工,国际分工的界限基本上还是产品。而自 20 世纪 80 年代以来,伴随科学技术的发展、国际范围内市场经济体制的基本建立和贸易投资壁垒的逐渐降低,国际分工和贸易的形式发生了巨大变化,突出表现为产品的价值链被分解了,从而导致国与国之间按同一产业或产品的生产环节或工序进行分工的现象,学术界把这种新的国际分工称之为产品内分工,也有学者将之称为地点分散化、价值链切片、中间品贸易、垂直专业化以及片段化生产,等等。由于在产品内国际分工体系下,最终产品的生产往往不再由任何一个国家独立进行,而是多国要素共同参与。换言之,各国以各自的优势要素,分别专业化产品价值链条上具有不同要素密集度特征的诸如劳动密集型、资本密集型、技术密集型等环节和阶段。因此,产品内分工的实质是各国以优势要素参与国际分工,或者说国际分工不再以"产品"为界限,而是以"要素"为界限。国内部分学者较早意识到产品内分工的本质所在,并将之称为"要素分工"。本文也采用这一概念。

要素分工的快速发展,不仅为发达国家跨国公司整合其他国家和地区的优势要素和资源以"为我所用",从而为其实施全球战略和提升国际竞争力提供了重要保障,与此同时也为发展中经济体通过参与全球经济竞争与合作以促进经济发展提供了战略机遇。由于当前要素分工的实质是发达国家跨国公司通过 FDI 方式或者通过

OEM、ODM 等外包方式,将生产活动和其他功能性活动进行更加细密的专业化分工,并依据不同生产环节和阶段的要素密集度特征,分别配置到具有不同要素禀赋优势的国家和地区。因此,在以往主要以产品为界限的分工条件下,主要因为不具备完整产品生产比较优势而被排除在国际分工大门之外的发展中经济体或者落后国家,在要素分工条件下则具有了融入全球分工的机会。换言之,要素分工的发展降低了发展中经济体和落后国家融入全球分工的"门槛",而这种"门槛"降低效应主要源自要素分工给发展中经济体和落后国家所带来的"比较优势创造效应"和"比较优势激发效应"。

所谓"比较优势创造效应",简单而言,主要是指原本在以产品为国际分工界限条件下不具备比较优势的国家或地区,在要素分工环境中则获取了或者说具备了参与国际分工的比较优势,或者是原先只是在少数产品生产部门具有比较优势的国家或地区,在要素分工条件下则表现为在更多的产品生产部门上具备了比较优势。之所以如此,其根本原因在于要素分工条件下各国参与国际分工不再要求在某一完整产品的生产上具有比较优势,而只需要在产品生产的某个特定阶段或者环节上具有比较优势,便可参与国际分工并从中获取贸易利益,包括促进经济发展的动态利益。如果有三个国家,分别用 a、b、c 表示,生产两种产品 X 和 Y 的单位成本分别为 X_a、X_b、X_c 以及 Y_a、Y_b、Y_c,X 和 Y 的相对价格用 P_0 表示。显然,当满足 $X_a/Y_a < X_b/Y_b < P_0 < X_c/Y_c$ 时,表明 X 产品生产具有最大比较优势的是国家 a,而 Y 产品生产具有最大比较优势的是国家 c,此时在以产品为界限的分工模式下,国家 a 专业化生产 X 而国家 c 专业化生产 Y,国家 b 有可能被排除在国际分工之外。但是,如果国际分工实现了要素分工,比如 X 产品分为 X_1 和 X_2 两部分,为简单起见,我们仅将讨论限于国家 a 和 b,并假定国家 a 和 b 生产部件 X_1 和 X_2 的成本分别为 X_{1a}、X_{2a} 和 X_{1b}、X_{2b},显然,当 $X_{1a}/X_{2a} < X_{1b}/X_{2b}$ 时,表明国家 a 在部件 X_1 上具有比较优势,而国家 b 则在部件 X_2 上具有比较优势从而具有参与国际分工的能力。这就是要素分工带来的"比较优势创造效应"。所谓比较优势激发效应,主要是指在要素分工条件下,由于生产要素的跨国流动会使得不同国家和地区之间的优势要素相结合而产生"强强联合"作用,从而表现为一国或地区的优势要素甚至是"闲置"要素,在与流入要素进行协同生产

时所激发出的本国比较优势。由于产品生产往往是多种要素共同投入的结果,因此,尽管一国在某种生产要素上十分丰裕,但也可能由于其他要素极度缺乏而难以"物尽其用",甚至根本无用武之地。正如有些学者研究指出,改革开放以来的很长一段时期内,由于受到资本要素供给不足、企业家精神缺乏等现实约束,如果没有国外要素流入,即便中国拥有全球最丰裕的劳动要素,恐怕也难以实现或提高其在劳动密集型产业中的竞争力。从这一意义上来说,单一要素优势在原有分工模式下还难以形成真正的比较优势,而在要素分工条件下,由于国外要素的流入而激发了比较优势。众所周知,就目前发达国家和发展中经济体各自的优势要素分布状况来看,技术、资本、知识、信息等高级生产要素是发达国家的优势要素,同时也是跨国流动性相对较强的要素;而劳动等初级要素则是发展中经济体所拥有的主要优势要素,也是跨国流动性相对较弱的要素。因此,在要素分工条件下,必然表现为发达国家的资本、知识、信息、技术等要素向发展中经济体流动,以与发展中经济体的劳动等优势要素相结合,发展中经济体的比较优势由此得以激发。

进一步地从微观层面来看,要素分工的发展不仅仅有利于发达国家的跨国公司整合利用全球资源提供了机遇,同时也为发展中经济体的中小企业融入跨国公司主导的全球要素分工体系提供了"接触"全球市场的机会,进而在全球市场角逐中的成长机会。尤其是在发达国家和发展中经济体仍然存在较大发展差距并由此决定了在要素丰裕度上的显著差异时,发展中经济体流动性相对较低的生产要素低成本优势较为突出,并对发达国家优势要素形成强大引力,吸引生产要素向具有成本优势的发展中经济体流动和集聚,助推着发展中经济体经济增长。从某种意义上来说,从前期亚洲"四小龙"的兴起到现今"金砖国家"经济发展在全球经济中的突出表现,其实质就是发展中经济体和地区抓住了全球要素分工的战略机遇。可能正因如此,当前全球分工演进实际上更有利于发展中经济体的经济发展;可能正因如此,我们才能够理解为什么"高唱"贸易和投资自由化的美国等发达经济体,不时地以全球贸易失衡等"全球性问题"为借口而高举贸易保护大旗,而诸如中国等发展中经济体则越来越成为贸易和投资自由化的忠实倡导者和维护者。

三、要素分工背景下中国产业结构的演进

中国改革开放的伟大事业正是在全球要素分工快速发展的大背景下展开的。改革开放以来,中国以丰富廉价的劳动等优势要素为依托,通过吸引 FDI 以及大力发展加工贸易等方式,积极融入全球要素分工体系。改革开放以来,流入中国的 FDI 不断攀升,进而在 2003 年第一次超过美国一跃成为全球最大的 FDI 接受国;以及加工贸易在中国"爆炸式"增长的贸易总额中长期占据半壁江山,均是中国快速融入全球要素分工体系的典型事实特征和明证。在此背景下,中国不仅实现了令世界瞩目的经济增长奇迹,与之相伴随的还有意义深远的产业结构的巨大变化。这不仅体现在从长期的变动趋势来看,三次产业之间的比重关系出现了显著的改善趋势,产业结构正朝着合理化方向发展。与此同时,产业内部结构也正朝着合理化和高级化方向发展。

国家统计局的数据表明,自改革开放以来,第一产业所占比重呈不断下降的趋势。1979 年第一产业在 GDP 中所占比重为 31.27%,而到了 2012 年这一比重已经下降到了 10.1%,尤其值得注意的是,进入 20 世纪 90 年代以后,其下降趋势十分明显;而第二产业在 GDP 中所占比重虽然在此期间内经历了波动过程,但基本上在 41% 至 49% 之间。因此,总体而言,自改革开放以来,虽然第二产业在中国 GDP 结构中没有发生太大的变化,但其始终占据着十分重要的地位,并且从各产业对经济增长的贡献程度来看,由于其相对稳定且相对较高的比重,第二产业对经济增长率的贡献是最大的。换言之,从各年度来看,样本期间中国经济增长的约 50% 来自第二产业发展的贡献。应该说,出现这一特征根本原因还在于中国仍处于工业化进程的发展阶段。与此同时,与第一产业在 GDP 中所占比重呈显著下降趋势相反,第三产业在 GDP 中所占比重呈稳步上升态势,1979 年仅为 21.63%,而到了 2012 年这一比重已经迅速攀升至 45.37%。

改革开放以来中国产业结构的变化不仅表现在三次产业结构之间的比重方面,三次产业的内部结构同样也呈现出显著变化趋势。由于第二产业尤其是工业在中国国民经济中占据绝对重要的地位,而目前仍然处于工业化发展的重要阶段,因此,我们此处仅以工业内部结构变动为例进行简要说明。应该说,作为实体经济主要组成

部分的工业增长是支持长期以来中国经济快速增长的根本动力,而与工业快速增长
相伴的还有工业内部结构的显著变化。改革开放以来,就轻重工业比例关系的变化
来看,轻工业和重工业的工业总产值比重在 1985 年分别为 45％和 55％,而到了
2012 年轻工业的比重下降为 28.15％,重工业的比重则上升至 71.85％。这一变化
趋势也是符合工业化发展的基本规律的,因为发达国家和新兴工业化国家的发展经
验表明,工业结构重型化是工业化中后期的一个基本规律。就工业结构的行业构成
变化来看,农副食品加工业、通用设备制造业以及纺织业三个行业的比重呈现显著的
下降态势:三个行业的工业总产值占工业行业总产值的比重分别由 1985 年的
11.31％、11.02％、16.3％,下降到 2012 年的 5.22％、4.85％及 3.86％,其中纺织业
工业产值比重下降幅度最大;相比之下,交通运输设备制造业。电子及通信设备制造
业以及电力、热力的生产和供应业等三个行业的比重呈现显著提升的发展态势:三个
行业的工业总产值占工业行业总产值的比重分别由 1985 年的 4.3％、3.5％、3.3％,
上升到 2012 年的 7.49％、7.56％及 5.61％,其中交通运输设备制造业和电子及通信
设备制造业的上升幅度更为明显。上述变化趋势表明,一般加工制造业在中国工业
中的比重相对稳定或有所下降,而具有资本和技术密集型特征的电子及通信制造业
产业则迅速增长,由此带动了中国工业结构的升级。

    正是因为开放条件下中国产业发展,尤其是工业快速扩张所取得令世界惊叹甚
至是"不可思议"的巨大成就,学术界通常将中国工业的成长模式称之为"压缩式的工
业化"。[①] 从全球的角度来看,中国产业的快速发展特别是工业化技术进步,总体上
是西方工业技术的转移和扩散过程,而其中的关键则在于,中国采取了主动接受和积
极融合的立场,主要措施就是大量引进 FDI 和承接发达国家跨国公司的"订单",在
融入全球要素分工中实现了产业发展的"跟随模仿"。最新的一项研究显示:中国越
是资本和技术密集型的行业,其在全球分工中的垂直专业化程度亦就越高,其出口中
越是富含更多价值的国外中间品进口;相反,越是劳动密集型的行业,其在全球分工

---

    ① Whittaker, D. H., Z. Tianbiao, T. Sturgeon; T. Mon Han and O. Toshi. Compressed
Development. *Studies in Comparative International Development*, 2010, 45(4).

中的垂直专业化程度相对而言就越低,其出口中富含的国外中间品进口价值相对也就越少。① 这一研究在一定程度上说明了融入全球要素分工对中国产业升级的重要影响。当然,将中国产业发展的成就完全归功于改革开放以来中国融入全球要素分工体系,不免有夸大之嫌,但大概无人否认。二者之间是存在密不可分的关系的,并且从某种意义上来说,融入全球要素分工体系起着十分关键的主导作用。例如,通过优势要素参与国际分工而吸引了大量 FDI 的入驻,不仅增加了我国产业的资本积累,同时还因为 FDI 大量进入我国产业结构升级过程中正在大力发展的产业,由此产生的直接带动作用以及对国内本土企业产生的广泛正向溢出效应等,无疑对我国产业成长和产业升级做出了巨大贡献。况且,现有的研究文献表明,中国自改革开放以来,实行的基本上是较为中性的政策,几乎没有任何国内产业政策和产业升级战略,②贸易政策和产业升级策略之间也没有明显的衔接,尽管中国产业升级是官产学界不断讨论的热点话题,但改革开放以来中国实际上并没有实施并可以执行的产业升级政策和策略,而仅仅采取了贸易自由化和投资自由化的开放政策。据此,我们可以形成的一个基本判断是,即便中国没有实施和执行产业升级政策和策略,但开放型经济发展战略的实施,实现了产业发展和升级,这无疑是诸如要素禀赋理论等传统经典国际经济理论所强调的产业升级之"自然演进"的结果。持有这种"自然演进"观点的国内部分学者,对政府主导的产业政策基本上持否定态度,而积极主张发展中经济体应基于比较优势实现产业发展和升级。但是需要指出的是,国内外学术界对一国参与国际分工是否能够获得利益,以及是否能够实现产业结构的调整和升级,一直以来存在较大争论。一些理论和实证研究甚至认为,发展中国家依托"比较优势"而融入国际分工,由于在国际分工中处于不利地位,所得贸易利益有限甚至出现福利恶化,进而提出所谓"跌入产业比较优势陷阱"的观点。应该说,这种争论甚至由此为发展中经济体产生"担忧",在传统产业间和产业内分工模式下,是有一定道理的,然而,在当前要素分工背景下,世界经济的发展实践并没有支持"依附理论",也没有实践表

---

① 唐东波:《贸易开放、垂直专业化分工与产业升级》,《世界经济》2013 年第 4 期。

② Fan C. C. China's Eleventh Five-Year Plan(2006—2010):From "Getting Rich First" to "Common Prosperity". *Eurasian Geography and Economics*,2006,47(6).

明"比较优势陷阱"存在的真实性。相反,在全球要素分工发展背景下造就出的亚洲"四小龙"经济发展奇迹,以及中国工业发展出现的改天换地的变化,可能进一步证实了前文所述的"当前全球分工演进实际上更有利于发展中经济体的经济发展"的论断。换言之,在全球要素分工体系下,贸易和投资自由化所能促进产业发展和升级的"自然演进"作用机制,可能一方面要更强于传统产业间和产业内分工形态下的作用机制,另一方面也弱化了"跌入比较优势陷阱"的可能作用机制,对于发展中经济体来说尤为如此。总之,抓住全球要素分工所带来的战略机遇,面对西方产业技术的转移和扩散,以开放的姿态主动接受和积极融合,是改革开放以来中国产业发展乃至实现升级的经验及其本质所在。然而,除了前文所述的"比较优势创造效应"和"比较优势激发效应"外,从动态的角度来看,融入全球要素分工体系缘何能够促进发展中经济体产业发展和转型升级,或者说其具体的作用机制和渠道是什么,对此,我们还需要进一步的分析。

四、要素分工促进产业转型升级的作用机制

中国通过融入全球要素分工体系,从而实现产业快速发展和升级的实践,不仅仅是因为要素分工能够带来"比较优势创造效应"和"比较优势激发效应",从而降低了发展中经济体融入经济全球化的"门槛",更为重要的是在要素分工条件下,由于要素流动以及中间产品贸易具有知识、技术、观念等溢出效应强的特点,从而能够产生一系列超越传统国际经济理论所揭示的资源优化配置效应的其他重要作用机制,进而促进产业升级。归纳起来,要素分工条件下促进产业转型升级的作用机制主要包括产业迁移效应、产业集聚效应、外向配套效应以及出口中学习效应等。

从要素分工背景下的产业迁移效应来看。在开放条件下,产业转型升级具有两层含义,一是推进工业化发展进程,实现产业发展的"从无到有",即建立新产业;二是促进一国在全球产业价值链中的攀升,从微观角度来看就是学术界通常所说的向"微笑曲线"两端攀升,以获取更多的国际分工利益。当前要素分工的一个突出特征就是要素跨国流动和价值链的全球分解。所谓要素跨国流动尤其是资本要素的跨国流动,具体而言,就是发达国家跨国公司主导的国际产业和产品价值增值环节的国际梯度转移。这无疑为诸如中国等发展中经济体建立新的产业,进而促进产业结构的转

型升级提供了重要机遇。中国在融入全球要素分工体系中，从起初的"招商引资"到之后的"招商选资"，再到当前某些开放型经济相对发达地区的"招才引智"的发展阶段，其实无不显示了通过吸引国际优势要素与促进中国产业发展以及转型升级之间的战略需求关系。也可以说，以要素引进的方式承接国际产业和产业价值增值环节的转移，是基于中国特定发展阶段产业发展和转型升级的现实需要。所谓要素分工条件下的价值链的全球分解，其实质也是产业或者产品价值增值环节的梯度转移，即产业迁移效应。只不过在国际产品生产分割技术的推动下，这种转移的形式既可以采取 FDI 的形式，也可以采取所谓的 OEM、ODM 等外包方式。尤为值得一提的是，这种形式的产业国际转移，相比以产品为界限的传统产业间和产业分工形式，更有利于发展中经济体进入高科技产业。因为在传统的以产品为界限的国际分工形式下，发展中经济体可能往往由于个别环节存在无法克服的技术障碍，失去了发展高技术产业的机会，或者说被排除在高技术产业之外。但是在要素分工条件下，无论是以吸引 FDI 的方式还是承接跨国公司发出"订单"的方式，都能够以自身的优势要素融入跨国公司主导的国际产业链的特定环节，这就为发展中经济体进入高技术产业提供了捷径，并为高技术产业的进一步发展奠定了基础。

从全球要素分工背景下的产业集聚效应来看。新经济地理学（Krugman, 1991）的研究早已揭示，产业集聚有利于技术在厂商和企业之间的扩散和外溢，从而促进企业技术进步和升级，而这种效应从中观的产业层面上来看，就会促进产业结构的转型升级。因此，产业集聚效应对企业进而对产业升级能力可能存在重要影响。尤其值得我们注意的是，在要素分工环境中，全球生产网络的一个显著特点就是，具有不同要素密集度特征的价值增值环节和阶段出现地理空间上的分散性，以及具有相同或者相似要素密集度特征的增值环节和阶段在地理空间上的集中性并表现出相互的兼容或者相关。换句话说，具有相同或者相似要素密集度特征的产品价值增值环节和阶段呈现出很强的地域集中性，从而形成较为显著的产业集聚现象。这种现象在中国东部沿海地区表现得尤为明显，特别是在中国开放型经济发展的特殊转型阶段，利用开发区这一特殊载体，FDI 的入驻以及由此引发的本土相关联企业在同一地区的集聚，演化成众多形式的产业集群。例如广东深圳地区的通信电子产业集群、江苏昆山地区的笔记本电脑产业集聚以及精密机械产业集群、上海地区的集成电路产业集群,等等。袁冬梅等使用 1995—2009 年的省级面板数据进行的实证研究也揭示了要素分工对产业集群形成的影响,其研究结论表明,出口贸易的发展和外资的大量引进,是促进中国产业区域集聚的重要因素,其中外资的大量引进对产业集聚的正向作用最为显著。[①] 从大量的实践观察来看,中国在要素分工背景下所形成的产业集聚,至少存在三种最为基本的技术外溢和扩散形态:知识外溢、反向工程和人员流动。显然,如果结合企业自有的技术和工艺能力,无论是知识外溢还是反向工程,抑或是人员流动,都可以进一步提高模仿后再创新的能力。

从要素分工背景下的外向配套效应来看。所谓外向配套主要是指在要素分工背景下,外资企业进入后通过前向或后向联系产生的本土企业向 FDI 企业提供中间产品的行为,外向配套的发展使得本土企业越来越成为全球价值链中的重要环节。正如前文所述,在要素分工环境中,经济全球化的一个突出特征就是要素特别是资本要素的跨国流动性大大增强。跨国公司通过对外直接投资的方式进入发展中经济体,其业务很重要的一个特征就是在进口中间品的基础上,通过本地生产或者再加工,形成最终产品或者下游中间品以用于出口或者在东道国国内市场销售。在生产或者再加工的增值过程中,需要使用其他中间产品的投入。显然,所要使用的中间投入品,既可以由外资企业自己生产,也可以由东道国本土企业生产和提供,如果是后者,便形成了本土企业和外资之间的外向配套关系。中国开放型经济发展实践的一个重要内容就是外资的大量利用,而外资企业大量"入驻"和集聚,催生了外向配套型本土企业的产生和发展。换言之,为外资企业进行外向配套成为中国本土企业融入全球要素分工体系的一个重要途径。在中国开放型经济相对发达的诸如东南沿海地区,FDI 的大量利用以及本土企业为外资企业进行外向配套,是非常普遍的经济现象。在为外资企业进行外向配套过程中,会产生两种极为显著的正向效应,有助于本土企业成长进而产业升级。这两种效应就是外资企业的技术外溢效应(包括主动外溢和

① 袁冬梅、魏后凯:《对外开放促进产业集聚的机理及效应研究——基于中国的理论分析与实证检验》,《财贸经济》2011 年第 12 期。

非主动外溢)以及配套竞争效应。其中,外资企业的主动外溢效应主要是指,在外向配套过程中,外资企业为了确保本土企业能够提供合格的、符合要求的中间产品,往往会对本土企业进行技术指导和员工培训等;而所谓的非主动溢出效应主要是指,进行外向配套的本土企业在与外资企业发生业务接触过程中,能够进行的观察、学习、模仿乃至创新的经济活动。这两种效应在中国开放型经济的发展实践中都是存在的。至于外向配套竞争,主要是指本土企业为了能够与外资企业之间形成外向配套关系,而不断努力提高自身技术水平的自我激励和竞争效应。相对本土企业而言,外资企业的生产率水平相对较高,而寻求低成本、高质量以及具有高生产率的本土企业为之配套,是其投资的重要动机之一。这一外向配套选择的机制会促使本土企业相互竞争并逐步升级。

从要素分工背景下的出口中学习效应来看。出口因素可能对本土制造业企业的升级具有重要影响。实际上,关于出口是否会对本土企业乃至产业升级产生积极显著的影响,目前学术界的研究尚未形成共识。部分研究肯定了"出口中学习"存在;但也有些研究否定了这种"出口中学习"效应的存在,持这一观点的学者认为出口企业的优异表现,更多的可能是"自我选择"的结果。应该说,上述关于"出口中学习效应"是否存在的争论,主要还是基于以产品为界限的传统分工模式的讨论,忽视了全球要素分工这一新特征可能对产生的影响。在全球要素分工背景下,贸易的性质已经发生了根本性的变化,即贸易已经从传统分工形式下为实现价值而进行的跨国流动,变成了为确保完成全球生产而进行的跨国流动。因此,从上述意义来看,发展中经济体本土企业的出口行为,其实质是融入发达国家跨国公司主导的全球生产网络的外在表现。特别地,伴随国际生产分割的快速发展,由于发展中经济体在全球产业链中处于相对低端的位置,因此,其出口贸易的发展往往富含大量进口的中间产品,尤其是具有技术和知识密集型特征的进口中间品。而对进口中间产品,尤其是技术密集型和知识密集型等中间产品进行再生产、组装和加工,往往能够产生更强的外溢效应,从而"出口中学习"效应在本质上也就演化为"生产中学习"效应。一个不争的事实是,中国出口贸易的"爆炸式"增长,其实正是中国参与全球要素分工、抓住产业和产品价值增值环节国际梯度转移的历史性机遇所带来的必然结果。一方面,通过嵌入全球价值链而实施的出口行为,对于本不熟悉国际市场的中国本土企业而言,由于融入跨国公司组织的全球生产分工体系而获取了难得的学习和锻炼机会,包括接受跨国公司的帮助、指导、督促等"主动溢出",从而促进其升级能力的提升。另一方面,中国本土企业融入跨国公司主导的全球生产网络,其出口行为往往具有对发达经济体市场高度依赖的特征,例如,长期以来中国出口产品就高度依赖于欧、美、日等发达经济体市场。而来自发达经济体的消费者,包括跨国公司,往往更为"挑剔",从而迫使发展中经济体本土企业不断"升级",以满足发达经济体的"高要求"。总之,在要素分工环境中,发展中经济体本土企业的出口行为,实质上是融入跨国公司主导的全球生产网络,"出口中学习"的本质是"生产中学习",因而具有促进本土企业以及产业升级的重要作用。

五、中国产业转型升级需深度融入全球要素分工

融入全球要素分工体系是中国产业获得巨大发展成就的经验所在,因此,在经济全球化和国际分工仍将深入演进的大趋势下,面临国际国内环境的深刻变化,中国实现产业进一步发展和转型升级,需要进一步深度融入全球分工体系。问题的关键在于,进一步深度融入全球要素分工体系,中国产业发展是否还具有转型升级的空间?针对这一问题,需要从全球要素分工演进的当代趋势,以及中国目前在全球产业链中所处发展阶段两个方面,进行客观认识和判断。

从全球要素分工演进的当代趋势来看。虽然始于 2008 年的国际金融危机对全球经济造成了一定冲击且其后续影响仍然存在,并导致一定程度上的贸易保护主义抬头,但经济全球化发展的大趋势不会逆转,全球要素分工仍将深入演进发展,并表现出如下几个方面的当代特征。第一,伴随信息通信科技的突飞猛进以及产品生产分割技术的快速发展,价值链的"全球长度"仍在进一步延伸。无论是以 FDI 还是以外包为表现形式的全球要素分工下,产品价值链的全球分解程度往往取决于两个决定性因素,一是产品生产分割技术的发展,从而决定了产品生产过程的可分离程度,或者说产品生产的迂回程度;二是交易成本的变化,从而决定了分割后的产品生产阶段或环节,是否能够被至于不同的国家和地区进行生产。通常而言,产品生产过程的分割程度越是细化,分解出来的特定生产环节和阶段越多,由此所导致的交易成本也

就越高。因此,分工深入演进的实质就是这两种因素相互作用的过程。分工的细化提高了效率水平,但也相应地增加了交易环节和提高了交易成本。而在Baumgardner(1988)看来,产品生产阶段和环节在技术上的可分离性要比人们通常想象的普遍得多,换言之,交易成本的变化可能对分工演进更具决定性影响。从当前经济全球化发展的实践来看,不仅信息、通信等技术进步在不断地促进有形交易成本下降,与此同时,全球多边贸易体制、区域经济一体化发展以及双边贸易体制的快速发展和制度安排,也在促使无形交易成本不断下降。受其驱动,基于全球战略的跨国公司会从效率提升角度出发,将产品价值链进行进一步分解以拓展全球生产网络。近年来,产品价值链的全球长度有不断延伸趋势,其中通信设备制造业、汽车业、金属家具制造业、电子设备制造业以及纺织服装业等,其全球碎片化生产的趋势特征越来越显著。这是全球要素分工进一步深入发展的典型特征之一。

第二,要素尤其是资本跨国流动与商品跨国流动,越来越具有融合发展特征,或者说"贸易投资一体化"的发展趋势更为明显。关于要素跨国流动与商品贸易之间的关系,也是传统国际经济理论所关注的重要话题之一,到目前为止仍有两种代表性的理论给出了截然不同的观点和解释。一种代表性的观点认为要素流动与商品流动之间具有替代关系,而另外一种代表性的观点则认为二者之间具有互补关系。实际上,传统国际经济理论的解释虽然考虑到了要素跨国流动对贸易的影响,但其分析框架仍然停留在以产品为界限的传统分工模式下,并未考虑到跨国公司主导的全球要素分工,或者说全球生产网络这一新的分工形式。可以说,经济全球化的发展实践早已超出了传统国际经济理论所能解释的范围。在以要素为界限的新的国际分工形式下,要素流动和商品流动之间的关系,不再是简单的替代关系或者是互补关系问题,而是融合关系和一体化的关系。实际上,全球对外直接投资流量额及存量额的迅速增加,以及全球贸易量的迅猛增长,二者之间所呈现的一致性变化趋势已经在一定程度上说明了问题。这种相对一致的增长趋势并非巧合,也并非是孤立的经济现象,而是融合发展的表现和结果,并且这一趋势正变得越来越显著。正如联合国贸发会议(UNCTAD, 2013)的一项研究所指出:全球对外直接投资存量额与贸易流量额之比已经从20年代90年代初的50%,上升至2010年的100%以上,FDI主导的全球价值链成为全球贸易增长的重要驱动因素；全球贸易中的 80% 属于全球生产网络内的商品贸易，并且这一趋势仍在继续；而一国融入全球价值链分工程度与利用外资额存量之间存在显著的正相关关系。这一趋势表明全球生产网络在国际分工中的作用仍在进一步加强，这是全球要素分工进一步深入发展的又一典型特征。

第三，国际金融危机后全球经济格局的变化，促使跨国公司调整其全球战略及其价值链的全球分布策略，"逆向创新"将成为未来跨国公司的普遍战略。进入 21 世纪以来，国际经济格局特别是产业发展的世界格局正在发生着巨大变化，财富和经济权力向新兴市场经济体转移成为当下经济全球化的重要特征之一。尤其是始于 2008 年的国际金融危机后，相对于身处"重灾区"的西方发达经济体而言，新兴市场经济体相对优异的表现，使得这一对比性变化更为突出。当然，这种变化在某种程度上来说，正是全球要素分工给发展中经济体带来发展机遇的结果。新兴经济体的崛起，正在极大地改变着全球经济和产业竞争格局。在全球要素分工快速发展的很长一段时期内，发达经济体的财富和经济权力在全球经济中占据着绝对压倒性的比重，从而使得跨国公司的全球战略也主要是"瞄准"发达经济体市场。换言之，在过去的几十年内，发达国家跨国公司的全球化战略，其产品创新主要是基于发达经济体的市场需求，创新活动也主要源自接近市场需求的发达经济体内部，而销往全球其他市场尤其是发展中经济体市场的产品，只不过是在源自发达经济体的创新产品基础上，进行适当的"本土化"而已。实际上，在全球生产网络中，价值链的分布和配置不仅仅取决于生产环节和阶段的要素密集度特征以及不同国家和地区的要素禀赋差异，市场规模也是其中的重要影响因素。对此，经合发展组织与世界贸易组织联合开展的一项调查给予了证实，因为调查结果显示，在影响跨国公司价值链全球配置的关键因素中，需求市场规模是仅次于生产成本的第二大影响因素。[①] 伴随新兴市场经济体的崛起及其财富和经济权力的逐渐"东移"，由于新兴市场经济体的市场需求规模的不断扩大，跨国公司也会随之调整其全球价值链分布策略，即，将更多的创新活动置于新兴

---

① Organisation for Economic Co-operation and Development and World Trade Organization. OECD-WTO Database on Trade in Value-Added First Estimates. Paris: OECD, 2013.

市场经济体,然后将创新性产品在销往包括发达经济体的全球市场。有些学者将这一变化称之为"逆向创新"(Reverse Innovation),以区别于以往基于发达经济市场需求进行的创新性产品生产进而销往全球市场的模式。案例研究表明,上述变化趋势已经在许多跨国公司中悄然出现。① 这是全球要素分工进一步深入发展的另一典型特征。

全球要素分工深入演进呈现的上述三个趋势或者说特征,其实质均隐含着这样一个可能性,那就是发展中经济体在全球产业链分工中面临着新一轮转型升级的重要机遇。价值链全球长度的延伸,意味着在"归核化"发展战略下,发达国家跨国公司必然将以往"核心"环节进行进一步分解,具有更高技术和知识密集度的生产环节、工序和服务流程,将会被配置到发展中经济体;要素流动与商品贸易的日益融合,意味着一国产业结构将会随着流入要素质量的提高而不断升级,联合国贸发会议的统计数据表明,目前流向三大低碳和绿色经济领域(主要是可再生能源、循环经济领域和低碳技术制造业领域)的全球对外直接投资正呈快速增长之势;而全球经济格局变化下的跨国公司"逆向创新"战略,无疑为发展中经济体攀升全球产业链高端提供了新的发展机遇。总而言之,全球要素分工出现的当代趋势及特征,为包括中国在内的发展中经济体在更高层次上融入以发达国家跨国公司主导的全球要素分工体系、促进产业转型升级带来了新的机遇,这种变化与中国产业结构的演进方向和升级趋势具有明显的一致性。

从中国目前在全球产业链中所处的发展阶段来看。尽管中国在融入全球要素分工体系中实现了产业"压缩式"发展,但从产业国际竞争力和全球产业链的分工态势来看,目前中国几乎所有的主要产业,甚至包括纺织服装业等最具国际竞争力的产业,在核心技术创新能力以及反映综合竞争优势的品牌建设方面,同发达经济体仍然存在较大差距。尽管从中国出口产品结构角度来看,中国的出口商品结构与主要发达经济体的出口商品结构非常相似,甚至有学者研究发现中国已经超过美国成为全

① Jones, C. Intermediate Goods and Weak Links in the Theory of Economic Development. *American Economic Journal*, 2011, 3(4).

球最大的高科技产品出口国①,从而表明看起来中国的产业发展已经实现了高端化,但正如许多实证研究所指出,在产品价值链的全球分解下,由于发展中经济体出口产品中实质上使用了大量来自发达经济体的高技术含量和高附加值的中间产品,从而使得其出口商品结构表现出"虚高"特征。为此,有些学者从垂直专业化等角度实证考察了中国产业在全球价值链分工中的地位,大多数研究得到了基本一致的结论:目前中国各产业发展的高度化与发达国家相比,均存一定差距,特别是在高技术密集型产业领域,差距较大,而目前对发达国家的追赶上,主要表现在中等技术密集型的产业领域,中国产业发展的"专业化"既没有与发达国家"趋同",其高度化也远远未赶上发达国家。② 由此可见,中国产业的国际竞争力,尤其是从高级化发展的角度来看,还远远没有攀升至全球产业链的高地。

就中国产业发展和升级所处的具体阶段而言。根据要素分工条件下对全球产业链升级阶段的划分,Humphrey 和 Schmitz(2002)认为发展中经济体融入全球价值链,会经历四个阶段的产业升级:第一阶段是工艺升级,即采用新的生产组织形式或者采用新的生产技术,提高生产效率;第二阶段是产品升级,即生产出更高技术含量的产品;第三阶段是功能升级,即提高产品生产中的知识和技能含量,实现价值链的攀升;第四阶段为链的升级或者部门升级,即从某一产业转型至另一更高端产业。而国内有些学者则将包括中国在内的发展中经济体和新兴市场经济体在全球要素分工背景下的产业发展和升级,划分为生产能力国际再配置、生产设备和技能国际再配置,研发创新能力国际再配置以及品牌优势国际再配置。尽管划分的方法各异,但就中国产业发展所经历的阶段而言,学术界的观点基本一致,即目前中国的绝大多数产业尚处于第一、第二个发展阶段,即处于甚至已经完成了工业升级和产品升级阶段;或者说已经基本完成了生产能力国际再配置的第一阶段和生产设备和技能国际再配置的第二阶段,中国在融入全球产业链中的产业升级之路才刚刚走完了"一半"。因

---

① Lemoine, F. and Ünal, D. Rise of China and India in International Trade: From Textiles to New Technology. *China & World Economy*, 2008, 16(5).

② 施炳展:《中国出口产品的国际分工地位研究——基于产品内分工的视角》,《世界经济研究》2010 年第 1 期。

此,结合全球要素分工的当代趋势特征,以及中国产业发展的现实阶段,不难看出,中国在进一步深度融入全球要素分工中,只要把握得当,仍然面临着产业升级的巨大发展空间。

六、结论及对策思考

以上分析表明,改革开放以来,积极融入全球要素分工体系,参与全球竞争与合作,是中国产业获得巨大发展及其转型升级的经验所在。而在全球要素分工已经成为当前国际分工主导形式的大背景下,其深入演进的当代趋势特征以及中国产业发展的现实阶段决定了,中国产业的进一步发展和转型升级,需要更加深入全面地融入全球要素分工体系。当然,顺应经济全球化发展大势,在进一步深度融入全球要素分工中促进中国产业转型升级,并非意味着我们要固守传统发展道路不变,也并非意味着我们只需"顺其自然"便能"万事大吉"。尤其是当传统发展道路的弊端和局限性日益凸显时,积极主动地及时调整参与全球竞争与合作的开放战略,不仅是当务之急,也是明智之举。目前面临国内国际环境的深刻变化,中国简单纳入全球分工体系以扩大出口的传统"血拼"式发展道路已渐到尽头,参与全球分工的战略也需相应做出适时调整。因此,我们目前所面临的问题根本不是要不要进一步融入全球要素分工体系,而是如何进一步融入全球要素分工,才能更好地促进中国产业转型升级。为此,我们需要统筹国内国际两个方面的因素,注意以下几个方面的问题。

第一,继续发挥比较优势,以优势要素深度融入全球分工体系。一些代表性的观点认为,开放条件下中国产业转型升级的方向,就是要实现"中国加工"和"中国制造"向"中国创造"和"中国品牌"方向的全面升级,向技术研发和营销品牌等所谓"微笑曲线"的两端攀升。从长远发展思路来看,这是有一定道理的,也是中国产业发展的根本方向。但是不能操之过急,唯有脚踏实地才有可能扎扎实实地推进中国产业一个又一个地向全球产业链高端攀升。产业的转型升级不可能一蹴而就,更不能脱离目前中国比较优势的现实以及全球要素分工的发展大势。因此,脚踏实地的含义就在于我们要以现实比较优势为基础,尊重循序渐进的原则和经济发展的客观规律。Hausmann et al 对出口产品空间结构动态转换的研究发现,一国比较优势的动态变迁与当前比较优势密切相关。换言之,产业结构的调整和升级,会沿着与当前比较优势产业更为"接近"或相关度更高的未来产业方向发展,而难以向远离现有比较优势的产业方向发展。[①] 这一研究结论实际上意味着,除非发生产业革命或重大技术变革等,一国比较优势的演进基本上会遵循渐进缓慢的变化过程。目前,相对廉价和更为优质的劳动力仍然是我们最大的比较优势,也是我们融入全球要素分工体系最主要的依赖。而且实践证明,以劳动禀赋优势融入全球要素分工,不仅能够解决中国目前劳动力就业这一最大问题,使广大劳动者能够分享经济发展的成果,同样也会因为资本和技术的"溢出效应"以及本土企业的"学习效应"而促进产业结构的升级,以及新兴产业的发展,并形成产业链的延伸发展。而进一步融入全球要素分工则是前提。从上述意义来说,中国产业发展和转型升级步入更需耐心的时代,这种耐心不仅仅体现在要踏踏实实地从事实业生产和技术创新,还体现在扎扎实实地用好现实比较优势、遵循循序渐进的规律性。

第二,打造综合竞争性环境优势,提升融入全球要素分工的能力。任何事物都有两面性,全球要素分工的发展也不例外。全球要素分工在为发展中经济体带来发展和产业转型升级机遇的同时,也带来一定的风险。例如,许多专家学者经常所担心的所谓"低端锁定",或者说被跨国公司"俘获"而置于产业链低端的风险。事实上,在我们看来,全球要素分工所带来的最大风险并非是所谓"低端锁定"或者说"俘获"的风险,而是被"开除球籍"的风险。因为被跨国公司"锁定"或者"俘获",至少说明一国或地区还具有融入全球要素分工、参与全球生产的能力,还有利用国际国内两种资源进行发展的机会,至少是"跟随模仿"发展的机会。但是一旦被"开除球籍",其他一切便无从谈起。由于在全球要素分工体系下,跨国公司借助全球生产网络进行价值增值环节的区位配置时,成本因素是其考虑的主要变量,因此,一国或地区是否能够或者说被纳入全球生产网络,主要取决于其是否具有成本优势(此处的成本概念是一个综合性概念,既包括要素成本,也包括商务成本,比如运输、投资和税收激励、基础设施、基础服务、行政管理负担、契约履行成本、制度质量、进口便利程度等)。一些国家或

---

① Hausmann R. and B. Klinger. The Structure of the Product Space and the Evolution of Comparative Advantage. CID Working Paper No. 146, 2007.

地区由于缺乏成本优势而难以加入全球生产网络,被排除在要素分工之外,这是一种被"开除球籍"的表现。而被"开除球籍"的另外一种表现就是,伴随各国或地区成本的相对变化,跨国公司全球生产网络的区位配置会因此而产生"空间漂移",即原先已经加入全球要素分工的国家和地区由于丧失成本优势,或者由于无法满足跨国公司的"升级"需要,其承接的生产环节和阶段会随之转移到其他更具成本优势的国家和地区。改革开放以来,中国已顺利且非常成功地加入全球要素分工体系,因而并不面临第一种意义上的被"开除球籍",而伴随中国开放型经济所依托的人口红利、土地红利等传统低成本优势逐步丧失,以及其他更多发展中经济体参与全球经济竞争,则有可能面临第二层意义上的被"开除球籍"。因此,中国在完成了顺利加入全球要素分工的第一个阶段后,所面临的第二阶段就是要"扎根"其中。这就要求我们在继续发挥传统比较优势的同时,在完善市场机制、提高制度质量、完善产业配套环境、提高政府效率、降低税费、进一步完善基础设施以及提高法制化水平等方面,做足做够功课,据此打造出更具竞争性的综合成本优势,为"扎根"全球产业链奠定基础。

第三,继续大力引进国际先进生产要素,助推中国产业转型升级。引进国际先进生产要素,是中国发展开放型经济的经验所在。面临国内国际环境的深刻变化,我们应正确把握国际产业重组、资本流动、要素转移、技术合作和人才流动等重要战略机遇,在继续大力引进国际先进生产要素、提升国际先进要素聚集能力的同时,注重提升整合各类先进要素进行创新活动的能力。在前一轮开放中,中国引进国际先进要素主要侧重在利用外资方面。在新一轮的对外开放中,我们应该在扩大利用外资规模的同时,提高利用外资的质量,并且要确立"全要素"的发展理念,充分发挥通过"引资"带动其他先进要素向中国集聚的功能。实际上,资本流入从来就不仅仅是一个资金问题,而是技术、品牌、管理、营销渠道、制度等"一揽子生产要素的流动"。以"引资"带动引进先进技术、先进管理经验、高级管理人才、研发结构,实现由引资向引进全面优质生产要素的转变。通过集聚更为全面优质的生产要素,尤其是高级管理人才和科技型人才等"外智",提升中国在发展开放型经济中提升整合各类先进要素进行创新活动的能力,从而能够有效助推中国产业的转型升级。当然,在全球要素分工环境中,要素跨国流动已进行优势要素组合,同样存在质量上的"门当户对"问题。一国或地区能够吸纳什么层次的生产要素,往往取决于其经济发展的质量和自身所拥有的要素层次。因此,这就要求我们进一步在发挥"量"的优势的同时,应着重促进劳动者"质"的提升,以及包括经营环境等广义概念上的生产要素"质"的提升。这就需要我们在进一步加大教育投入,合理分配教育资源,以及大力发展职业教育和培训等方面做足功夫,努力提升劳动者的素质;需要我们在创业留人、事业留人、待遇留人、环境留人等方面,着力打造"招才引智"的优良环境;需要我们在围绕先进制造业发展现代服务业,着力为创新活动提供服务平台;需要我们促进"官、产、学、研、媒"的有效结合,加快构建创新体系,建立研发同盟,为创新活动提供坚实的重要保障等。唯有如此,才能在要素分工环境下,提升引进国际先进生产要素的能力,助推中国产业转型升级。

第四,以培育国际化的企业家队伍为重点,加快人才国际化步伐,提升整合全球优质要素能力。改革开放之前,由于中国历史上并没有经历过市场经济的发展,所以特别缺乏企业家和企业家精神。自改革开放以来,尤其是1992年中国建立了社会主义市场经济体制以来,中国企业由于并不熟悉国际市场的操作经验,因此在融入经济全球化进程中,主要是通过引进外国直接投资,为外商直接投资进行配套,或者是接受发达国家跨国公司发出的订单而融入国际分工体系。在要素全球流动性不断增强以及产品国际生产分割的进一步发展趋势下,决定现在和未来一国或地区产业国际竞争力,以及由此所能获得的分工利益的关键因素,不再取决于生产什么、进口什么和出口什么,而是以什么样的要素、什么层次的要素参与国际分工,参与了什么层次的国际分工,对整个价值链的控制能力有多大。而在所有的要素中,最为重要的、最为关键的要素当属企业家要素。尽管依托各种优势和经过多年的努力,中国开放型经济形成了一定的要素集聚优势,也是国际生产要素聚集最多的地区之一,并在一定程度上促进了产业发展及转型升级,但是我们也清醒地看到,到目前为止,整合这些资源进行国际化生产、获益最多的,大都是外资企业,中国大多还只是以要素优势而不是通过企业优势去参与国际竞争与合作。因此,从上述意义上来说,中国产业的发展是在发达国家跨国公司引领下的一种被动式发展。因此,培养具有整合全球资源能力的企业和企业家,已经是当务之急,这不仅是加快中国产业发展和转型升级的需要,也是提升我们自主发展能力的必由之路。目前有些实证研究已经表明,在国内产业结构还不具备高级化的先决条件下,中国企业"走出去"的主要动机就是为了获取和整合国外先进技术等要素,以带动国内产业结构的转型升级。这种可喜的变化在一定程度上说明了,我们已经开始认识到要素分工环境下整合全球要素的重要性,并已开始付诸了行动。可以预期的是,不是单纯以要素优势而是以具有整合全球资源能力的企业去参与国际竞争之日,才是中国步入产业强国之列之时。

第五,将市场规模优势转化为融入全球要素分工体系的新优势,吸引发达国家跨国公司在中国进行"逆向创新",带动中国产业转型升级。犹如前文所述,财富和经济权力向新兴市场经济体"东移"成为当下经济全球化的重要特征之一,而中国经济的快速发展则是加速世界经济重心东移的巨大引擎。目前,中国已经成为全球第二大经济体,巨大的潜在需求市场规模,理应成为吸引全球先进生产要素的可依托优势。价值链上具有不同要素密集度特征的环节和阶段,其生产成本不仅取决于一国或地区所拥有的要素禀赋特征,还取决于该生产阶段和环节与最终消费市场的"接近程度"有关。相对而言,组装、加工环节对消费市场的接近要求并不高,而诸如研发、设计、营销、售后等高端环节则对"接近"消费者有着特殊要求,因而具有"接近"市场的先天需求。这或许正是现有案例研究所表明的,为什么发达国家跨国公司已开始基于新兴经济体进行"逆向创新"的根本原因。因此,在全球要素分工条件下,要素尤其是高端要素流向何地或者说在何地进行生产配置,不仅取决于当地要素成本,同时还取决于当地市场规模。应该看到,前一轮的对外开放中,中国融入要素分工主要依托的还是要素成本优势,而不是倚重国内需求市场规模优势(这当然也是由于发展相对落后情况下市场规模优势还没有凸显的原因),包括外资向中国的大量集聚,主要看重的还是我们前述低成本要素优势。而伴随传统低成本要素优势的逐渐减弱,以及国内需求市场规模优势逐渐凸显,依托国内市场规模优势集聚全球先进生产要素,是我们重要的战略选择。如果说之前以低成本要素优势还只能"吸引"国际相对低端的要素向中国集聚的话,那么利用潜在的巨大市场规模优势则更能"吸引"国际高端要素向中国集聚,因为以贴近发展中经济体的市场需求为基础,进行研发创新并以此辐射全球,将成为跨国公司未来发展战略调整的重要方向。因此,在新一轮开放中,中国应准备把握跨国公司战略调整的动向并及时抓住机遇，努力将可依托的经济规模优势转化为对外经济合作的新优势，提高先进要素的"引进来"能力。这就需要进一步扩大国内市场的开放，充分发挥中国经济规模总量优势所形成的巨大国内市场虹吸效应。如此，就一定会有一大批研发中心和营销中心乃至跨国公司总部转移到中国来，由此带动中国产业的转型升级。

（与金京、戴翔合作。原载《中国工业经济》2013 年第 11 期，《中国社会科学文摘》2014 年第 3 期摘要转载）

外贸对经济增长是"负贡献"吗

据国家统计局发布的数据,2009 年、2011 年和 2012 年,我国净出口对 GDP 的贡献率分别为－44.8%、－5.8%和－2.2%。有人据此认为,净出口对 GDP 的贡献率为负,说明外贸拖了 GDP 增长的后腿,对经济增长的贡献是负的。对这种观点,有必要加以分析和澄清。

我们先来看看净出口负贡献率的含义是什么。按照经济学理论,从总需求角度,一国的 GDP 可以分解为总投资、总消费和净出口三个部分,净出口是指出口额与进口额之差,净出口对 GDP 增长的贡献率＝净出口增量/GDP 增量×100%。因此,净出口指标以及净出口贡献率,表示的是外贸对 GDP 的统计贡献度。净出口贡献率是负数,表明外需对经济增长的拉动作用在减弱,但并不表明对外贸易对经济增长起了负的拉动作用。

假设一种极端的情况,一国采取闭关锁国政策,没有对外贸易,那么,外贸对经济增长的拉动作用也就等于零,不会产生负作用。再假设一国开展了对外贸易,但进口额和出口额相等,净出口为零,这能说明该国对外贸易对经济增长的贡献等于零吗?显然不能。即使净出口是负的,也不能说明外贸对经济增长的作用是负的。多年来,美国存在巨额贸易逆差,净出口当然是负的,难道可以说外贸发展拖累了美国经济吗? 事实上,美国利用国际贸易,从中国等发展中国家进口本国已经丧失竞争力的劳动密集型产品和资源产品,为本国产业升级、占据产业高端提供了条件;价廉质优的进口产品,降低了本国的通货膨胀率;等等。可见,美国从外贸中获得了巨大经济利益,美国长期贸易逆差并没有吃亏。国际贸易发展的基础是国际分工。国际贸易发展了,贸易参与国可以本国的比较优势参与国际分工,提高资源配置效率。尤其是出口贸易的增长,能够带动一国经济增长,增加社会财富,创造就业,增加居民收入。

　　发展开放型经济是推动我国经济发展和产业升级的引擎,而对外贸易在开放型经济中起着基础性、关键性作用。我国对外贸易已经发展到出口和进口并重的新阶段。"净出口负贡献"的观点掩盖了进口贸易对经济增长的巨大作用。进口对一国的经济增长至少具有以下几方面作用:第一,进口贸易可以缓解供给约束,从而促进经济增长。一国的产品生产会涉及多种生产要素的投入,通过进口国内短缺的原材料、能源、关键设备等要素,可以缓解国内短缺要素约束,弥补国内生产要素供给缺口。第二,进口贸易可以创造有效需求,从而促进经济增长。进口国外的商品尤其是进口国外的新产品,会培育国内消费者对该种商品的需求,当需求扩大到一定规模时,就会刺激国内企业生产该种商品、形成新的产业。第三,进口贸易可以推动产业结构升级,从而促进经济增长。通过进口,可以获得更为先进的技术设备等,进一步提高生产力。第四,通过进口获得技术,可以节省研发时间和资源,加速本国技术进步,进而促进经济增长。因此,我们要坚持出口和进口并重,全面提高开放型经济水平,更好地以开放促发展、促改革、促创新。

（原载《人民日报》2013 年 1 月 29 日）

关于构建开放型经济新体制的探讨

《中共中央关于全面深化改革若干重大问题的决定》(下文简称《决定》)强调指出要"构建开放型经济新体制"。可以说,这一新的提法和重要战略部署,为我国开放型经济发展在新的历史起点上指引了正确发展道路。我们为什么需要构建开放型经济新体制? 构建开放型经济新体制的主要目标是什么? 开放型经济新体制究竟"新"在何处? 以及如何构建开放型经济新体制? 这是值得我们认真思考和深入探讨的重要课题。

一、怎样认识构建开放型经济新体制的必要性

目前,中国已初步建立的开放型经济体制特征可简单概括为:在各级地方政府主导下,以简单融入国际分工体系和全球制造业体系为目标,以优惠政策和差别待遇为基础,以大量利用外资和大规模出口为主导,以低成本优势为主要竞争手段,以开发区为载体,从而形成庞大的生产制造能力以及大进大出的循环格局。在对外开放的推动下,中国全面融入了国际分工体系,成为世界第一大出口国、第二大进口国、第一大外汇储备国、第二大吸收外资国、第二大经济体、第三大对外投资国,取得了举世瞩目的发展成就。但是,随着国内国际环境深刻变化,现行体制已出现四个不适应:一是不适应全球经济变化新形势;二是不适应国际经贸格局调整和全球经济规则变化;三是不适应中国谋求全球价值链新地位的要求;四是不适应国内经济转型升级内在需要。

首先,在本轮全球金融危机的冲击下,全球主要经济体的经济复苏进程缓慢。作为全球最大经济体的美国,近年来大力推进"再工业化战略",经济状况有所好转,但仍不能与 20 世纪 90 年代期间的高速发展阶段相比。欧洲仍然没有走出欧债危机的困扰,经济增速在低区间徘徊,甚至出现负增长。日本受到全球金融危机、地震、海啸

以及核辐射的四重打击,短期内经济难以出现显著复苏。作为中国最大贸易伙伴的全球前三大经济体需求不足,而中国各类生产要素成本不断上升,必然对中国以低成本为主要竞争手段和大规模出口为主导的传统开放型经济发展模式带来巨大压力。适应全球经济新形势,构建开放型经济新体制,已经成为深化对外开放的关键举措。

其次,由于全球价值链的迅速发展,世界生产、贸易与投资体系发生了深刻变化,国际经贸格局面临着深刻调整,与之相适应的国际贸易与投资新规则正在形成。当前由 WTO 主导的多边贸易谈判进程受阻,就是因为,着眼于降低贸易投资壁垒、扩大"市场准入"为目标的"边界措施"的传统多边贸易体制,已经不能提供全球价值链分工下的全球贸易与投资治理规则,建立以"边界内措施"为主、旨在通过各国国内政策的规制协调与融合,适应现代国际贸易与投资发展特点的高标准高质量的国际贸易与投资新规则,势在必行。更适合与"市场准入导向"谈判的 WTO 多边贸易体制,显然很难胜任"规制一体化导向"的贸易投资新规则的谈判,新一轮区域贸易自由化浪潮的兴起,就是可以理解的了。2013 年以来,跨太平洋伙伴关系协定(TPP)和跨大西洋贸易与投资伙伴关系协定(TTIP)、国际服务贸易协定(TISA)谈判都在加速推进。谈判一旦成功,会在很大程度上改变世界贸易规则、标准和格局。比如 TPP不仅要求成员所有产品实现零关税、服务贸易全面开放、实质性取消外资审批,还引入了知识产权、环境保护、劳工权益、国有企业竞争中立等升级条款。为主动适应国际贸易和投资新规则,这要求我国构建开放型经济新体制。

再次,中国依托低成本优势快速而全面地融入发达国家跨国公司主导的全球价值链分工体系,的确带动了中国出口贸易的快速扩张乃至产业结构的优化升级。但就全球价值链的分工格局来看,总体而言,中国在全球价值链中仍然处于中低端。面临着"浮萍经济"和"低端锁定"的双重风险,加快攀升全球价值链,谋求全球分工新地位,已经成为当前中国开放型经济发展面临的紧要任务。不断向全球价值链高端攀升,最终要依赖于微观主体,依赖的是高端要素,依赖的是具有竞争能力和创新能力的企业。然而,在现行的开放型经济体系中,政府的简政放权还不够,很多体制机制的约束作用还比较强,市场微观基础的活力还没有完全释放,这既不利于引进高端产业活动、高级生产要素以及激发企业的创新能力,也不利于企业"走出去"整合外部优质资源,从而制约了中国攀升全球价值链的能力。构建开放型经济新体制,已是迫在眉睫。

构建开放型经济新体制,也是促进国内经济转型升级的需要。本轮全球金融危机表面上看是对中国经济增长速度的冲击,实质上是对经济发展方式的冲击。因此,转变经济发展方式已经成为中国国民经济面临的全局而重大的战略任务。而中国作为一个开放型经济大国,经济发展方式的转变显然不是封闭条件下的转变,而是开放条件下的转变。换言之,以开放型经济转型升级为抓手,可以更好地实现国内经济转型升级的目标。然而,目前中国开放型经济体制,存在着服务业开放不足从而限制了服务业的发展,以及税收、金融、通关等政策限制了中国吸引高端制造、地区总部等活动的问题,不利于开放型经济转型升级,从而难以适应国内经济转型升级的现实需要。

二、构建开放型经济新体制的主要目标是什么

什么是开放型经济新体制? 如何构建开放型经济新体制? 对于这些问题的认识,还需要从理解和把握构建开放型经济新体制的主要目标入手来探讨。

首先,适应高标准全球经济规则,是构建开放型经济新体制的首要目标。正如前文所述,高质量和高标准已是当前全球经济规则发展的重要趋势。显然,在高标准的全球市场经济规则之下,只有能够达到标准要求的国家和地区,才能够进一步融入经济全球化之中,才有可能掌握全球经济未来发展主动权,而"不达标"的国家和地区,则极有可能被边缘化。"高标准"更多关注的是一国国内经济政策、产业政策、自主创新、政府采购、知识产权保护等。因此,适应"高标准",其实质就是要建立更加成熟、更加完善、更加公平、更加规范、更加透明、更加法制化的市场经济体制,而要做到这一点,进一步推动经济体制改革是唯一途径。因此,从上述意义来看,为适应高标准的全球经济规则所必须进行的改革,其实质又是一种"以开放倒逼改革"的效用。"以开放倒逼改革"所能产生的经济竞争优势,在中国开放型经济发展历程中,实际上已有先例。比如,在中国入世之前,为了能够与国际通行规则接轨,为了能够成功应对加入WTO以后带来的冲击效应,中国就进行了一系列市场化改革。而正是这种"以开放倒逼改革"的效应,使得中国加入WTO后能够成功地发挥比较优势,促进了开

放型经济的发展。在全球经济规则高标准化发展趋势下,构建开放型经济新体制就是要适应甚至是参与全球经济规则制定,由此"以开放倒逼改革"必将为中国开放型经济发展培育出竞争新优势。

其次,从要素驱动向创新驱动转变,是构建开放型经济新体制的重要目标。中国开放型经济的原有体制,是以简单融入国际分工体系和全球制造业体系为目标的。中国经过多年的高速增长,在为进一步扩大开放奠定坚实物质基础同时,更面临着劳动力、土地等各类生产要素成本集中上升,以及资源、能源和环境约束日益严峻等问题。因此,应对传统低成本优势不断弱化带来的挑战,开放型经济发展需要从要素驱动向创新驱动转变,这一方面需要具有"创新"要素;另一方面,也是更为重要的,就是将潜在"创新"能力转化为实践能力,这就需要充分发挥企业主观能动性。从创新要素本身来看,显然,在以要素跨国流动为主要内容的经济全球化背景下,一国创新要素不仅取决于其自身要素存量结构,更取决于要素流量结构。而在影响要素流动的各种可能因素中,境内壁垒相对于边境壁垒可能起着更为关键的作用。正如Baldwin的研究所指出,与以往主要以商品跨境流动为主要内容的经济全球化不同,在以要素流动性日益增强为主要内容的当今经济全球化发展,一国或区域内相对自由的货物、服务、信息、资本、技术、管理、人才等相对自由的流动,以及提供更为完善的产权保护,对全球优质要素的集聚具有极为关键的意义。[①] 从上述意义来看,开放条件下增强创新驱动能力,必须"促进国际国内要素有序自由流动"。从发挥企业主观能动性角度来看,虽然中国社会主义市场经济体制正日趋完善,但市场在资源配置中的决定性作用尚未从根本上得到确立,企业微观活力难以得到有效释放。仍然存在着市场环境需要进一步优化、政府干预需要进一步减少、竞争机制需要进一步增强等问题。实际上,减少政府干预还可以避免政府"好事做过头"从而破坏了市场公平竞争秩序,从根本上扰乱了企业技术创新环境的不良后果。例如近年来以政府补贴方式发展战略性新兴产业,不仅没能在核心技术创新方面取得明显成效,反而导致了

---

① R. Baldwin, "WTO 2.0: Thinking ahead on global trade governance", http://www.voxeu.org/article/wto-20-thinking-ahead-global-trade-governance.

在低端产业链上"铺摊子"进而带来严重的产能过剩,甚至在有些地方被异化为圈地、争补贴和上投资的"锦标赛"。普遍观点认为中国企业缺乏创新能力,而更本质地看,与其说创新能力的缺失是技术困境所致,还不是说是制度困境所致,缺乏创新能力的实质是缺乏激励创新的体制机制环境。因此,通过简政放权和减少政府干预,让企业在市场公平有序的竞争中发挥创新想象能力以及选择自负其责的技术路线,会更为有效地激发企业创新动力市场活力,充分发挥"创新"要素的真正创新作用,实现开放型经济发展从要素驱动向创新驱动转变。

再次,提升"外在型"经济发展能力,是构建开放型经济新体制的重要目标。在以要素跨国流动为主要内容的经济全球化条件下,"走出去"是一个国家(地区)利用世界资源和市场能力以及经济国际化水平的集中体现;是更好地从全球获取资金、技术、市场、战略资源,拓展经济发展空间,提升经济国际竞争力,增强经济发展的动力和后劲的重要战略;是企业深度融入全球市场,在全球市场中学习、竞争进而不断成长的重要途径。实际上,"走出去"整合全球优势要素资源,正是当前经济全球化下跨国公司迅猛发展的根本原因。中国开放型经济发展,在过去相当长的一段时间主要是"引进来","走出去"发展则相对滞后。而导致这一问题的原因,排除中国企业自身能力不论,更为重要的还在于促进企业"走出去"的体制机制还不健全,服务体系还不够完善。换言之,目前中国对外投资管理体制机制建设相对落后的事实,已不能完全适应企业"走出去"的新形势,在审批、管理、服务、出入境等方面存在许多障碍。因此,提升中国企业"走出去"的能力,增强"外在型"经济发展动力,是构建开放型经济新体制的又一重要目标。

最后,从协调区域发展的整体开放型经济竞争优势来看。中国开放型经济发展呈显著区域差异特征,而这在成为中国开放型经济可持续发展制约因素的同时,其中也蕴含了新机遇。换言之,只要战略得当,就能将区域差异性转化为区域间合作性,在发挥各地区比较优势中更好地实践"腾笼换鸟"的产业政策,从而为中国开放型经济内生性增长提供更为强大的动力。近年来,受到资源环境以及用工成本提高等因素的影响,沿海地区面临转型升级的紧迫任务。而中西部内陆地区交通等基础设施条件大大改善,成本优势凸显,承接产业转移的能力则在不断增强。由此,沿海地区可以利用高素质劳动禀赋优势吸引其他先进要素在本区域集聚,实现产业结构向先进制造业或者向产品价值链高端环节升级,而中西部地区则可以充分发挥成本优势,承接以加工类产品为主的劳动密集型产业开始转移。这不仅可以协调区域间的比较优势从而打造出开放型经济的"协同"竞争优势,还有利于实现部分学者所提出的"在国内价值链和全球价值链互动中"提升竞争能力。

三、开放型经济新体制"新"在哪里

什么是开放型经济新体制,开放型经济新体制究竟"新"在哪里,部分学者从开放型经济新体制内含的新目标、新特征和新路径等角度做出了有益探讨。① 然而,针对"新体制"本身或者说究竟什么是"新体制",现有文献仍然是语焉不详。我们认为,所谓开放型经济新体制,实质上与十八大提出的"完善开放型经济体系"是一脉相承的。换言之,如果说十八大指出的"完善开放型经济体系"是对中国开放型经济的总体战略布局和设想的话,那么三中全会决定"构建开放型经济新体制",则是实施和实现战略设想的具体化,是通过进一步全面深化改革而为其提供的制度保障,因而从本质上看是一种新规则、新制度。

众所周知,20 世纪 90 年代以来,以要素跨国流动和产品"国际生产分割"为主要内容的经济全球化深入发展(学术界通常将这一现象称为全球价值链),从而深刻地改变着全球贸易和投资格局。而这种变化引发了对全球贸易和投资新规则和新制度的需求,尤其是来自主导全球价值链分工的发达国家跨国公司需求,其核心目标就在于依托新规则和新制度,进一步统筹全球价值链,实现产品生产不同环节和阶段的无缝对接,降低交易成本。在传统的以"最终产品"为界限的分工模式下,贸易自由化主要体现在边境开放措施上,政策取向上主要表现为相互降低乃至取消关税和非关税壁垒,从而提高相互间的市场准入水平。然而,在全球价值链分工模式下,由于其本质是生产的国际化,是中间品、知识、技术、资本、人员、服务等在全球范围内的流动和优化组合,因此,其生产上的"全球一体化"特征必然要求各国市场规则的一致性乃至各国间标准的兼容性。从这一意义上说,一国国内经济政策和市场环境,包括知识产

---

① 唐海燕:《开放型经济新体制究竟"新"在哪里》,《经济研究》2014 年第 1 期。

权保护、法制化水平、制度质量、生产要素市场、竞争中立、环保标准、劳工标准、商业环境的公正透明等等,越来越成为发展开放型经济的重要影响因素。总之,价值链驱动下的全球贸易和投资新格局和新趋势,必然要求更为复杂的全球经济规则与之相适应;更确切地说,必然推动全球经济规则从边境规则向境内规则拓展,在政策取向上也就必然表现为从低标准不断向高标准看齐。从对不同经济体的影响程度来看,新规则对诸如中国等发展中经济体的影响更大,或者说会促使发展中经济体进行更大幅度的、必要的国内改革。这是因为,即便作为发展中大国的中国,在多年开放型经济带动下已经在贸易和经济规模上与发达经济体比肩,但在市场经济的完善、法律法规的规范等方面仍然相对滞后。因而,向高标准"看齐"的意义实际上更多意味着发展中经济体应进行必要的国内改革,以进一步提升开放型经济发展的法制化、规范化和国际化水平。

中国改革开放的伟大事业,正是在全球价值链快速发展背景下开展的。因此,过去很长一段时间以来,中国开放型经济发展的本质就是融入发达国家跨国公司主导的全球价值链分工和生产体系。但总体而言,中国在前一轮的开放措施上,主要还是以边境开放以为主,开放的内涵还没有充分延伸至"境内"。尽管在前一轮的开放中,基于全球价值链和可持续发展的新规则体系尚未充分体现在国家发展战略规划和政策措施上,但中国开放型经济发展仍然是相对成功的。而前一轮"边境"为主的开放措施,之所以能够取得相对而言的辉煌成就,显然与两种因素有关。一是尽管全球价值链深入演进对全球经济新规则产生内在需求,但这种需求尚未提升到实践层面,或者说在实践中还没有成为主导趋势,因此,基于WTO体制框架以市场准入为导向的边境开放,大体还能迎合经济全球化发展的需要;二是与中国融入全球价值链的方式有关,即总体上中国是以"低端嵌入"的方式融入国际分工体系。由于主要承接专业化全球价值链的"低端",而"低端"的环节和阶段相对而言,对跨境流动壁垒较为"敏感",而对国内经济政策和商业环境的总体要求还并不太高,或者说由制度质量、知识产权、竞争中立、市场法制化水平等所带来的制约作用尚未充分显现。然而,正如前文所述,站在历史新起点的中国开放型经济发展,面临的上述两种因素正在发生深刻而剧烈的变化,即,一方面基于全球价值链内在要求的全球经济新规则正在形成;另一方面,中国自身也面临着完善开放型经济体系、提升分工地位的必要性和迫切性。因此,新一轮的开放必然意味着从边境开放(措施)向境内开放(措施)转变,这是"游戏"规则和制度的本质变化,也是中国构建开放型经济新体制的真实意涵。

目前,中国正在进行的不仅仅是涉外经济领域的体制改革,也不仅仅是经济领域的改革,而是"全面深化改革",实际上就是呼应上述规则和制度变化的实践表现,涉及的更多是"境内开放"问题。从政策趋向来看,十八届三中全会《决定》中,针对竞争中立原则的国有企业改革问题、针对管辖国内经济活动的法律法规与国际接轨的服务业开放问题、针对形成竞争性商业环境的知识产权保护问题、针对促进国际国内要素自由有序流动的放宽投资准入问题以及针对劳动者权益保护和加强环保等问题,都有着明确而详细的政策导向,尤其是将贸易便利化(表现为海关监管和检验检疫方面的改革导向)、投资保护、政府采购、电子商务、环境保护等议题已被列为重点改革和对外谈判的领域。从实践措施来看,中国(上海)自由贸易试验区的建立,已经在转变政府职能方面改革、外商投资管理体制方面改革、进一步推进服务领域开放方面改革、货物监管模式方面改革以及负面清单管理方面改革等,一系列攻坚领域和深水区进行了创新性突破。这种创新性的探索和尝试,就要为全面深化改革和扩大开放探索新途径、积累新经验,就是从体制层面上为提高开放型经济水平和质量提供强大的保障。总之,从以往的边境开放(措施)向境内开放(措施)延伸和拓展,从而以新的规则和制度对接全球经济新规则,是构建开放型经济新体制的本质内涵,也是新体制之"新"意所在。

四、如何构建开放型经济新体制

构建开放型经济新体制,做好以下几个方面的改革工作最为关键。

1. 转变政府职能

为适应开放型经济发展的新要求,以往的全能型政府或者说以政府主导的开放型经济发展模式,必须向有限的服务型政府转变。具体来说,就是要在厘清政府与市场、社会关系的基础上,通过政府机构改革,强化政府职能的转变,而核心是改革行政审批制度,简政放权,让市场在资源配置方面发挥决定性的作用的同时,充分发挥政府的服务型作用。充分发挥市场配置资源的决定性作用,才能保持开放型经济发展的活力;而合理定位并履行好政府职能,则对维护宏观经济的稳定性具有极为关键的意义,两者有机结合、相辅相成,是开放型经济持续健康发展的根本保障。总之,在市场对资源配置起决定性作用之后,促进开放型经济转型发展,关键在于全力打造政府主导的公共服务型外经贸综合服务平台,支持各类中介服务机构发展,扶持各类平台类企业发展。加大财税、金融和信息支持力度,特别是要建立和完善推动企业"走出去"的综合服务体系。

2. 改变开放型经济传统绩效评价机制

发挥绩效考核对创新驱动型开放型经济发展的激励作用,就要转变以往唯 GDP 和经济增速的考核方式,"政绩驱动"更应该向以质量、效益等指标考核倾斜。长期以来,在以较为容易量化的经济增速作为政绩考核指标的"指挥棒"下,各级地方政府主导的开放型经济发展模式,重点自然被置于经济增速上。如此,各省区市在发展开放型经济,更注重的是"量"的扩张而非"质"的提升。当然,这在开放型经济发展的初期,具有一定的合理性,并且也做出了巨大的历史贡献。但站在新起点上的中国开放型经济进一步发展,需要构建开放型经济新体制,相应地,传统的开放型经济绩效评价指标也要相应转变,因为我们现在的目标不再是简单促进经济增长,而是要以开放促进改革,要以改革增创开放型经济竞争新优势。值得注意的是,市场对资源配置起决定性作用之后,要切实转变政府职能,并非意味着政府就变成"弱政府",在推动经济社会发展中仍然可以采取"强市场＋强政府"的发展动力机制,只不过此种意义下的"强"可能更多地体现在服务水平上。显然,不同政绩考核指标引导下的发展理念和观念不同,"服务"的质量和内容就会不同。因此,切实转变中国开放型经济发展从重"量"向重"质"转变,从依托传统低成本竞争优势向打造以质量和效益为核心的综合竞争优势转变,从政府层面来看,需要改革开放型经济绩效评价的传统"指挥棒"。

3. 完善促进国际国内要素有序自由流动的体制机制

从国内市场来看,一方面是要进一步理顺要素价格体系,加快完善劳动、土地、资本、自然资源、金融资产以及企业家等生产要素的市场价格形成机制,充分发挥价格对市场的调节作用;另一方面要加快形成全国统一市场,消除要素跨区域跨行业的流动壁垒。正如有些学者所指出,目前国内市场环境还不够健全和完善,国内统一市场还没有完全形成。因此,不通过深化改革消除制度障碍,就难以实现"资源高效配置、市场深度融合"的目标。从促进要素的跨国流动来看,一方面要加快外资政策和投资准入的负面清单制定,加快扩大服务业对外开放;另一方面要改革对外投资的审批体制,提高审批效率,允许发挥自身优势到境外开展投资合作,促进国内企业走出去开展绿地投资、并购投资、证券投资、联合投资,等等。

4. 构建完善区域开放格局的有效动力机制

协同推进沿海、内陆、沿边的对外开放,形成区域间的优势互补、分工协作以及均衡协调的区域开放格局。尤其是对于中西部地区而言,要进一步深化改革,完善体制机制,加快职能转变,提高行政效能,增强发展动力,通过加快与东部沿海地区的融合发展,主动接受东部沿海地区的辐射和溢出,重塑区域经济地理,在融合中分享机遇,在互动中借力发展,在扩大开放中实现区域协调发展。为此,首先,要打破区域间的行政区划局限,消除区域间的市场壁垒,促进产品、服务和要素在地区间的自由流动和合理配置,从而引导产业进行有规律的梯度转移和集聚。其次,要探索并试图将区域合作机制进行制度化,开展多形式、多领域和多层次的区域合作,鼓励和支持各区域搭建地区经济协作以及技术、人才的合作平台,进而形成以东部带动中西部、东中西部开放型经济共同发展的格局。除此之外,还要完善扶持机制和互助机制,特别是要鼓励和促进东部发达地区采取对口支援、社会捐助等一系列方式,帮助和扶持欠发达的中西部地区,使其更有"能力"与东部沿海地区"配套"发展。在构建对外开放新平台方面,特别要以全面对接上海自由贸易区建设,抓住"一带一路"和长江经济带建设的重要契机,充分发挥沿海省份开放基础较好的优势,加大政策拓展力度,全面提升开放型经济平台建设水平。一是积极申报新的自由贸易港区;二是整合现有综合保税区等海关特殊监管区整体纳入自贸区,利用现有的众多开放平台,发挥功能叠加优势,打造开放型经济"升级版";三是聚合各类开放载体,全面对接上海自贸区有关政策,在条件成熟的区域,可以争取先行先试自贸区的部分政策。

5. 构建有利于培育企业国际竞争力的竞争机制

开放型经济发展是否具有竞争力,说到底,取决于企业在国际市场上是否具有竞争力。在依托低端要素和政策红利等所形成的竞争力日益弱化背景下,企业新的竞争力需要基于创新能力提高。而从影响企业创新能力的因素来看,不单取决于是否具有创新要素,比如创新人才等,更重要的还取决于能否充分发挥创新要素的作用,将潜在创新要素真正转化为创新能力和实践。因此,更有利于促进创新的体制机制,要比创新要素本身可能重要得多。为此,一方面要通过组织制度、产权制度和管理制度的建设,构建企业创新的制度激励系统。另一方面要通过完善相关市场制度形成激励企业创新的公平竞争市场环境。此外,除了依靠市场制度和企业制度的激励作用外,还需要借力政府行为,发挥政府的宏观调控作用,即,还要从政府的政策体系设计层面,强化管理,出台和落实能够有效鼓励企业进行创新的激励政策。

（与戴翔合作。原载《南京社会科学》2014 年第 7 期）

中国外贸转型：加工贸易、"微笑曲线"及产业选择

伴随人口红利、土地红利和环境红利等传统低成本优势逐步丧失，以及面临外需减弱、贸易保护主义升温、经贸摩擦频发等外部环境变化，中国外贸发展亟待转型已成共识。但就向什么方向转型、如何转型问题上，无论是理论界还是实际部门，认识上并不一致。一些颇具代表性的观点认为，中国外贸转型发展，就是要逐步降低加工贸易比重，提高一般贸易比重；要沿着微笑曲线从低端向产业链高端全面升级；要从依托劳动密集型产业参与国际分工和贸易，向依托包括战略性新兴产业在内的高科技产业参与国际分工和贸易转变，等等。从长远发展思路来看，这些看法无疑是有道理的。但是，从短期看，外贸转型升级不能脱离全球分工演进基本趋势和中国发展现实国情，流行的思路有"急于求成"之嫌。不切实际的转型思路，不利于我国外贸的长期可持续发展，也不利于外贸发展的转型升级。本文拟就三个问题做一粗浅探讨。

一、全球价值链分工的视角：加工贸易性质再认识

学术界不少观点认为，由于中国的加工贸易具有"两头在外"的典型特征，又处于加工贸易链条低端，这不仅决定了加工贸易获益甚少，只能赚取一点可怜的"打工费"，而且也带不来先进技术，更带不来自主创新。与加工贸易相比，一般贸易则通常被认为更具增值能力，具有更长的国内产业链条，更能促进技术进步和自主创新能力。因此，降低加工贸易并提升一般贸易比重，被认为是中国贸易结构优化的重要指标。甚至有观点认为，中国外贸发展对加工贸易所形成的"依赖性"，制约了中国外贸发展方式的转变。[①] 这些看法有一定的片面性。

---

① 刘国晖、张如庆：《论困境倒逼下的我国对外贸易发展方式转变》，载于《经济学家》2014 年第 2 期，第 59-65 页。

首先，从国际分工发展新趋势看，一般贸易和加工贸易的界限已经模糊。一般认为，所谓一般贸易，主要是指单边输入或输出关境的一种贸易方式，其交易标的物通常是企业单边售定的正常进出口货物；而所谓加工贸易，主要是指以保税的方式从境外进口全部或部分原辅材料、元器件、零部件或包装物，在境内加工或装配后再出口的经营活动。可见，一般贸易与加工贸易的差别源于海关监管方式，从这个角度看，二者确实存在很大区别。但是在全球价值链已经成为全球分工主导形式的大背景下，对外贸易的本质已经演化为各国(企业)参与全球生产流转环节的外在表现。所谓的一般贸易，其实也直接或间接地内含大量进口中间投入品，从事的也是全球生产链的一个环节，因而本质上也属于"加工贸易"，或者说广义上也是一种加工贸易。换言之，加工贸易和一般贸易虽然仍存在海关统计意义上的区别，但从全球价值链分工的视角看，二者在经济上的界限就不那么清楚了。在产品内分工的情况下，跨国公司在全球范围进行生产布局，利用各国的要素优势，构建全球生产网络，把很多生产环节和零部件都外包了，或者通过对外投资由自己的子公司来生产，从而形成了比例越来越高的中间产品贸易。从经济学含义看，由垂直专业化分工导致的中间产品贸易本质上属于"加工贸易"。也就是说，在贸易投资一体化的情况下，在全球价值链分工深入发展的情况下，一般贸易和加工贸易的划分已经不再重要。国际分工体系的巨大变化，已经影响到国际贸易规则。基于海关监管的边境措施的重要性大大下降，贸易、投资便利化已经成为各国共识，竞争政策、知识产权保护、投资政策等边境内措施成为关注焦点。国际贸易和投资新规则正在形成，以适应全球价值链分工的发展。

其次，从参与国际分工国民福利看，很难得出一般贸易比加工贸易获益能力强的结论。一般贸易可能包含了更多国内价值增值环节和阶段，而加工贸易内涵的国内价值增值环节和阶段则相对较少。也正是基于上述差别，表现出了一般贸易的出口品较之于加工贸易出口品通常具有更高的国内价值增值率。但如果据此得出一般贸易获益能力更强的结论，就不免有失偏颇。联合国基于贸易附加值视角对全球价值链进行的一项研究表明，包括发达国家在内的经济体，其出口产品中内含的国外进口中间品比重越来越高，而国内价值增值所占比重则日趋下降(UNCTAD, 2013)。这种变化趋势实际上正是说明了全球分工的不断细化、产品价值链在全球的进一步延长以及各国(地区)更加专注于更具核心竞争优势的特定环节和阶段的结果和表现。在全球价值链分工模式下,出口国内附加值增值率固然重要,但不应简单等同于参与国际分工的获益能力。事实上,在新的国际分工形式下,我们更应该注重的是融入全球价值链的能力,掌控全球价值链的能力,所专注的某个或某些特定环节和阶段是否拥有持续的盈利能力。应当注意的是,加工贸易也不一定就意味着国内价值链短,因为加工贸易也可以通过不断转型升级而延展国内价值链。总体来看,目前加工贸易的国内价值链较短,但这并非是加工贸易本身的问题,而只能说明我们在加工贸易延长国内价值链方面做得还不够,同时也意味着加工贸易有着巨大的发展和升级空间。

第三,从技术进步和自主创新能力的角度来看,一般贸易与加工贸易也不存在孰优孰劣的问题。因为无论是加工贸易还是一般贸易,作为一种贸易方式,其本身与技术进步和自主创新并不存在内在的逻辑关系,因为技术进步和自主创新是企业的事,与一般贸易一样,发展加工贸易也可以促进企业技术进步和自主创新能力。正如王子先的研究所指出,一般贸易并非一定伴随着技术进步和自主创新,而加工贸易在技术进步和自主创新方面也并不存在必定不如一般贸易的范例。[1] 实际上,加工贸易作为融入全球价值链分工的典型表现和重要形式,对于发展中经济体来说,不仅能够在密切与发达国家跨国公司的关系中通过模仿等获取一般的外溢效应,还通常会因为得到跨国公司的指导、帮助而获取主动的外溢效应,从而促进技术进步。从国际经验来看,在全球价值链分工模式下,通过发展加工贸易而承接来自发达经济体"外包"的末端加工装配环节起步,循着一种逆向工业化的发展路径,即由末端起步逐渐向中上游攀升,从而最终实现整体的产业技术进步和升级的范例并不鲜见,亚洲"四小龙"的实践就是明证。而在中国开放型经济较为发达的东南沿海地区,一批加工贸易企业通过引进、模仿、消化、吸收国外先进生产技术甚至进行二次创新,从而逐步提升了自身研发力量甚至培育了自有品牌,实现了从简单的贴牌加工,向委托设计生产乃至自有品牌营销转变的成功案例也比比皆是。

---

① 王子先:《研发全球化趋势下自主创新与对外开放关系的思考》,载于《国际贸易》2013 年第 9 期,第 4 - 15 页。

总之,在全球价值链分工模式下,全球贸易尤其是制成品贸易大多属于加工贸易,因此,通过发展加工贸易而融入全球价值链以获取发展的机会和利益,不仅是顺应全球分工演进趋势的需要,也是发挥自身比较优势的现实选择。所以中国外贸转型发展的关键并不在于要不要发展加工贸易,而是在于如何发展,或者说如何促进加工贸易本身的转型升级。把降低加工贸易的比重,提升一般贸易的比重作为外贸发展转型升级的方向,是值得商榷的。

二、"微笑曲线"再讨论："低端"还是"高端"

"微笑曲线"理论自 20 世纪 90 年代诞生以来,几乎被作为"经典"引证,用来说明企业在融入国际分工体系的地位(裴长洪等,2011)。由于企业处于专业化生产的不同生产环节,从而在获益能力方面存在着巨大差异:位于微笑曲线低端的加工、组装和制造等环节属于获利低位,而在"微笑曲线"两端的研发、技术、专利、网络、营销、品牌、服务等环节属于获利高位。因此,按照"微笑曲线"的理论阐释,由于中国融入全球价值链分工体系而发展的对外贸易,所依托的正是加工、组装和简单制造等获利低位环节和阶段,即便能够获取一定的分工和贸易利益,所能带来国民福利水平的提升也是最为有限的。这正是理论和实际工作部门所诟病的"中国对外贸易只赚数字不赚钱"的原因。因此,很多经济学家认为,中国外贸发展转型升级的方向,就是沿着所谓"微笑曲线"向两端,实现价值链的全面攀升。应该说,"微笑曲线"有一定的说服力,对中国外贸发展也不乏参考价值。但向微笑曲线两端攀升,能否成为中国外贸转型发展的方向和政策思路,仍须做进一步分析。

运用"微笑曲线"理论来分析中国对外贸易发展实际时,有两点尤须注意:一是基于企业层面所提出的"微笑曲线"理论,是否能够简单地等同于国家宏观层面的参与国际分工和贸易理论;二是"微笑曲线"理论所描述的向高端攀升尽管很是理想,但我们是否已经具备了价值链攀升的基本条件。就第一个问题而言,我们知道,"微笑曲线"理论的提出,实质上是企业发展的一种策略方向,属于微观层面的东西。具体而言,在附加值增值观念的指导下,企业只有将附加值更高的生产区段和环节作为目标定位,并不断向其攀升和转移,才能实现持续发展与永续经营。从这一意义上来说,"微笑曲线"理论本质上还是一种厂商(企业)理论而并非分工和贸易理论,因此难以将企业这一策略性问题,简单地用于指导一国(地区)对外贸易发展实践。在市场经济条件下,沿着"微笑曲线"向两端攀升追求更高的附加值,更多的应该是企业的自发自主行为,或者说在公平有效的竞争环境下市场规律使然。另一方面,虽然高端具有更高的获益能力,但由于投入的要素总量尤其是劳动要素总量相对较少,因此,生产过程中所有要素收益的累计总量不一定就最高;而低端虽然获益能力相对较低,但由于投入的要素总量尤其是劳动要素总量规模相对较大,因此,生产过程中所有要素收益的累计总量不一定就低,况且低端生产能够极大地拉动低技能劳动者的就业。实际上,"中国对外贸易只赚数字不赚钱"的传统观点,虽有一定道理,但主要还是侧重于从资本要素收益角度的解读。如果从所有要素收益总量来看,中国出口国内附加值增值率虽然不高,但庞大的出口规模所包含的附加值总量(也即所有的要素收益)显然是巨大可观的。因此,中国外贸虽以低端嵌入方式融入全球价值链分工体系,但因此获得了经济发展、就业增加以及城市化进程加快的巨大利益。

我们再分析一下中国是否具备了全面攀升全球价值链高端的基本条件。应该说,沿着"微笑曲线"攀升,并非一朝一夕之功,需要的是一步一步脚踏实地的远行,需要培育高端要素。与发达国家相比,目前中国在高端要素,尤其是创新型高端要素供给方面仍然存在较大差距。目前我国大量关键和核心技术依然严重依赖进口,高端技术人才还严重不足。从国家层面来看,企业的技术进步和自主创新的社会环境也还有待进一步完善,技术和创新要素还有待向企业集聚,技术进步和创新投入还有待进一步加大。因此,总体而言,目前中国本土企业和产业全面沿着"微笑曲线"而向两侧高端攀升,还不切合实际。考虑到中国劳动力市场制度性分割以及劳动力素质级差所形成的特有二元结构在短期内还难以消除,大量的劳动力还难以与其他高端要素进行匹配而进入中高端行业。应该指出的是,即便是在所谓"微笑曲线"低端,只要能够做实做专,同样也能成为价值链中具有极强竞争力的关键环节。

总之,中国外贸转型发展的目标,不仅需要考虑到企业攫取高端附加值进而带动产业升级的需要,同时还要兼顾到广大低技能劳动者充分就业的需要,不仅需要考虑单一要素的收益状况,还应该兼顾到所用要素的总量收益状况。近年来出现的所谓"民工荒"和"招工难"问题,本质上是结构性问题,因为与此同时还存在大量的"就业难"问题。当然，一部分企业实现价值链的攀升，不仅应该而且有条件，事实上很多企业因此提升了国际竞争力。但是从总体上看，在现阶段，把向微笑曲线两端攀升作为现阶段外贸转型发展的方向，条件还不具备。

三、外贸发展的产业选择：传统产业还是新兴产业

贸易是流，产业是源，贸易的转型发展本质上依赖于产业的转型升级，也正是基于这一点，学术界和理论界不少同志认为，中国外贸在面临要素成本上升等诸多因素约束下，必须改变长期以来依赖劳动密集型产业的发展模式，进而将产业发展的重点转向资金技术密集型产业乃至战略性新兴产业。如果说，基于企业版"微笑曲线"的观点认为，中国外贸转型发展就是要努力摆脱低端陷阱，不断向价值链高端攀升，那么，产业版的外贸转型发展观点则涉及中国未来外贸发展的产业选择。这就涉及一个重要的基本判断：就目前中国产业发展在全球产业分工格局中的地位及其现实阶段而言，是否应该放弃所谓低端的传统产业，转而发展所谓技术密集型乃至战略性新兴产业等高端产业。或者说，中国产业发展是否已经到了全面向高端产业升级的临界点？劳动密集型等低端产业，是否不再是我国外贸发展的重要产业？资金技术密集型等产业乃至战略性新兴产业，是否已经成为我国现阶段产业发展的主要方向？我国外贸的竞争力是否要寄希望于高端产业？

部分学者认为，中国出口产业已经到了全面向高技术产业进而战略性新兴产业升级的临界点，因为许多实证研究已经表明，中国出口商品技术结构或者说出口商品的技术含量，远远超出了同等发展水平的其他发展中经济体出口商品技术含量水平，甚至与发达经济体趋同(Hausmann et al, 2007; Lemoine et al, 2008)。基于这种实证研究结果得出中国产业已经具备高级化发展的基本条件的观点，有意或无意地忽略了一个重要因素，那就是全球价值链分工对中国出口商品技术结构的影响；更确切地说，价值链分工条件下的中国外贸，会造成中国出口产业的"虚高"的假象。正如Theodore H. Moran(2011)的研究所指出，包括中国在内发展中经济体出口的高技术密集型产品，貌似由发展中经济体所生产，但实质上是由发达经济体所生产，因为出口产品中所内含的最为核心的技术环节和阶段，包括核心零部件等，依然依赖于从

发达经济体进口。① 总体来看,中国出口产业发展尚未取得足够优势,在全球产业链分工体系中仍然处于中低端。因此,中国产业发展要想实现全面升级,即放弃所谓低端产业而全面向技术密集型产业和战略性新兴产业转型发展,尚不具备现实基础。尤其是战略性新兴产业,作为未来产业的可能发展方向,其重要特点之一就是技术路线的不确定性和技术产业化的不成熟性,即便是在发达经济体,大多数核心产业的核心技术尚且不成熟。近年来中国在包括战略性新兴产业在内的高科技产业发展方面可谓"苦心努力",但收效甚微,可能就是很好的证明。因此,如果不考虑到中国发展现实阶段及其要素禀赋状况,而贸然放弃现阶段仍具备相当国际竞争优势的所谓低端产业,倾力发展包括战略性新兴产业在内的高端产业,其结果可能会造成产业渐进升级过程的"断档",伤及中国经济和外贸的发展。

更为重要的是,高技术产业或者说高端产业未必就是高附加值产业,而低技术或者说低端产业也未必就是低附加值产业,因为高技术产业中其实也有低端链条,而低技术产业中同样也存在着高端环节。例如,就中国目前比较优势较为突出也是具有较强国际竞争力的服装产业而言,其中最为核心的也是获利能力最强的产业链环节仍掌握在发达国家手中,包括面料技术、印染技术以及纺织机械等,都是所谓低端产业中的高端部分。换言之,中国服装产业还处于全球产业链的低位,大多数本土企业还没有切入主流的全球产业链,因此在国际产业链上逐步升级到高端环节,比盲目投入创新自有品牌更重要。从这一角度来看,中国的传统比较优势产业或者说所谓的低端产业,实际上仍然存在着巨大升级空间,这就是低端产业的发展精致化和高端化。中国社科院工业经济研究所最近完成的一个关于竞争力的研究项目,选取制造业中的代表性产品进行国际比较,以明晰中国各类产品尤其是在整体层面上具有国际竞争力的产品,与发达经济体相比到底还有多大的差距。研究结果发现,中国最好

① Lemoine, F. & Ünal, D. Rise of China and India in International Trade: From Textiles to New Technology. *China & World Economy*, 2008., 16(5):18-32; Theodore H. Moran, "Foreign Manufacturing Multinationals and the Transformation of the Chinese Economy: New Measurements, New Perspectives", Peterson Institute for International Economics Working Paper Series WP 11-11, April 2011; R. Hausmann, Y. Huang, and D. Rodrik. "What You Export Matters", NBER working paper no. 11905, 2007.

的产品、最具有比较优势产品里面,不仅很多核心的零部件都依赖进口,而且即便是在最简单的制造环节和阶段,在精致化和品质水平方面,仍然与发达国家尤其是工业强国仍然存在较大差距。

由此可见,中国外贸转型发展,从产业角度来看,绝不是简单地放弃传统的所谓低端产业,而是在于"强化",转型更不应该简单地理解为"转产"。产业升级不排除有技术进步的突变可能,但总体来说是个渐进升级过程,但不管是突变还是渐进式发展,都要依赖于技术进步和创新,而创新需要专注,需要专业,需要很多年的积累,这样,才能脚踏实地一步一步走向产业高端和前沿。

总之,面临要素成本的不断上升以及外部环境的深刻变化,中国外贸需要转型发展,但从贸易方式来看,绝不是"薄"加工贸易而"厚"一般贸易,从价值链升级角度来看,也不是简单放弃"低端"而向所谓"微笑曲线"两侧高端全面升级,从产业角度来看,更不是放弃低端产业转向高端产业的"转产"。中国外贸转型发展,需要耐心和毅力,必须从实际出发,一步一个脚印地扎实推进。

(原载《当代经济研究》2014 年第 7 期,《新华文摘》2014 年第 16 期转载)

我国增长新阶段开放型经济的转型发展：
目标、路径及战略

一、问题提出

改革开放以来,中国在经济基础十分薄弱、产业国际竞争力十分低下的情况下,依托丰富廉价的低端要素所形成的低成本国际竞争优势,抓住了以贸易自由化和投资自由化为主要内容的经济全球化所带来的重要战略机遇,不断深化改革,扩大开放,大力发展开放型经济,逐步全面和深度融入发达国家跨国公司主导的全球价值链分工体系,取得了经济增长的巨大成就。但是过去中国经济的高速增长,主要是建立在廉价劳动力和外延式大规模资源要素投入,以及对环境资源掠夺式开发和粗放式利用等基础之上的,因此在获得巨大发展成就的同时,也带来了发展的不平衡、不协调和不可持续等问题。伴随国内外环境的深刻变化,以往的发展模式和路径遇到了巨大挑战,亟待向创新驱动的发展模式和路径转变。正如 2014 年 12 月召开的中央经济工作会议强调指出:我国经济已经进入形态更高级、分工更复杂、结构更合理、增长更集约、创新驱动更明显等为主要特征的发展新阶段。[①]

由于全球经济形势和格局的深刻变化和调整,尤其是世界经济持续低迷,我国开放型经济发展面临风险增大、不确定因素增多的复杂环境。国内生产要素价格进入集中上升期等新形势,也对我国开放型经济传统发展模式和路径带来了巨大挑战。2012 年以来,我国开放型经济出现了以外贸从超高速迅速跌入中低速为主要特征的增长"乏力"现象。我国开放型经济转型进入转型发展新阶段。我国开放型经济转型

---

① 《2014 中央经济工作会议》,中国经济网,http://www.ce.cn/ztpd/xwzt/guonei/2014/jjgz/,2014 年 12 月 11 日。

发展的目标和路径是什么？应当采取怎样的战略？本文拟就这些问题，做一粗浅探讨。

二、我国开放型经济转型发展的目标升级

新一轮开放型经济转型发展的根本目标，就是要在"开放型经济大国"的基础之上，向"开放型经济强国"迈进，逐步改变我国开放型经济"大而不强"的现实困境。而这一总目标升级大体又可具体分解为四个具体目标的升级。

（一）由大到强：开放型经济转型发展的总目标升级

改革开放以来，我国不仅基本完成了从计划经济体制向市场经济体制的渐进转型，而且在开放型经济发展战略推动下，基本形成了全方位、多层次的对外开放格局，以及具有中国特色的开放型经济发展模式，取得了令世界惊叹的"不可思议"的巨大成就，突出表现为在开放型经济领域已经取得了许多在位规模优势，比如经济体量的在位规模优势、货物进出口额的在位规模优势、外资利用额的在位规模优势以及外汇储备额的在位规模优势等等。然而，体量之大并非等同于筋骨之强，客观而论，目前我国参与全球合作与竞争所取得的主要在位优势仍在于"规模"，分工地位不高，出口产品结构还不够优化，质量结构不高，市场结构不合理，依托品牌和技术等核心要素构建的新型比较优势尚未形成等等，在另一层面说明了我国开放型经济的"大而不强"仍是我们不得不面对的现实状况。当然，从事物发展的普遍规律来看，上述发展情况也符合我国的特定发展阶段。这是因为受制于要素禀赋等现实约束，改革开放以来很长一段时间内，中国只能依托初级要素等所形成的低成本竞争优势，融入全球生产和分工体系，因而必然具有"低端嵌入"的显著特征。

这一发展模式和路径在特定的历史发展阶段具有一定的合理性，它通过将我国比较优势发挥到"极致"并带动了开放型经济各种量性指标的快速增长。而量性增长的主要任务就在于经济基础较为薄弱的情况下，以跟随模仿为主要发展战略，加速形成制造业的生产能力和出口能力，并以此拉动经济快速增长。应该说，这一阶段的发展任务已经基本完成，当初的人口红利、土地市场优势逐渐消失。从所处现实发展阶段来看，我国开放型经济已经进入了由"量变"到"质变"的关键节点。这是因为，我国开放型经济发展进入新阶段后，一方面国际国内环境的深刻变化使得传统的主要依

托规模扩张的发展道路和模式已经不可持续,从而为开放型经济转型发展提出了必要性要求;另一方面,多年来开放型经济迅速发展所取得的各种在位规模优势,也为转型发展奠定了必要和坚实的物质基础,从而开放型经济转型发展一定程度上具备了现实条件。总之,实现我国开放型经济发展由大而强的转变,从主要依托数量规模扩张式的发展模式和路径,向主要依托质量效益提升型的发展模式和路径转型,是当前我国开放型经济转型发展总体目标和升级方向。

(二)由粗放到精致:实现开放效益提升的目标升级

长期以来,我国开放型经济发展备受诟病的一个突出问题就是效益不高,例如,理论和实践部门既存在着所谓"中国对外贸易只赚数字不赚钱"的质疑,也存在着所谓利用外资"以市场换技术失败论"等争论。当然,从附加值等角度来衡量我国开放型经济发展效益,直观上看,在很大程度上与我国融入全球生产和分工体系的方式有关,而究其本质,则与粗放式的发展模式和路径有关。如前所述,在经济基础较为薄弱的前提下,我国发展开放型经济只能以"低端嵌入"的方式融入全球分工体系,因而,无论是从产业间分工、产业内分工还是从产品内分工方面看,我们主要是专业化于传统的低端产业或者产品价值链的低端环节和阶段。这种嵌入方式和发展路径所带来的一个看似必然的结果就是效益不高,因为"高端"往往被与高技术含量、高增值空间、高发展潜能等联系起来;而"低端"则往往被与低技术含量、低增加值空间和发展潜能有限等联系起来。这种直观认识有一定的道理,但并不全面。因为高端并不必然意味着高附加值,低端也并不必然意味着低附加值。[①]

从本质上看,高端往往能够产生高附加值的根本原因在于,或者说根本前提仍然取决于企业所掌握的技术水平和生产能力,在市场中并不面临充分的竞争从而具有一定的"垄断优势",即某一个企业拥有的技术水平其他企业没有,或者其他企业拥有类似水平的生产技术条件,但该企业的生产技术仍有与众不同之处,那么便能产生高附加值。如果企业所掌握的技术水平在市场中面临着充分竞争,即便是处于高端领域,也难以产生高附加值。反过来,即便是在所谓的低端领域,虽然并不是所谓的什

[①] 金碚:《稳中求进的中国工业经济》,《中国工业经济》2013年第8期。

么高科技产业和产品,但"人无我有或与众不同"的情况下仍然可以创造出高附加值来。上述逻辑并不难理解,而且在实践中的生动事例也比比皆是。例如,相比于太阳能光伏产品这种高科技而言,手表、女式包、可口可乐、麦当劳等应该算不上什么高科技产品,但生产太阳能光伏产品的很多企业未必都能创造高附加值,而处于所谓低端产业领域的诸如可口可乐、麦当劳则可以创造高附加值;而同样成本和做工的女式包,我国生产的在国际市场上只能卖几百元,但法国、意大利生产的在国际市场能卖到上万元。日本发展机械表和瑞士手表的竞争结局也能说明问题。因此,综合来看,我国开放型经济效益不高确实与"低端嵌入"有关,但更深层次的和更根本的是与粗放式的发展方式有关。因此,在我国开放型经济亟待转型发展的关键节点,提升开放型经济发展效益的根本途径,就是要从以往的粗放式发展向精致化方向发展。这一点无论是继续发展所谓传统产业和低端产品,抑或是从传统产业和低端产品向新兴产业转变或者向产品价值链高端环节攀升,都是如此。总而言之,唯有改变以往依赖低端要素形成低成本竞争优势的传统思维观念,唯有改变一哄而上、粗放式的发展模式,从粗放式的发展模式和路径向精致化发展模式和路径转型,才能实现我国开放型经济效益提升的根本目标。

(三) 由窄到宽:实现开放领域全面扩大的目标升级

总体而言,中国前一轮开放主要侧重于制造业领域,具有"单兵突进"的特点,而至于服务业领域开放则相对不足。换言之,开放型经济使得中国制造业以"开阔地式推进"而获得了长足发展,也具备了一定的国际竞争优势。但实践表明,目前中国服务业发展仍然相对滞后,参与全球合作与竞争优势明显不足,中国服务贸易连年逆差且逆差有不断扩大之势就是明证。当然,即便是在制造业领域,截至目前,出于各种战略考虑,也并非意味着开放了所有行业领域。中国乃至全球经济进入"新常态"后,不断扩大开放领域,实现开放由窄到宽的发展变化,是全面提升开放型经济发展水平的重要方向和途径之一。这不仅是进一步提升中国开放型经济国际竞争力的现实需要,也是迎合新一轮经济全球化发展变化趋势的现实需要。

从产业结构演进的角度看,制造业发展到一定程度或者说高端制造业发展,有赖于生产者服务的引领和支撑;而与此同时,服务经济本身也会随着产业结构的演进而成为国民经济重要组成部分乃至主导部分。当然,与封闭条件不同的是,在开放条件下无论是制造业的发展包括高端化发展,还是服务业的发展,都可以通过扩大开放,突破本国资源条件限制,借助"外力"加快推进。尤其是在当前基于全球价值链的全球产业转移不断加快的背景下,通过扩大开放承接国际产业梯度转移,不仅可以实现某些产业领域的"从无到有",甚至不断升级,而且还可以通过各种竞争效应、溢出效应、关联效应等作用机制和渠道,共同促进本国产业的不断发展和升级。这一点无论是对于制造业领域开放来说,还是对于服务业领域开放来说都是如此。这是一国开放型经济发展到一定阶段和程度后的必然选择和现实需求。而另一方面,目前经济全球化所呈现的另一重要趋势就是,高端制造业领域全球价值链不断深化拓展,以及服务价值链的全球拓展。尤其是后者,在全球经济再平衡中,日益受到以美国等为代表的发达经济体高度重视,并将之纳入新一轮全球经济规则谈判中的重点内容而力图大力推动。因此,进一步扩大包括高端制造业在内的开放领域,尤其是扩大服务业对外开放,不仅是当前开放型发展新阶段的必然要求,也是适应经济全球化新态势的现实需要。

（四）由被整合到整合:实现分工地位提升的目标升级

中国发展开放型经济融入全球分工体系,是在全球价值链深入演进的背景下进行的。而全球价值链深入演进的本质,是发达国家跨国公司在全球范围内整合和优化资源配置的表现形式和必然结果。因此,前一轮中国开放型经济发展其实就是融入发达国家跨国公司主导的全球分工体系,融入的方式是"被主导",开放型经济发展的方式和资源配置利用的方式是"被整合"。[①] 尤为重要的是,与以往传统的产业间和产业内分工相比,全球价值链分工的一个突出特征表现为,产品的不同生产环节和阶段会按照其要素密集度特征差异,被配置到具有不同要素禀赋的国家和地区。换言之,在全球价值链分工模式下,一国或地区参与国际分工所依托的主要是优势要素,即拥有什么样的要素和什么层次的要素,决定了一国或地区在国际分工中的地

---

① 安礼伟、张二震:《全球产业重新布局下长三角制造业转型升级的路径》,《江海学刊》2015 年第 3 期。

位。而分工地位的高低不同不仅意味着参与国际分工所形成的竞争能力不同,参与分工和获取利益分配的机会不同,更重要的区别还在于对分工格局和利益分配格局的主导能力不同。更确切地说,高端要素在全球价值链分工中往往更具主导能力,全球价值链的发展实际也就是高端要素在全球范围内整合低端要素以形成低成本竞争优势的过程。而一个不争的事实是,过去中国发展开放经济主要依托的是普通劳动、土地等低端要素优势,而在诸如品牌、技术、信息、知识、标准、国际营销网络等高端生产要素方面严重不足。这种现实的要素优势分布格局,在很大程度上决定了过去中国发展开放型经济,在全球价值链分工体系中扮演着"被整合者"的必然性。

面临当前国际国内环境的深刻变化,继续依托低端生产要素所形成的低成本竞争优势,不仅难以为继,在全球价值链分工模式下更面临着"浮萍经济"和被开除"链籍"的风险。尤其是中国经济发展进入新阶段后,由之前的低端要素驱动向高端要素特别是创新要素驱动转变,不仅是增创我国开放型经济竞争新优势,实现开放型经济可持续发展能力的需要,也是借此提升我国在全球分工中地位的需要。应该说,30多年改革开放的快速发展已经为实现上述转变奠定了现实基础,比如前文所述的已经取得的各种在位规模优势。而除此之外,人力资本的日益丰富、自主创新能力的不断提高、国内市场环境的逐步优化、制度质量日趋完善、产业门类配套齐全、本土企业国际化经营能力不断提高等,对于实现开放型经济由要素驱动向创新驱动转变,提供了有利条件。因此,"新常态"下中国开放型经济发展,就是提升集聚全球要素进行创新的能力,以及提升本土企业整合全球资源进行国际化生产经营活动的能力,从而努力在全球价值链分工条件下从"被整合者"向"整合者"转变,由单纯地参与全球价值链向建立自己的区域及全球价值链转变,从整体上提升我国在全球价值链上的竞争力。总之,由"被整合者"向"整合者"转变,是"新常态"下我国开放型经济新的战略目标。

（五）由被动到主动：实现话语权地位提升的目标升级

客观而论,全球经济和贸易规则如何,在很大程度上决定着经济全球化参与者的利益分配状况和格局。而全球经济和贸易规则的形成,实际上是由各参与国之间进行博弈的结果,而博弈的结果往往又取决于各博弈方话语权的大小,而各博弈方话语权的大小则取决于参与国包括经济和非经济实力在内的综合国力和竞争能力的大小。因此,这种"丛林法则"必然导致在规则制定过程中,少数具有主导能力和具有霸主地位的国家具有决定性的话语权,从而使得全球经济和贸易规则呈现出"非中性"的典型特征。在二战以来的经济全球化进程中,以 WTO、世界银行和国际货币基金组织为核心的国际组织所确立的全球经济和贸易等规则,涵盖了经济、贸易和金融三大领域。尽管这些规则在某种程度上反映了市场经济运行的一般规律性,甚至在贸易优惠条件、维持货币稳定和项目投资等方面对发展中国家具有一系列优惠安排,从而对经济全球化的发展起到了积极的推动作用。但总体而言,现行的全球经济和贸易规则是在以美国为首西方发达国家主导下制定的,因而可以说在更大程度上代表的是以美国为首西方发达国家的利益,是其继续维持旧的国际经济秩序的重要依托。也正因如此,针对现有国际经济和贸易规则的批评,尤其是来自发展中国家的批评络绎不绝,这也正是广大发展中国家为何强烈要求改革现有不合理、不公正的国际经济秩序,建立更加公正和合理的国际经济新秩序的根本原因所在。

改革开放以来,中国融入西方发达国家主导的经济全球化进程从而发展开放型经济,从游戏规则角度看,实际上就等于接受了西方发达国家制定和主导的现有国际经济体系和规则。尤其是自加入 WTO 开始,表明中国愿意接受并积极遵守 WTO 为国际贸易所制定的为各成员国普遍接受的规则。这是对现有规则的一种被动接受和参与。当然,这一选择是在中国综合国力不强、经济基础薄弱、对国际市场影响力有限条件下,作为"国际经济"意义上"小国"的现实选择和必然逻辑。换言之,前一轮开放型经济的发展,要求我们在逐步适应外部环境中谋求发展的利益,而不是去改变世界。然而,40 年开放型经济发展取得的"巨大惊人"成就,已经使得中国在全球经济格局中的角色发生了巨大转变,从国际市场上"微不足道"的参与者,转变为在国际市场具有"举足轻重"地位的开放型经济大国。因此,今非昔比的各种变化要求中国不可能继续扮演着国际核心政策和规则制定的旁观者和被动参与者,而应是规则的主动制定者。这不仅是中国自身获得更多话语权和提升国际分工地位的需要,也是代表发展中国家谋求更加中性的国际经济和贸易规则的需要。积极推进国际经济秩序更新,参与构建合理有效全球经济治理机制,无疑是我国重要的战略目标。

三、实现开放型经济转型发展目标升级的路径

明晰增长新阶段中国开放型经济转型发展的目标升级后，选择的发展路径是关键。概括说来，大致可以从以下几个方面来分析。

（一）从依托传统优势到培育开放型经济竞争新优势

在前一轮的开放型经济发展中，我们主要依托廉价的劳动力、土地以及优惠的政策等所形成的低成本竞争优势，参与国际竞争与合作。今后，中国开放型经济发展要实现从"大国"向"强国"的转变，就必须改变过去传统发展的老路，着力培育开放型经济新优势。而所谓"新"优势是相对于"旧"优势而言的，而具体的培育路径无非有两条：一是跳出过去"旧"优势的发展路径，重构新的竞争优势；二是依然遵循过去"旧"优势的发展路径，但需要为"旧"优势注入"新"的动力机制和来源。就第一个方面而言，其实质就是从主要依托成本和价格的竞争模式，向依托技术和品牌的竞争模式转变，即学术界通常所说的沿着产品价值链的"微笑曲线"向两端攀升；而从产业发展层面的"微笑曲线"角度来看，就是要从主要依托劳动密集型产业发展向依托技术、知识和信息等高端要素密集型的新兴产业发展转变。客观而论，与美国以及北欧的一些工业较强的经济体相比，我国制造业的技术水平相对而言还比较落后，创新能力还有待加强，整体上与世界先进水平尚有较大差距。由于技术改造和研发投入不足，我国大多数行业和企业没有自己的核心技术、知识产权和核心品牌。因此，要实现产业价值增值环节的跃升和产业结构调整的转型，需要提高企业的技术创新能力和研发能力，乃至标准的制定和引领能力，要在技术创新的基础上培育出品牌，制定出标准，从而实现产品和产业国际竞争能力"质的提升"。

就第二个方面而言，即维持原有的低成本竞争优势，同样是目前中国开放型经济发展所处阶段重要的路径选择之一。通常而言，成本的决定因素主要有二：一是要素价格，二是全要素生产率。应当看到，低成本竞争优势是市场竞争中永恒的主题，换言之，即便是在高技术产品和产业领域，也不能完全排除成本竞争的存在和重要性。而且从长远角度看，技术进步的实质也就是要将昨天的奢侈品变成今天的高端产品，将今天的高端产品变成明天的大众消费品，其内在的决定性因素无非是成本因素。特别地，中国作为人口大国及其劳动力层次多样性的事实特征，决定了未来仍有大量

劳动密集型产业存在的必然性。因此,今后继续发挥低成本竞争优势的发展路径,既是现实需要也是必然选择。只不过,过去我们发展开放型经济所依托的低成本优势,主要源于低廉的要素价格,而今后则需要为"旧"优势注入"新"的动力机制和来源,即依赖提高全要素生产率而打造新的低成本竞争优势,将传统劳动密集型产业转变为新型劳动密集型产业。

(二)从"世界工厂"到"世界办公室"

中国的经济结构在参与全球化的过程中发生了很大的变化,在大力发展出口贸易和大量引进外资等为主要内容的开放型经济引致战略下,中国演变为世界工厂,制造业成为中国的主导产业。在经济全球化形势和格局发生深刻变化下,以及中国经济进入"新常态"过渡阶段后,一方面,中国制造业的发展面临国际贸易摩擦增多、要素成本上升和自然资源制约瓶颈约束加大等困难,此外,中国也迫切需要通过非制造业的发展推动经济增长,拓展中国的产业链,提升中国的国际分工地位。另一方面,信息技术发展、人力资本积累以及不断扩大的市场需求为中国服务业发展提供了有利的条件。在服务业全球化快速发展背景下,通过融入全球服务业生产体系推动和实现服务业尤其是生产者服务业的发展,将会成为实现中国开放型经济增长模式转型升级的主要途径,也是推动中国开放型经济发展的新动力引擎。应该说,开放条件下服务业发展水平的高低将是衡量中国开放型经济发展模式转型是否成功的重要标志,也是决定中国未来开放型经济是否具有竞争力的重要因素。这就要求今后中国开放型经济的发展,要在继续做大做强制造业和提升国际竞争力的同时,努力在服务经济领域提升国际竞争力,从过去的单一路径向"世界工厂"和"世界办公室"同时发展的两条路径转变,也是据此实现开放由"窄"变"宽"的必由之路。

上述发展路径的转变,其实就是要在服务业"全球化"和"碎片化"的大趋势下,快速全面地融入全球服务链而实现服务经济大发展。为此,除了发展传统形式的服务贸易外,一是要抓住全球服务业通过 FDI 形式进行跨国转移的重要机遇,提升我国服务业利用外资水平,以此推动服务业发展乃至服务业国际竞争力的提升;二是要抓住当前全球服务外包蓬勃发展的战略机遇,大力发展我国的服务外包。其实,无论是通过发展服务贸易的方式,还是通过利用服务业 FDI 而承接服务业链的国际梯度转移，抑或是利用国际服务外包的重要战略机遇，通过承接服务业和服务产品价值增值环节的服务外包，都是融入服务业全球化的重要表现形式、内容和路径。借鉴中国制造业在融入全球价值链中实现大发展的成功经验，在扩大服务业开放中推动我国服务业在规模上的扩张和质量上的提升，不失为一种有效的路径选择。正如十八届三中全会强调指出：要大力发展服务贸易，扩大服务业对外开放，加快转变外贸发展方式。

（三）从简单"引进来"到集聚全球先进创新要素

利用外资是中国发展开放型经济的重要内容和方式之一，爆炸式增长的"出口贸易"与其所具有的典型"外资嵌入型"特征是密不可分的。多年来中国一直是吸引全球对外直接投资最多的发展中国家之一。而在全球价值链分工模式下，资本等要素跨国流动的实质就是优化全球资源配置，具体而言，是利用自身的优势要素与其他国家和地区的优势要素相结合，在特定的技术水平形成低成本竞争优势。由于生产要素之间的优化配置不仅存在着数量上的最优配比问题，其实在质量和层次上同样也存在着"门当户对"关系。[①] 比如，高精尖技术产品的生产通常要求与高素质的人力资本相结合，如果与低素质的普通劳动力相结合，就会造成优质资源配比上的浪费，甚至会影响产品的生产。具体到中国发展开放型经济的利用外资层面而言，两种现实因素影响着中国利用外资的整体质量和层次水平。一是自改革开放以来中国现实要素禀赋结构状况，或者说自身的优势要素状况，决定了所能吸引的外资质量和层次状况，特别是我们的优势要素主要表现在大量的价廉普通劳动者方面；二是基于开放风险的控制而实行的渐进式开放路径，即以制造业开放为主而在服务业领域开放则相对不足。上述两种因素决定了跨国公司向中国转移的产业，主要发生在劳动密集型的"边际产业"，形成了利用外资主要集中在制造业的结构比较单一的情形，且呈现以低端加工和组装为主，而制造业的高端环节和服务业利用外资占比较低等特征。这也正是为什么国内理论和实际工作部门普遍存在着所谓"以市场换技术失败论"的根本原因所在。

---

① 　华民：《我们究竟应当怎样来看待中国对外开放的效益》，《国际经济评论》2006 年第 1 期。

我国增长新阶段开放型经济转型发展,需要实施全面的创新驱动战略,因此,从利用外资的角度看,发挥其创新驱动的重要作用,必然要求改变之前的简单"引进来",或者说要改变以往的低端利用外资的发展路径,向高水平"引进来",即提高利用外资质量和层次的高端用外资发展路径转变。而所谓的高水平"引进来"或者说高端用外资,其实就是要确立全要素理念,因为利用外资绝不仅仅是一个资金流动问题,而是涉及技术、知识、信息、管理、人力资本等一揽子生产要素流动问题。因此高水平"引进来",不仅仅是指将高端产业或高技术产品生产过程中的某些生产环节和阶段等向我国转移,更为重要的是依托资金流动而带动其他一系列高端生产要素的流动,尤其是"外智"等创新生产要素向国内集聚,充分发挥外资嵌入式的创新驱动开放型经济发展。概言之,提升集聚全球先进尤其是创新要素的能力,实现开放型经济由大变强、由粗放变精致等目标升级的重要途径。

(四) 注重"引进来"和"走出去"相结合

在全球价值链尤其是要素跨国流动性越来越强的国际分工模式下,利用全球生产要素发展开放型经济,不仅有"引进来",还应包括"走出去",即通过开展对外直接投资整合当地优势资源和要素"为我所用"。长期以来,我国发展开放型经济从上述双向流动角度看,主要以"引进来"为主,而"走出去"则相对不足。当然,这在特定的发展阶段有其合理性与必然性。因为从微观角度看,"走出去"的主要是具有全球竞争能力的跨国公司,而自改革开放以来的很长一段时期内,由于我国企业并没有经过市场经济体制的"历练",也缺乏具有国际经营能力的企业家,更缺乏的是参与全球市场合作与竞争的企业家精神,加之我国经济基础相对薄弱,外汇等金融支持条件也相对不足等,一系列现实约束条件必然导致中国企业"走出去"的能力相对较弱,还难以在全球市场上搏击风浪。然而,经过 30 多年的改革开放,中国本土企业在市场竞争机制下不断得到历练和成长,不仅逐步积累了参与全球合作与竞争的基本经验和能力,同时也越来越具有全球经营的意识和理念,加之金融危机后国内外经济环境发生了一些利于中国企业"走出去"的有利变化。在此背景下,中国企业应加快"走出去"的步伐。

开放型经济本质上一定是既包括"引进来"又包括"走出去"的双向循环系统,只有以"引进来"为主或只有以"走出去"为主的开放型经济发展模式和路径，即使在特定的发展阶段具有某种合理性，但一定存在很大的局限性和不足之处。比如，在前一轮的开放型经济发展中，中国以"引进来"为主推动了开放型经济的快速发展并取得了很大成就，但与此同时也存在着"被整合""被锁定""被导向"等问题。改变这种不利局面，或者说由"被整合者"变为"整合者"，不仅仅是要提升集聚全球先进要素尤其是创新要素的能力，还要有走出去就地整合东道国（地区）优势要素的能力。特别是在当前全球价值链分工模式下，"走出去"作为布局全球价值链的重要方式和手段，已经成为掌控全球价值链进而决定自身国际分工地位的重要发展途径。因此，在中国开放型经济发展进入新阶段后，尤其是亟待向由大变强、由被整合到整合等目标升级过程中，在注重高水平"引进来"的同时，加快"走出去"步伐整合全球资源尤其是优质资源"为我所用"，无疑是一条切实有效的路径选择。

（五）从被动接受到积极参与全球经济规则制定

平心而论，改革开放以来尤其是加入 WTO 以来，中国从接受全球经济规则中获得了很多好处，这不仅表现在 2013 年中国货物贸易首次超过美国而一跃成为全球货物贸易第一大国，也是迄今唯一的发展中第一贸易大国，同时也使得中国经济总量跃升至全球第二的位置，等等。这种变化标志着中国开放型经济发展达到了一个新的高度，在从经济全球化中受益的同时，开放型经济的迅猛发展对全球贸易的发展乃至世界经济的发展均做出了积极贡献。更为重要的是，这种变化同时也表明了中国在全球分工体系和全球竞争格局中扮演着越来越重要的角色。总之，当前中国不仅已紧密融入全球经济体系之中，而且在全球经济中也越来越具有举足轻重的地位。然而，在接受现有国际经济规则而获得发展机遇并取得一系列骄人成绩的"光环"之下，中国必须清醒地认识到，现行国际经济规则的非中性特征，而这种非中性特征不仅使得经济全球化红利分配呈现非公平性特征，且越来越对中国进一步发展开放型经济形成了重要约束。比如，当全球经济规则由发达国家主导制定时，特别是全球经济规则逐渐向国内经济渗透，即要求各国国内经济规则与国际规则协调、融合乃至无缝对接，就会使得包括中国在内的发展中国家，受到经验、议题设置能力等限制而出现开放利益受到潜在威胁的情形。

目前,新一轮的全球经济规则正在酝酿和形成之中,如果参与不够或者说在新一轮的全球经规则中发挥的作用不够,那么在未来的开放型经济发展中,中国有可能会面临着第二次"入世"的规则接受问题。[①] 因此,伴随中国在全球分工格局和分工地位中扮演的角色越来越重要,对世界经济的影响越来越大,我们需要在全球经济规则制定方面拥有与所处实际分工地位相适应的话语权,需要在新一轮的全球经济规则制定中发挥应有的作用,需要对中国参与全球经济规则制定的情况做出全面总结、梳理和研究,以便在不断发展和不断进行的一轮又一轮的全球经济规则谈判中,能够更加主动地参与到其制定之中去,提升话语权和话语能力,影响乃至主导着全球经济规则的走向,使其向着更加中性化方向发展。这是进入新常态后,中国开放型经济发展进一步深度融入全球经济的需要,同时也是为经济全球化能够朝着更加公平、公正和健康的方向发展,争取更加有利的条件和环境的需要。这是实现我国参与全球经济规则由被动到主动的变化,实现话语权地位提升的重要且有效的途径。

四、新阶段构筑全面对外开放新格局的战略

在我国经济增长新阶段,需要构筑全面对外开放新格局,重点是实施"一带一路"和"自贸区"建设两大开放战略。其中,自贸区又可分为广义和狭义两种,广义是指两个或两个以上国家或地区通过签署自贸协定(FT-Agreement)推进的区域经济一体化,在区域内实现商品、服务和资本、技术、人员等生产要素自由流动;而狭义是指一国在自己领土上划出一块地方,单边自主实施贸易投资自由化措施所形成的自由贸易区,有时也称为自由贸易园区,其实质是"境内关外"。为区分之便,我们不妨将前者称为"区域经济一体化"战略,后者称为"自由贸易区"战略。

(一)大力推进"一带一路"开放战略

在全球和地区经济形势深刻变化,以及中国开放型发展面临新形势、新任务以及需要有新目标和新路径的背景下,实施"一带一路"的大战略,有利于促进中国与沿线各国加强合作、共谋发展,有利于进一步维护全球自由贸易体系,有利于提升开放型

---

① 盛斌、陈帅:《全球价值链如何改变了贸易政策:对产业升级的影响和启示》,《国际经济评论》2015 年第 1 期。

经济发展水平,因而在特殊背景和中国开放型经济发展进入新阶段后,这一战略的实施具有十分深刻和重大的意义。这是因为,实施"一带一路"倡议,本质上就是要实现中国与沿线各国之间的互联互通,即所谓政策沟通、设施联通、贸易畅通、资金融通和民心相通。显然,政策沟通是中国进一步密切与周边乃至全球经济关系,进一步提升开放型经济发展水平的政策保障;设施联通是促进中国与包括周边国家在内的全球各国更为有效交流的物理基础保障,正如许多研究所指出:"要想富,基础设施要带路。"而进一步实现贸易畅通,特别是在全球价值链分工模式下,对于构建自由贸易网络体系,优化产业链、价值链、供应链和服务链,促进我国与沿线国家和地区产业互补和提升发展层次和水平,具有重要作用;资金融通则不仅有助于推进中国与沿线国家之间货币稳定体系、信用体系以及投融资体系的建设,更为重要的是,金融合作的深化还能够为开展其他经济领域更深层次的合作提供重要支撑;而民心相通则为中国在更高层次上的开放构筑起坚实的社会根基,因为更高层次的开放需要获得包括周边国家和地区在内全球各国的文化认同。

总之,无论是从当前还是从长远角度看,着力实施"一带一路"倡议,对于遵循有效的发展路径进而实现中国开放型经济发展的目标升级,都有着极为关键的战略意义。当前全球经济特别是发达国家整体经济低速增长,我国的市场拓展空间和潜力明显受到制约,国内很多产业已经出现富裕产能,而这些产能对一些发展中国家恰好是急需发展的产业。加快"一带一路"倡议的推进和实施,不仅能够创造庞大的出口需求,从而成为破解当前需求不足矛盾的有效途径,同时也有助于与国外进行产能合作,为国内产业和经济结构转型升级腾出空间,增强对国内经济发展的拉动力;不仅能够扩大我国与周边国家之间在服务业领域的合作,从而不断推进服务业领域的扩大开放,同时也有利于中国企业"走出去"整合和利用外部优势要素,布局自己的全球价值链。此外,伴随中国经济体量的不断扩大从而面临的资源能源制约形势日益严峻条件下,加快"一带一路"倡议的推进和实施,对于破解国内经济长远发展的能源资源供给瓶颈,同样具有极为重要的意义。总之,着力实施"一带一路"倡议,无论是对于培育新优势,还是"走出去"、集聚优势要素、扩大开放领域等都具有重要的战略意义。

（二）努力谋划"区域经济一体化"战略

开放型经济发展水平的提高,通过培育开放型经济新优势等实现由大变强等目标,其实就是在更高层次上深度融入全球经济。为此,一方面不仅要迎合经济全球化发展变化的新形势;另一方面,还需要迎合乃至主导与经济全球化发展新形势相对的全球经济新规则。值得我们高度重视的是,由于全球价值链的迅速发展,全球生产、贸易与投资体系发生了深刻变化,国际经贸格局面临着深刻调整,与之相适应的国际贸易与投资新规则正在形成。当前由 WTO 主导的多哈回合谈判进程受阻,多边贸易体制受挫,主要是因为传统多边贸易体制仍着眼于以降低贸易投资壁垒、扩大"市场准入"等为主要目标,这种"边界开放措施"已经不能满足全球价值链分工条件下全球贸易与投资治理的需要,而建立以"边界内开放措施"为主、旨在通过各国国内政策和规则的协调与融合,建立适应现代世界贸易与投资发展特点的高标准、高质量的全球经济新规则,势在必行。这样正是为什么在多哈回合受阻以及多边贸易体制受挫情况下,新一轮区域贸易自由化浪潮兴起的重要原因。

由此可见,全球经济新规则正在形成之中,这种变化对中国来说既是机遇又是挑战。如果中国未能在新一轮全球经济规则形成中发挥应有作用,那么未来开放型经济的发展仍然要被动接受"现有规则",面临着第二次入世的挑战;机遇则表现为,在全球经济规则的大变化大调整中,只要中国能够正确把握机会,积极实施"自由贸易协定"战略,影响乃至力图主导着新规则的制定和形成,对全球经济新规则朝着中性化方向发展都有着极为重要的意义,更能为中国在更高层次上发展开放型经济提供正确有利的规则环境。着力实施"区域经济一体化"战略,积极参与区域乃至全球经济新规则的谈判,就是要在谈判中"练兵",就是要在新规则实施前进行熟悉、了解、影响甚至是主导,而不是被动地等着新规则形成之后再去适应。不容否认,中国高度重视区域经济合作并积极实施"自由贸易协定"战略,近年来也表现出较快的发展势头,尤其是伴随中韩自贸区、中澳自贸区谈判的完成,中国的自由贸易区(FTA)实践实现了快速发展和新突破。但是总体而言,由于起步较晚、经验不足,中国参与的区域组织要么一体化程度不高,要么经济规模较小,如何将已有的区域合作推向更高层次的"升级版",或选择更为广泛的区域合作伙伴,参照当前全球经济规则"高标准"的趋势和思路,积极参与、影响乃至主导全球经济规则的重构,是中国开放型经济迈入新阶段所面临的一个重大战略问题。总之,实施"区域经济一体化"战略,不仅能够在与其他国家和地区深化合作中培育新优势、利用新资源、扩大开放领域等,更有助于中国参与全球经济规则的制定,从而实现分工地位和话语权的提升。

（三）积极实施"自由贸易实验区"战略

实际上,无论是开放型经济转型发展的目标升级,还是探索有效的发展路径,都必须有与之相适应的体制机制作为保障,也是主动适应和应对国际经济新规则挑战的必要战略。因此,开放型经济转型升级的内涵还应该包括开放型经济新体制的建设。中国成为世界第二大经济体之后尤其是进入发展新阶段后,中国开放型经济发展也进入了一个新的历史发展阶段。更确切地说,以改革开放推动发展进入了一个新的发展阶段。尤其是在传统优势逐步丧失的情况下,释放开放型经济发展的"制度红利"已经成为当前的重要选择。换言之,新阶段中国开放型经济发展战略需要从以往的政策性开放型转变为体制下开放,从而为新的目标升级和具体的发展路径提供必要的制度保障。而所谓体制下开放,就是要按照国际规范建立市场经济体制以及与之相应的政府管理体制,如此,才能够更为有效地发挥开放型市场在全球资源优化配置中的作用,能够有效消除商品和要素跨国跨境流动的各种障碍,从而在体制机制上确保中国能够与全球经济紧密地融合在一起,能够在更高层次上促进开放型经济大发展,为实现新目标之路的畅通提供必要的制度保障。

然而,从以往的释放"人口红利"向释放"制度红利"转变,或者说从体制性开放的意义上看,我们仍然处于并必须进行体制开放的"探索"。虽然从外资外贸等规模上看,中国开放型经济发展程度较高,但是从产业角度看,中国尚有一批领域没有开放,不仅包括某些高端制造业,更包括现代服务业。而这些又正是中国开放型经济进入"新常态"之后,需要形成完整市场经济运作体系和提升产业结构的必然方向。与此相应,进一步扩大开放领域和提升开放层次,还需要完成与之相配套的各种改革,需要发现各项改革的必要性,寻求改革的动力,探寻政府职能转变的路径,需要构建与全球经济规则相对应的开放型经济新体制。而进行体制开放"探索"的最佳战略选择就是实施"自由贸易实验区"战略,因为既然是一种体制性开放的探索,那么就有成功的希望,也有失败的可能,所以实施"自由贸易实验区"战略,可以有效地将某些特定的"境内关外"区域作为体制机制探索的试验田,成功则可以形成可复制、可推广的高层次高水平开放经验,失败则可以将风险控制在特定范围内,不至于有损大局。总之,以"自由贸易实验区"为抓手,积极推动上海、广东、天津和福建自由贸易实验区建设,通过探索可复制可推广的各项制度安排、实验尚未开放的领域和尚未完成的改革、探索政府职能转变的路径,从而适时向全国推广,可以更为有效地推进中国开放型经济转型升级和创造新局面。

(与戴翔合作。原载《中共中央党校学报》2015 年第 5 期,人大复印报刊资料《国民经济管理》2016 年第 2 期转载)

论全球价值链分工与中国的外贸发展

一、问题的提出

20 世纪 70 年代中后期至 2008 年全球金融危机爆发约 30 年间,得益于全球经济的繁荣稳定,以及贸易投资自由化趋势下跨国公司主导的全球价值链分工深入发展,全球贸易经历了一个迅猛增长阶段。其中,中国对外贸易的"爆炸式"增长成为全球贸易增长的重要动力引擎。然而,这一过程被"突如其来"的 2008 年全球金融危机打断:受其影响,2009 年全球贸易大幅受挫,衰退幅度高达 23% 之多。有些学者将本轮危机冲击下全球贸易大幅衰退称之为"贸易大崩溃"(the great trade collapse)[1]。时至今日,全球经济和贸易仍然处于后危机时代的低迷期,至今难见尽头! 在全球贸易进入低速增长通道的大背景下,中国亦未能独善其身,不仅表现为经过多年超高速增长后受危机冲击 2009 年出现了负增长,而且 2012 年、2013 年及 2014 年连续三年未达既定增长目标,并跌破过去长达约 20 年的两位数高速增长[2],中国外贸增速似乎已深陷"低迷泥沼"。尤为引人注意的是,以往远高于 GDP 增速的贸易增长,近几年增速却落在了 GDP 增速之下。在这一背景下,有舆论认为,中国外贸对经济发展的贡献日益式微,甚至出现了所谓的"负拉动"[3]。这就提出了一个很有理论和实践价值的课题:中国外贸发展进入中低速增长通道后,是否意味着外贸对经济发展作用

---

[1]　Hubert(2009),"Trade Collapse,Trade Relapse and Global Production Networks: Supply Chains in the Great Recession",MPRA Working Paper No. 18433.

[2]　中国海关总署的统计数据表明,2012 年、2013 年 2014 年中国外贸增长的预期目标分别 10%、8% 和 7.5%,而实际增长则分别为 6.2%、7.6% 和 3.4%。

[3]　有关外贸对经济增长的"负贡献"问题,实质上是一个"伪问题",我们在相关论文中进行了分析,本文不做专门讨论。具体可参见张二震《外贸对经济增长是"负贡献"吗》,《人民日报》2013 年 1 月 29 日。

的下降？

不容否认,影响一国外贸增长的因素是错综复杂的,既有外部的也有内部的,既有宏观的也有微观的,既有周期性的也有结构性的,还有制度性的,等等。然而,贸易的基础是分工,因此正确看待贸易变化的表象必须深入分工层面。实际上,改革开放以来尤其是中国浦东开发开放和 2001 年中国加入 WTO 以后,中国外贸出现的超高速增长,以及近年来逐步进入低速增长通道,甚至在可预见的将来难以再步入以往超高速增长轨道的发展逻辑,本质上与全球价值链分工深入演进以及中国嵌入其中的方式有关。在我国经济进入新常态的大背景下,我国外贸发展也进入了"新常态",对外贸易的内涵、外延和性质等均发生了深刻且根本性变化。在全球价值链分工不断深化的情况下,对外贸易的意义更多在于融入"全球生产"以获取经济发展红利,并使得国与国之间关系实现真正意义上的"互利共赢"。从全球价值链视角出发,中国外贸增速下降并非意味着其作用式微或重要性渐减,相反,这一变化更可能是价值链升级结果,是价值链升级后贸易统计"虚高"弱化的结果。如果说基于传统总值核算法统计的贸易数据具有"虚高"特征的话,那么仅以贸易增速表象评判对经济发展的贡献,则会呈现显著的"虚低"特征。本文聚焦于全球价值链分工这一特定视角,探讨中国外贸增速变化的演变逻辑,并在重新解读全球价值链分工格局下外贸本质内涵的基础上,进一步明晰外贸发展的本质作用,澄清"以增速论英雄"的认识误区;最后,结合当前全球价值链分工演进的趋势特征,指出新阶段中国进一步大力发展对外贸易的机遇及其战略意义。

二、全球价值链分工与中国外贸增速变化的内在逻辑

20 世纪 70 年代中后期以来,全球分工和贸易形式发生了深刻变化,突出表现为产品的价值增值环节被不断分解,并按照其要素密集度特征配置到具有不同要素禀赋优势的国家和地区,从而使得国与国之间的分工和专业化优势更多体现为价值链上某一或某些特定环节和阶段上。且更为重要的是,这种产品环节和阶段的国际梯度转移往往还伴有要素流动,或者说是 FDI 主导下的产业和产品增值环节的国际梯度转移。学术界把这种新的国际分工现象称为全球价值链。这一分工模式的变化对全球贸易发展带来了深刻影响,包括贸易增速。相应地,中国外贸发展及其增速的阶

段性变化,特别是由超高速增长步入低速增长通道,同样可以置于全球价值链与贸易增速关系这一大逻辑下进行认识。

（一）全球价值链与贸易增速:事实特征的统计性描述

从二战以后全球贸易增长的历史数据来看,20 世纪 70 年代中后期以来全球贸易的增速要显著高于 1950 年至 1970 年期间全球贸易增速。根据联合国贸发会议统计数据库提供的数据,我们将 1950—2010 年间的 60 年全球贸易数据,分区间进行了初步考察,具体情况如图 1 所示①。

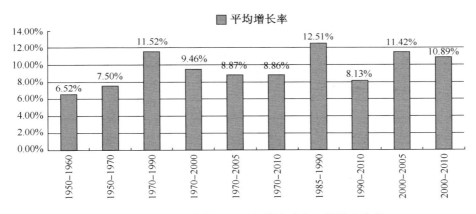

图 1   1950—2010 年间不同区间段全球出口增长率情况

图 1 显示的结果表明,1950 年至 1960 年 10 年间全球出口贸易年均增长率约为6.52%,1950 年至 1970 年 20 年间年均增长率约为 7.50%。而与此 20 年间全球出口贸易增长率情况相比,1970 年至 1990 年 20 年间全球出口贸易的年均增长率高达11.52%,其中,以 1985 年至 1990 年划分的区间段、2000 年至 2005 年划分的区间段以及 2000 年至 2010 年划分的区间段,全球出口贸易年均增长率均出现了高速增长情形。当然,如果我们从较长时期的动态变化来看,尽管 20 世纪 70 年代中后期全球出口增速显著提高,但在经历了约 20 的高速增长之后,增速略有下降,突出表现为相

---

① 根据联合国贸发会议数据库提供的数据整理绘制而得（http://unctadstat. unctad. org/wds/ReportFolders/report Folders. aspx）。

比 1970—1990 年区间段,图 1 中 1970—2000 年、1970—2005 年以及 1970—2010 年三个区间段已呈逐步下降之势。全球出口贸易增速出现的上述变化,与全球价值链分工演进具有实践上的一致性。关于这一点,我们可以从相关统计数据的对比分析中看出。如果不求严格,我们以全球中间产品出口贸易在全球出口贸易总额中所占比重表示全球价值链分工现实状况的话,那么从图 2 报告的数据容易看出①,中间产品出口占比的变化情况与全球出口贸易增速情况具有统计层面上的协同性。

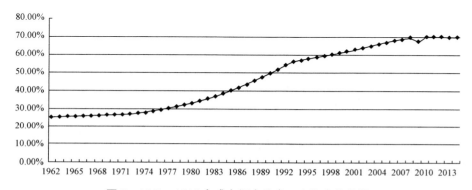

图 2　1962—2014 全球中间产品出口占比变化趋势

从图 2 显示的情况看,全球中间产品出口占比至 1970 年以来一直处于上升状态,其中,1970 年至 1995 年这段区间内提高的最快,而之后虽然也在不断上升,但上升的步伐显然已逐步放缓并基本趋于平稳。2009 年危机冲击期间占比有所下降,可能原因在于危机冲击下的中间品存货调整效应,而自此之后的近几年则处于一个相对平稳的状态。因此,比较图 2 和前述图 1 的结果,二者在统计层面上的一致性表现在:中间产品出口占比快速提升进而可视为价值链分工快速演进阶段,对应的是全球贸易快速增长阶段;而中间产品出口占比提升速度放缓从而可视为价值链分工格局基本定型,或者说价值链分工深化速度放慢,对应的全球贸易增速放缓阶段。基于统

---

① 根据联合国 Comtrade 数据库统计数据整理计算而得。按照联合国《广义经济类别分类》(Broad Economic Categories, BEC)的分类标准,其中第 111、121、21、22、31、322、42 以及第 53 基本类为中间产品。

计意义层面的初步考察,实际上与现有研究文献研究发现也是一致的。例如,Hummels 等(2001)①以及刘志彪等②(2006)的研究就曾指出,贸易自由化政策、关税下降、运输成本降低等只能解释当前贸易增长中的 2/5,其余则与分工形态相关。当然,现有文献只是注意到了全球价值链分工深化阶段对贸易增速带来的积极影响,但对于同样是在价值链分工模式下,之后出现贸易增速放缓的可能原因,则未有进一步的分析,而这种放缓其实正是价值链分工深化难度加大的外在表现。对此,我们在下文进行进一步的分析。

(二) 全球价值链与贸易增速:内在关系的逻辑阐释

由于在全球价值链分工模式下,一国只是专业化于产品生产的某一或某些特定环节和阶段,因而在完成最终产品生产之前,必然涉及中间产品的多次跨境流动或者更多中间产品跨境流动问题。并且产品价值增值环节分解的阶段越多,则中间产品跨境流动的次数或者跨境流动的中间产品也就越多,进而放大了统计意义上的贸易增速。虽然通常来说,全球价值链的分解存在着"蛇形模式"和"蜘蛛模式"两种③,但就其价值增值环节的分解以及由此带来贸易增长的变化原理而言,并无本质差异。且在实践中"蛇形模式"更为普遍。因此,我们不妨以"蛇形模式"为例阐释二者之间的内在逻辑关系。

举例而言,在传统以产品为界限的分工模式下,某最终产品 X 的全部生产过程均在一国国内完成,假定其总的价值增值为 V_X,最终产品出口后,该产品在全球出口贸易中显示的出口额即为 V_X。当国际分工模式发展到以产品价值增值环节为界限后,假定最终产品 X 的生产过程被分割为两个部分 X_1 和 X_2,其价值增值分别表示为

①　Hummels,David,Jun Ishii,and Kei-Mu Yi. The Nature and Growth of Vertical Specialization in World Trade. *Journal of International Economics*,June,2001,54,75 - 96.

②　刘志彪、吴福象:《贸易一体化与生产非一体化:基于经济全球化两个重要假说的实证研究》,《中国社会科学》2006 年第 2 期。

③　所谓"蛇形模式",主要是指产品价值增值环节分解后,前一增值环节构成下一增值环节的投入,以此形成的一条线性链接关系,直至完成最终产品的生产;而所谓"蜘蛛模式",主要是指多种并列的增值环节共同进入最后的组装加工或生产阶段,完成最终产品生产。有关这两种价值链模式,具体可参见:Baldwin R. and A. Venables,"Relocating the Value Chain:Offshoring and Agglomeration in the Global Economy",NBER Working Paper 16611.

V_{X1} 和 V_{X2}。并且考虑到分析之便且不失一般性,假定 $V_{X1}+V_{X2}=V_X$。此时,如果两个增值环节被分别配置到两个国家,那么为了完成最终产品 X 的生产,第一个生产阶段 X_1 由国家 1 完成后出口到国家 2 以继续第二个生产阶段。在最终产品 X 生产完成之前,中间产品的跨境流动或者说出口额为 V_{X1}。当第二个国家完成了第二阶段的生产后将最终产品 X 出口到国际市场,此时的出口额为 $V_{X1}+V_{X2}=V_X$,加上之前的中间产品出口额 V_{X1},全球出口总额为 $V_{X1}+V_X$。相比传统以产品为界限的分工模式,全球价值链分工模式下全球出口贸易增长了 V_{X1}。显然,此种增长效应完全来自产品价值链的全球分解。

进一步地,我们还可以将上述分析一般化。为了分析之便,假定最终产品 X 被分解为 n 个等值的增值环节或阶段,每一个增值环节分别被配置到一个国家,分别记为 X_1、X_2……X_n,且满足 $V_{X1}=V_{X2}=\cdots\cdots=V_{Xn}=V_X/n$。那么为了完成最终产品 X 的生产,第一阶段生产 X_1(对应的附加值 V_{X1})完成后被出口到第二个国家以完成第二阶段生产,第二阶段的生产在第二个国家完成后被出口到第三个国家(此时出口额即为内含第一阶段和第二阶段价值增值总和 $V_{X1}+V_{X2}$),以此类推,当第 n 个阶段完成后最终产品出口到国际市场总额即为内含各增值环节价值增值之和 $V_{X1}+V_{X2}+\cdots\cdots+V_{Xn}=V_X$。那么全球出口贸易总额即为每一阶段出口额之和:$V_{X1}+(V_{X1}+V_{X2})+\cdots\cdots+(V_{X1}+V_{X2}+\cdots\cdots+V_{Xn})=V_X/n+2V_X/n+\cdots\cdots+V_X=(1+n)V_X/2$。由此可见,随着 n 的增大,全球出口贸易增加就越多,这就是全球价值链分工的深化效应。当然,由于这种"深化效应"伴随的是中间品的多次跨境流动,从而存在重复统计问题,因此所导致的贸易增长效应其实具有"虚高"特征。这也是为什么当前有关贸易附加值问题成为研究热潮的原因所在[①]。从另一角度来看,产品的全球价值链分解到一定阶段或者说深化到一定程度后,n 的取值基本稳定,从而由此带来的贸易增长就会停止。当然,稍为复杂一点的情况就是将上述情形从一种产品扩展至多种产品,从不变的产出扩展至产出增长(即表现为 GDP 增长),但不变的是其内在的本质逻辑关

① Koopman, Robert; Wang, Zhi; and Wei, Shang-Jin. Tracing Value-Added and Double Counting in Gross Exports. *American Economic Review*,2014,104(2):459-494.

系。正是这种内在的逻辑关系,可以解释前述全球价值链分工实践与全球出口贸易增速之间表现出的统计关系:从全球价值链深化阶段伴随的全球出口贸易高速增长,到全球价值链分工格局基本稳定后的贸易低速增长。总之,由全球价值链分工所带来的贸易高速增长,是建立在价值链分工不断深化基础之上的,一旦价值链分工格局基本稳定或者说深化难度加大,速度放缓,那么由此所能带动的贸易增长效应也必然放缓。也正是基于这一逻辑,可以理解为何 WTO 在研究全球贸易增速放缓原因时指出:全球价值链分工格局基本定型,进一步深化的边际成本加大①。

(三) 全球价值链与中国外贸增速:嵌入方式视角的剖析

当国际分工演变为全球价值链分工为主导时,无论是 FDI 推动的产品价值环节和阶段的国际梯度转移,还是跨国公司以国际大买家的身份下订单方式推动的产品价值环节和阶段的国际梯度转移,从单个国家,尤其是从作为承接产品价值环节和阶段的国际梯度转移的国家角度看,其贸易增速的变化不仅与融入全球价值链密切相关,而且与嵌入全球价值链的位置相关。关于这一点,我们可以继续沿用前文采用的"蛇形模式"分析方法,剖析一国在嵌入全球价值链过程中,贸易增速的变化逻辑。

在"蛇形模式"的全球价值链分工格局下,由于以往产品价值增值环节的国际梯度转移主要表现在制造环节,因此我们可以将分析主要集中于制造环节价值链分解上。基于传统微笑曲线的分析框架,不妨将最终产品 X 的 n 个价值增值环节 X_1、X_2……X_n,视为高端至低端进行的依次排列,比如从材料设计、母板生产、核心部件、一般部件、一般加工制造再到终端加工组装等。显然,如果 A 国嵌入跨国公司主导的全球价值链,承接的是生产环节 X_k,即前 $K-1$ 个增值环节在其他国家和地区完成后进口到本国,作为中间投入,进入第 K 个生产环节完成后继续出口,那么 A 国在统计层面上的出口贸易额因此为 $V_{X1}+V_{X2}+\cdots\cdots+V_{Xk}$。这就是 A 国融入全球价值链分工体系所带来的贸易增长效应。显然这一效应与 K 的大小有关,即 K 值越大,也就意味着 A 国融入全球价值链分工体系中越低端的位置,那么 A 国由此表现出来的出口贸易增长效应就越明显；反之，如果 K 值越小，也就意味着 A 国融入全球价值链分工体系中越高端的位置，那么 A 国由此表现出来的出口贸易增长效应也就相对较弱。当然，其内在的理论逻辑其实很简单，因为越是价值链下游的生产环节和阶段，其生产阶段的完成及其出口，所内含的进口中间环节和阶段也就越多，从而在统计意义层面上的"出口"规模也就越大。上述逻辑也可以理解为，越是处于全球价值链下游和低端，贸易统计结果越会被"虚高"；而越是处于全球价值链上游和高端，贸易统计结果被"虚高"的程度相应就越低。由此可见，一方面融入全球价值链分工体系带来了贸易增长效应，另一方面嵌入全球价值链的位置不同所带来的贸易增长效应也各异。

　　一个不容争辩的事实是，中国外贸发展正是融入全球价值链分工体系的结果，而且受制于改革开放初期要素禀赋的现实约束，中国只能以"低端嵌入"的方式融入全球价值链分工体系，走出的是一条"血拼式"竞争道路。换言之，中国融入全球价值链分工体系，凭借低端要素所形成的低成本竞争优势，专业化的主要是价值链条中最低端的诸如组装加工等环节。基于前述逻辑的分析，那么由此所带来的贸易高速增长也就是一种必然，这种"必然"一方面内含了前文所述的"虚高"特征，另一方面还具有"被增长"的味道。也就是说，以往中国融入全球价值链分工体系，主要是以"被整合者"的身份嵌入其中，由于发达国家跨国公司在布局全球价值链分工中将中国定位于"世界工厂"和"出口平台"，因此贸易的高速增长在一定程度上是一种"被增长"，尤其是出口贸易长期以来的高速增长，通常被理解为是中国实施"出口导向"的结果。实际上从全球价值链分工演进的特定视角以及中国在其中所处特定位置看，这实质上是一种"被出口导向"，这是过去一段时期中国外贸增长的本质所在。

（四）中国外贸增速下滑：价值链升级的可能后果

　　其实，在前文的分析中还暗含着这样一个逻辑，那就是随着一国在全球价值链中分工地位的动态变迁，其贸易增速也会随之发生变化。特别地，当一国沿着全球价值链向高端不断攀升时，即前文分析中所指的 K 值不断由大变小时，那么该国基于价值链分工所处的"贸易地位"。更确切地说，以商品进出口额为统计数据的贸易增速也必然随之下降，即贸易增速放缓可能是价值链升级所带来的必然结果。正是基于这一意义,可以预期和判断的是,伴随中国国际分工地位的不断提升,中国沿着全球价值链向中高端不断攀升的后果,可能伴随着贸易增速的放缓。

近年来,尤其是 2008 年全球金融危机冲击后,针对中国外贸增速放缓问题的关注,多集中于如何培育外贸竞争新优势,如何实现价值链升级等方面。据此所提出的一些对策建议无疑具有一定的道理,因为面临国内国际环境的深刻变化,传统低成本优势逐步丧失,的确需要培育竞争新优势,寻求贸易增长新动力。但是需要我们注意的是,培育竞争新优势的根本目的不应在于保持外贸平稳乃至进一步高速增长这些表象上,而是在于能够进一步融入全球价值链分工体系,不会因为传统比较优势丧失而缺乏新的比较优势情况下被"开除球籍"。因为基于前文的分析逻辑,可以认为,在不考虑其他影响因素的作用下,竞争新优势的培育和价值链升级本身就有"放缓"贸易增速的内在作用机制,具有降低贸易统计数据被"虚高"的作用。从这一意义上说,培育外贸竞争新优势和实现价值链分工升级,只能"缓解"却不能"根治"外贸增速放缓问题。所谓能"缓解"主要指以新优势来弥补丧失的传统优势,而不能"根治"则主要指外贸增速放缓是价值链升级的可能乃至必然后果,因为这是由全球价值链分工特性所决定的。由此也说明,对外贸发展的客观评判不能"以增速论英雄"。

实际上,尽管中国是以"低端嵌入"的方式融入全球价值链分工体系,"低端嵌入"的发展模式也确实面临着学术界很多学者担忧的所谓"低端锁定"风险,但是从贸易附加值视角进行的一些最新研究则表明,中国企业在全球生产网络中的地位在趋于不断上升(樊茂清和黄薇,2014[①]),中国的生产活动正在向全球价值链高端不断攀升(全球价值链课题组,2014[②]),而且中国产业发展乃至转型升级也正是得益于融入全球价值链(金京等,2013[③])。目前,面临国内要素价格进入集中上升期以及全球竞争日趋激烈等国内外环境深刻变化,中国外贸发展仍然面临着转型升级的紧迫任务,并

---

① 樊茂清、黄薇:《基于全球价值链分解的中国贸易产业结构演进》,《世界经济》2014 年第 2 期。

② 中国全球价值链课题组:《全球价值链与中国贸易增加值核算研究报告》,2014 年 9 月,http://images. mofcom. gov. cn/www/201412/20141226182657100. pdf。

③ 金京、戴翔、张二震:《全球要素分工背景下的中国产业转型升级》,《中国工业经济》2013 年第 11 期。

且这一过程正在进行。显然,伴随中国在全球价值链中扮演角色的转变,上述理论逻辑的作用机制已经预示着中国外贸增速放缓。只不过在遭遇"突如其来"的全球金融危机冲击下,在多种因素相互叠加的影响之下,外贸增速放缓的潜在可能以提前并且以较为显著的方式出现了。从某种意义上说,中国外贸增速放缓是中国融入全球价值链发展阶段性转换的必然结果。

综上分析可见,全球价值链分工演进与贸易增速密切相关,一国贸易增速状况及其变化,既与全球价值链分工演进程度有关,也与嵌入全球价值链分工体系中的地位有关,还与一国在全球价值链中地位的动态变迁有关。因此,不同贸易增速及其变化,只是在融入全球价值链分工过程中处于不同发展阶段的外在表现,其实质都是参与全球生产的产品流转过程,因而外贸增速本身与外贸绩效并无本质勾连。忽略了分工演进的本质特征进而对外贸带来的深刻影响,的确容易走入"以增速论英雄"的认识误区。全球价值链分工的深入演进其实影响的不只是贸易增速的表象,更重要的是在本质上赋予了外贸以新的内涵,并使得贸易对经济发展的作用较之以往有了更深刻的意义。

三、全球价值链分工格局下外贸本质内涵的重新解读

"以增速论英雄"的认识论,往往从贸易增速的角度评判对经济发展贡献的意义和作用下降。实际上,前文的分析已初步表明,对外贸发展作用的客观评价和看待,不能只注重增速。要正确理解这一点,还需要对外贸的本质内涵有着深刻认识。全球价值链分工深入演进,以及将来可能的进一步深化,使得外贸的本质内涵发生了实质性变化。而正是这种变化,使得贸易原有概念、作用、功能和意义等均发生了实质性改变,突出表现为以下几个方面。

(一)贸易的性质发生了本质变化

在传统的以"产品"为界限的国际分工模式下,贸易品的生产和进出口是相互独立的生产过程和流动过程。也就是说,贸易的性质是纯粹的流通,是为了实现产品的价值而进行的商品跨国流动现象,其主要功能是连接生产和消费的纽带;而在全球价值链分工模式下,贸易的性质已经发生了根本变化,即贸易变成了为确保完成全球生产而进行的"产品"跨国流动现象。这是因为,在全球价值链分工模式下,一国只是专

业化于产品价值链条上的某个或某些特定环节和阶段,无论是出口还是进口,更多的意义在于完成价值链链条上的下一阶段生产,进出口贸易自然也就演变为跨国公司在全球组织生产的一个流转环节,因而其本质上是连接全球生产不同阶段和环节的纽带,是在全球价值链上创造部分价值的一个增值过程。因此,国际分工从传统模式过渡到新型模式后,贸易的根本性质随之从为实现产品价值而进行的跨国流动,演化成为了确保全球生产而进行的跨国流动。许多实证研究表明,产品交货的及时性、品质以及信用等对于一国或企业参与国际分工已经具有了决定性影响(Elisa et al.,2010①),而究其原因,就是因为生产全球性所形成的特定需求。换言之,任何交货不及时现象都会影响下一个阶段和环节的生产,从而影响最终产品生产的完成;而任何一个环节和阶段出现品质问题,"木桶原理"都有可能导致整个价值链条的失败、最终产品的失败。总之,在以产品生产阶段国际分割和以要素跨国流动为主要特征的当代国际分工模式下,我们应该深入国际分工的层面,以全球化生产的视野重新审视贸易的根本性质和实质。

(二) 内需和外需的边界日益模糊

客观而论,伴随国际贸易的发展,需求也随之超越了一国边界而具有了国际意义。但是这种需求的国际延伸大体可分为两个阶段和形式。一是在传统的以"产品"为界限的分工模式下,一国无法生产或生产成本太高的产品,有了贸易以后可以从国外进口。与此同时,对于具有成本优势或具有过剩生产能力的产品通过出口以满足国外需求,这种"互通有无"或"各取所长"式的商品流动表征的就是需求跨越国界的表现,不妨将之称为需求国际化。在传统的以"产品"为界限的国际分工模式下,正如前文所述,由于产品的生产和进出口是相互独立的过程,尤其是贸易品的生产基本上是在"封闭式"状态下进行和完成,因而需求在有了国际化延伸后,相应地可被区分为外需和内需。所谓内需,即是指相对的国内需求;而所谓的外需,就是通常所说的对外国的出口。而当国际分工演进到当前要素流动和产品国际生产分割为主要特征的

---

① Elisa G., R. Lanz and P. Roberta, Timeliness and Contract Enforceability in Intermediate Goods Trade. WTO Working Paper ERSD-2010-14.

新形式后,由于生产的国际碎片化,产品的流动尤其是中间产品的跨境流动实质上是参与全球生产的一个过程和流转环节,因而与传统意义上的所谓"外需"已经截然不同。更为重要的是,在这种新的分工格局下,正如 WTO 总干事 Lamy(2010)所指出①,产品生产已经具有了"世界制造"的意义,传统的所谓"中国制造""美国制造""日本制造"等产品几乎不存在。因此,全球生产的意义也必然使得所谓的需求有了全球化意义,这是因为,新的国际分工模式下,产品尤其是中间产品要经过多次跨国流动,且流转的产品由于富含了大量来自不同国家和地区的中间投入环节和阶段。因此,以进出口为表象的所谓需求,已经难以区分到底是对国内产品的需求还是对国外产品的需求,因而也就难以区分传统意义上所谓的外需和内需。内需之中有可能夹杂着传统进出口意义下的外需,而外需之中也可能夹杂着内需。内需和外需的边界已经变得杂糅模糊,逐渐具有一体化或者称之为全球化特征。此种意义下的需求不妨将之称为需求全球化。由此可见,需求国际化向全球化的演变是国际分工演进的必然逻辑和结果,是国内价值链和国外价值链"浑然一体"的必然逻辑和结果。在新的国际分工模式和格局下,再以传统的方法和眼光来划分和看待所谓的"外需"和"内需",实质上是对国际分工本质的忽略,尤其不能将出口狭隘的视为所谓外需。

(三)外贸的内涵和外延有所扩大

当前,在外贸增速下滑背景下所形成的一些认识误区,比如对外贸易的作用式微或者所谓的"国际贸易重要性渐减",应该说,都是与新型国际分工下对贸易的内涵和外延理解不深有关。也可以说,认识上的误区源自对贸易内涵和外延的理解仍停留在传统认识,未能做到与国际分工演进形势和格局"与时俱进"。由于对外贸易的传统界定主要是指进出口贸易,即一个国家(地区)与其他国家(地区)之间进行的商品和服务的交换活动。显然,这种概念是基于传统的以"产品"为界限分工模式下进行的界定,并且隐含了一个前提就是不存在要素跨国流动,这也是经典国际贸易理论的重要假定。而包括资本以及由此带动的技术、人员、管理等一揽子生产要素的跨国流

---

① LAMY P. Globalization of the Industrial Production Chains and Measuring International Trade in Value Added, http://www. wto. org/english/news_e/sppl_e/sppl174_e. htm.

动性日益增强,已成当前国际分工的重要特征之一。因此在当前全球价值链分工形式下,贸易与要素流动越来越具有融合趋势,越来越具有一体化特征。所谓贸易与要素流动一体化,其内涵从广义上讲,主要是指国际贸易和要素跨国流动之间高度融合、相互依赖、共生发展、合为一体的一种国际经济现象。这种一体化不仅表现为贸易流向和要素流向的高度一致性,而且表现为国际贸易和要素跨国流动互补共存、互动发展的格局。从狭义上看,则主要是指在全球价值链分工体系中,跨国公司在全球范围内配置和整合资源,从而形成国际生产的全球供应链,把节点企业安排在不同国家的生产和贸易"一体化"现象。这是外贸在全球价值链分工形式下的真实本质内涵,而从外延上来看,其不仅涵盖了传统的最终产品跨境流动,也包括中间品跨境流动,以及为生产贸易品而进行的一切生产要素的跨境流动,外贸已从传统意义层面拓展涵盖传统贸易、投资、价值增值创造的"大外贸"概念。实际上正是由于这种变化,"国际贸易重要性"不会渐减反而会渐增,对此,我们将在下文进行进一步讨论。

四、全球价值链分工下外贸发展的本质作用

在新的国际分工模式下,外贸发展的作用亦应放眼"大外贸"的视野进行再认识,而不应"聚焦"于增速表象。这不仅是因为前文分析指出的价值链分工对贸易增速的影响方面,还突出表现为,既然全球价值链分工模式下的外贸已经演化为布局全球生产网络进而完成全球生产的必要流转环节表现,因此其在实践中的表现不一定是本国出口或者进口的高速增长,有可能是在整合和利用他国资源基础上并以他国为"进出口平台"所表征的产品跨国流动。改革开放以来尤其是入世以来,中国成为发达国家跨国公司的"出口平台"就是典型表现和明证,这也是中国外贸高速增长的重要原因之一,但这种高速增长的背后是发达国家跨国公司获益良多,即理论和实践部门普遍意识到的"中国贸易只赚数字不赚钱"的特征事实。应该说,在以价值链和要素跨国流动为主要特征的全球价值链分工模式下,贸易对经济发展的作用更加重要,对此,有必要进行深入的理论探讨。

(一) 全球价值链下的贸易是分工进一步细化的表现

自由贸易理论早已证明了贸易利益的存在,而贸易利益的来源正是分工所带来的收益。换言之,当分工突破国家界限而延伸到国际市场后,国家的"专业化"生产不

仅会由于生产要素的重新配置而带来产出增加的直接好处,而且还会提高生产率以及突破市场规模限制而实现规模经济等好处。显然,相比传统的以"产品"为界限的国际分工,在以产品生产环节和阶段为界限的全球价值链分工模式下,国际分工得以进一步细化。这突出表现在,在最终产品上不具备比较优势的国家,伴随全球价值链分工的演进,进而产品的价值增值环节和阶段被不断分解,可能在某一生产环节和阶段上具有了比较优势。这是国际分工的进一步细化,不仅使得原本缺乏比较优势而被排除在国际分工之外的国家获取了参与国际分工的机会,也使得参与国际分工的国家在产品层面上的分工得以进一步拓展。显然,如果我们的共识是承认分工和贸易具有普遍的互利性这一基本逻辑,那么在新的国际分工模式下,开展对外贸易的实质就是国际分工的进一步细化,从而进一步"放大"贸易利益。

（二）全球价值链下的贸易是资源配置进一步优化的表现

在传统的以产品为界限的分工模式下,一国开展对外贸易,依据比较优势进行专业化分工和生产,其实质就是生产要素在不同生产部门之间的重新配置,更确切地说,是从低效率的生产部门向高效率的生产部门转移。然而,由于这种专业化分工和生产是在一国国内以"封闭式"状态进行的,因此此时资源优化配置还仅仅停留在一国国内。但是在新的国际分工模式下,由于要素流动具有了跨国界性,因此贸易品的生产不再是"封闭式"状态,而是一种"开放式"状态,是通过要素跨境流动而实现的多国要素合作生产。显然,这种"开放式"的资源配置相比"封闭式"的资源配置,其优化程度会更高,这对于开展国际分工和贸易的任何国家而言,都是一种更大的潜在贸易利益。而且更为重要的是,在要素可进行跨国流动的情形下,生产要素的跨国优化配置,还可以在很大程度上克服"封闭式"状态下分工和生产专业化所面临的资产专用性约束问题。总之,在新的国际分工模式下,开展对外贸易会在进一步优化配置全球生产资源中使得各国受益。

（三）全球价值链下的贸易更有利于知识技术的扩散传播

对外贸易是技术和知识在国家间进行传播和扩散的重要渠道,基本已成学术界的共识(Coe et.，1995①)，而这种扩散和传播效应显然有利于贸易参与国的技术进步和知识积累等。而在新的国际分工模式下，技术和知识的传播不仅有了新的形式和渠道，而且方式上也有了新的变化，从而更有利于其在国与国之间的扩散和传播。从形式和渠道上而言，犹如前文所述，对外贸易的概念实质上融合了要素跨国流动，而以 FDI 为主导的一揽子生产要素的跨国流动，显然是技术和知识等高端要素跨国传播和扩散的重要渠道。当然，要素流动所形成的传播和扩散效应，不仅是渠道上的变化，在方式上也有别于传统的产品贸易。全球价值链分工模式下贸易品的流动大多是中间品，与最终产品相比，中间品贸易也更有利于知识和技术的跨国传播，大量有关中间品进口的实证研究已经给予了证实(Amiti et al.，2007②；Bas，2012③)。其实更为重要的是，由于全球价值链分工模式下的贸易实质是"生产全球化"，因此在"生产全球化"背景下，知识和技术的跨国传播不仅是一种可能和被动外溢，更是一种必要和主动溢出。因为技术和知识作为广义上的生产要素，"生产全球化"必然要求其流动全球化。

(四) 全球价值链下的贸易更有利于实现包容性发展红利

在以产品为界限的传统分工模式下，经典的国际经济理论早已论证了开展分工和贸易使各国受益的可能，但对贸易利益的分配问题一直以来存在较大争议，在实践中甚至会出现由于贸易条件恶化而导致"贫困化增长"的例子。这是因为传统分工模式下一国利益的增加并不以另外一国同样增长为前提，甚至可以以"牺牲"他国利益为前提。然而，在以要素流动和碎片化生产为主要特征的全球价值链分工模式下，由于各国参与贸易的本质是共同协作生产全球产品，更确切地说，国与国之间开展分工和贸易不仅为了实现"比较利益"，更是为了确保全球"共同生产"的正常进行。这一"共同生产"的本质，使得国家间的分工与贸易不仅具有"互利性"特征，更重要的是呈

---

① Coe D. and E. Helpman. International R&D Spillover. *European Economics Review*，1995，(359)：859 - 887.

② Amiti，M. and Konings，J. Trade Liberalization，Intermediate Inputs，and Productivity：Evidence from Indonesia. *American Economic Review*，2007，97(5)：1611 - 1638.

③ Bas，Maria. Input-trade Liberalization and Firm Export Decisions：Evidence from Argentina. *Journal of Development Economics*，2012.

现利益上的相互"依存性",即任何一国获取国际分工利益的大小都是以对方国家获取国际分工利益的大小为前提①,也可以说,任何一个国家的不可持续进而导致价值链条的"中断",都会导致全球生产的不可持续或者"中断"。可见,当前全球价值链分工的实质对包容性发展具有了内生性需求,越来越要求国与国之间具有更为紧密的协作和包容性发展精神,从而使得贸易本质上的"互利共赢"得以真正实现。实际上,在本轮全球经济危机严重冲击下,虽然贸易保护主义有所抬头但并未遵循历史的"逻辑",即并未出现历史上其他经济危机期间贸易保护的"盛行"和"大行其道",其主要原因就在于全球价值链分工模式下,正如联合国贸发会议发布的《全球价值链与发展》研究报告指出②:"以邻为壑"的政策措施已无用武之地,相反,秉持包容性发展理念加强合作才是出路。正是基于上述意义,当代经济全球化红利的创造和分配,只有依托包容性增长才能顺利实现,这必然决定了开展对外贸易有利于实现包容性发展红利。

总结以上讨论可见,全球价值链分工模式下对外贸易的作用,不管是何种层面的变化,其实质都与一个核心问题有关:生产全球化的根本性质。那么基于这一本质特性,不难理解,开展国际贸易不仅是各国参与全球分工和生产的途径,也是全球分工和碎片化生产得以实现的途径。在"全球化生产"模式下,一国的比较优势不再局限于一国国内,一国的优势要素也不再局限于在本国国内或局限于本国企业使用,碎片化生产和要素流动的实质就是要在全球范围内整合和利用资源。也就是说,一国的优势要素资源可以成为世界各国企业均可利用的资源,任何一国的企业也可以通过参与全球生产而利用其他国家优势要素资源。因此,全球价值链分工模式下的贸易更多地表现为完成生产过程的一个环节,是全球化生产得以实现的前提。从全球范围看,没有各国发展对外贸易就没有生产全球化;从一个国家范围看,不积极发展对外贸易就无法融入全球生产体系之中并从中获益。一国离开了对全球生产分工体系的参与,其产品也就不可能具有国际竞争力,这一点无论对于发达国家还是发展中国

---

① 方勇、戴翔、张二震:《论开放视角的包容性增长》,《南京大学学报》2012年第1期。

② United Nations Conference on Trade and Development. Global Value Chains and Development: Investment and Value Added Trade in the Global Economy. UNCTAD, 2013.

家而言都是如此。总之,基于全球范围内的分工和资源优化配置,并据此获取经济发展红利,尤其是使得分工和贸易参与国实现真正意义上的"互利共赢",是全球价值链分工模式下贸易的本质作用。

五、全球价值链分工演进新趋势与中国机遇

总结以上分析可见,贸易对经济发展的重要意义并不能简单地以增速来评判,因为在融入全球价值链的不同发展阶段,其增速表现会有所不同,但其本质都是融入"全球生产"分工体系。如果一定要从贸易增速的角度来看待其对经济发展的作用话,那么基于前文分析,可以认为,全球价值链分工模式下外贸在不同发展阶段的主要"任务"不同而已。具体而言,以"低端嵌入"方式融入全球价值链分工,所带来的贸易高速增长,其主要任务就在于经济基础较为薄弱的情况下,以跟随模仿为主要发展战略,加速形成制造业的生产能力和出口能力,并以此拉动 GDP 的快速增长。此时追求贸易高速增长所具有的合理性可能在于,它是全面嵌入价值链的体现。这就是前期中国融入全球价值链分工体系发展对外贸易的客观实践。而经过一定时期的发展并奠定了一定的物质基础之后,主观和客观上都会要求沿着全球价值链攀升以提升分工地位,由此可能带来贸易增速放缓;但贸易的创新驱动发展战略和功能会日益明显,从而对整个经济的转型发展具有重要引领和带动作用。而这一点其实正是中国经济进入"新常态"后,大力发展贸易的作用和意义所在。当然,更为现实的问题是,开展对外贸易是否有利于引领中国经济转型升级的现实需要? 这一点实际上与全球分工演进趋势密切相关。换言之,中国外贸发展能否真正发挥引领中国经济转型升级的现实需要,在很大程度上还取决于能否与全球分工演进的趋势"对接"。鉴于此,有必要对全球分工演进的新趋势特征做进一步的探讨。概括而言,当前全球分工演进呈现的如下几方面趋势特征,将为中国外贸发展进而引领经济转型升级带来重要战略机遇。

(一) 制造业价值链向创新链转变的机遇

20 世纪 80 年代中期以来,以产品价值增值环节和阶段国际梯度转移为主要特征的全球分工和生产体系的构建,主要发生在制造业领域,或者说是制造业价值链条在全球拓展和分布的过程。这一阶段分工深化和全球生产布局,从国际宏观层面看,

所呈现的一个典型特征就是发达经济体的"去工业化"和发展中经济体的"工业化";从微观层面看,就是发达经济体产生越来越多的苹果和耐克式企业——只负责研发设计、进口以及产品分配等服务环节,而发展中经济体则产生越来越多的从事全球价值链中组装、加工和制造环节的"制造型"企业。概言之,以往全球价值链的构建主要是制造环节和阶段的国际梯度转移。而当前全球分工演进的一个重要发展趋势就是技术创新也越来越具有全球性特征,即一方面包括研发在内的技术创新出现国际梯度转移,另一方面技术创新的全球"协作性"越来越明显。已有的研究表明,技术创新的跨国转移和合作已经成为当前经济全球化的重要发展趋势(王子先,2013[1])。技术和知识的流动伴随企业间人员的频繁跨国流动而日益频繁,与此同时,不同国家的用户、供应商、大学以及科研机构人员对创新活动的共同参与,使创新从企业内部、区域内部和国家内部的协作,扩展到国家间不同主体合作,进而使得全球价值链的发展在原有制造业价值链基础上,向全球创新链层面深度拓展。这一深度拓展的实质,就是企业在全球范围内搜索可利用的知识资源、关注资源使用权并且具备高度开放性的价值网络创新模式(马琳和吴金希,2011[2])。当然,出现这种变化的主要原因在于,一方面技术创新产品越来越复杂,从而成为单个企业的"不能承受之重";另一方面通信和信息等技术突飞猛进为越来越多的企业突破地域和国家界限,从而在全球范围内积极寻求资源"为我所用"提供了支持。这无疑为中国在加入制造业全球价值链基础之上,逐步全面地转向融入全球创新链,进而实现由以往的要素驱动和投资驱动,向创新驱动的轨道发展提供了重要战略机遇。

(二) 全球经济规则从第一代向第二代深度演变的机遇

实际上,全球价值链分工能够得以迅猛发展,除了与产品生产国际分割技术的突飞猛进有关外,更重要的还在于以边境壁垒降低为主要内容的第一代全球经济规则为其提供了制度保障。因为在产品"迂回生产"链条不断延伸过程中,其所要求的技术属性要比制度属性简单得多。换言之,产品生产技术上的可分离性要比人们想象

---

① 王子先:《研发全球化趋势下自主创新与对外开放关系的思考》,《国际贸易》2013年第9期。

② 有关全球创新链的讨论,具体可参见马琳、吴金希《全球创新网络相关理论回顾及研究前瞻》,《自然辩证法研究》2011年第1期。

的简单,而影响其发展的更多是制度层面的滞后①。在全球价值链分工体系下,生产的国际碎片化会带来中间品的多次跨境流动,因此即便是"不起眼"的关税壁垒亦能在整个价值链上形成累积效应,最终"放大"有效保护率。由于多边和区域贸易自由化的进展,当前全球多数制成品关税一直在下降,然而,即便是在此背景下,一些学者的研究仍然表明②:尽管名义关税税率较低,但制造业全球价值链的兴起会导致名义关税税率沿着供应链不断积累,从而对制造业价值链拓展仍有重要影响。也正是基于这一意义,以"边境开放"措施为主要内容的第一代经济全球化规则,的确为全球价值链深度演进提供了重要的制度保障,从而促其迅猛发展。

实际上,实现产品生产不同环节和阶段的无缝对接、降低交易成本,是价值链分工的内生需求。这不仅需要通过"边境开放"以降低产品跨境流动壁垒,还需要各国市场规则的一致性乃至各国间标准的兼容性。只不过全球价值链的前一轮发展主要表现在制造业环节,尤其是中低端的环节和阶段的国际梯度转移,这一阶段相对而言对前一要求较高,而对后一要求还并不太高。然而,全球价值链的进一步发展尤其是基于制造业价值链向全球创新链的深度演进,会对与之相应的后者制度保障提出更高要求;更确切地说,会对包括法制化水平、制度质量、知识产权保护、生产要素市场、环保标准、劳工标准、竞争中立、商业环境的公正透明等内容在内的一国国内经济政策和市场环境提出更高的要求。在某种程度上可以说,WTO研究所指出的"全球价值链分工格局基本定型,进一步深化的边际成本加大"的问题,在我们看来,正是由于新的全球经济规则尚未形成从而未能为价值链"进一步深化"提供切实有效的制度保障。这一点从当前由 WTO 主导的多边贸易谈判进程受阻也可略见一斑,因为主要原因就在于着眼于降低贸易投资壁垒、扩大"市场准入"为目标的"边界措施",已经不能满足全球价值链分工进一步深度演进的现实需要,这也是为什么有些学者提出

---

① 奥利弗·威廉森:《交易费用经济学讲座》,《经济工作者学习资料》1987 年第 50 期。

② Antonia D. and H. Escaith. Trade in Tasks, Tariff Policy and Effective Protection Rates. WTO Working Paper No. ERSD‐2014‐22.

WTO 应加快从 1.0 版向 2.0 版转身，否则面临着"破产"的原因所在（Baldwin，2012①）。但无论如何，以跨国公司主导的全球价值链深度演进为主要内容的经济全球化仍是大势所趋，其对更高标准制度保障的内生需求催生了"新一轮区域贸易自由化浪潮的兴起"，或许就是明证。有研究表明，基于这一内生需求的全球贸易和投资规则正在重建并取得了一定成果（金中夏等，2014②），由此可以预期的是，伴随全球经济规则从第一代向第二代深度演变，包括以制造业价值链为基础向全球创新链拓展的国际分工势必深入演进。显然，高标准的国际经济规则无疑会在"倒逼"国内改革方面发挥重要推动作用，促使中国开放型经济尽早走上"释放改革红利"的道路上。

（三）全球经济新格局下跨国公司"逆向创新"战略调整的机遇

20 世纪后半叶尤其是进入 21 世纪以来，世界经济格局发生了"东升西降"的巨大变化，犹如国际货币基金组织副总裁朱民先生所指出③：世界经济增长的重心从发达经济体转移到新兴和发展中经济体。而联合国数据库的有关资料也表明，在美国、欧盟和亚洲三大经济体中，美国和欧盟的经济总量所占比重正逐步下降，而亚洲经济总量所占比重则逐步上升。其中，中国经济的快速发展成为全球经济"东升西降"的巨大引擎（金碚，2012④）。全球经济格局的巨大变化引起了跨国公司全球竞争战略布局的相应调整。这是因为，发达国家在布局全球价值链过程中，不仅与各国的要素禀赋结构所形成的比较优势有关，也与最终消费市场的区位有关。一项针对全球价值链区位分布的理论研究表明⑤，价值链不同环节和阶段对"接近"消费市场的需求或者说敏感程度不同。具体而言，诸如研发、设计、营销和售后等更倾向于"接近"消费市场，而具体的组装、加工和普通制造环节则对是否"接近"消费市场不太敏感。对此，OECD 和 WTO 联合开展的一项调查研究结果也给予了证实，因为研究结果表

---

①　Baldwin，R. WTO 2.0：Global Governance of Supply-chain Trade. CEPR Policy Insight No. 64，December 2012.

②　金中夏：《全球贸易与投资规则重建》，《新金融评论》2014 年第 6 期。

③　朱民：《世界经济结构的深刻变化和新兴经济的新挑战》，《国际金融研究》2011 年第 10 期。

④　金碚：《全球竞争新格局与中国产业发展趋势》，《中国工业经济》2012 年第 5 期。

⑤　Baldwin R. and A. Venables. Relocating the Value Chain：Offshoring and Agglomeration in the Global Economy. NBER Working Paper No. 16611，2010.

明,在跨国公司全球价值链布局的关键影响因素中,需求市场规模成为仅次于生产要素成本的第二大因素。因此,在全球财富和经济权力主要集中于发达经济体的背景下,全球主导性消费也主要集中于发达经济体,这必然促使跨国公司的全球战略主要"定位"于发达经济体市场。换言之,在全球价值链的布局过程中,跨国公司更倾向于将产品研发创新的经济活动置于发达经济体内部,以"接近"消费市场。但伴随新兴经济体和发展中经济体的迅速崛起以及全球经济重心的逐渐"东移",必然推动全球消费市场布局的重新调整。随着新兴和发展中经济体市场需求规模不断扩大,跨国公司会越来越重视这一新的市场需求和巨大潜力。为了接近这一"新"的市场,其全球价值链的布局策略也将随之调整,即将更多的研发创新活动置于新兴市场经济体,并以此为基础将创新产品销往包括发达国家在内的全球市场。有些学者将跨国公司这一新的策略变化称为"逆向创新"(Reverse Innovation),以区别于以往主要将研发创新活动置于发达国家市场进而将创新性产品再销往全球的模式。有关案例研究表明(Jones,2011[①]),这种价值链布局的策略调整已在许多跨国公司中悄然出现。目前,许多跨国公司的研发机构乃至经济总部"进驻"中国,一定程度上也说明"新战略"的端倪,这为中国攀升全球产业链和价值链高端提供了重要机遇。

(四) 全球价值链发展进入重塑阶段的机遇

发端于美国次贷危机的本轮全球经济危机,表面上是金融制度缺陷和金融行为非理性所致,但实体经济才是其深层次的根源所在,确切地说,是世界经济周期作用的结果。从这一意义上来说,全球经济要想真正摆脱危机并进入新一轮的繁荣和增长,技术创新与产业创新才是根本之道,这一点已基本成为学术界和实践部门的共识。实际上,进入21世纪以来,一些重要科技领域发生革命性突破的先兆已经初显端倪,新一轮科技和产业革命加快孕育,只不过本轮全球经济危机的冲击加速了发达国家为首的科技和产业革命的步伐。目前,不论是美国实施的"先进制造业"发展战略,以推动制造业回流和升级,还是德国大力推进的"工业4.0战略";不论是英国实

---

① Jones, C. Intermediate Goods and Weak Links in the Theory of Economic Development. *American Economic Journal*. 2011,3 (4).

施的"高价值制造"战略,还是法国实施的"新工业法国"战略,本质上都是科技革命和产业革命的竞赛,同时也说明了各国愈发重视以技术创新拉动经济发展。显然,酝酿新的产业革命和技术革命,必然改变着全球产业链格局,从而使得全球价值链进入新一轮的调整期和重塑期。当然,科技革命和产业革命推动下的全球价值链重塑和调整,既包括前文所提及的设计研发的全球化发展趋势,也包括全球价值链自身的变动,比如传统"微笑曲线"的整体移动,与"微笑曲线"相伴随的可能还会出现新式的所谓"沉默曲线"乃至"悲伤曲线"(黄群慧等,2013①)以及不同国家在全球价值链中地位重构等。应当看到,全球价值链调整和重塑已初现端倪,而这对于发展中国家来说,通过诸如开展对外投资参与全球价值链重塑等,从而实现产业升级和技术进步,既是重要的机遇也是重要途径。这无疑为中国构建自己的全球价值链提供了重要契机。

六、结论及对策思考

综合以上分析可见,在全球价值链分工格局下,外贸的本质内涵及其功能作用等均发生了深刻变化,对外贸易对驱动经济发展的贡献和意义已完全超越了"增速"层面的表象意义,尤其是不能停留在对出口驱动或所谓依托外需驱动的狭隘理解上。大概无人否认,改革开放以来,中国经济增长奇迹与外贸高速发展密切相关的事实,这也是"贸易立国"在中国外贸实践中的生动写照。如果说,前一轮的"贸易立国"战略及其作用的发挥,还主要表现为外贸"高速"增速所驱动的 GDP 增长奇迹的话,那么在全球价值链分工格局尤其是全球分工演进新趋势下,"贸易立国"有了更为深刻的意义:迎合新趋势,把握新机遇,在进一步融入、扎根乃至在主导全球价值链和创新链中,利用全球资源和全球智慧,推动中国从贸易大国向贸易强国转变,从而更好地服务中国经济创新驱动和转型发展的需要。总之,对"贸易立国"仍须给予高度的重视,否则会使我们丧失新一轮经济全球化带来的历史性发展机遇。当然,抓住新机遇从而将战略机遇期转化为真正的发展黄金期,本质上是要实施创新驱动的发展战略。这就要求中国的外贸发展,需要在融入制造业全球价值链分工基础上,进一步扎根乃

---

① 黄群慧、贺俊:《"第三次工业革命"与中国经济发展战略调整——技术经济范式转变的视角》,《中国工业经济》2013 年第 1 期。

至在主导全球价值链和创新链中推进。为此,需要注重下述四个方面的重要问题。

第一,打造综合性竞争环境优势,提升"扎根"全球价值链的能力。"扎根"全球价值链是稳定外贸发展的前提。由于跨国公司在全球布局生产体系过程中,价值增值环节和阶段的区位配置与各国的比较成本密切相关,从而具有了动态特征,即布局策略会随着各国比较优势的变化而进行不断调整。这一现象在学术界通常也被称为"浮萍经济"效应,其言外之意在于,如果一国比较成本优势的变化未能迎合跨国公司全球战略的需要,或者说原有成本优势丧失并未伴随新的成本优势出现,那么即便在初期顺利地加入了价值链分工体系,也有可能面临被"开除球籍"的风险。UNCTAD关于全球价值链的研究报告中指出,现实中一些国家和地区由于缺乏成本优势而未能融入全球分工体系的例子并不少见①。改革开放以来,中国依托初级要素等形成的低成本优势,顺利地加入全球价值链分工体系,但近年来伴随国内各种生产要素价格集中进入上升期,以及其他更多发展中国家参与全球竞争,中国外贸发展的确面临着潜在的"浮萍经济"风险。通常而言,成本不仅包括要素成本,比如劳动力成本、土地成本、各种资源成本等,也包括商务成本,比如投资和税收激励、基础设施、行政服务、行政管理负担、制度质量、契约履行成本等。当前,中国面临要素成本的挑战,但同时在降低商务成本方面大有潜力可挖,更何况,从不同价值增值环节对要素成本变化的敏感程度来看,中低端的制造环节往往对要素成本变化较为敏感,而高端环节乃至创新环节则对商务成本较为敏感。因此,迎接要素成本上升的挑战并力图"扎根"全球生产分工体系,需要我们在继续发挥传统比较优势的同时,更加注重在进一步完善基础设施、完善产业配套环境、降低税费、提高制度质量、完善市场机制、提高政府效率以及提高法制化水平等方面努力,从而打造更具竞争力的综合成本优势。

第二,加快构建开放型经济新体制,迎合高标准的全球经济新规则。如前所述,当前全球经济规则正向高标准、高质量方向发展。显然,在高标准已成全球经济规则的重要发展趋势下,唯有达到高标准的要求,才能够进一步融入全球生产分工体系之

---

① United Nations Conference on Trade and Development. Global Value Chains and Development: Investment and Value Added Trade in the Global Economy. UNCTAD, 2013.

中,而"不达标"的则极有可能被边缘化。为此,必须加快构建开放型经济新体制,从以往的"边境开放"措施加快向"境内开放"层面深度拓展,建立更加规范、更加透明、更加成熟、更加公平、更加法制化、更加完善的市场经济体制。唯有如此,才能为中国在更高层次上融入国际生产分工体系;更确切地说,为中国在全球价值链中"专业化于"更高端的环节和阶段以及更加顺利地嵌入全球创新链,提供必要的制度保障。当然,构建开放型经济新体制并非"被动"迎合国际经济环境变化的外部需要,其更重要的意义在于"以开放倒逼改革",从而内生地培育出中国外贸发展新优势,掌握全球经济未来发展主动权。这是因为,无论是从攀升全球价值链高端角度还是从嵌入全球创新链角度看,培育中国外贸发展竞争新优势,依托科技创新是重中之重。而科技创新的关键不仅在于是否拥有创新要素,更取决于能否激发创新微观经济主体即企业的积极能动性。显然,唯有通过进一步深化改革,进一步简政放权和减少政府干预,破除开放型经济发展进程中的体制机制障碍和思想观念束缚等,才能将企业真正置于一个有利于释放创新动力和活力的公平、有序、统一的市场环境中。这也是中国外贸发展实现从要素驱动向创新驱动转变的根本所在。

第三,"虹吸"国际先进生产要素,提升创新驱动的发展能力。中国外贸发展从要素驱动向创新驱动转变,其创新的内涵和实质绝不是封闭式而是开放式,其中,"虹吸"国际先进生产要素积聚到国内进行创新活动,就是开放式创新的重要内容和途径之一。如何才能有效"虹吸"包括先进技术、先进管理经验、高级管理人才、研发结构等国际先进生产要素,可以考虑从如下两个方面着手:一是将国内巨大的潜在市场规模优势,转化为吸引发达国家跨国公司将创新要素向中国国内集聚,在中国进行"逆向创新"的新优势。这不仅要求一方面进一步理顺商品和要素价格体系,加快完善资本、劳动、土地乃至企业家等生产要素的市场价格形成机制,充分发挥价格对市场的调节作用;另一方面还要加快形成全国统一市场,消除商品和要素跨区域跨行业的流动壁垒。正如有些学者所指出,目前国内市场环境还不够健全和完善,国内统一市场还没有完全形成(余淼杰,2014①)。二是加快培育本土高级要素。实际上,在以要素

---

① 余淼杰、王宾骆:《对外改革,对内开放,促进产业升级》,《国际经济评论》2014年第3期。

流动和国际碎片化生产为主导的国际分工模式下,要素跨国流动以实现的资源优化配置,虽是"不同类别"生产要素在全球范围内的重新组合,但这种组合同样也存在着质量方面的比配问题。换言之,一国能吸引何种层次的要素,往往取决于其自身所拥有的要素质量和层次。这就需要我们进一步加大教育投入,大力发展职业教育和培训,努力促进"官、产、学、研、媒"的有效结合,着力打造"招才引智"的优良环境等,借此"虹吸"国际先进生产要素以服务于中国外贸创新驱动发展的需要。

第四,加快"走出去"步伐,提升整合全球优势资源能力。改革开放以来的很长一段时间内,中国主要依托引进外国直接投资,在为外资企业进行配套发展中,或者通过承接发达国家跨国公司的国际订单而融入全球生产分工体系。这种发展模式虽然也是利用全球"资源"的一种方式,但是相对而言,更多的是在发达国家跨国公司主导下的一种"被动式"发展,在全球生产分工体系中处于"被整合者"的地位。中国外贸进入新的发展阶段,要提高国际分工地位,就不能继续扮演着"被整合者"的角色,而应该逐步转变为全球资源的"整合者",通过不断提升布局构建贸易、投资和价值链条的能力,从被动参与全球价值链到主动构建自己的全球价值链。这就需要在继续大力引进国际先进生产要素的同时,以更大步伐"走出去"整合和利用全球资源。如此整合和利用全球资源的方式,不论是体现在将已经丧失比较优势的环节和阶段转移至更具成本优势的国家和地区,还是体现在主动获取和整合国外先进技术等要素等,实质都是拓展和构建自己的全球生产分工体系。这一方面的努力目前已出现一些可喜变化,突出表现为中国对外直接投资已经超过了利用外资水平:商务部公布的最新数据显示,2014 年中国对外投资规模超过利用外资规模约 200 亿美元,从而跃升为"净资本输出国"。显然,这种变化显示的是中国企业通过"走出去"参与全球生产分工体系、参与重塑全球价值链乃至构建自己的全球价值链的节奏加快,显示的是"大外贸"发展的一种新面目。可以预期,不再单纯以要素优势,而是以具有整合全球资源能力的企业去"走出去"参与和主导全球生产分工体系之时,就是中国贸易"新图谱"展现之时。

（与戴翔合作。本文缩写版以《全球价值链分工演进与中国外贸失速之谜》为题,载于《经济学家》杂志 2016 年第 1 期,《中国社会科学文摘》2016 年第 5 期摘要转载）

我国外贸增速下降：机理分析及对策思考

一、问题提出

改革开放以来,中国主要依托"人口红利"等传统低成本竞争优势,在全面而快速融入发达国家跨国公司主导的全球价值链分工体系中,实现了对外贸易的高速增长:1978 年中国出口总额 99.54 亿美元,占当年全球出口市场总额 13 104.03 亿美元的比重仅为 0.75%;而到了 2011 年,中国出口总额上升至 18 983.81 亿美元,占当年全球出口市场总额 183 389.66 亿美元的比重随之攀升至 10.35%,实现了从一个贸易"小国"向贸易"大国"的摇身转变。这显然是中国改革开放以来尤其是加入 WTO 以来,贸易发展出现了被学术界和实践部门所津津乐道的"爆炸式增长"结果。然而,近年来,伴随国际国内环境的深刻变化,中国外贸增长出现"乏力"现象,甚至深陷"低迷泥沼"。比如,2012 至 2015 年中国进出口总额的增长率分别为 6.19%、7.55%、3.43% 和 -7.02%,远低于当年预期分别为 10%、8%、7.5% 和 6% 的增长目标,并结束了过去长达约 20 年的两位数高速增长。尤其是 2015 年,中国外贸增长同比下降 7.02%,出现了 2009 年这一危机冲击下特殊年份以来的首次负增长。这种变化引起了理论和实践部门的极大担忧,因为外贸是驱动经济增长的一支重要力量,甚至是在"对外贸易是经济增长发动机"的共识下,中国外贸"增速下降"乃至出现负增长,意味着外贸对经济发展的作用和贡献将随之下降。因此,中国外贸增速下降之后怎么办?已然成为理论和实践部门面临的重要课题。实际上,对于这一问题的回答,首先要建立在"怎么看"的基础上。即,当前中国外贸增速下降究竟是正常态还是非常态? 究竟是中国特有现象还是全球共同现象? 导致外贸增速下降的根本原因究竟是内部的还是外部的? 发展外贸的意义和价值在进入新阶段后究竟是看速度还是看质量? 唯有对这些基本问题形成正确、客观认识,才能够明晰外贸增速下降之后进一步发展的战略调整方向及对策举措。

二、中国外贸增速下降：一个比较分析

由于对外贸易是国与国之间的贸易，因此，正确看待对外贸易增速变化问题，不能仅看自身情况，还必须置于国际大环境下进行简要的比较。如此，从外贸相对地位变化中去认识外贸增速变化问题，更加具有客观性和全面性。下表 1 给出了 2011—2015 年中国及全球部分代表性国家和地区的出口贸易情况，以此可分析中国外贸增速变化究竟是自身独特现象还是全球现象，以及中国外贸增速变化在全球贸易中的相对性。

表 1   2008—2015 年部分经济体出口增长率

国家＼年份	2008	2009	2010	2011	2012	2013	2014	2015
中国	17.23%	−16.01%	31.30%	20.32%	7.92%	7.82%	6.03%	−1.81%
美国	12.13%	−17.97%	21.06%	15.96%	4.26%	2.19%	2.59%	−7.07%
德国	9.46%	−22.55%	12.40%	17.08%	−4.67%	3.33%	3.84%	−11.20%
英国	4.71%	−22.81%	17.21%	21.78%	−6.67%	14.43%	−6.50%	−9.64%
日本	9.39%	−25.68%	32.56%	6.94%	−2.99%	−10.45%	−4.37%	−8.60%
韩国	13.60%	−13.86%	28.29%	19.05%	−1.32%	2.15%	2.33%	−7.99%
丹麦	13.33%	−19.62%	2.61%	15.99%	−5.72%	4.40%	0.88%	−13.77%
法国	10.12%	−21.33%	8.04%	13.88%	−4.65%	2.15%	0.28%	−13.21%
印度	29.75%	−15.36%	37.26%	33.82%	−2.01%	6.07%	2.14%	−16.87%
荷兰	15.83%	−21.95%	15.34%	16.17%	−1.76%	2.47%	0.09%	−15.37%
俄罗斯	33.07%	−35.67%	32.05%	30.30%	1.39%	−1.13%	−4.88%	−8.95%
瑞典	8.60%	−28.66%	21.23%	17.92%	−7.82%	−2.78%	−1.90%	−11.26%
阿根廷	25.53%	−20.49%	22.48%	23.27%	−4.53%	1.76%	−11.86%	−12.62%
澳大利亚	32.47%	−17.58%	37.78%	27.79%	−5.54%	−1.44%	−4.65%	−11.38%
巴西	23.21%	−22.71%	31.98%	26.81%	−5.26%	−0.22%	−7.00%	−15.09%

数据来源：根据世界贸易组织（WTO）统计数据整理而得。

从表 1 显示的统计数据看，虽然近年来我国出口贸易增速有明显的下降趋势，并且在 2015 年出现了－1.81％的负增长，但是与全球其他各主要经济体的同期出口绩效相比，这一增速仍然不低。也就是说，仅从自身增速变化的纵向角度看，的确出现了明显的"增速下降"，但是从横向比较角度看，"增速下降"情形中仍然保持了较为显著的"优势"。仍以 2015 的出口贸易为例，与中国相比，美国、德国、英国、日本、韩国、巴西等出口贸易增速分别为－7.07％、－11.20％、－9.64％、－8.60％、－7.99％和－15.09％，出口增速下滑程度之高都要远远甚于中国。在表 1 所选的各经济体中，2015 年出口增速低于同期中国出口增速最少的为 5.26 个百分点，最高的达到 9.39 个百分点。其实自 2012 年以来的出口增速变化看，基本上均是如此，对此我们就不再一一分析了。可见，中国出口贸易明显好于全球主要经济体的出口贸易，从相对角度看，仍然属于"中高速"增长。这一点可称为中国外贸发展之"高"。也正因如此，尽管从绝对角度看中国外贸发展进入增速下降状态，但是相对而言，中国在全球贸易主体结构中的位置仍趋于上升，正如最近中国商务部发布的一组数据显示：2015 年我国依旧保持全球货物贸易总值第一的位置，占全球出口市场份额的比重达到 13％，较 2014 年的 12.4％又有所提升。这一点可称为中国外贸发展之"大"。当然，如果透过贸易规模和总量增长数据的"面子"而透视外贸发展"里子"的话，有关研究显示，我国外贸结构呈显著优化发展态势，突出表现为 2015 年在出口增速总体为负增长的情景下，机电产品、资本品、铁路设备、电力设备、通信设备等中高端产品出口表现为正增长。这一点可称为中国外贸发展档次之"上"。

综上可见，近年来的外贸增速下降并非中国独有现象，全球主要经济体均在不同程度上经历着同样的外贸增速下降发展阶段。而且从相对地位变化角度看，中国出口市场份额所占全球比重仍然有所上升，足以说明近年来中国"遭遇"的外贸增速下降状况总体上要好于全球整体层面。也正因如此，基本上可以认为，当前中国外贸增速下降是在全球经济深度调整背景下的"正常态"，而不是"非常态"。甚至也可以说，是在全球经济进入深度调整期以及中国经济发展到新阶段后，外贸发展必然从以往高速增长转向中低速增长乃至偶然出现负增长的"新常态"发展阶段。当然，对于上述判断，还只是停留于贸易增速这一表象上的简单分析。为了更深刻地认识这一问题，我们还可以对中国外贸增速下降的原因进行进一步探讨。

三、中国外贸增速下降成因探析

学术界有些代表性的观点认为，当前中国外贸增速下降，是人口红利逐渐式微导致传统比较优势丧失的结果；而从外部环境看，则是受国际市场需求不景气、全球贸易保护主义有所抬头等因素影响的结果。这些观点都有一定的道理，那些因素确实都在一定程度上影响着中国对外贸易的发展。当前，国内各种生产要素价格集中进入上升期，传统低成本的竞争优势正在逐步丧失，但这并不足以构成中国外贸发展从以往高速增长坠入中低速乃至负增长通道的根本原因。因为比较优势理论的基本原理告诉我们，伴随一国要素禀赋结构的变化，比较优势也会不断变化，即比较优势永远不会消失，比较优势不是绝对优势，传统领域比较优势的丧失一定伴随着其他领域比较优势的凸显。当然，这并不意味着要否认这种动态调整在短期内所带来的冲击效应。实际上，从前文对外贸增速变化的比较分析中，也可看出导致中国外贸增速变化一定另有更深层的原因，而且这一原因必须置于全球经济的大背景中去探讨。

所谓的对外贸易，是国与国之间的商品和劳务的交换活动。而交换（即贸易）的基础则是分工，显然，交换的增加即贸易规模增长源于分工的扩大；相反，贸易的减少尤其是并非某一个国家贸易单独减少时，一定是分工层面出现了变化。总而言之，贸易的基础是分工，看待和分析贸易现象不能就贸易而谈贸易，必须深入国际分工层面。

根据经济学基本原理，分工发展主要由技术变革和制度变革推动，因此，技术变革和制度演进是全球贸易增长最根本的动力。人力社会的发展史已经表明，每一次科学技术的重大突破，都会对生产力发展带来深刻影响，使得生产面貌发生飞跃变化，从而使得社会分工和劳动交换方式，进入一个崭新的发展阶段。自全球市场形成以来的近代史进一步表明，每一次科学技术的重大突破，总是伴随着国际分工的巨大发展，以及国际贸易新内容和新形式的出现。尤其是 20 世纪 70 年代以来从美国发起的信息技术革命，加之二战后美国借助诸如 WTO 等国际组织大力推行的全球贸易和投资自由化规则，使得国际分工和国际贸易进入一个空前发展的时代。伴随新科技革命下国际生产分割技术的突飞猛进，在以关税和非关税壁垒大幅削减乃至消除的制度保障下,国际分工出现了有别于历史上任何其他时期的国际分工新形态,即学术界和实践部门所津津乐道的"全球价值链"分工体系。这种新的国际分工除了对全球贸易商品结构和内容产生了深刻影响外(比如中间产品贸易占全球贸易比重日益提升),与此同时还对全球贸易增速产生了深刻影响。现有的许多实证研究已经揭示,贸易自由化政策、关税下降、运输成本降低等只能解释二战后全球贸易高速增长中的2/5,其余部分则与全球价值链分工形态密切相关。[①] 因为在全球价值链分工模式下,一国只是专业化于产品生产的某一或某些特定环节和阶段,因而在完成最终产品生产之前,必然涉及中间产品的多次跨境流动或者更多中间产品跨境流动问题。并且产品价值增值环节分解的阶段越多,则中间品跨境流动的次数或者跨境流动的中间品也就越多,进而放大了统计意义上的贸易增速。正如前文所述,中国外贸高速增长实质上就是融入全球价值链分工体系的结果,为"出口而进口"的许多实证研究也说明了在全球价值链分工形态下,中国外贸高速增长的内在机理。[②] 但现在的问题是,全球价值链分工并没有出现"倒退",为何在同样的分工形态下贸易增速会从高速转向中低速的"巨变"? 这与全球价值链分工深化效应有关。

举例而言,在传统以产品为界限的分工模式下,某最终产品 X 的全部生产过程均在一国国内完成,假定其总的价值增值为 V_X,最终产品出口后,该产品在全球出口贸易中显示的出口额即为 V_X。当国际分工模式发展到以产品价值增值环节为界限后,假定最终产品 X 的生产过程被分割为两个部分 X_1 和 X_2,其价值增值分别表示为 V_{X1} 和 V_{X2}。并且考虑到分析之便且不失一般性,假定 $V_{X1} + V_{X2} = V_X$。此时,如果两个增值环节被分别配置到两个国家,那么为了完成最终产品 X 的生产,第一个生产阶段 X_1 由国家 1 完成后出口到国家 2 以继续第二个生产阶段。在最终产品 X 生产完成之前,中间产品的跨境流动或者说出口额为 V_{X1}。第二个国家完成了第二阶

① Hummels, David, Jun Ishii, and Kei-Mu Yi. The Nature and Growth of Vertical Specialization in World Trade. *Journal of International Economics*, June, 2001, 54, 75−96;刘志彪、吴福象:《贸易一体化与生产非一体化——基于经济全球化两个重要假说的实证研究》,《中国社会科学》2006年第2期。

② 巫强、刘志彪:《中国沿海地区出口奇迹的发生机制分析》,《经济研究》2009年第6期;陈爱贞钟国强:《中国装备制造业"为出口而进口"是否发生了演变》,《亚太经济》2012年第5期。

段的生产后,将最终产品 X 出口到国际市场,此时的出口额为 $V_{X1}+V_{X2}=V_X$,加上之前的中间产品出口额 V_{X1} ,全球出口总额为 $V_{X1}+V_X$ 。相比传统以产品为界限的分工模式,全球价值链分工模式下全球出口贸易增长了 V_{X1} 。显然,此种增长效应完全来自产品价值链的全球分解。

进一步地,还可以将上述分析一般化。为了分析之便,假定最终产品 X 被分解为 n 个等值的增值环节或阶段,每一个增值环节被分别配置到一个国家,分别记为 X_1 、X_2 ……X_n ,且满足 $V_{X1}=V_{X2}=\cdots\cdots=V_{Xn}=V_X/n$ 。那么为了完成最终产品 X 的生产,第一阶段生产 X_1 (对应的附加值 V_{X1})完成后被出口到第二个国家以完成第二阶段生产,第二阶段的生产在第二个国家完成后被出口到第三个国家(此时出口额即为内含第一阶段和第二阶段价值增值总和 $V_{X1}+V_{X2}$)。以此类推,第 n 个阶段完成后最终产品出口到国际市场总额即为内含各增值环节价值增值之和 $V_{X1}+V_{X2}+\cdots\cdots+V_{Xn}=V_X$,那么全球出口贸易总额即为每一阶段出口额之和: $V_{X1}+(V_{X1}+V_{X2})+\cdots\cdots+(V_{X1}+V_{X2}+\cdots\cdots+V_{Xn})=V_X/n+2V_X/n+\cdots\cdots+V_X=(1+n)V_X/2$ 。由此可见,随着 n 的增大,全球出口贸易增加得越来越多,这就是全球价值链分工的深化效应。当然,由于这种"深化效应"伴随的是中间品的多次跨境流动,从而存在重复统计问题,因此所导致的贸易增长效应其实具有"虚高"特征。这也是为什么当前有关贸易附加值问题成为研究热潮的原因所在。从另一角度来看,当产品的全球价值链分解到一定阶段或者说深化到一定程度后,n 的取值基本稳定,从而由此带来的贸易增长就会停止。当然,稍为复杂一点的情况就是将上述情形从一种产品扩展至多种产品,从不变的产出扩展至产出增长(即表现为 GDP 增长),但不变的是其内在的本质逻辑关系。正是这种内在的逻辑关系,可以阐释全球价值链分工演进与全球出口贸易增速之间所具有的统计关系:从全球价值链深化阶段伴随的全球出口贸易高速增长,到全球价值链分工格局基本稳定后的贸易低速增长。总之,由全球价值链分工所带来的贸易高速增长,是建立在价值链分工不断深化基础之上的,一旦价值链分工格局基本稳定或者说深化难度加大,速度放缓,那么由此所能带动的贸易增长效应也必然放缓。正如 WTO 在研究全球贸易增速放缓原因时指出:全球价值链分工格局基本定型,进一步深化的边际难度加大。

至于导致全球价值链分工格局基本定型和进一步深化边际难度加大的根本原因,一方面由于前一轮科技革命所产生的推动力已成为强弩之末,动力机制基本耗竭。关于这一点,针对始于2008年的本轮全球金融危机大讨论已经表明,其实质是经济周期作用的结果,而新技术革命和产业革命是彻底摆脱危机,走向新一轮繁荣的根本之道。另一方面,现有的以边境开放为主要内容的经济全球化规则所释放的制度红利也基本完毕,为适应国际分工深入演进的新需要,全球经济规则必须从以往的"边境开放"为主向"境内开放"的深度转变。关于这一点,相关文献已有较为精辟的论述,我们在此不拟赘述。因此,当前全球经济正处于深度调整期,其突出特征表现在,前一轮科技革命推动分工深化和前一轮全球经济规则形成的制度红利,其动力机制已基本衰竭,正在等待新科技革命崛起和全球经济新规则的形成及普遍推行;但新一轮科技革命及其可能引发的产业范式变革还未成为产业化发展趋势,由此推动的分工深化尚未露出端倪,全球经济新规则同样尚未实质性形成并进入普遍推行阶段。即便是目前进行得如火如荼的TTP和TTIP等所谓WTO2.0版,由于其本质上是以"区域贸易体系"代替"全球经济体系",尤其是将诸如中国、俄罗斯、印度、巴西等强劲新兴经济体排除在外,从而使得这一制度安排备受争议,甚至被认为是变相的新贸易保护主义。总之,在新一轮科技革命及全球经济新规则真正形成和普遍推行,并由此带动的转型升级产生新增长动力之前,包括中国外贸在内的全球贸易都将较难获得突破性发展动力。这就是中国外贸增速下降的根本原因,中低速增长乃至可能的负增长将成为外贸发展"新常态"。

四、中国应对外贸增速下降的战略思路

作为已经深度融入全球分工体系并已然成为全球贸易大国的中国,必须顺应经济深度融入全球经济的趋势。目前,中国外贸增速变化既然源于包括中国在内的全球经济深度调整大背景,因此,增速下降后的外贸发展也应及时做出相应的三大战略调整。

一是在目标上应由注重速度向注重质量方向调整。对外贸易作为国民经济的重要组成部分,其发展的本质意义就是要为国民创造更多的财富和价值,显然财富和价值不仅包括"数量",同时也包括"质量"。改革开放初期,受到资金、技术等一系列现

实要素禀赋的约束,中国产业和经济发展的基础十分薄弱,通过产业"补短"而迅速实现产业尤其是制造业的"开阔地"式推进,破解国民经济发展的短板,迅速拉动经济增长,是首要任务。从这一意义上看,在前一轮的开放型经济发展中,中国抓住了全球价值链分工深度演进的战略机遇,实现了对外贸易的飞速发展。这种"以量取胜"的外贸发展战略,无论是在产业发展的"补短"方面,还是在经济增长的"补弱"方面,都发挥了极为重要的作用。这一战略在特定的发展阶段具有一定的合理性,因为在"数量"极端短缺的条件下我们必须追求发展的速度,甚至在一定程度上可以牺牲发展的"质量"。也正因如此,我国对外贸易已经顺利实现了"体量之大",但与"筋骨之强"还尚存较大差距。在基本完成产业"补短"和经济"补弱"的阶段性任务后,当前主客观条件的变化都要求中国外贸应由注重速度向注重质量方向调整。

就主观条件而言,发展速度尽管仍然重要,但外贸发展质量在我国经济发展进入新阶段后更加重要。管理学中的需求层次理论表明,某一层次的需求得到满足后必然引发更高一层的需求。目前,伴随经济发展和人们收入水平的提高,高质量的产品、优质的生态环境等将更加受到重视。实际上,转变经济发展方式的迫切性不仅源自供给端的约束,同样也来自需求端的转变。也就是说,在基本完成"补短"和"补弱"之后,主观上将会更加重视"补强",这将成为新阶段的新需求。这就要求中国发展对外贸易,在为国民创造财富和价值过程中,需要更加注重"质量",以高质量的外贸发展水平服务于提升经济发展质量的现实需求。从客观条件看,犹如前文所述,目前中国外贸增速下降源于全球经济的深度调整。实际上,无论是学术界所强调的外需低迷,还是贸易保护主义抬头,抑或是全球价值链分工格局基本定型,实质上都是全球经济处于深度调整期的突出表现。即这种客观环境的变化使得中国外贸高速增长所依赖的外部条件,至少从可预见的一段时期看,已经不复存在。加之中国自身经济基本面因素的变化,包括生产要素价格进入集中上升期、竞争新优势培育不足、产业结构性变化以及贸易体量之巨大等等,均已成为抑制中国外贸维持高速增长的客观约束条件。总之,客观条件的变化同样意味着"以量取胜"战略难以维继,通过对外贸易创造更多财富和价值必须转向依托质量上来。

二是在模式上应从注重跟随式向自主式方向调整。中国以外对外贸易的高速发展是在融入全球价值链分工体系中实现的,实施的是一种跟随模仿式发展战略。即在受到技术、资金等一系列约束条件下,通过融入发达国家跨国公司主导的全球价值链分工体系,通过跟随与模仿创新以尽快缩短与发达国家的差距。其过程基本上就是重复发达国家工业快速发展的一般路径,这也是在面临西方产业和技术转移和扩散条件下,中国以开放的姿态积极接受和融入从而实现工业发展"开阔地式推进"的本质。① 显然,对于诸如中国等这样的后起国家而言,这在发展初期是正确的战略选择,有助于在尽可能短的时间内,遵照有章可循的产业发展一般路径,实现产业快速发展并缩短与发达国家产业发展差距。并且这种发展战略在技术等差距越大的条件下,跟随模仿的空间也就越大;反之,伴随差距的不断缩小,其战略效果相应地可能就会越来越差。众所周知,自改革开放尤其是上海浦东开发和中国加入 WTO 以来,伴随中国融入全球价值链分工体系及跟随模仿式发展战略的成功实施,资金和成熟技术已经不再是制约中国参与全球竞争的稀缺资源,贸易规模快速扩大,中、低端技术制成品的标签贴遍了全球。此时,一方面由于跟随模仿的发展空间越来越小,另一方面出于维持竞争优势的需要,高端和前沿技术往往难以进行跨国转移和扩散,难以通过跟随模仿获得。这时,如何从跟随模仿式的发展战略及时转向自主创新式的发展战略,从而改变在全球价值链分工体系中受制于人的局面,进一步提升中国在全球分工和贸易中的地位,提高开展对外贸易的效益,就成为中国外贸进一步发展需要解决的首要问题。

特别地,犹如前文分析指出,本轮全球金融危机的实质是经济周期作用的结果,彻底摆脱必须依赖于新一轮科技革命和产业革命。当前全球经济正处于深度调整期,而深度调整期的突出特征,从技术革命的角度看,本质上就是由前一轮科技革命推动的产业发展和全球分工深化的动力机制已基本衰竭,正在等待新科技革命崛起,但新一轮科技革命及其可能引发的产业范式变革还未成为产业化发展趋势。目前,不论是从美国实施的"先进制造业"发展战略,以推动制造业回流和升级来看,还是从德国大力推进的"工业 4.0 战略"来看;不论是从英国实施的"高价值制造"战略来看,

---

① 金碚:《现阶段我国推进产业结构调整的战略方向》,《求是》2013 年第 4 期。

还是从法国实施的"新工业法国"战略来看，本质上都是科技革命和产业革命的竞赛，意在培育先进制造业重塑国际竞争新优势。因此，在新一轮国际分工格局形成之前的关键时期，中国必须依托自主创新的外贸发展战略，如此才有可能在新一轮的贸易自由化中掌握发展的主动权和占据制高点。

三是在规则上应从被动参与向主动引领方向调整。当前全球经济规则主要是由发达国家制定和主导的，比如旨在推动贸易和投资自由化的WTO贸易规则体系，就是在以美国等为首的发达经济体主导下推进的。尽管其宗旨是力促实现全球贸易自由化，但由于贸易利益分割的非匀质性特征，甚至在一定程度上存在着利益分割的冲突性，从而使得全球经济规则的制定必然更倾向于满足发达经济体的利益诉求，形成了全球经济规则的非中性特征。当然，有规则总比没有规则好，对于发展中经济体而言，接受和融入全球经济规则，在既定经济规则的制度保障下，只要战略得当，还是能够获取一定的贸易利益的。关于这一点，中国开放型经济发展时间已经给出了很好说明。改革开放尤其是入世以来，中国虽然是被动接受全球经济规则，但毕竟成为经济全球化的受益者之一。这不仅表现为对外贸易的快速发展使得中国以发展中国家身份，一跃成为全球货物贸易第一大国，同时在"对外贸易是经济增长发动机"的作用机制下，中国经济总量也跃升至全球第二，等等。这种变化既是经济全球化受益者的表现，也是经济全球化贡献者的表现，表明中国在全球分工和贸易中的地位越来越高，扮演的角色越来越重要，对全球经济的影响力越来越大。相应地，中国在全球经济规则中的话语权也应该得到进一步提升，以努力推动全球经济规则向中性化方向发展，为发展中国家赢取能够更加公平地分享经济全球化红利的机会。否则，非中性的全球经济规则不仅是利益分配不公问题，也会对以贸易为主要内容的开放型经济进一步发展形成重要约束。

特别需要提请我们注意的是，当前WTO主导框架下的现有全球贸易规则体系，一方面由于难以适应全球价值链分工进一步发展的需要，而面临着巨大的挑战；另一方面是由于全球经贸格局的重大变化和调整，尤其是中国等发展中经济体实力的不断增强，弱化了美国等发达经济体的主导和管理权，从而有被边缘化的可能。目前，由美国主动推进的TTP和TTIP，就是试图将WTO边缘化，从而重新强化美国等发达经济体在全球经济中领导权和贸易管理权的典型表现。以美国为首的发达经济体实施的这一重大战略调整，并非没有掀起一场国际经济贸易体系新革命的可能。实际上，不论 TTP 也好，还是 TTIP 也好，或者其他什么形式的协定也好；不论是成功也好，还是失败也好，其所反映的一个大势是，全球经济规则的调整和重塑是一种必然，即新一轮的全球经济规则已经处于酝酿和形成之中。而在这一新的进程中，如果中国参与不够，或者说在新一轮全球经规则调整和制度中未能发挥应有作用，那么极有可能出现部分学者所担忧的情况：未来中国开放型经济发展会面临第二次"入世"的规则接受问题。因此，在全球经济深度调整期，中国需要在全球经济规则重塑和制定中拥有与所处实际分工地位相适应的话语权，发挥应有的作用，影响乃至主导着全球经济和贸易规则的走向，使其向着更加中性化方向发展，为中国外贸的进一步发展争取更优的制度环境。

五、对策思考

中国外贸从以往高速增长转向中低速增长，甚至会出现负增长，在全球经济深度调整的大背景下虽然可能是一种"常态"，但这并不意味着这我们应无所作为。相反，深刻认识当前中国外贸增速下降问题，基于外贸发展战略调整的主导方向，采取更为科学有效的应对举措，是完全可以取得积极效果的。为了抵抗外贸增速进一步下滑的风险，为将来外贸平稳健康发展营造必要的制度环境等，应着重在如下两个方面做出努力。

一是努力营造有利于创新驱动的外贸发展环境。无论是提升外贸发展质量，还是从跟随模仿转向自主创新，其本质都是大力实施创新驱动的外贸发展战略，而这显然离不开有利于创新驱动发展环境的打造。犹如部分学者研究所指出，转型发展的关键并不在"转型"自身，而在于塑造出有利于促进转型发展的体制机制。当前，全球价值链分工格局基本定型并不能理解为分工演进的"倒退"，发展缓慢并不意味着不发展。进一步融入价值链而实现贸易和经济发展仍是当前乃至将来的正确选择。尤其是在全球经济深度调整期背景下，新一轮的科技革命和产业革命正在酝酿和形成，而从开放视角看，科技创新和产业创新绝不是封闭条件下的创新，而是开放条件下的创新，要在积极融入全球创新的生态系统中及时跟踪和把握创新动态，分享创新成果。当前，全球价值链正向全球创新链拓展变化的事实特征，说明了融入全球创新链秉持开放式创新的重要性。而我们能否融入其中并抓住创新驱动发展的机遇，很大程度上取决于有没有营造出有利于创新的发展环境。如果有，便能够吸引、集聚足够的创新要素到国内来，从而服务于我国外贸创新驱动的发展需要；如果有，才有利于培养起具有创新能力和潜力的企业，从而才能更好地、更有能力融入全球创新链，利用创新要素推动外贸向创先驱动方向发展。否则，不仅会丧失全球价值链分工演进所带来的创新驱动发展机遇，还有可能在新一轮国际分工演进中被边缘化，使得外贸发展的"根基"不稳。

当然，创新驱动的外贸发展不能仅仅理解为技术创新，还包括贸易业态创新和制度创新等。尤其是新型贸易业态对贸易增长的带动作用已初步显现，在外贸增速下降背景下或许能够成为拉动外贸增长的新"抓手"。比如，近年来借力互联网经济而发展的跨境贸易电子商务、具备网络交易功能的进口交易中心等新型贸易业态的发展，在很大程度上已经成为贸易增长的新亮点；此外，还有部分依托创新监管方式的新型贸易业态也在迅速成长，比如我国开放型经济较为发达地区的江苏所实行的"市场采购"贸易方式试点工作、昆山周边县区如花桥等，都在促进贸易增长方面发挥了重要作用。在新一轮科技革命及其可能引发的产业范式变革还未成为产业化发展趋势，从而在贸易增长方面尚未形成新增长动力的"深度调整期"，以新型贸易业态为"抓手"的外贸发展新举措，或将成为外贸的新增长点。

就制度创新而言，毋庸置疑，自2001年中国加入WTO以来，已经在降低关税和非关税壁垒、放开外贸经营权以及扩大开放领域，尤其是继工业之后的农业和服务业等领域的进一步扩大开放方面，均取得了巨大进展，逐步履行了入世时所做出的承诺。但与此同时也不得不承认，中国在诸如保护知识产权、减少国有企业行政干预、外资外贸的管理体制等方面上仍存在很大改进空间。因此，加快制定创新，尤其是构建开放型经济新体制，不仅是进一步释放外贸发展活力和动力的基本需求，也是迎合全球经济新规则高标准发展趋势的必然需求。也正是基于这一现实需求，中共中央国务院关于构建开放型经济新体制的若干意见强调指出，要加快构建开放型经济新体制，进一步破除体制机制障碍，使对内改革和对外开放相互促进。其中，应着重以自贸区为蓝本,加快在金融、法律、负面清单管理模式、产业预警、知识产权、权益保护、劳工、信息公开、人才服务体系、科技创新、环境标准和规则一体化等方面做出积极创新和探索;在制度创新中为外贸发展提供制度保障和释放制度红利。

二是以"一带一路"为抓手探索外贸发展新图谱。其功能作用至少表现为三个方面。首先,也是最重要的,就全球贸易规则重塑而言,以"一带一路"为抓手有利于中国探索和制定全球贸易新规则。为了重新调整全球价值链上的贸易流动和贸易活动的利益分配关系,美国等发达经济体正试图抛开 WTO 体系框架,希望依托 TTP 和 TTIP 等重塑明显有利于欧美日等发达国家并形成发达国家贸易"绝对优势"的经济规则。这实质上是在全球经济进入深度调整期后,发达经济体为了重新强化全球经济领导权和贸易管理权而实施的一种战略调整,是抢夺全球经济规则制定话语权的表现。美国总统奥巴马在 TPP 谈判时发表的所谓"绝不能让像中国这样的国家书写全球经济的规则"的声明,就是明证。由于这种将几乎所有强劲新兴经济体均排除在外的所谓高质量、高标准、和高水平的 FTAs 样板,具有明显的贸易保护主义特征,以及更加强调公平贸易而非自由贸易,所以其最终的命运走向现在可能还并不能完全确定。但是像中国这样的全球第一货物贸易大国被排除在外,足以说明在制定新一轮全球经济规则中我们所面临的巨大挑战和冲击,同时也意味着我们采取有效举措,应对全球贸易规则新变化的必要性和紧迫性。借机在"一带一路"实施中探索全球贸易新规则并主导,进而在全球形成国际贸易新格局,显然是应对当前争取和提升全球规则话语权的重要途径和举措。

其次,有利于缓解外贸增速下降的巨大压力。外贸增速下降有其客观背景,虽然是包括中国在内的全球经济深度调整下的"常态",但这并非意味着"增速"本身并不重要。相反,在同等条件下的增速提高,显然通常能够创造更多的国民财富和价值。何况,在转型升级尚未完成的深度调整期,外贸增速下降的确带来了一定的压力。如何缓解外贸增速下降,其中重要的举措之一就是以"一带一路"为抓手促进贸易快速发展。众所周知,所谓构建"一带一路",本质上就是要实现中国与沿线各国之间的互联互通,包括设施联通和贸易畅通等。比如,就设施联通而言,以"一带一路"为抓手,有利于高铁、核电等一批项目"走出去",为外贸稳定发展带来支撑。由于"一带一路"

沿线大多是经济发展表现相对强劲的新兴经济体和发展中国家，经济总量约为 21 万亿美元，总人口约为 44 亿，分别约占全球的 29％和 63％，因此，与沿线国家和地区进一步实现贸易畅通，对于促进贸易合作和发展无疑具有广阔的空间和巨大的潜力。实际上，近两年中国与"一带一路"地区的贸易与投资增长高于快于其他地区的事实，也说明了这一点。

最后，以"一带一路"为抓手有利于构建我国自己的全球价值链。以往中国外贸发展主要是作为全球价值链中的"被整合者"而推进的。以"一带一路"为抓手，则有利于我们依托国内巨大的需求市场、巨额的资本形成能力、成熟的技术和丰富的产能，来转移富余资本和产能，从而更加专业化于研究开发、产品设计、品牌建设、市场营销、金融物流等价值链中的高端环节和阶段，使得中国与"一带一路"地区之间形成牢固的价值链连接。由此便有利于中国从单纯的参与全球价值链向构建自己的区域乃至全球价值链转变，变"被整合者"为"整合者"，从整体上提升我国在全球价值链上的竞争力，为中国外贸发展构筑坚实的分工网络根基。何况，"一带一路"本身是一种开放格局而并非地理规划。在这种开放格局中，也唯有通过价值链将中国与"一带一路"地区"链接"在一起，才能形成足够的经济利益纽带，才能够促使贸易和投资活动的活跃和可持续发展。因此，从这一意义上看，中国推进的"一带一路"与区域乃至全球价值链的构建，实质上又是一个问题的两个方面。

（与戴翔合作。原载《江苏行政学院学报》2016 年第 3 期，《新华文摘》2016 年第 16 期转载）

论开发区从产业集聚区向创新集聚区的转型

在中国开放型经济发展历程中,开发区发挥了关键作用,已经成为中国对外开放和经济发展的主要载体。突出表现为开发区通常以较少的土地面积,创造着较高的国内生产总值和一般公共预算收入,承担着吸纳大部分实际外商直接投资以及进出口额等,已然成为中国开放型经济发展的增长极、新兴产业的集聚区、外商投资的密集区、改革创新的先行区和迅速崛起的新城区。总体来看,在前一轮发展过程中,开发区主要依托特殊的体制安排和低端生产要素所形成的低成本优势,在各种政策红利的作用下,通过与发达国家跨国公司的资本和成熟技术相结合,承接全球产业链和价值链中低端环节的梯度转移,推动了中低端制造业"平推式"快速发展,实现了开发区产业集聚(张二震和安礼伟,2015)。但近年来,从内部环境变化看,开发区所依托土地、环境、劳动力等传统低成本优势正在逐步丧失,专业化于价值链中低端的条件不复存在。从外部环境看,美欧国家纷纷实施"再工业化战略",信息产业为主导的国际产业转移已经接近尾声,一些更具低成本优势的国家和地区逐渐加入全球竞争,中国依托开发区承接的全球价值链中低端劳动密集型环节和生产阶段,不断向东南亚等地区转移。原有发展路径已经走到尽头,从产业集聚区向创新集聚区转型,成为必然选择,更是适应乃至引领中国经济进入"新常态"后实施创新驱动战略的现实需要。

一、开发区亟待从产业集聚向创新集聚区转型

在改革开放的大背景下,中国依托人口红利、土地红利、政策红利等传统低成本优势,以各级各类开发区为载体,在快速而全面地融入全球要素分工体系中,形成庞大的生产制造能力以及大进大出的循环格局,由此推动了开放型经济快速发展,并奠定了中国开放型经济大国地位。但是,以简单融入国际分工体系和全球制造业体系为目标、以优惠政策和差别待遇为基础、以大量利用外资和大规模出口为主导、以低

成本优势为主要竞争手段等为主要特征的开发区传统发展模式,进入新阶段后已经出现三个方面的不适应:一是不适应全球经济变化新形势;二是不适应谋求全球价值链攀升的新要求;三是不适应我国创新驱动发展战略的新需要。

从全球经济变化新形势角度看。自2008年全球金融危机冲击之后,全球经济主要发生了两个方面的重要变化。首先是全球主要经济体的经济增速都在变慢,尤其还是受到危机冲击的美国、欧美等发达经济体,成为"重灾区"。目前来看,尽管在各种政策措施的刺激和作用下,目前发达经济状况有所好转,但仍不能与危机冲击前的繁荣发展阶段相比。在此背景下,长期以来一直作为我国最大贸易伙伴的全球前三大经济体,由于其经济发展态势不佳甚至自身仍深陷泥淖,必然对我国开发区以低成本为主要竞争手段和大规模出口为主导的传统发展模式带来巨大压力。开发区作为我国开放型经济发展的前沿阵地和主要载体,必须加快培育参与和引领国际经济合作竞争新优势。其次是全球创新竞争态势日益进入白热化阶段。针对2008年全球金融危机冲击,越来越多的有识之士认识到其本质是世界经济长周期作用的结果,即前一轮产业和技术革命的动能已接近尾声,新一轮的全球经济发展和繁荣必然有赖于新一轮的产业革命和技术革命。率先实现创新突破,占据新一轮全球经济发展制高点因此成为当前各国竞争的主要焦点。因此,依托传统低成本优势吸引成熟项目、资金、技术从而集聚企业和产业的发展模式,显然难以为继,开发区发展在新形势下必须要有新的功能定位,必须要成为创新驱动发展的引领区和重要载体。

从谋求全球价值链攀升的新要求看。平心而论,以建设的各级各类开发区为依托和载体平台,通过实现"九通一平"以及采取各种特殊的优惠政策等,降低了低端要素的使用成本,从而有效地将低端要素潜在优势转化为现实竞争优势,依托传统低成本优势低端切入全球价值链。这在特定的发展阶段具有一定的合理性和可行性。然而,面临当前内外部环境的深刻变化,仍然停留在全球价值链分工中低端的发展模式和路径,基本已经走到了尽头,亟待向全球价值链中高端攀升。这不仅是为了提高开放发展效益的需要,也是为了能够进一步提升扎根全球要素分工体系,从而更好地利用全球要素资源的需要。从内部环境变化方面看,近年来随着开发区的发展,依托土地、环境、劳动力等传统低成本优势正在逐步丧失,专业化于价值链中低端的条件不复存在,制约因素逐步显现。从外部环境变化方面看,一方面,伴随前一轮产业和技术革命的动力机制衰竭,作为开发区重要支柱产业之一的信息通信产业国际转移已经接近尾声,我国继续承接此类产业和产品生产环节的空间已面临严重制约;另一方面具有更多低成本优势的国家和地区逐渐加入全球竞争,从而使得我国依托开发区承接的原有全球价值链中低端劳动密集型环节和生产阶段,不断向东南亚以及我国中西部等地区转移。在此背景下,开发区唯一的出路就是不断向全球价值链中高端攀升。

从我国创新驱动和创新型国家建设角度看。在全国经济进入创新驱动的"新常态"发展阶段后,我国开发区发展理应在创新驱动方面继续走在全国前列,成为创新的引领区和示范区。如前所述,我国依托开发区发展的开放型经济,是以简单融入国际分工体系和全球制造业体系为目标的。经过多年的高速增长,开发区在为我国进一步扩大开放奠定了坚实物质基础的同时,也面临着劳动力、土地等各类生产要素成本集中上升,以及资源、能源和环境约束日益严峻等问题。因此,无论是为全面落实新发展理念,认真贯彻落实国家创新战略部署,还是为了应对传统低成本优势不断弱化带来的挑战,我国经济发展都需要从要素驱动向创新驱动转变,提高创新型大国建设水平,努力建设科技强国。在引导我国经济向创新驱动方向转型发展过程中,一直以来作为我国经济增长、对外开放、产业集聚等承载区的各级各类开发区,理应成为我国经济转型发展和创新驱动的"主引擎"。然而,从目前来看,我国开发区的传统发展模式具有显著的路径依赖特征,在各种因素包括体制机制的制约下,开发区创新驱动的成效并不显著,难以适应乃至引领创新驱动的新需要,面临着亟待转型发展的紧迫任务。

二、开发区从产业集聚向创新集聚区转型的主要目标

作为开放发展的引领区,开发区的转型发展不是要脱离全球分工体系,而是要改变核心竞争力的要素来源,即从以往依托低端和通用生产要素,转向依托高端和专用性的创新要素参与国际分工,逐步实现向创新集聚区转型的目标。

第一,依托创新要素的集聚,实现先进制造业和现代服务业协调发展。我国是制造业大国,实体经济是我们的"看家本领"。但是制造业的发展不能停留在产业链和

价值链的中低端环节和阶段,而是要依托创新要素的集聚,推动制造业转型升级。这又包括两层含义:一是将新技术融入传统制造业,通过对传统制造业进行改造而实现转型升级,即在原有制造业领域进行深耕,推动传统制造业向精致化、精细化和高品质化方向发展;二是依托技术创新包括开拓性技术创新,发展战略性新兴产业和高新技术产业。需要强调的是,实现开发区制造业向先进制造业方向转型升级,绝不是制造业自身的"单兵突进",还需要实现与服务业特别是生产性服务业的协调发展。尤其是高级生产性服务业活动,比如研发设计等创新活动,本身就是脱胎于制造业但又依赖于制造业,具有"分而不离"的典型特征。目前,我国开发区以制造业尤其是传统制造业为主,服务业发展相对滞后的产业格局尚未出现根本性转变。依托创新要素的集聚,将开发区打造成为先进制造业和现代服务业的集聚区,是开发区转型发展的目标之一。

第二,依托创新要素的集聚,建成创新驱动和绿色集约发展的示范区。实际上,开发区自诞生之日起,就担负着先试先行的改革示范区的重要功能。无论是发展先进制造业,还是发展现代服务业,根本上都要依托于创新驱动,依托创新推动产业从以往的粗放型发展模式转变为集约型发展模式,尤其是转向绿色集约的发展模式。然而,创新总是具有不确定性的,并具有一定的风险。为了能够尽可能地避免风险和不确定性,一方面需要建立一定的"特区"和"平台",从而对创新活动发挥支持和引导作用;二是搭建更易于交流合作的创新平台,营造浓厚的创新活动氛围,使得作为创新活动主体的企业更易于实现创新。这就意味着开发区在推进自主创新和高技术产业发展以及绿色发展等方面先行先试,探索经验,做出示范。将开发区打造成为创新驱动和绿色集约发展的示范区,对于进一步完善科技创新的体制机制,推动创新发展战略的实施,加快高新技术产业和战略性新兴产业发展,以及加快转变经济发展方式等方面,均将发挥重要的引领、辐射和带动作用。

第三,以集聚创新要素为抓手,将开发区打造成开放型经济体制机制创新和新动能强劲的引领区。我国开发区承载着对外开放的重要功能,也是开放型经济发展的重要引领区。开放型经济发展过程本身就是一个不断进行改革、不断进行体制机制创新以适应发展新需要的过程。拥有先行先试的"特权",正是我国开发区发展开放型经济所具有的最大优势。在体制机制上进行不断创新,是我国开发区不断发展的重要保障,更是宝贵经验。经过多年的发展和不断努力,我国开发区在开放型体制机制创新上已经取得了一些成绩和经验,涌现出深圳经济开发区、上海浦东开发区、苏州工业园区、昆山高新区等一大批先进典型。进入新阶段后,面临开放型经济发展新动能不足的问题,激发作为创新主体的微观企业的创新活力,对于实施创新驱动发展战略显得尤为重要。集聚创新要素本身不是开发区的目的,其最终目的是发挥创新要素的创新作用。与一般生产要素作用相比,创新要素的作用发挥,需要更加完善的体制机制以及适宜的创新环境和制度保障。这就需要将开发区打造成开放型经济体制机制创新和新动能强化的引领区。

三、我国开发区向创新集聚区转型面临的主要障碍

概括说来,我国开发区从产业集聚向创新集聚区转型面临的可能制约因素,主要包括如下几个方面。

第一,限于发展理念和认识上的束缚,开发区普遍存在"路径依赖"现象。认识决定战略,战略决定体制,体制决定机制,机制决定活力、效益和发展。只有形成正确的认识,才有可能实施正确的战略转换,也即从以往的要素驱动为主向创新驱动为主转变。思想观念问题不解决,其他所谓新技术、新方法、新机制等等问题的解决都无从谈起。然而,值得注意的是,我国开发区在进一步发展过程中,由于长期以来形成的"路径依赖",在发展理念和认识上仍然未能适应创新驱动发展战略新形势和新需求。即便是后来新发展起来的一些"高新区",有不少偏离了"集聚高端要素,发展高新技术产业"的初衷,创新思维不足。大部分开发区(包括高新区)发展的大思路仍然是:引进内外资项目,带动大量资源投入,对 GDP 增长产生立竿见影的创造效应。应该说,不少开发区的领导还是沿袭上述发展思路,较少考虑如何才能把创新的环境营造得更好点,把创新的平台搭建得更好点,较少考虑如何才能吸纳集聚创新要素,有效利用创新要素,考虑如何依托创新驱动来推进经济转型。这当然不利于开发区实施创新驱动发展战略。

第二,园区种类不少,各自功能定位不清。开发区作为经济发展转型过程中产业空间组织的一种"转型制度"形式,在发展之初的主要目的和功能,就是集聚具有相似

要素密集度的同类或关联性产业和产品生产环节,依托大量的关联企业形成真正的产业集聚,发挥行业规模经济,促进关联企业之间技术溢出,加快区内企业的技术进步。然而,各级各类的开发区在发展过程中,由于存在着功能定位不清问题,因此引进和入驻的企业可能并非是基于关联企业空间集中的产业集聚效应考虑,而是考虑政府主导下的"政策租"等效应,最终导致企业空间上的集聚,并非原本意义上的产业集聚,而仅仅表现为简单的"企业扎堆"。① 正因如此,目前开发区中的一些高新区、经开区、综合保税区等,均不同程度存在功能定位不清的问题,尚未真正形成自己独特的创新优势、产业优势和功能特色,区内企业仅仅表现为数量上的简单汇合,空间上的简单地理聚集,引领性、关联性、外溢性以及行业规模经济效应等均不显著。由此导致了部分开发区无视自身基础和条件,贪大求全,片面追求规模数量,产出效益不高,各级各类开发区的产业同构较为明显,甚至存在部分开发区过度发展房地产业,挤占宝贵土地资源现象。

    第三,开发区不同程度存在体制机制"回归"现象。开发区显著的优势之一就是在体制机制上具有"特区"优势。开发区的体制机制一直随着实践的发展而不断创新,但就目前状况而言,原有较为适合产业集聚的体制机制,已经很难适应创新驱动发展的实践需要。尤其值得注意的是,体制机制"回归"现象日益凸显。例如,开发区的法律地位问题一直未能解决,开发区党工委、管委会作为当地党委、政府的派出机构,并非一级行政主体,在行政审批、社会管理和执法等具体工作上存在许多模糊地带。再比如,开发区理应机构扁平、精简高效,但近年来机构日益膨胀,一些地方把开发区作为安置任用干部的特殊平台,有的开发区管委会仅副主任、主任助理等岗位就配备 10 多人,其中熟悉经济和招商工作的干部却不多。部分开发区主要领导任期过短、调整过快,难以谋及长远。由于对开发区的授权不够充分,许多与经济管理有直接关系的行政审批事项没有下放,部分地区还出现权力上收的现象,导致开发区办事环节增多、协调难度增大、行政效能降低,无法实现"区内事务、区内办结",等等。

---

    ①   郑江淮、高彦彦、胡小文:《企业"扎堆"、技术升级与经济绩效——开发区集聚效应的实证分析》,《经济研究》2008 年第 5 期。

第四,创新氛围不够浓厚,不利于创新生态系统的构建。创新要素的集聚,浓厚的创新氛围,有利于创新生态系统的构建;而有利于创新的生态系统反过来也是吸引创新要素集聚的重要因素,二者之间具有良性的相互作用。然而总体来看,由于开发区尚未完全摆脱加工业集中区的属性,传统产业和一般制造业比重较大,代工较多,产业链条相对较短,企业关联度较低,自主创新能力还不够强,产品增值率和附加值还不够高,外资溢出效应还不够明显,创新氛围不够浓厚。特别是受当前产业层次、配套设施、营商环境、生活环境、生态环境、体制机制等现实瓶颈约束,创新要素集聚能力还十分有限,尤其是对高端人才吸引能力不足,甚至存在着优秀人才流失的现象,不利于创新要素集聚和创新生态系统的构建。中国已经成为教育大国,但是许多优秀的高校毕业生和优秀人才更多地选择去欧美等发达国家发展,我国成了"发达经济体"的高级人才输出地,很多科技成果也在"发达经济体"开花结果。这从一个侧面充分反映了我国创新生态系统存在明显的"短板"。

四、当前我国开发区向创新集聚区转型的现实条件

目前,面临国内国际环境的深刻变化,虽然当前开发区发展依托的传统低成本优势正在弱化,但持续多年的快速发展也为开发区在更高层次上参与国际分工,更确切地说,从产业集聚区向创新集聚转型奠定了现实基础。这突出表现在以下几个方面。

第一,创新驱动的发展态势逐渐显现。经过多年努力和积淀,开发区自主创新能力有所提升,创新氛围正逐步形成,创新活力日益显现,创新成果不断涌现。以江苏省开发区为例。以开发区为龙头的江苏省区域创新能力连续多年居全国第一,就是明证。科技创新方面已经是新亮点频现。江苏省开发区设有高新技术孵化器、众创空间 337 家,覆盖 22 229 家企业,2016 年分别同比增长 33.7% 和 38.9%,新增授权发明专利为 12 088 项。高新技术企业 5 793 家,2016 年同比增长 20.3%。苏州高新区先后引进大院大所 70 多家,吴江经开区绿控传动二期项目被列为国家级新能源汽车动力系统智能制造示范基地。创建知识产权国家级试点园区 19 个、示范园区 4 个,省级示范园区 21 个。在创新驱动的发展战略带动下,江苏省开发区单位 GDP 能耗、单位产值的 COD 和 SO_2 排放量均低于全省平均水平。107 家开发区开展生态工业园区创建工作,其中 25 家开发区创建国家级示范园区,19 家成功通过验收。中瑞

(士)镇江、中意海安、中奥苏通等国际合作生态园区建设快速推进。江苏开发区发展是全国的一个缩影,由此可见目前全国开发区科技发展正处于快速上升时期,为实施创新驱动战略奠定了坚实基础,也为我国开放型经济进入新阶段后迈上创新驱动的发展道路奠定了基础。

第二,载体建设实现新突破。推动开发区从产业集聚区向创新集聚区转型发展,离不开创新要素的集聚,而创新要素的集聚离不开载体建设。其中既包括科技型载体建设,也包括基础设施、科技创新公共服务平台等功能载体建设。在开发区发展的不同阶段、不同层次和水平的生产要素对于载体建设的要求不尽相同。以往的"九通一平"等基础设施和服务平台的载体建设,以及一般产业园区的打造,对于集聚中低端生产要素发挥了重要作用。但要虹吸和集聚创新要素,依托原有的载体建设已经远远不够,载体建设也需要提高层次,迈向新的台阶,以更好地对接创新驱动发展战略的需要。因此,重大科技型载体建设、基础设施以及科技创新公共服务平台等功能载体建设,对于虹吸和集聚创新要素至关重要。在这一方面,从江苏省开发区的实践也可略见一斑。目前江苏省开发区内共设立 159 个特色产业园区,其中,主导产业开票销售收入超百亿元的园区达到 45 个,形成了南京软件和信息服务、苏州纳米材料、无锡物联网、常州石墨烯、泰州生物医药、徐州工程机械、盐城汽车制造等重点产业和企业集群。苏州工业园区打造生物纳米园、中新生态科技城等功能载体,常熟高新区引进丰田汽车综合研发中心,苏州高新区设立全国首家中小企业股份转让系统"太湖金谷",一批开发区率先探索从形态开发到功能开发的转变,载体建设成效日益显现。相对而言,江苏开发区在开放发展大背景下,走在了全国前列,上述变化在一定程度上能够表征全国开发区发展演进的主要趋势和方向。

第三,集群优势为创新驱动奠定了产业规模基础。在政府推动、市场引导、外资积累以及本地配套企业参与等发展思路下,经过多年的努力,目前我国各地区的开发区已经形成了较大规模和一定数量的产业集群。在规模上,很多地区的产业集群已经达到了年销售额超过 200 亿以上的额规模;在行业上涵盖了纺织、服装、金属制品、建材、电器、轻工等传统行业,同时也有环保、软件研发、动漫、创意、医药研发、工业设计、供应链管理和金融服务等新型行业的产业集群。产业集群带来的良好产业配套环境成为吸引高端和创新要素进入产业园区的重要因素。高端和创新要素的进入当然也有利于其他环节的技术创新和进步,推动我国产业整体技术水平的提升和生产环节的技术层次,实现我国开发区从产业集聚区向创新集聚区转型,能够切实提高中国制造技术含量和附加值,也为现代服务业发展提供了基础。尤为重要的是,产业集群为研发中心和工程技术中心开发区进入提供了产业支撑。随着我国企业规模和产业规模的扩大,跨国公司越来越有动力将研发中心等创新活动环节布局于我国开发区内,以节约与中国分支机构以及在配套厂商的技术创新的协调成本,使得技术发展更适应产业发展趋势。产业集群的存在,还加速了技术在企业之间的扩散,对于形成良好的自主创新氛围也有重要作用。

五、对策思路

在集聚中低端生产要素,发展中低端制造业方面,开发区之所以能够发挥着重要承载功能和作用,其中最重要的原因也是最宝贵的经验就在于,依托开发区特殊的体制机制和特殊的政策,通过构建有效的服务平台,有效降低了中低端要素集聚成本和生产活动成本。开发区从产业集聚区向创新集聚区转型,依托是高端要素,需要有新思路新对策。

第一,着力形成良好创新生态系统,吸引更多的高端人才,使各类开发区真正成为创新发展的高地。在深化科技体制改革、加大科技创新力度,打造具有国际竞争力人才发展环境方面,各类开发区理应走在前列;集聚高端创新要素,形成对创新要素和人才的"强磁场",开发区责无旁贷。我国以实体经济为基点推动创新,加快用新技术新业态改造提升传统产业,大力发展新兴产业,不断壮大新经济,推动产业迈向中高端,建设具有全球影响力的产业技术创新中心和具有国际竞争力的先进制造业基地,都离不开高端人才的支撑和引领。人才的高度,决定了产业的高度和未来创新的高度(金碚,2014)。人才的引进,是我国聚力创新的重中之重。什么时候我国高校的学子和优秀人才、一流的科学家和工程技能人员,把留在本国发展作为第一选择,什么时候国外的高端人才把我国视为创业创新的热土,我国的创新发展才算真正得到落实,才能真正实现。

第二,开发区从产业集聚区向创新集聚区转型,要注重创新的多维性。所谓创新的多维性主要包括两个方面,一方面是指创新活动在不同地区和不同开发区之间应具有差异性,可称为区域的多维创新;二是指创新活动本身的多维性,主要是指创新不仅包括原始创新,也包括引进、消化、吸收再创新以及集成创新等。就区域的多维创新性而言,一方面,开发区转型发展是一个循序渐进的过程,不可能一蹴而就;另一方面,我国不同地区各类开发区存在着明显的区域发展差异。对于已经基本走完"利用低端要素优势,吸引并与先进生产要素相结合,形成产业集聚"发展历程的开发区,要注重集聚创新要素实现自主创新,而对于尚未走完上述历程的地区和开发区,则应继续发挥原有比较优势,继续巩固原有的产业集聚效应和优势。如此,才能构筑完整产业体系,打造梯度产业链从而成协调的整体竞争力。就创新活动本身的多维性而言,不仅仅局限于理解成原始创新,更应注重通过集聚创新要素,发挥创新要素在引进、吸收和再创新以及集成创新中的作用。但无论处在什么阶段,有一点必须明确,就是每个开发区都要明确自己的核心区,这个核心区要成为创新发展的策源地。

第三,把开发区打造成创新平台,为创新要素提供便利的"创新熟地"和事业平台。对接开发区创新驱动发展战略需要,离不开平台的搭建,良好的平台和载体能够为创新要素提供更为广阔的空间和舞台,从而对创新要素的吸引和集聚具有更强的凝聚作用。甚至可以说,必要的平台建设对于创新要素的集聚更为重要,因为这切实关系到创新要素的创新活动成本和收益。良好的平台不仅能够有效降低集聚和使用创新要素成本,同时也更有利于创新成功概率的提升,即提升创新活动的收益。为此,开发区在转型发展过程中,应该结合自身产业特色和优势,立足产业基础,重点抓好创新载体和平台的布点落子,积极推进各类园区的标准厂房和孵化器建设,积极打造"众创空间—孵化器—加速器—创业园区"科技创业孵化链条,着力构建产学研金介政"六位一体"的协同创新平台,大力发展以创新创业为内生动力,高密度技术、高素质人才、高价值服务为引领的创新平台发展模式,提升开发区对创新人才等高端要素的吸引力和承载力。加大创新创业扶持力度,全面实施创新载体建设、创新要素集聚、创新主体壮大等工程,积极培育领军型创新企业,提升企业研发水平,充分搭建引才等专业化平台,开发区向创新集聚区转型构建必要的平台支撑。

第四,推广复制部分成功工业园区开放创新综合试验经验,构建开发区治理新体系。伴随着"放管服"改革的深入推进,原有开发区的体制机制优势已经不复存在,需要再造新优势。这方面,我国部分地区的工业园区已经取得了初步经验。比如,苏州工业园区特别强调新形势下开发区的"特"字,赋予特别功能,简政放权、流程再造,创造了很好的经验。目前开发区转型发展所要解决的问题,不是"放管服"这种简单的行政管理便利化问题,不能停留在原有物理空间上的"特区"概念,而是要从虹吸和集聚创新要素的现实需求角度出发,研究创新遇到的瓶颈和障碍,研究如何通过打造创新制度高地,来降低创新的成本、提高创新的效率。针对开发区的创业创新,要有特殊的政策安排。比如做生物制药,就得有一个搞生物研发的特殊区域,以方便国外血液制品的流入流出;比如对互联网的管制而缺乏相应的"小特区",无疑会提高国际化人才信息搜索等成本,阻碍创新要素尤其是高端人才的流入。因此,在开发区从产业集聚区向创新集聚区转型发展过程中,特殊政策仍然不可或缺。只有赋予开发区以新的政策和制度环境,更确切地说,给予高端要素和创新要素以更具有吸引力的特殊政策和优惠政策,是促进开发区向创新集聚区转型的重要保障。需要说明的是,伴随开发区向创新要素集聚区的转型,"特殊政策"也需要相应转型,即在原有领域继续完善政策创新的同时,优惠政策要不断向微观主体尤其是针对创新要素本身倾斜,比如要出台针对创业创投人才的优惠措施和待遇等。

第五,优化集聚创新要素的配套环境。如果说承载平台、产业基础、创新氛围、政策和制度环境等,对高端和创新要素的集聚具有直接的成本影响的话,那么与之配套的诸如生活、休闲、娱乐等配套环境则对具有间接的成本影响。与中低端的生产要素相比,高端和创新生产要素不仅注重直接成本,与此同时也非常注重生活配套方面的间接成本,甚至可以说对间接成本有着更高要求。为了能够吸引和集聚创新要素尤其是国际化人才,要加快提升与开发区相适宜的生活配套服务。我国开发区前一轮建设和发展的成功,如果可以归结为"种下梧桐树,便可引凤凰",那么向创新集聚区转型发展的"孵凤凰"阶段,只"种下梧桐树"是远远不够的,让具有孵化能力的凤凰在此扎根做窝,则需要打造的是"花园",是"森林",创造有利于创新的整个生态系统。因此,开发区建设还需要从配套入手,合理布局金融、商贸、教育、医疗、体育、休闲、娱乐等公共服务功能和配套设施,规划建设开发区商业综合体、新型邻里中心和消费品综合市场等,着力提升城市能级、品质和现代化水平,提供更加舒适方便、和谐宜人的创业、生活环境,为开发区从产业集聚区向创新集聚区转型奠定必要的人才基础。

(与戴翔合作。原载《现代经济探讨》2017 年第 9 期)

我国外向型经济发展如何实现新突破

改革开放以来,我国利用经济全球化的发展机遇,积极融入国际分工体系,大力发展外向型经济,以开放促改革,以开放促发展,取得了经济社会发展的一系列巨大成就,比如全球制造业第一大国、全球货物贸易第一大国、全球第二大经济体,等等。外向型经济通常由"三外"组成,即外资、外贸和外经,其中外资和外贸最受关注。在全球要素分工体系下,由于贸易和投资呈现一体化趋势,即贸易流向和投资流向高度一致性,时间上的同步性,以及国际贸易和国际直接投资互补共存,互动发展。因此,对外向型经济发展状况的分析可以聚焦于外资、外贸或者其中某一方面。以外贸发展为例,统计数据显示,改革开放之初中国货物出口占国际市场份额不足 1%,而 2016 年这一比重已经超过了 13%。然而,面临全球市场需求低迷、逆全球化思潮兴起以及国内生产要素成本上升等内外环境的变化,我国传统外向型经济发展模式遭遇的约束效应越来越明显。近年来,我国货物出口表现出明显的"乏力"现象,即 2013—2016 年我国年均货物出口额总体呈下降趋势的事实特征,就是明证。外向型经济是我国尤其是东部地区经济社会发展的"牛鼻子",因此在新形势下如何破除现实约束,实现我国外向型经济持续、健康发展,已成为摆在理论和实践部门面前的紧迫课题。我们认为,破除我国外向型经济发展面临的现行约束,推进转型升级和进一步提升发展水平是关键所在,为此需要从空间、结构和活力三个维度寻求有效对策。

一、我国外向型经济增长模式:空间、结构和活力

改革开放以来相当长的一段时期内,我国尤其是东部地区依托劳动力等低成本优势,以低端嵌入的方式融入发达国家跨国公司主导的全球产业链分工体系,实现了外向型经济的快速发展。因此在空间维度上,形成了以东部地区为先锋、主要依托发达经济体巨大需求市场的外向型发展格局;在产业结构维度上,主要表现为在全面摘

取全球产业技术水平"低垂的果实"中实现了中低端产业的平推式快速发展的分工地位；在活力上主要表现为优惠政策等驱动下的要素投入规模快速扩张的增长模式。

首先，从外向型经济对外发展空间看。由于全球经济发展的不平衡，长期以来全球经济的重心或者说全球消费市场仍然依赖于发达经济体。因此，东部地区作为中国外向型经济发展相对发达的地区，融入全球生产分工体系以满足国际市场的需求，主要是面对发达经济体的市场需求。从而在外向型经济发展的对外空间格局上，形成了以向欧美日等市场为主，其他国家和地区的市场为辅的布局特征。仍以我国出口贸易为例，虽然近年来伴随着出口市场多元化发展，我国对其他国家和地区的出口份额呈增长之势，但欧、美、日三大传统市场仍然在我国出口贸易中占据半壁江山。中国海关统计数据显示，2016年中国货物出口总额为20 974亿美元，其中向欧、美、日三大传统市场的出口额为10 191.26亿美元，占比高达48.59％。从我国利用外资情况来看，情况同样如此。实际上，由于我国外向型经济发展主要是融入发达国家跨国公司主导的价值链分工体系，因此，以利用外资为主要内容和表现形式的外向型经济发展，从外资的来源国和地区角度看，主要来自发达经济体。总之，我国前一轮外向型经济发展从对外空间拓展层面看，主要发生在发达经济体领域。与此同时，也说明了我国外向型经济在传统市场基础上，存在着向其他国家和地区拓展的巨大空间。

其次，从外向型经济对内发展空间看。我国外向型经济在总体层面取得快速发展的同时，同样存在着内部区域发展失衡的问题。当然，内部区域发展失衡，既受要素禀赋结构、政策偏向等因素影响，同时也受到区位优势和社会发展等诸因素影响。在上述各种因素的共同作用下，东部、中部和西部区域发展差距较大。近年来，中部和西部地区的对外开放速度虽然明显加快，但是经济外向度与国际经济、技术、信息交流的速度和质量仍然比较低。统计资料表明，东部地区的进出口规模在我国的占比一直维持在80％以上，2016年货物贸易出口总额为20 974亿美元，其中东部、中部和西部三个区域的出口额分别为18 150.89亿美元、1 556.27亿美元、1 266.82亿美元，占比分别为86.54％、7.42％、6.04％。在利用外资上，2016年全国实际利用外资1 260亿美元，其中东部、中部和西部三个区域实际利用外资额分别为791.91亿美元、251.62亿美元、216.46亿美元，占比分别为62.85％、19.9％、17.18％。可见，无论是从贸易层面考察还是从利用外资层面考察,我国外向型经济发展在内部空间上,均呈现出典型的以东部地区为主导的区域不平衡发展格局。内部空间格局的不平衡性,说明了进一步发展中外向型经济过程中存在着协调区域经济发展的潜力。

再次,从外向型经济产业(出口)结构层面看。在快速而全面地融入全球价值链分工体系中,我国产业尤其是制造业产业获得了长足发展,由此奠定了出口贸易的基础。但是总体而言,我国产业在全球产业链分工中,仍然处于中低端,在出口产品结构上主要表现为劳动密集型仍然是我省的比较优势产品。比如从制造业产业内部结构看,虽然传统制造业产业比重呈逐年下降趋势,但由于其基数较大,整体规模在整个制造业产业中所占比重依然较高,并且多集中于中于纺织、运输设备制造、通用设备、黑色金属冶炼等制造业产业。从出口产品结构层面看,伴随产业结构的优化升级,出口产品结构也得到了一定的优化,突出表现在机电产品、高新技术产品出口份额,尤其是高新技术产品出口中的计算机与通信技术产品出口额份额比重日益提高。需要注意的是,名义上的出口产品结构和技术含量,并不代表一国或地区的真实出口技术结构和含量。因为在全球价值链分工体系下,最终出口产品层次的提升,完全可能是因为内含了进口的高端环节,典型表现就是加工贸易中专业化于劳动密集型等低端环节,只不过由于进口了高技术含量和品质的中间品,从而最终出口产品表现为高新技术产品。我国外贸发展中,加工贸易一直占据着半壁江山的地位,在一定程度上反映了上述事实特征。大量的实证研究均证实了我国产业和出口产品结构处于中低端的现实。

最后,从外向型经济微观活力层面看。中国发展外向型经济存在一个突出特征,那就是采取了循序渐进式的区域梯度开放发展,并对先试先行地区赋予了一定的优惠政策。中国外向型经济发展水平实现了翻天覆地的变化,很大一部分原因要归功于东部地区“先行先试”的发展理念。“先行先试”的发展理念无疑会触及一系列改革,比如打破城乡二元结构等,进而产生了所谓“珠三角模式”“苏南模式”“昆山之路”“张家港精神”“华西村”等一大批先进典型。“先行先试”下的改革深化,再辅以优惠政策支持等,激发了作为外向型经济发展主体的内外资企业的投资热情和高潮。特别是城乡二元体制松动促进了农村劳动了的流动,使得大量隐性“失业”劳动力转化为现实生产要素成为可能。更为重要的是,优质低廉的劳动力供给,加之各种优惠政策的吸引,正好迎合了国际产业转移的特点。众所周知,跨国公司主导的产业和产品价值增值环节的国际梯度转移,实质上就是跨国公司的资本和技术,追逐并与东道国和地区廉价劳动生产要素相结合,以降低成本和提升全球竞争能力。由此也带动了本土相关企业尤其是配套企业的发展。因此,大体来看,我国前一轮外向型经济发展的活力,主要来源于利用低成本生产要素优势,形成了所谓生产要素和投资驱动的外向型经济发展模式。

二、传统三维度发展模式的约束效应日益明显

基于前文所述的空间、结构和活力三个维度下,我国外向型经济增长模式面临内外环境的深刻变化,其可持续问题日益凸显,挑战越来越严峻,换言之,依托原有空间、结构和活力下的传统增长模式,已经遭遇明显的约束。对其具体原因,我们再做一简要分析。

首先,传统外部空间进一步拓展受限。始于2008年的全球金融危机至今已近10年,但危机冲击的阴霾尚未散去,全球经济进入深度调整期的低迷状态。全球主要各国联手采取凯恩斯式的宏观刺激政策,至今未能将全球经济拯救回正常的增长轨道,使得越来越多的学者认识到本轮危机的本质是世界经济长周期作用的结果。换言之,是始于以美国为首的发达经济体前一轮产业革命和技术创新进入生命周期衰退阶段的必然结果。相对而言,在本轮全球金融冲击下,诸如欧、美、日等发达经济体处于"重灾区",因而面临着更为严峻的经济复苏和就业等问题。全球经济尤其是长期以来一直占据全球经济中心的发达经济体,其经济不景气导致其需求疲软。新一轮需求增长必须依赖于新一轮的经济繁荣发展,而新一轮的全球经济繁荣发展依赖于新一轮的产业革命和技术创新。虽然有研究表明新一轮的产业革命和技术创新正在孕育之中,但何时会集中爆发并形成真正的生产力和产业规模,仍然具有不确定性。因此,在全球经济尤其是发达经济体未形成新的增长动力之前,经济低迷可能是一个长期的"新平庸"状态。在此背景下,依托以往发达经济体强劲需求市场带动的我国外向型经济传统发展模式,在既有的空间布局下,显然会遭遇严重的约束效应,进一步增长的空间受限。

其次,传统内部区域空间格局已成障碍。我国外向型经济发展,东部地区占据着绝对主导地位,甚至可以说,诸如外资、外贸等外向型经济的主要指标均依赖于东部地区。当然,外向型经济发达程度的差异性也造就了区域之间总体经济发展水平的巨大差异。外向型经济发展的这种内部空间布局,在当前发展阶段面临着两个方面的重要约束。一是东部地区的外向型经济发展程度总体而言已经很高,不仅在全国处于开放前沿,同时扮演着外向型经济发展"排头兵"的重要角色。因此,对于外向型发展程度已经很高的东部沿海地区而言,在不考虑其他条件发生突变的情况下,进一步增长的空间极其有限。二是区域发展的不平衡已经成为外向型经济进一步提升竞争能力的重要制约因素。已有研究表明,在全球价值链分工模式下,依托国内价值链构建是突破全球价值链低端封锁和实现价值链攀升的重要途径。而国内价值链构建的本质实际上是实现区域间的协调发展,通过区域间的分工协作打造成整体竞争优势,从而提升外向型经济发展的竞争能力。因此,我国东、中、西部地区的发展差距,在一定程度上说明区域之间还缺乏有效的分工和合作,还没形成整体竞争能力,甚至可以说,发展差距日益成为影响提升整体竞争能力的重要因素。上述两个方面的共同影响和作用,构成了我国外向型经济发展的现实约束,如不加以破除,进一步增长的空间将会严重受限。

再次,传统产业(出口)优势难以维系。全球价值链分工的本质是跨国公司在全球范围内,按照产业和产品价值增值环节的要素密集度特征,配置到具有不同要素禀赋优势的国家和地区。这也是我国前一轮外向型经济发挥自身比较优势,承接中低端产业和产品价值增值环节的国际梯度转移,从而在中低端产业尤其制造业形成大规模生产能力和出口能力的经验所在。然而,价值链的区域分布并非一成不变,而是随着各国或地区的要素禀赋结构相对变化会发生空间漂移。承接和专业化于中低端产业和价值增值环节,无疑为我国外向型经济快速发展和起飞奠定了基础。然而,这一传统的发展模式,既面临着经济效益不高的诟病,也面临着其他具有更低成本优势的发展中国家和地区带来的竞争和挑战。目前,东部地区部分劳动密集型制造业向我国中西部地区转移,以及向东南亚国家和地区转移的"孔雀东南飞"现象,充分说明了价值链区位分布的空间动态调整和变化。因此,在新的发展条件和形势下,依托传统产业(出口)结构发展外向型经济,不仅难以有进一步拓展发展的空间,甚至可能遭遇被压缩的巨大风险,所产生的现实约束效应愈发明显。我国外向型经济发展面临着亟待优化产业(出口)结构、实现攀升价值链和提升外向型经济发展水平和层次的紧迫任务。

最后,要素和投资驱动的动力机制已近衰竭。包括外向型经济在内的经济发展不同阶段,都应有与之相对应的合适战略选择,换言之,发展战略应随着经济发展阶段不同而随着调整,包括外向型经济发展模式同样如此。在生产要素具有低成本竞争优势的起步发展阶段,依托大规模的要素和投资投入,形成外向型经济发展的重要驱动力,即要素和投资驱动型的外向型经济发展,在特定的阶段具有一定的合理性和现实性。伴随生产要素成本的不断上升、资源和环境约束问题日益严峻,以要素和投资为驱动力的外向型经济发展模式面临着两个方面的重要约束,一是边际收益会变得越来越低,二是边际成本会变得越来越高,加之可投资的领域也会变得越来越少。因此,要素和投资规模扩张所能带来的边际回报率就会越来越低,由此所形成的动力机制会不断趋于衰竭。即当"要素红利"越来越式微之时,继续靠低成本劳动力和高能耗为代价的粗放式外向型经济发展模式,不仅缺乏进一步增长的空间,甚至会遭遇可持续难题。这也是近年来我国外向型经济发展速度放缓的原因之一。特别地,东部地区作为中国外向型经济发展的"排头兵"以及经济发展相对发达地区,在全国经济发展进入"新常态"的现实背景下,理应率先从传统的要素和投资驱动为主要驱动力,向以创新为主要驱动力的转变,从而为全国其他地区做出表率和示范作用,也是破除以往依托要素和投资为主要驱动力所遭遇约束困境的必要举措。

三、外向型经济发展新突破:空间、结构和活力再造

第一,利用"一带一路"倡议拓展外向型经济发展新空间,实现外部空间的新突破。沿"一带一路"开放是中国外向型经济发展在全球经济新形势下做出的重要战略调整,是我国全方位开放新格局的一个重要组成部分。为此,各地区应积极响应并充分借力"一带一路"倡议,在原有发展空间遭遇显著约束后应积极拓展新的地理空间,而且借助"一带一路"倡议实现外向型经济发展新空间拓展的同时,还有助于提升外向型经济发展的质量、增加发展的内外联动性。我们知道,当外向型经济发展空间主

要面向发达经济体时,我们所依托的比较优势主要是自己相对低廉的低成本要素优势,在全球产业链分工中主要处于中低端环节,经济活动侧重于加工制造装配生产环节。与之相比,当外向型经济发展空间向"一带一路"沿线国家拓展时,我们所依托的比较优势是过去多年外向型经济发展所积累起来的、具有重要竞争优势的丰富产能以及一定的技术水平,是其背后隐藏着的巨大的产业输出能力。这种外向型发展空间的拓展和重新布局,有利于摆脱价值链攀升困境,即突破发达国家跨国公司对全球价值链中市场和技术两头主要资源的控制。因为向"一带一路"沿线国家开放,可以利用既有产能和技术,甚至通过加大技术研发和对市场网络营销的投入,专业化于先进制造、技术研发、产品设计、市场营销、网络品牌、物流金融等高端环节,构建自我主导的全球价值链并实现产业升级,从而实现我国外向型经济发展的空间拓展、优化升级以及提质增效的良好格局。中国海关总署统计数据表明,2016 年我国出口贸易整体下滑的同时(主要表现在欧美日等传统出口市场),而对一带一路沿线部分国家出口却呈现不降反增的良好态势。上述事实特征在一定程度上显示了沿"一带一路"拓展外向型经济发展新空间,对突破外部空间约束的现实效应及重要性所在。

第二,在协调区域发展中提升外向型经济竞争力,突破内部区域空间布局的现行约束。我国外向型经济经过了多年的发展后,已面临着内部空间不均衡的严重问题,必须由东部地区向中部和西部地区延伸。国内不同区域在外向型经济发展水平方面所呈现的显著差异,一方面表明,尽快促进区域间外向型经济的协调发展,实现区域间的深层次经济整合,提升全国的整体竞争优势,已成为进一步提高我国外向型经济发展水平和提升国际竞争力的紧迫课题;另一方面,国内不同区域之间发展的不平衡,也为我国进一步发展外向型经济,利用东部、中部和西部的发展差距搞错位发展,打造完整的产业链,提供了重要机遇。以开放型经济发展相对发达的江苏地区为例,其发展外向型经济的一条宝贵经验就是从交通通信、项目开发、信息、技术、政策、产业等方面,全面而主动地与浦东接轨,接收浦东辐射,与浦东搞错位发展,与其他县市打时间差、空间差,而促进了外向型经济突飞猛进的发展。这一经验在国内外向型经济发展进入新阶段,充分利用国内区域发展差距搞东部、中部和西部错位发展,从而在进一步促进区域协调发展中打造完整的产业链,具有重要借鉴意义。我国中西部地区正处于工业化、城镇化的高速发展期,而中西部地区很多地方处于"一带一路"的重要战略位置,具有一定的区位优势,可以充分发挥发展差距的有利因素,积极规划、对接,在错位发展中打造对接东部地区的产业融合发展大平台,充分利用东部地区的技术、信息、人才及资本外溢效应,最终打造出外向型经济的协同竞争新优势,突破国内区域内部空间发展约束。

第三,优化外向型发展的产业(出口)结构,发展高水平外向型经济。传统低端产业和价值增值环节,由于其在国内价值链相对较短,专业化的链条还缺乏有效地向两侧延伸的基础,因此在价值链条中不仅表现为附加值增值率相对较低的低效,且对其他产业的带动作用和溢出效应也较为有限。因此,在传统产业(出口)结构在逐步丧失比较优势从而发展空间面临着愈发严重的约束后,突破上述约束的本质,就要求实现产业(出口)结构的转型发展和优化升级,其中包括两个层面的含义。一是从产业链高低端的层面看,就是要实现从传统制造业向先进制造业和高新技术产业的转型升级,从而实现分工地位从全球产业链和价值链的中低端向中高端攀升;二是在传统制造业产业发展中注入新的技术、知识、信息和智能等高端生产要素,实现传统制造业的更新换代,力图促进传统制造业超越要素成本竞争的同时,为传统制造业寻求新的需求点和增长点。上述两个方向都是外贸转型升级中"调结构"的重要内容,因为产业发展是外贸发展的基石。实现产业结构的优化升级,需要更加注重推进供给侧结构性改革,因为减少无效和低端供给,扩大有效和中高端供给,是其本质内涵和特征。何况在当前传统比较优势逐步弱化以及新型比较优势尚未形成条件下,面临"前有围堵、后有追兵"双重挤压的严峻形势,作为外向型经济发展大国而言,唯有从供给侧发力,加快产业结构转型升级,在构建新的产业(出口)结构体系中破除现实约束条件。

最后,外向型经济发展的动力机制,需要从以往的要素和投资驱动转向创新驱动。我国前一轮外向型经济的快速发展,应该说很大程度上归功于将要素和投资的驱动力发挥到了极致。现在这一动力机制在发展新阶段已经明显衰竭,亟待转型创新驱动的发展阶段。实体经济创新不足,仍然是全国所面临的突出问题。实际上,我国大多数产业尚处于价值链的中低端,原因即在于自主创新能力不强、核心技术对外依存度较高。实体经济创新不足,究其原因,是作为经济活动的微观主体活力受限所致,而微观主体创新活力受限的根本原因则在于体制机制的束缚。我们知道,从微观层面看,深化改革的重要目的之一就是要为企业松绑,激发企业的动力和活力。正如前文分析指出,不断深化改革也是我国实现前一轮外向型经济快速发展的宝贵经验之一。但需要指出的,经济发展的不同阶段需要不同的体制机制与之相适应,原有的开放型经济体制和机制,在激发和形成要素和投资驱动力方面发挥了积极作用,但已经难以适应创新驱动发展的需要。比如,现行外向型经济管理中采取的审批制以及存在的多头管理等不便利问题,企业、高校、科研院所尚未形成自主创新合力等体制分割和机制僵化的科技管理体制滞后问题,知识产权保护落后无法对创新形成有效激励等问题,均对企业创新活力构成严重束缚。从创新驱动角度为我国外向型经济发展寻求新动力,激发微观企业和人才的创新活力是根本,而这就需要破除体制和机制的束缚作用,构建更加适合激发创新活力的开放型经济新体制。

（原载《南京社会科学》2017 年第 9 期,《新华文摘》2018 年第 1 期转载）

为完善全球经济治理做出中国贡献

十九大报告指出："中国将继续发挥负责任大国作用,积极参与全球治理体系改革和建设,不断贡献中国智慧和力量。"其中,完善全球经济治理无疑是全球治理体系改革的主要内容和重要方向之一。之所以要完善全球经济治理,是因为世界经济格局发生了重要的变化,是为了适应变化了的世界经济发展新形势的需要。当前,世界经济格局发生了重要变化,但现行全球经济治理体系未能及时做出相应调整和完善,没有做到与时俱进和因时而变,从而未能有效引领经济全球化健康持续发展,甚至在一定程度上制约了其发展。在世界经济格局发生的诸多变化中,其中最重要变化是:中国稳居世界第二大经济体,成为拉动世界经济增长的最大引擎,西方国家出现逆全球化、贸易保护主义等背离时代潮流的倾向,中国与世界的关系发生了历史性的变化,日益走近世界舞台中央。因此,在世界多极化深入发展、国际力量对比更趋平衡,尤其是以中国等为代表的新型发展中大国日益崛起的全球大发展大变革大调整时期,全球经济治理体系需要做出相应的调整和完善。在此进程中,中国理念、中国智慧、中国方案,尤其是作为其思想理论结晶的中国理论更加为世界所瞩目,中国应该也有能力为完善全球经济治理做出应有的贡献。

一、当前世界经济格局发生重要变化

21世纪以来,世界经济格局发生了转折性变化。一方面,20世纪80年代以来,随着资本等优势要素跨国流动性的不断增强,要素分工成为国际分工的主要内容和形式。这为发展中国家融入经济全球化实施开放发展战略带了重要机遇。另一方面,和平与发展成为时代主题,客观上为发展中国家创造了和平稳定的外部环境。在上述两种因素的共同作用下,像中国这样政治稳定、要素集聚能力强的发展中国家,在快速而全面地融入发达国家跨国公司主导的要素分工体系中,实现了开放型经济快速发展,并由此带来了世界经济格局的调整和变化。联合国贸发会议统计数据库统计数据显示,1976 年美国、英国、德国、法国、日本、意大利和加拿大七国集团(G7)成立时,其经济总量约占世界经济总量的 80% 左右。伴随发展中国和新兴经济体的经济快速发展,七国集团在全球经济中的比重不断下降。尤其是 2008 年全球金融危机的爆发,虽然全球各主要国家都未能"独善其身",但主要发达国家成为危机冲击中的"重灾区",经济实力因此在危机中遭受重创。相比较而言,中国、俄罗斯、印度、巴西等新兴市场国家则在危机冲击后,成为世界经济复苏的重要引擎。新兴市场国家在世界经济中的份额迅速壮大,七国集团在世界经济中的份额则迅速下降,2016 年后者在世界经济中的比重已不足 50%。而从对全球经济增长的贡献角度看,目前新兴市场国家和发展中国家对全球经济增长的贡献率已经达到 80%。上述变化使得全球经济重心不断向东移动,出现了"东升西降"的发展变化。而在"东升西降"的发展变化,中国无疑发挥了重要的引擎作用,在全球金融危机冲击后的世界经济复苏中,贡献尤为卓越,不但被看作新兴市场国家的领头羊,而且成为经济多极化世界的重要一"极",经济总量已成为仅次于美国的全球第二大经济体。中国从经济全球化中受益的同时,对经济全球化的贡献也越来越大。

　　也正是因为全球经济格局出现"东升西降"的格局变化,尤其是发达经济体在全球经济实力中的相对弱化,原有的霸权势力不断衰弱,全球朝着更加均势的方向发展,使得发达经济体想当然地认为,当前的经济全球化的演进更加有利于发展中国家。尤其是发达经济体内部出现的问题日益凸显,自身治理能力不足,便转而从外部找"撒气筒",有意或无意地将本非经济全球化的问题错误地归咎于经济全球化。包括一些困扰世界发展的问题,均被错误地归咎于经济全球化的发展,以至于一些国家特别是部分发达国家贸易保护主义抬头和内顾倾向明显,促使当前经济全球化走到了究竟是继续促进经济全球化还是转向"逆全球化"的十字路口。发达经济体对经济全球化发展在理念、态度乃至政策方面的转变,固然与将困扰世界发展的诸多问题错误地归咎于与经济全球化有关;但更本质地看,是全球经济治理能力弱化和失序所致。当前的全球经济治理体系,不仅未能有效避免诸如收入不平等、南北发展差距扩大等经济全球化非必然产物出现,甚至在一定程度上加剧了困扰世界的各种问题。

全球经济治理滞后,已经难以适应世界经济新变化,亟待调整和完善。

实际上,全球经济格局的变化和调整,必然要求有与之相适应的全球经济治理体系变革,从而对全球经济治理体系和秩序也带来了冲击和挑战。面对变化了的经济全球化新形势,尤其是伴随着新型经济在全球经济地位中的不断提高,世界经济朝着多极化和更加均势的方向发展,全球经济治理体系需要有更多的代表性和更强的包容性。而作为新兴市场国家领头羊的中国,其经济实力和综合国力的不断提升,逐步致使自身与世界关系改变乃至走到了世界舞台的中央。因此,在完善全球经济治理过程中,贡献中国理念、方案和智慧,既是中国作为一个负责任大国的体现,也是为经济全球化发展过程中提供公共产品的现实需要。

二、正确认识现有全球经济治理体系

当前的全球经济治理体系,是二战后在美国等西方国家主导下建立起来的。客观而论,美国等西方发达资本主义国家依托世界银行、国际货币基金组织、世界贸易组织(原来的关贸总协定)等国际组织和机构建立的全球经济治理机制和体系,对战后促进国际贸易、国际投资和世界经济的繁荣发展,起到了重要推动作用。然而,伴随经济全球化深度演进、全球经济失衡问题加重、新兴经济体崛起、收入分配差距扩大等,现行全球经济治理的局限性日益显现,在维护全球经济秩序的功能方面表现出严重不足。面临全球经济新形势,当前的全球经济治理体系已经出现三个方面的不适应。

一是不适应全球经济格局调整的变化。如前所述,过去十多年来,伴随新兴市场国家和发展中国家尤其是中国和印度等国经济快速发展,全球经济重心正在发生"东升西降"的重要变化,国际经济力量对比发生深刻演变。目前,新兴市场国家和发展中国家对全球经济增长的贡献率已经远远高于发达经济体。然而,以美欧等发达经济体为主导的全球治理体系,未能反映世界经济格局的新变化。经济实力强大的发达国家往往是一定时期全球经济治理体系的制定者和主导者,它一旦形成,就会在这些国家的经济和政治的强权的作用下,维持相当一段时间,处于相对稳定状态。现行的全球经济治理体系是由发达国家主导的,主要是以维护发达国家垄断资本利益为出发点的,具有不合理、不公正、不平等的一面,影响了发展中国家的经济发展,对发展中国家的利益诉求关注不足。而且现行全球经济治理体系,也是建立在旧有的不合理国际分工基础之上的,突出表现在发展中国家在其中处于不利的地位,甚至使发展中国家处于依附、利益受损的状态。因此,提升新兴市场国家和发展中国家代表性和发言权,是完善全球经济治理的重要方向和内容。

二是不适应国际分工发展的新特点。经济全球化的深度演进导致表现为国际分工形式发生了深刻变化,由此推动着全球产业布局不断调整以及全球生产网络的形成。传统的产业间国际分工模式逐渐向产业内分工、产品内分工发展,全球价值链分工即"要素分工"逐步成为国际分工的主导形式。世界各国在资金流、技术流、产品流、产业流、人员流中融为一体,贸易和投资日益一体化,生产国际化深入发展。国际分工出现的上述变化,使得国与国之间生产和消费从有着明确以国界为边界传统分工关系,演变为全球生产网络的复杂交织关系。更为重要的是,从微观层面上看,国际分工形式发生的上述深刻变化,实际上伴随的是企业边界的全球拓展,因为组织全球化生产的微观主体最终落实到企业。对于从事全球化生产经营的企业而言,生产经营活动是没有以国界而划分边界的概念的。这是因为,全球生产经营活动的顺利进行,内生地要求分布在不同国家和地区之间的不同生产环节和阶段,实现无缝对接,实现标准和规则的兼容。因此在这种新的国际分工形态下,一国内部的经济政策、规则及其治理体系,都不再完全是独立的,而必须要在某种程度上实现与国际接轨。或者说原有的贸易和投资规则需要与国内经济政策规则实现协同和统一,原有的边境开放措施需要不断地向境内开放措施拓展深化。然而,全球经济治理中的贸易和投资规则未能跟上新形势,多边贸易体制面临严峻挑战。针对多边贸易规则面临瓶颈,各种双边、多边自贸区协定蓬勃兴起,区域化一体化发展迅速。这固然弥补了多边贸易体制的一些不足,但区域贸易安排也带来机制封闭化、规则碎片化等新问题。

三是不适应全球经济包容性发展需要。传统的国际经济学理论虽然早已论证了投资和贸易自由化,能够使得分工和贸易参与国获益,但对利益分配问题一直语焉不详,更确切地说一直存有较大争论。比如以普雷维什和辛格为代表的发展中国家贸易条件恶化论、阿明的依附理论、中心—外围论以及贫困化增长理论等,也无不从各个方面揭示了经济全球化利益分配不公不均等问题。而从国家内部看,贸易保护的政治经济学等一些传统国际经济理论,同样也说明了经济全球化并非对所有的利益集团都是有利的。因此,二战以后的经济全球化深入发展,虽然促进了世界经济的繁荣昌盛,但全球治理体系很不完善,治理能力明显不足,也带来了全球化利益分配不均衡等问题。一些国家、行业和个人没有从全球化发展中收益,部分发展中国家甚至被边缘化,加剧了南北国家间的发展失衡。发达国家产业空心化和分配机制不完善,导致其内部收入差距不断扩大。目前,发展不平衡、不协调、利益分配不均衡等问题,已导致世界基尼系数达到 0.7 左右,超过了公认的 0.6"危险线"。这是全球化红利分配失衡、包容性不够的必然表现和结果。正视和妥善处理这一问题,需要从调整和完善全球经济治理规则入手,以治理规则调整促进经济全球化更加具有包容性,经济全球化才会有活力。

总之,现有全球经济治理体系具有两重性:一方面,在某种程度上提供了经济全球化所必需的规则和秩序,具有适应社会生产力向全球化发展的积极作用;另一方面,这些规则和秩序主要是在发达资本主义国家主导下制定的,主要维护的是垄断资本和跨国公司的利益,未能充分提供全球经济运行的公共产品,尤其是经济全球化深入发展对公共产品所产生的新需求。经济全球化迅猛发展,不仅导致南北发展差距拉大,发达国家劳动者也未能获益,这是由资本主义基本矛盾在世界范围发展的必然反映和结果。而解决这一问题的唯一出路,就在于完善全球经济治理体系,使其更具包容性。

三、完善全球经济治理的中国方案

当前,全球经济处于深度调整期,世界面临的不稳定性不确定性突出,世界经济增长动能不足,贫富分化日益严重,地区热点问题此起彼伏,恐怖主义、网络安全、重大传染性疾病、气候变化等非传统安全威胁持续蔓延。导致经济全球化发展确实面临许多挑战。但和平与发展仍然是时代主题并没有发生根本性变化,经济全球化是生产力发展和科技进步的必然结果的理论逻辑永远不会变。因此,在全球经济处于大发展大变革大调整时期,在世界经济朝着多极化、信息化、多样化深入发展的转型期,世界所面临的问题并不是要不要推进经济全球化问题,而是如何通过全球经济治理体系的变革和完善,来更好地推进经济全球化深度发展的问题,通过发展来解决发展中出现的各种问题,而不是要重回以邻为壑的老路。

理念引领行动,全球经济治理滞后,一方面反映的是全球公共产品供给不足,另一方面表明全球经济新形势需要有新的治理理念。而作为公共产品的一种,全球经济治理的概念和内容通常包括治理主体、治理方式和治理机制。十九大报告强调指出,中国要坚持推动构建人类命运共同体,并秉持共商、共建、共享的全球治理观。应该说,倡导"人类命运共同体"理念,以"共商、共建、共享"的方式,正是对当前全球经济治理机制的不足和缺陷的补充和完善,能够有效解决当前全球经济治理所面临的"三个不适应"问题。

构建"人类命运共同体"的倡议,为全球经济治理提供先进的理念。原有的全球经济治理规则,单纯以市场效率为基础,重利而轻义。你少我多、损人利己或者你输我赢、一家通吃,这或许满足效率原则,但很难符合道义需求。随着以价值链分工特征的经济全球化深入发展,使得世界各国客观上形成了"你中有我、我中有你"的命运共同体。利益之间的彼此融合与交织,使得各国在利益分配上只有实现"共赢"才能实现利益获取的可持续,甚至可以说只有实现"共赢",也才能保证自身利益的顺利获取。如果在经济全球化进程中只顾自身利益,而不关切他人利益,甚至自身利益的获取是建立在损害他人利益的基础之上,那么必然导致全球价值链的断裂,导致全球生产网络的破坏,最终导致自身利益也难以如期实现。在要素流动和全球价值链的新型国际分工体系下,各国同处统一利益链条,具有了典型的命运共同体特征。因此,在此新形势下,只有义利兼顾才能共同发展,只有义利平衡才能互利共赢。中国秉持的"人类命运共同体"的先进理念,蕴含了"道义为先,义利平衡"的正确义利观。这一先进理念超越了国家的狭隘和国际的差异,树立了人类整体意识,体现的是中华文明中"天下大同"的深邃思想,彰显的是中国对和平发展、合作共赢的孜孜追求以及道义为先的大国风范,也反映了作为社会主义国家的应有担当。

中国为完善全球经济治理提出的"共商"理念,体现的是一种平等参与。一方面,全球经济治理本就应该以平等为基础,正如十九大报告所指出:"倡导国际关系民主化,坚持国家不分大小、强弱、贫富一律平等,支持联合国发挥积极作用,支持扩大发展中国家在国际事务中的代表性和发言权。"因此,世界各国都是国际社会平等成员,理应平等参与决策,享受权利,履行义务。另一方面,以中国和印度等为代表的发展中国家和新兴经济体力量上升,已经从根本上改变了世界经济格局和力量对比,完善全球经济治理,必须增加新兴市场国家和发展中国家代表性和发言权,确保各国在国际经济合作中权利平等、机会平等、规则平等。为完善全球经济治理贡献的中国方案中的共商原则,是一种共同商讨的新机制,让一带一路沿线国家和人民共同商讨和规划未来的发展方向,构建未来发展蓝图,体现的正是平等参与,弥补了世界发展方向和规划总是由经济强势国家确定的不足,对全球经济治理具有重要完善作用。

中国为完善全球经济治理提出的"共建"理念,体现的是一种联动发展。在"一荣俱荣、一损俱损"的全球经济新格局下,没有哪一个国家可以独善其身,协调合作是必然选择。各国经济唯有联动发展,才能为世界经济注入持久的动力,也才能实现真正意义上的持续性互利共赢。世界经济发展的南北失衡正是联动不够的表现和结果,是全球经济治理缺乏联动思维的缺陷所致。在这一方面,中国已经为全球做出了表率。比如,习近平同志提出的"一带一路"倡议,正是建立在"一带一路"国家和地区共同建设基础之上的,创办亚洲基础设施投资银行以及设立丝路基金,充分体现了中国表率作用。当然,这也是实现十九大报告中提出的,我国"国际影响力、感召力、塑造力进一步提高,为世界和平与发展做出新的重大贡献"的实践表现。通过加强政策规则的联动、夯实基础设施的联动,构建和优化全球价值链的利益联动,最终实现发展的联动,构建世界经济更加均衡的发展模式。

中国为完善全球经济治理提出的"共享"理念,体现的是一种包容增长。发展的目的是要让发展的成果惠及世界各国人民,因此,全球经济治理应该以共享为目标,寻求利益共享,实现共赢目标,使经济全球化发展更具包容性。全球经济治理既要讲求效率,也要注重公平。目前的全球经济治理强调前者而忽视后者。在经济全球化红利分配不均已经成为可持续发展重要制约因素条件下,依托全球经济治理规则调整和完善推动包容发展,不仅是国际社会的道义责任,也能释放更强劲的有效需求。十九大报告也明确强调指出:"促进贸易和投资自由化便利化,推动经济全球化朝着更加开放、包容、普惠、平衡、共赢的方向发展。"其中包容、普惠、平衡、共赢的内在真谛,就是指发展的成果由参与经济全球化的所有国家共同享有,秉持的是一种包容性发展理念和原则,正是对当前全球经济治理包容性不足的有益补充和完善。

在完善全球治理机制方面,中国也正在做出一些创新性贡献。正如十九大报告中所指出:"中国坚持对外开放的基本国策,坚持打开国门搞建设,积极促进'一带一路'国际合作,努力实现政策沟通、设施联通、贸易畅通、资金融通、民心相通,打造国际合作新平台,增添共同发展新动力。"实际上,"一带一路"倡议依靠中国与有关国家既有的双多边机制,借助既有的、行之有效的区域合作平台,旨在借用古代"丝绸之路"的历史符号,高举和平发展的旗帜,制定有关国际标准和规范,推广相关经验和做法,主动地发展与沿线国家的经济合作伙伴关系,共同打造与沿线国家政治互信、经济融合、文化包容的命运共同体,解决了现有一些机制难以充分反映国际社会诉求、难以有效应对全球性挑战和代表性不够等问题。当然,由于"一带一路"是一个开放的体系,向包括欧美国家在内的所有国家开放。因此,"一带一路"倡导的新倡议新机制,不是另起炉灶,而是对现有全球经济治理机制的有益补充和完善。

四、中国贡献丰富了全球经济治理理论

马克思主义政治经济学要求我们深入研究经济运动过程,把握社会经济发展规律,揭示经济活动的新特点,以更好地指导经济发展实践。为完善全球经济治理贡献的中国理念、中国方案和中国智慧,就是在深入研究世界经济新情况新问题的基础上,对当代全球化运动规律的深刻把握的基础上,以及对全球经济治理出现滞后性深刻洞见基础上提出来的,迎合了世界经济形势发展演变的新需要,迎合了全球经济治理与时俱进、因时而变的现实需求。因而"中国方案"拓展了马克思主义政治经济学新境界,是对当代全球经济治理理论发展的新贡献,对经济全球化发展实践具有重要指导意义。

世界经济发展的历史经验表明,开放带来进步,封闭导致落后。经济全球化是社会生产力发展和科技进步的必然要求和结果。这是马克思主义政治经济学的基本观点,也是理解经济全球化应遵循的基本逻辑。实际上,社会生产力发展和科技进步不仅要求经济全球化,而且也改变着经济全球化的发展形势并推动着格局演变。与此相应,全球经济治理也需要与时俱进、因时而变。困扰经济全球化问题的出现乃至日

益严峻,并不是经济全球化自身的问题,而是全球经济治理滞后所致。依托完善全球经济治理,促进全球经济更加健康和持续发展,通过发展来解决发展中的问题,才是正确的选择和出路。因循传统老路甚至退缩,不仅无益于问题的解决,反而会收窄世界经济共同空间,导致"共输"局面。中国方案以习近平新时代中国特色社会主义思想为指导,敏锐地洞察和把握世界经济形势之变、格局之变、需求之变,为完善全球经济治理提供了客观认识和准确判断。

中国理念、中国方案和中国智慧拓展了全球经济治理的理论哲学基础。当前的全球经济治理的理论基础是市场经济竞争效率,主张经济自由化、私有化、开放化,其背后是支撑传统资本主义的"优胜劣汰""适者生存""弱肉强食""赢者通吃"的功利哲学思想。以此为基础,全球经济治理的政策主张自然是利益导向,保护强者的利益,构筑对强者有利的国际经济秩序。这对战后市场经济的全球扩张无疑起到了重要推动作用。中国倡导的"人类命运共同体"新理念以及提出的共商共建共享等基本原则,正是着力于推动经济全球化朝着均衡、普惠、共赢方向发展,因而追求的目标更具包容性,在注重效率的同时关切公平和道义,倡导的是共存、共赢、共享的哲学思想。以此为基础,政策主张的导向是兼顾本国和他国的利益、本国发展和世界各国的共同发展。这是经济全球化发展到特定阶段后的内在需求,反映的是对全球经济治理规律的正确认识。

总之,为完善全球经济治理做出的中国贡献,是适应和引领经济全球化发展新形势的需要。以"人类命运共同体"为先进理念,以开放为导向,以合作为动力,以共享为目标,本着"共商、共建、共享"的基本原则,对现有全球经济治理贡献了先进理念、中国智慧和中国方案,对现有全球经济治理构成了有益补充和完善。为完善全球经济治理做出贡献,中国正在践行并将继续践行十九大报告中做出的"始终做世界和平的建设者、全球发展的贡献者、国际秩序的维护者"的庄严承诺。

（与戴翔合作。原载《世界经济研究》2017 年第 12 期）

逆全球化与中国开放发展道路再思考

开放发展道路选择不仅取决于自身情况，也受制于外部环境。中国改革开放近40年来所取得的斐然成绩，不仅与中国选择了开放发展战略有关，更受益于前一轮经济全球化快速发展的良好外部环境。20世纪80年代以来，国际分工出现了全球要素分工这一更有利于发展中国家和地区的新型分工模式，并逐步成为全球化主导形态。"顺应经济全球化大势"，"采取正确的开放发展战略"，是中国实现经济腾飞的宝贵成功经验，也是全球要素分工似乎更有利于发展中国家的绝好例证和典范。与此逻辑一致的，近年来中国开放型经济发展之"乏力"现象，既与中国经济发展进入"新常态"后新旧动力转换不力有关，也与全球经济深度调整期国际市场需求低迷等错综复杂的外部大环境有关。其中尤为突出的问题是，伴随英国脱欧、特朗普当选美国总统、意大利修宪公投失败等一系列标志性"黑天鹅"事件的出现，与前期经济全球化迅猛发展之势相背离的"逆全球化"浪潮日渐兴起。

毋庸置疑，逆全球化浪潮作为重要外部环境约束，对于已经深度融入经济全球化的中国而言，带来了严峻挑战。虽然其影响效应和作用后果还没有完全展现出来，但对其进行分析和预判，并据此采取科学有效的应对措施则是非常必要的。逆全球化浪潮兴起的本质是什么？会对中国开放发展产生怎样的影响？尤其是对于中国而言，前一轮经济全球化红利是否已经基本结束？中国新一轮开放发展道路到底应该怎么走？对诸如此类问题进行深层次的理论探讨，对于中国开放发展战略调整具有极为重要的意义。

一、逆全球化：世界经济形势之变

2016年诸如英国脱欧、特朗普逆袭当选等一系列标志性政治事件的发生，被视为"逆全球化"的标志性开端，世界范围内"逆全球化"似乎也正加速成为一股愈演愈烈的浪流。当然,针对当前出现的所谓"逆全球化"大讨论中,也有学者持有不同看法,因为长期而言,全球化是一个不可逆转的趋势,是工业革命和市场经济发展的必然逻辑,因而所谓的"逆全球化"至多只是全球化进程中的暂时性受阻,甚至可能只是一种假象。本文不拟对上述孰是孰非的争论展开讨论,而只是关注当前"逆全球化"现象的几个典型表现。从经济全球化的主要内容及制度保障看,贸易和投资自由化的快速发展是前一轮经济全球化的主要内容,而这又得益于多边贸易体制和规则保障作用。因此,与前一轮经济全球化快速发展相比,当前世界经济形势之变所体现出的"逆全球化",同样可以从贸易、投资、贸易保护主义抬头以及全球经济规则等角度进行观察。

从贸易领域看。自 20 世纪 80 年代以来,得益于全球要素分工的快速推进,全球贸易在 2008 年国际金融危机爆发前取得了高速增长的罕见成就。但这一进程被 2008 年突如其来的全球金融危机所打断。联合国贸发会议统计数据显示,2009 年到 2015 年期间全球贸易平均增长率不足 3%,即不到金融危机前 20 多年平均贸易增长率的一半;其中 2012—2016 年连续五年全球贸易增速分别为 2.88%、2.66%、2.30%、−2.17% 和 1.2%。根据 WTO 的最新预测,2017 年全球贸易增长率将维持在 1.7% 左右的水平。实际上,虽然统计数据显示全球低速增长自 2012 年才开始连续出现,但从更深层次挖掘,2010 年和 2011 年全球贸易表面上的恢复性反弹,一方面得益于各主要国家采取了凯恩斯式宏观刺激经济政策,另一方面是建立在 2009 年全球贸易大幅衰退的基数效应基础之上,因此本质上是虚假反弹。由此可见,自 2009 年开始全球贸易实质上已经连续 8 年进入了低速乃至负增长通道,并仍有进一步持续的可能。正因如此,有学者研究认为全球贸易增长的巅峰时期已过,将进入一个长期低速增长乃至负增长的"平庸期"。这种令人沮丧的变化显然是"逆全球化"在贸易领域中的一种典型表现。

从全球对外直接投资领域看。20 世纪 80 年代以来要素分工深度演进的一个突出特征就是以 FDI 为表现形式的生产要素跨国流动性日益增强。相关数据显示(本节数据均来自 UNCTAD 统计数据库),全球对外直接投资流量从 20 世纪 70 年代初的 141 亿美元,迅速增长至 2007 年的 2.26 万亿美元。与全球贸易发展历程极为相似,全球对外直接投资快速发展的势头,受到 2008 年开始的全球金融危机冲击从而出现了转折。充分体现在本轮危机冲击的 2008 年和 2009 年,全球对外直接投资流量分别下降至 1.9 万亿美元和 1.1 万亿美元。之后,随着全球经济的复苏,全球对外直接投资流量虽然与危机期间"断崖式"下跌状况相比,2010 年和 2011 年分别恢复至 1.2 万亿美元和 1.58 万亿美元,但与危机冲击前的全球对外直接投资发展势头相比,已经有非常显著的下降。从近几年的变化趋势来看,2012 年、2013 年、2014 年和 2015 年全球对外直接投资流量分别为 1.35 万亿美元、1.41 万亿美元、1.2 万亿美元和 1.76 万亿美元,大体呈现波动状态且一直未恢复至危机冲击前的水平。更值得关注的是,即便是全球对外直接投资的微弱回升,仍然难掩生产全球化的发展停滞。以 2015 年为例,虽然对外直接投资达到了 1.76 万亿美元这一危机后的最高水平,但是从具体的投资方式来看,这一增长主要是由跨国兼并和收购(跨国并购)所驱动的,数据显示,2015 年的跨国并购金额高达 7 210 亿美元。由于跨国并购的实质是跨国公司重组,这些重组虽然会带来巨额的资金流动,但实体经济中运行的资本变动极其有限,即全球对外直接投资中"新生项目"实际上并未得到长足发展。如果将上述因素考虑进去,则全球对直接投资流量仍然处于较为低迷的状态。

从全球贸易保护主义抬头趋势看。在 2008 年的全球金融危机冲击之后,全球贸易保护主义有明显抬头并呈愈演愈烈之势。美国实施的"购买美国货"条款、英国在金融领域出现的保护主义倾向、法国在汽车行业实施的援助计划、欧盟贸易规则所表现出的收紧等种种迹象,均是贸易保护主义在全球范围内抬头和蔓延的明证。而从近几年发展变化情况来看,不仅危机后出台的贸易保护主义措施多数未被撤销,且新的贸易保护措施还在不断出台。2016 年世贸组织(WTO)发布的报告表明,尽管 G20 领导人一直强调"撤销"现有贸易限制措施,但 2015 年 10 月至 2016 年 5 月,G20 成员新增贸易保护主义措施高达 145 项,月均出台数约为 21 项。这是逆全球化的最直接表现。

此外,以 WTO 为主导的前一轮全球贸易和投资规则,在当前新的国际分工形式下受到了严峻挑战,已经不能适应全球经济深度演进的需要,面临破产风险。目前 WTO 主导下的多边谈判进程缓慢乃至受阻,至今仍未取得实质性的突破,新的全球经济规则尚未形成。至于另起炉灶的一些区域经济谈判,即便能够形成小范围的高标准经济规则,但本质是一种"圈子化"的保护主义。因此这种发展形势也在一定程度上可看作是逆全球化的表现。

当然,世界经济现象呈现的上述之变,反映出的"逆全球化"之势,还没有凸显其固有特点。如果进一步从"逆全球化"背后推手看的话,那么此次"逆全球化"浪潮兴起的主要推动力量均来自发达经济体。如果"逆全球化"浪潮的兴起始于发展中国家,则不难理解。因为发达国家在经济全球化进程中总体而言处于主导和控制地位,而发展中国家大多则是被动卷入其中,在融入经济全球化进程中主要处于全球产业链低端、受益面较窄,在生态、环境乃至文化等领域均受到冲击和付出代价。然而,英国脱欧、特朗普当选,以及意大利、法国乃至德国等多个欧洲国家的民粹主义政党获得广泛支持等热点现象表明,当前"逆全球化"主要兴起于美、英、德、意等发达经济体;与之相反的是,以中国等为代表的发展中国家和新兴经济体反而成为经济全球化的积极倡导者和拥护者,全球化进程动能呈现出由发达经济体转向发展中经济体的重要趋势。针对上述突出特点,显然用传统国际经济理论无法给予充分的解释。那么本轮"逆全球化"浪潮兴起的本质原因究竟是什么?

二、分工与周期性因素耦合:逆全球化浪潮兴起的深层逻辑

关于全球化和逆全球化问题,传统国际经济理论早有讨论,无论是李斯特的幼稚产业保护论,还是要素价格均等化定理,无论是中心—外围论,还是发展中经济体依附理论等,都可以在一定程度上予以解释。仅从世界经济形势之变的表面进行观察,本轮"逆全球化"与已有历史现象并无异样,但考虑到其固有特点后,则需给予进一步探讨和解释。我们的基本看法是,本轮"逆全球化"浪潮兴起的深层逻辑是新型国际分工演进与世界经济周期性因素共同作用的结果。

由马克思主义政治经济学基本原理可知,国际分工是社会生产力发展到一定阶段的产物,而推动国际分工演进的两个最为基本的因素就是技术进步和制度变革。20世纪80年代以来,伴随国际生产分工技术的快速进步,加之WTO主导下的贸易和投资自由化保障制度的推行,国际分工基础和形式发生了巨大变化,即全球要素分工逐步成为国际分工的主导形态。在要素分工体系下,国际贸易呈现出两个方面的

重要变化,一是产品价值链被分解了;二是生产要素的跨国流动性日益增强。无论是哪种形式抑或是上述两种形式的结合,最终产品乃至产品生产的一个环节看,都是多国要素共同生产的结果,因此国与国之间分工的边界已经从产品深入至要素。各国以优势要素参与国际分工,更确切地说参与全球生产,逻辑地成为经济全球化的主要形态。因此,把当前的这种分工形式称之为要素分工,更能反映国际分工的本质,也更加准确。要素分工条件下经济全球化红利分配发生了两个重大变化,一是似乎更加有利于发展中经济体;二是国家内部分配失衡日益严峻。

要素分工条件下为什么会发生经济全球化红利分配更加有利于发展中国家的新变化?这是因为产品价值链的全球分解和要素的跨国流动给发展中经济体融入经济全球化实现经济发展带来了重要机遇。首先,从产品价值链的全球分解角度看,由于一国或地区无须在某种产品的完整生产过程中具有比较优势,而只需要在产品生产的某个环节和阶段具有比较优势,就可以融入全球生产分工体系。这种变化大大降低了发展中国家融入国际分工体系的门槛,使得原本不具备生产"整机产品"比较优势,甚至由于在某个生产环节和阶段由于存在无法克服的技术障碍进而根本不具生产能力的发展中国家,可以在新的国际分工模式下,通过专业化于特定生产环节和阶段,而具备相应生产"能力"。"保留核心的,外包其余的"是要素分工条件下跨国公司的全球战略,这种战略主导下国际转移首先是从劳动密集型加工制造环节开始的,但是对于工业化起步的发展中国家来说,则无疑是重要的机会窗口。何况,产业国际梯度转移并非一成不变,更非静态模式的简单重复,而是受到两种因素的影响:一是跨国公司主导下的技术生命周期,因为这会决定跨国公司对何为核心何为其余的界定;二是承接产业和产品价值增值环节的发展中国家自身要素禀赋结构变化。因此,发展中国家融入全球要素分工体系不仅获得产业发展机会,甚至面临产业转型升级的可能。

其次,从要素跨国流动角度看。需要指出的是,不同生产要素的跨国流动性是有差异的。大体而言,诸如资本、技术等生产要素的流动性相对较强,而诸如劳动尤其是低技能和一般劳动、土地以及政策环境等流动性相对较长甚至根本无法流动。因此,全球要素分工本质上是可流动生产要素对不可流动或者流动性较差生产要素的追逐。从现实的优势要素国家分布格局看,诸如资本、技术等生产要素正是发达国家的优势生产要素,而诸如低技能和普通劳动者等正是发展中经济体的优势生产要素,发达国家跨国公司通过资本和技术等生产要素输出,与发展中国家当地廉价的劳动等生产要素相结合,便成为 20 世纪 80 年代以来经济全球化发展的重要表现形式。由于生产要素具备了跨国流动性,尤其是发达国家高端生产要素向发展中国家的流动,不仅改变了作为东道国的发展中国家要素禀赋结构,从而实现了比较优势的变迁乃至升级(高端生产要素存量增加),且更为重要的是,要素流入对于发展中国家来说,可能使得其原有闲置要素得以充分利用,从而将潜在的比较优势转化为现实比较优势。从这一意义上说,发达国家资本等生产要素对发展中国家诸如劳动等生产要素的追逐,对比较优势其实具有激发乃至创造效应。

全球要素分工虽然是社会分工细化和世界资源优化配置的市场使然,但其发展确实带来了表面上的全球经济失衡,即全球实体经济的优化发展在表面上以贸易失衡等虚体经济全球失衡表现出来,加之前文述及的全球经济出现的对发达经济体某些不利变化,表面上的全球经济失衡进而被发达国家演绎成全球红利分配出现利益失衡的理论逻辑。而且这种"红利分配失衡"幻象在跨国公司迅猛发展条件下,由于企业边界概念日益扩大而国家边界保持相对不变情况下,从发达国家视角来看,这种"利益失衡"就越发被放大了。实际上,在要素跨国流动性不断增强的背景下,更为客观的评价开放收益应该基于要素收益进行,而要素稀缺性原理决定了稀缺要素必然是获益最大者。对此,国内学者张幼文教授等进行了较为详尽的分析。[1] 这也在一定程度上论证了"外资主导型的中国开放型经济只长骨头不长肉"观点的合理性一面。毋庸置疑,从要素收益的分配机制看,跨国公司由于掌控着资本、技术、管理等稀缺要素,无疑成为经济全球化的最大受益者,而且从目前主导全球分工体系的跨国公司来源看,仍是发达经济体占据了绝对优势地位。只不过,由于跨国公司的地理边界概念日益扩大乃至国籍的日益模糊,导致其利益的地理空间分配格局与传统完整意

---

[1] 张幼文、周琢:《中国贸易竞争力的真实结构——以要素收益原理进行的测算》,《学术月刊》2016 年第 2 期。

义上的一国本土企业的利益分配格局具有了完全不同的表现形式,进而在统计意义上出现了企业利益和国家利益的非一致性,跨国公司的获利未必完全纳入发达国家在经济全球化中红利分配统计范畴。从本质上看,发达经济体仍然是前一轮经济全球化的最大获利者,否则我们便无法理解发展中经济体和发达经济体平均水平发展差距依然在不断扩大的事实特征。国际货币基金组织的最新统计数据显示,2015 年发达国家人均国内生产总值(GDP)已经高达 4 万亿美元之多,与发展中国家人均国内生产总值相差约 80 倍,远高于总量差距的 1.6 倍。然而忽略了上述事实特征乃至发达国家跨国公司及其母国的会计真实利得,对经济全球化利益分配格局的判断,必然于无形中放大"全球经济失衡"的所谓全球化红利不利分配格局。

要素分工带来的全球经济格局之变,同样对包括贸易和投资在内的全球治理问题提出了新要求。众所周知,全球经济规则实质上是基于国家利益和国家实力的制度选择,前一轮的全球经济规则及其治理体系,实质上是发达经济体为满足自身利益最大化主导型形成。这种治理结构和利益偏向型必然要求随着经济格局和国家间实力的相对变化而随之调整。应该说,当前经济全球化中出现的很多问题,本质上并非经济全球化本身之过,而是全球治理"无力"和"失序"的表现和结果。伴随发展中国家和新兴经济体的崛起,全球地缘经济格局和政治格局出现了重大变化,发达经济体的传统霸权呈渐弱之势,原有的全球经济规则和治理体系既无法继续满足发达经济体的利益需要,也无法被发展中国家和新兴经济体所继续接受。现有全球治理体系的"无力"和"失序",致使经济全球化进程中出现的各种"问题",往往被归咎于经济全球化本身。只不过,"问题"尚未积累到一定程度或者说未有导火索引爆的情况下,还只是处于一种潜伏状态,但隐含着集中爆发的风险和可能。

全球要素分工深入演进对经济全球化红利分配的影响,同样存在于国家内部利益分配方面。众所周知,经济全球化一直是资本的盛宴。在要素分工体系下,资本在全球配置获得极大利润的同时,也将财富和收入的不平等增长以及贫富差距的扩大推向了极致。跨国公司资本、技术进步加上新自由主义的政治精英三者"铁三角"式结合,无论是对发达国家还是对发展中国家的中低层阶层,均构成了范围更大、程度更强、形式更多样的盘剥和压榨。从而使得全球中低阶层日益被边缘化,全球化红利分配的极化效应日益显著。尤为重要的是,这种新型国际分工模式对于发达经济体的影响可能要甚于对于发展中经济体的影响。这是因为要素分工的本质特征对内部利益分配失衡产生了内生性影响。众所周知,由于制造业生产技术容易标准化而且扩散能力比较强,一直是产业和产品生产环节国际梯度转移的主要内容。因此,在要素分工背景下,除了发达国家技术进步导致对一般劳动者的需求在不断下降,一方面,伴随产业和产品生产环节的国际梯度转移,由于首先转移的大多是劳动密集型环节然后依次推进,从而对就业带来了巨大冲击;另一方面,产业和产品生产环节的国际梯度转移很大一部分是通过对外直接投资形式开展的,资本的流出意味着劳动的相对过剩,因此劳动边际收益会随之下降。这是全球要素分工演进对发达经济体内部利益分配失衡产生影响的重要作用机制。

无论是红利分配在国与国之间出现失衡(包括治理无力和失序),还是在国家内部出现失衡,如果是在经济繁荣发展时期,即便是经济发展的"相对输家"仍能在一定程度上享受到经济发展带来的好处时,潜藏的矛盾和问题就会被一片繁荣景象所掩盖和压制。何况,即便是发达经济体部分劳动者遭遇要素分工带来的冲击和损失,由于仍然能够享受优越的社会福利和保障政策,财富分配差距的两极分化依旧处于可控范围之内。然而在经济不景气时,由于经济衰退导致财富缩水和国力下降,经济全球化红利分配失衡以及所隐藏的一系列新老问题、经济和社会等问题由此也就会集中爆发,特别是当长期奉行的社会福利和保障政策难以为继的时候,寻求"撒气筒"便成了一种自然行为。在开放条件下,转移国家内部问题的方式之一就是把矛头指向其他国家,将国内经济发展出现的问题归咎于源自其他国家和地区的冲击,"以邻为壑"的贸易保护主义于是被视为一种"正当防卫"而大行其道。Irwin(2005)对历史经验数据进行研究已经证实,经济衰退与贸易保护主义措施的使用频率之间存在着很强的正相关,因为采取"以邻为壑"的政策措施,不仅有利于转嫁危机并实现经济全球化红利的重新分配,也是借此对国内"逆全球化"呼声进行安抚进而获取政治支持的最优方案。①

正是基于上述逻辑,不难理解,当前"逆全球化"浪潮的兴起尤其是推动力主要源自发达经济体这一突出特点,其实正是由要素分工深度演进背景下,经济全球化红利分配在国家间和国家内出现的失衡与世界经济长周期进入衰退期耦合所致。关于始于2008年全球金融危机的实质,现有文献已经进行了大量探讨,较为一致的观点认为,这是世界经济长周期进入衰退阶段的表现和结果。而且从金融危机冲击对全球各国冲击程度来看,发达经济体基本上处于"重灾区",而发展中和新型经济体虽然也受到了一定程度的冲击,但二者在本质上有所差异。发达经济体的冲击主要源自前一轮产业革命和技术创新进入尾声后的动力衰竭,而发展中经济体的冲击主要源自世界经济不景气的外部影响。从全球化红利分配失衡和世界经济长周期进入衰退阶段的耦合来看,"逆全球化"在2008年爆发的全球金融危机就应该开始了,之所以思潮的兴起似乎晚于世界经济形势之变,一方面是由于在危机爆发之初对危机的本质尚未形成共识;二是危机爆发后全球各主要国家联手采取了凯恩斯式的宏观刺激政策。

三、开放发展转型升级：前一波全球化红利尚存

愈演愈烈的"逆全球化"浪潮无疑对中国传统开放发展道路和战略带来了一定冲击和挑战。近年来中国开放型经济出现的"乏力"现象既与自身传统比较优势逐步丧失有关,另一方面也反映了上述外部冲击的严重性。现在的问题是,既然从世界经济长周期角度看,全球经济已经进入衰退阶段,加之当前兴起的"逆全球化"浪潮带来的冲击,似乎意味着中国获取前一轮经济全球化红利已基本结束。新形势下是否应该由许多专家学者所建议的那样,应给从依托国际市场转向依托开发内需的发展模式转变? 就长期而言,经济全球化无疑是大势所趋,因此从历史的长周期角度看,经济发展战略选择必然要坚持走开放发展道路。但如果把问题聚焦于当前特定情势,对上述基本问题仍有进一步探讨的必要,因为这事关中国开放发展战略选择,事关能否

---

① Irwin, Douglas A. The Rise of U. S. Antidumping Activity in Historical Perspective. *The World Economy*, 2005, 21(28): 651 - 668.

进一步抓住可能的机遇。我们的基本观点认为,目前中国进入转型升级"新常态"关键阶段,而开放发展依旧是实现转型升级的重要抓手和有效途径。换言之,从世界经济长周期所处现实阶段,以及中国在全球产业链分工中所处现实地位看,如果能够有效应对"逆全球化"问题,在进一步深度融入全球要素分工体系中将会面临转型升级巨大机遇。对此,我们可以从产业和技术生命周期所推动的产业国际梯度转移、中国在全球产业链中现实分工地位以及中国现实比较优势状况,加以具体分析。

国际贸易中产品生命周期理论实际上早已揭示,从生命周期角度看,产品大体都会经历创新、成长、成熟直至衰退的阶段,而不同的国家和地区由其技术水平和要素禀赋状况不同,决定了不同国家在产品生命周期中所处地位和时间也不同。正是由于不同技术水平以及由此决定的不同国家进入产品生命周期存在时间差,进而推动了产品乃至产品生产环节的动态分布和转移。这也是产业和价值增值环节国际梯度转移的基本规律。众所周知,1946年美国依靠创新,经济进入新一轮繁荣期,并带领世界经济进入增长的长周期,并由此形成了当代全球产业基本区域格局:以欧美为新技术新产品研发与市场开拓方,以香港和新加坡为高效、便捷的金融法律服务供应方,以日本、韩国和中国台湾地区为资本、装备和高级零部件供应方,以东南亚和澳大利亚为初级产品和自然资源供应方,以及以我国为劳动密集型环节的重要配置地的全球产业分工格局。基于如上现实分工格局,不难理解,对于以美国为首的发达经济体来说,正处于前一轮经济繁荣动力机制已经衰竭,而新的产业革命和技术创新尚未取得实质性突破"青黄不接"阶段;但对于诸如中国等发展中国家来说,前一轮产业革命和技术创新的完整生命周期尚未走完。何况,目前发达经济体正在孕育的新一轮产业革命和技术创新,必然推动原有成熟技术产业新一轮大规模国际梯度转移。据此,从产业革命和技术创新的生命周期演进角度看,对于中国等发展中国家而言,时间差形成的"错位发展"战略机遇依然存在,前一波经济全球化红利尚未结束。

当然,是否存在"错位发展"的战略机遇,同时还取决于承接国在全球总体产业技术水平中究竟处于怎样的地位。从中国融入全球要素分工体系的发展实践看,前一轮开放主要发生在制造业领域,并由此获得了制造业长足发展。虽然目前中国已经成为全球第一制造业大国,但正如国内学者金碚指出,躯体之大并不代表筋骨之强,大而不强仍然是中国制造业"成长的烦恼"。就制造业产业的总体技术水平而言,大量的实证研究表明,目前我国在全球制造业产业链中仍然处于中低端环节和位置,而且这种格局在短期内难有根本性改变。很多学者的研究观点较为一致地认为,中国要成为制造业强国,至少还要 20 年以上的发展时间。可见,就全球现行产业技术水平和格局而言,中国还面临着攀升全球产业链中高端的艰巨任务。当然,这种发展差距进一步说明了前一轮产业革命和技术创新的生命周期,对于中国而言仍然存在着一段很长的路可走,循着既定的成熟产业技术体系不断向上攀升,有助于推动中国制造业转型升级。

当然,上述分析只能说明中国仍处于"大有可为的战略机遇期"。但机遇并非等同于现实,能否抓住机遇并转化为发展黄金期,一方面取决于认识和战略定位,另一方面取决于是否具有抓住战略机遇的基本条件。不可否认,伴随我国劳动力成本等各种生产要素价格进入集中上升期,继续依托传统低成本优势融入全球要素分工体系的确面临着巨大挑战。需要指出的是,这种变化正是我国比较优势发生动态变化的体现,同时也说明了中国经济发展进入"新常态"后,需要从以往的要素驱动转向创新驱动的必要性。一方面,从劳动力等要素成本看,虽然一些研究报告认为,中国目前的制造业劳动成本已经超过了东盟等新兴经济体,但与发达经济体相比仍然存在巨大差距是不容争辩的事实,而且每年有超过 600 万大学毕业生,说明了劳动力成本提高的同时人力资本水平也在迅速提高。另一方面,我国制造业通过改革开放以来几十年的发展,已经形成了完备的产业体系和强大的配套能力,具有坚实的制造业基础。产业结构演进和梯度转移本身就是一个大浪淘沙的过程,伴随传统比较优势的变化,低端落后的制造业和增值环节要么被淘汰,要么被转移。因此,目前中国要素成本等变化所反映出的要素禀赋结构变迁,以及现实的制造业产业发展基础,都决定了中国制造业发展在"大浪淘沙"中不仅需要尽快向中高端方向攀升,而且也有能力抓住新一轮高端制造业和增值环节的梯度转移。

总之,在前一轮经济全球化中,中国通过低端切入全球要素分工体系,在承接产业和产品价值增值环节的国际梯度转移中,实现了制造业长足发展,全面摘取了全球产业技术水平"低垂的果实"。虽然前一轮产业革命和技术创新生命周期于发达经济体而言已近尾声,但由于目前中国仍然处于全球制造业产业分工格局中的中低端,因此错位发展的时间差意味着中国面临重要机遇。更确切地说,通过承接全球现有成熟产业技术体系的中高端生产环节和阶段,中国可以进一步全面摘取全球产业技术"高悬的果实",实现制造业进一步发展和转型升级。更何况,全球新一轮产业和技术革命的孕育发展,会推动全球要素分工向全球创新链等方向发展变化,这无疑为具备基本条件的中国等发展中国家融入其中实现开拓性技术进步,带来了新的战略机遇。

四、增长共赢链:"逆全球化"下开放发展新理念和道路选择

如果经济全球化进程能够顺利推进,中国通过进一步融入全球要素分工体系,仍然可以在以开放促发展方面大有作为。然而,稳定的外部环境正在被愈演愈烈的"逆全球化"浪潮所破坏,战略机遇也有可能面临着被吞噬的风险。这是因为在"逆全球化"思潮的影响下,贸易保护主义的泛滥会破坏原有良好的贸易和投资自由化制度,已经构建起来的全球生产网络可能会被撕裂,全球产业链条的区域分布将会被扭曲配置,产业和产品价值增值环节国际梯度转移的进一步推进将会受到更多的约束,遇到更多的障碍,等等。比如,欲在经贸领域掀起逆全球化浪潮的特朗普,一方面实行大规模减税的"胡萝卜"引诱政策,另一方面扬言欲实施对将生产线和就业岗位转出美国的跨国公司给予征收高额税收等惩罚措施的"大棒"威逼政策,"威逼利诱"下的跨国公司不仅会放慢推动产业转移的步伐,甚至有可能会导致一部分跨国公司将部分制造业环节"回流"至美国。总之,"逆全球化"思潮如果演化成"逆全球化"行为和政策取向并成为主流,那么全球产业链的完整性会因此而遭到破坏,其深入延展的态势尤其是全球要素分工进一步深入发展也会因此而遭到阻碍甚至逆转,前一波经济全球化尚未释放和实现的红利将被中断。

因此,为了有效防范"逆全球化"浪潮兴起所带来的不利冲击,积极推进乃至引领经济全球化的进一步发展,继续收获开放发展新红利,中国需要适时调整开放发展战略并走出一条新道路。对此,习近平总书记提出的"全球增长共赢链"新理念无疑为新形势下中国开放发展指出了新的方向和道路。换言之,中国需要以"榜样的力量"努力构建全球增长共赢链,这是在世界经济新形势下中国应该秉持的开放发展新理念,也唯有如此,才有可能有效应对"逆全球化"并走出一条开放发展的通途。应该

说,目前中国实施的"一带一路"倡议,其实正是对上述开放发展道路的积极探索。以"榜样的力量"努力构建全球增长共赢链,主要包括:努力走包容性开放发展之路,努力走共享性开放发展之路,努力走更具贡献性开放发展之路,努力走自由化坚定拥护者的开放发展之路。

所谓走包容性开放发展之路,主要是指参与全球合作与竞争,在关注自身利益的同时,也应关注他国的利益。在全球要素分工体系下,由于产品价值链的生产分割以及生产要素的跨国流动,国与国之间的合作关系比以往任何历史时期都更加紧密,更加具有相互依赖性,更加具有相互依存性和共生性。突出表现为任何一个国家均作为全球生产网络中的一个和部分节点而与其他国家形成彼此之间的利益交织和交错,逐步形成了一个"你中有我、我中有你"的相互依赖和共生发展格局。在这种新型国际分工模式下,经济全球化红利创造效应不仅取决于资源优化配置的程度,还取决于全球化红利的分配方式,因为作为全球生产网络中任何一个或者部分节点,如果因为获利较少甚至受损,其自身的不可持续性已经不完全是自己的问题,必将成为全球生产网络顺利运转的"瓶颈",从而影响着全球红利的创造。经过 38 年的改革开放,中国已经从一个国际经济意义上的"小国"发展成为一个"巨型"经济体,逐渐成为具有全球影响力的经济和贸易大国,从而导致世界经济发展中出现的一些困难和问题被人为或客观地与中国因素关联起来,将诸如全球经济失衡等归咎于中国,"中国威胁论"也因此甚嚣尘上。而诸如这些因素在特定情形下即被异化为"逆全球化"的"口舌"和"依据"。但不可否认的是,作为一个巨型开放经济体,对"产业空心化"以及就业压力剧增的部分发国家来说,以及对于处于相似发展阶段的其他发展中经济体来说,的确具有一定的冲击性。因此,进一步的开放发展切忌"攻城略地、赶尽杀绝",在经济全球化视野下秉持包容性发展理念,从而营造和谐共赢的国际环境,以实际行动树立起"全球增长共赢链"的榜样和模范,为中国的开放发展铺垫一条科学、和谐、可持续道路。

努力走共享性开放发展之路,主要是指着力构建更具公平性的内部利益分配机制,让开放发展的成果惠及所有人民大众。历史发展的现实实践表明,一些国家为了摆脱经济社会发展的困局,容易将一国内部出现的问题(比如利益分配不公)错误地归咎于经济全球化的影响,进而举起贸易保护的大旗。而驳斥这种错误思潮和行为的最强力量,就是以"实际榜样"来说明问题的根源不仅并非源自经济全球化,而且有效和完善的分配机制能够让融入经济全球化发展红利更好地惠及人民。这不仅是应对"逆全球化"的必要举措,更是在经济全球化中获取竞争优势的重要举措,因为包括利益分配在内的国家内部治理完善程度和有效性,将会在国际范围内产生一定的影响力和辐射力。实际上,共享发展之所以被置于我国五大发展理念之首,其中所蕴含的一个题中之义就是发展利益其实还没有很好地实现共享。比如在起初"效率优先、兼顾公平"的发展理念下,中国开放型经济虽然使得国民财富总量日益增加,即效率得到了保证和实现,但公平没有得到很好的兼顾,突出表现在收入差距不断扩大等方面。因此,下一步的开放发展,需要在内部利益分配机制上做足功课,构建大国形象,以"榜样的力量"感召其他各国,如此才能更好地顺应乃至引领经济全球化发展。

努力走更具贡献性开放发展之路,主要是指通过稳定和保持经济的中高速增长,继续发挥中国在世界经济增长中的引擎作用。改革开放以来,尤其是中国加入世界贸易组织以来,中国经济的快速发展得益于世界经济的持续增长和经济全球化的快速推进,但中国经济的快速增长也为世界经济做出了巨大贡献,不仅成为拉动全球经济增长中的重要引擎,同时也为全球贸易和投资的不断扩大做出了积极贡献。在全球经济增长普遍乏力背景下,中国经济能够保持中高速增长,通过贸易和投资等渠道,更是对全球经济复苏做出了巨大贡献。总之,中国的开放发展战略在获取经济全球化红利同时,也为全球贸易、投资和经济增长等提供了重要动力,实现了共赢式增长。中国经济发展进入"新常态"后,的确面临结构性减速风险,但这并不排除通过全面深化改革,成为创新型国家,从而再次形成经济高速增长新动能的可能。如此,世界经济必将更加倚重中国,必将更加注重中国经济高速增长外溢效应,全球资本也必将更加青睐这片投资热土,更欢迎中国以开放的姿态融入全球经济。

努力走自由化坚定拥护者的开放发展之路,主要是指除了要竭力维护全球贸易和投资自由化的多边体制和制度外,还需要进一步扩大开放领域和范围,主动进一步提高制造业和服务业开放水平,为全球贸易和投资自由化、便利化树立中国榜样和做出中国表率。从前一个方面看,在"逆全球化"浪潮下,贸易和投资自由化制度和规则遭遇挑战,而自由化是经济全球化深入发展的必要制度保障。因此,为了能够顺应经济全球化的长期大势乃至引领经济全球化,中国必须成为贸易和投资自由化的坚定维护者和倡导者,这就需要在全球贸易治理体系和全球经济规则的制定中提升话语权。由于中国目前已经在全球贸易和投资中具备了一定的在位优势,缺乏中国声音的全球经济规则显然是不合理的,也是不完整和不健全的。无论是在原有的贸易和投资自由化制度方面,还是在全球经济新规则的构建方面,中国应充分利用已经取得的在位规模优势及其对世界经济的影响力,跻身于全球经济事物的核心议定圈,在参与国际议程设定等过程总为维护全球自由化做出中国贡献。从后一个方面看,中国应不断通过对内深化改革,实现国际经济标注、规则和规制与国际层面的一致性和兼容性,按照全球经济发展新形势的需要,构建开放型经济新体制,实现从以往的边境开放措施向境内开放措施方向深化发展,奠定进一步扩大先进制造业领域开放和服务业领域开放的自由化基础。

（与戴翔合作。原载《经济学家》2018 年第 1 期,《中国社会科学文摘》2018 年第 6 期摘要转载,人大复印报刊资料《国民经济管理》2018 年第 6 期转载）

全面开放新格局：内涵、路径及方略

　　开放带来进步，也是国家繁荣富强的必由之路。十九大报告明确提出要"推动形成全面开放新格局"，强调"中国开放的大门不会关闭，只会越开越大"。这是以习近平同志为核心的党中央准确判断国际形势新变化、深刻把握我国开放型经济发展进入新时代做出的重大战略部署。推动形成全面开放新格局的本质是开放发展的转型，是发展高层次、高水平的开放型经济。那么，如何深刻认识提出"推动形成全面开放新格局"即开放转型的实践背景？这一重大战略部署对于进入新阶段的中国开放型经济发展而言，具有怎样的意义？推动形成全面开放新格局的基本内涵和内容有哪些？通过怎样的路径以及采取怎样的方略，才能顺利推动形成全面开放新格局？这是值得我们认真思考和深入探讨的重要课题。

一、全面开放新格局：开放转型的背景

　　经过近 40 年的开放发展，中国已初步建立起来的开放型经济发展格局可简单概括为：在现行国际经济规则和框架下，以渐进式和政策性开放为主要策略，在各级地方政府主导下，依托低成本劳动等传统比较优势，用足发达经济体的巨大需求市场，通过大规模承接国际订单和产业国际转移，迅速而全面地融入国际分工体系尤其是全球制造业分工体系，从而形成庞大的制造业生产能力以及大进大出的循环格局。由此形成的开放格局所具有的特征主要表现为：以优惠政策和差别待遇为基础，以大量利用外资和大规模出口为主导，以制造业领域"单兵突进"为主线，在促成东部开放发展高地的同时中西部地区却陷入了开放洼地，在用足发达经济体巨大需求市场的同时对其他需求市场却开拓不足。这种开放发展模式在特定阶段具有一定的合理性和必然性，并在促成我国成为世界第二经济大国、最大货物出口国、第二大货物进口国、第二大对外直接投资国、最大外汇储备国等方面，做出了历史性贡献。然而，伴随

全球经济进入深度调整期以及我国经济发展进入"新常态",我国开放发展面临着新形势,亟待推动形成全面开放发展新格局以实现开放转型。

(一) 全球经济增长动能不足

自 2008 年全球金融危机爆发以来,距今已近 10 年,但全球经济仍未走出危机冲击的阴霾,持续低迷仍然是全球经济进入深度调整期的突出特征。国际货币基金组织的最新预测表明,未来五年全球经济的年均增长率仍将低于危机爆发前 10 年约 4.2% 的水平,乐观估计至多也只能达到 3.5% 左右。其中发达经济体的年均增长率大约会达到 1.7%,新兴市场和发展中经济体的经济平均增速约能达到 4% 左右。受此影响,全球贸易也从以往高速增长进入中低速增长乃至负增长通道的所谓"新平庸"时代,甚至落在了全球 GDP 增速之后,而全球对外直接投资也显著低于金融危机爆发前的水平。究其实质,是前一轮科技革命和产业革命的动力机制已经衰竭,而新一轮科技革命和产业革命尚未爆发、尚未形成新的动力机制的必然结果。犹如习近平同志指出:"全球增长动能不足,难以支撑世界经济持续稳定增长……世界经济正处在动能转换的换挡期,传统增长引擎对经济的拉动作用减弱,但新的经济增长点尚未形成。"虽然诸如人工智能等新技术不断涌现,普遍观点认为新一轮技术革命和产业革命正处于孕育期,但何时能够集中爆发、能否顺利实现新旧动能转换,仍然难以给出准确的时间判断。显然,如何应对全球经济深度调整期的复杂形势,抓住机遇、化解挑战,是关切到我国开放发展的重要任务。

(二) 国际经济格局发生巨变

二战以来的很长一段时期内,发达经济体在全球经济中占据着绝对主导地位。根据国际货币基金组织的有关统计数据显示,七国集团在 1976 年的时候,其国内生产总值占全球国内生产总值的比重仍然高达约 80% 左右。20 世纪 70 年代后期以来,伴随全球要素分工的深度演进以及由此给新兴和发展中经济体带来了战略机遇,一部分发展国家和新兴经济体迅速崛起,经济总量在全球经济中的比重不断上升。尤其是 2008 年爆发的全球金融危机,相比于处于"重灾区"的发达经济体而言,发展中国家和新兴经济体经济状况表现相对较好,在危机冲击后,诸如中国、印度等新兴市场国家甚至成为全球经济复苏的重要引擎,由此带来了"东升西降""南升北降"的经济格局调整。发展中国家和新兴市场国家在全球经济中的份额不断提高,相较之下,七国集团在世界经济中的份额则不断下降。国际货币基金组织的最新统计数据表明,2016 年七国集团的经济总量占全球经济总量的比重已不足 50%。在"东升西降""南升北降"的经济格局调整中,中国发挥着重要的引擎作用,这不仅表现在国际金融危机爆发前中国经济增长奇迹,也表现在危机爆发以来,中国经济增长"对世界经济增长贡献率超过百分之三十"的优异表现。中国经济发展不仅成为新兴市场国家的"领头羊",而且成为世界经济多极化中的重要一"极",经济总量跃居全球第二。

（三）全球经济治理发展滞后

客观而论,当前全球经济治理体系虽然是美国等西方国家在二战后主导建立起来的,从而主要反映和代表发达经济体的利益诉求,但现行的全球经济治理体系在推进国际贸易、国际投资和世界经济繁荣发展方面,发挥了重要作用,从而具有合理性一面。部分发展中国家和新兴市场经济体也是其中的受益者。但现行的全球经济治理体系发展未能与时俱进,具有一定的滞后性。这突出表现在两个方面。一是正如前文所述,当前国际经济格局和力量对比已经发生了深刻变化,但全球经济治理并未能够随之做出适应性调整。正如习近平同志在世界经济论坛 2017 年年会开幕式上的主旨演讲中指出,国际经济力量对比深刻演变,而全球治理体系未能反映新格局,代表性和包容性很不够。新兴市场国家和发展中国家需要有更多的代表性和发言权。二是当前部分发达经济体"内顾"倾向较为明显、贸易保护主义有抬头之势,"逆全球化"思潮的兴起使得全球经济治理这一公共产品供给显得更为严重短缺。比如,美国总统特朗普采取的一系列"美国优先"的政策举措,就是只考虑自身利益而不顾及对其他国家可能的负外部性,并且宣称要退出 WTO 等言行,无不表明了特朗普政府正在放弃美国作为世界领导者和提供公共产品的角色。

（四）失衡瓶颈约束日益凸显

受到资源禀赋、地理位置、自然条件以及渐进式开放政策等一系列因素的影响,中国不同区域的开放型经济发展水平差距较大。突出表现为东部地区已经成为中国开放型经济发展高地,而中西部地区则明显成为我国开放型经济发展的洼地。区域发展差距的不断扩大,不仅成为影响经济社会健康和可持续发展的重要制约因素,从开放发展的竞争力角度看,也不利整体竞争能力的提高。换言之,区域发展失衡对于整体开放发展能力提升的瓶颈作用越来越显著。这是因为,国家内部区域发展失衡往往会导致极化效应越来越明显,即越是开放型经济发达的地区,对要素的集聚能力就会越强,从而进一步夯实发展的基础;而越是落后的地区,要素流出的速度就会越快,从而进一步弱化发展的基础。另一方面,发展差距的存在尤其是失衡程度的不断加剧,会影响到区域之间的协同和互动关系,弱化不同区域之间产业和分工协作的基础。由于国家发展是一个大局,开放型经济发展到一定阶段后,各地区的开放格局要形成一个有效的分工协作体系,才能够提升国家对外开放的整体竞争水平。当前,中国开放发展失衡的瓶颈约束作用已经显现,主要表现为沿海地区开放型经济亟待转型升级,但由于国内产业链较短,尚未与内地形成较好的分工协作关系,从而影响了其升级空间;而对于内地来说,也未能"搭乘"沿海地区相对发达和相对快速的开放发展快车,而实现自身的有效发展。

(五) 传统开放优势逐步丧失

依托传统的低成本竞争优势,参与国际合作和竞争,是中国开放型经济在特定发展阶段的必然选择。从实践角度看,传统低成本优势主要来自两个方面:一是低端生产要素的低成本优势,尤其是长期以来接近无限供给的普通劳动者所形成的低成本优势,这也是学术界通常所说的"人口红利";二是依托特殊政策导致的要素价格扭曲而产生的低成本竞争优势,通常称之为"政策红利",比如优惠的差别待遇等政策措施。然而,伴随中国经济多年来的高速增长尤其是经济发展进入"新常态"之后,源自上述两个方面的低成本优势都在不断丧失。一方面,从要素价格变化角度看,中国已经进入生产要素价格集中上升期的阶段。近年来沿海地区开放型经济发展面临的"招工难"和"用工荒"问题,劳动力成本持续攀升的事实,表明我们的确面临着刘易斯拐点。另一方面,依靠优惠和差别待遇的政策红利空间几乎不存在,源自政策红利的动能基本释放完毕。因此,在上述两个方面的因素已经发生深刻变化的条件下,开放型经济传统竞争优势已经逐步丧失,传统发展模式遭遇可持续难题。培育开放发展新优势,成为新阶段中国开放型经济发展面临的紧要任务。

二、全面开放新格局：基本内容和内涵

面临更为复杂和更为严峻的国内外经济新形势,中国开放型经济传统发展模式已遭遇可持续难题,亟待转型升级,以发展更高层次和更高水平的开放型经济。而更高层次的开放型经济,一定是指全方位立体式开放经济体系,不仅包括横向维度上的开放范围扩大、领域拓宽,也包括纵向维度上的开放方式创新、开放层次加深的"全面开放"。这一点正是全面开放新格局的应有之义,也是所谓"新格局"的真实内涵所在。推动形成全面开放新格局,为中国特色社会主义新时代开放发展指明了方向。从党的十九大报告内容看,全面开放新格局的基本内容和深刻内涵主要包括以下六个方面。

(一)优化区域开放布局

中国的对外开放具有渐进式发展特征,这一点同样表现在区域开放发展方面。从区域开放的梯度推进看,中国对外开放首先从沿海地区起步,然后由东向西实现从沿海、沿江到内陆、沿边逐步进行梯度推进。有关研究文献表明,自十八大以来,虽然中西部对外开放的步伐加快并取得了一定成效,但总体而言,开放洼地的现状并没有得到本质改变。最新的一篇研究文献结果表明,以 2016 年为例,全国货物贸易出口总额中,东部、中部和西部三个区域的出口占比分别为:东部 86.54%、中部 7.42%、西部 6.04%;在利用外资方面,东部、中部和西部三个区域实际利用外资占当年全国实际利用外资总额的比重分别为:东部 62.85%、中部 19.9%,西部 17.18%。上述三个地区在开展对外直接投资方面的失衡情况更甚。区域开放发展的不平衡性,同时也暗含着存在协调区域经济发展的潜力和巨大空间。对此,钟山部长深刻指出,过去我们的开放主要基于沿海地区,今后在进一步加大沿海地区开放力度的同时,要更多地考虑中西部地区和沿边地区的对外开放,进一步向西开放。十九大报告中,习近平同志进一步提出了要"优化区域开放布局,加大西部开放力度"的重要战略部署。以此为方向指引,中国区域开放必将朝着更加均衡和协调方向发展。

(二)拓展对外开放空间

一方面,改革开放以来,中国快速而全面地融入经济全球化发展开放型经济,实

质上是融入发达国家跨国公司主导的全球价值链分工体系;另一方面,全球经济发展的不平衡导致全球经济的消费重心长期集中在发达经济体市场。由此决定了中国前一轮开放发展主要是向东开放,国际市场的开拓主要集中在发达经济体。这在特定阶段和特定情形下具有必然性和合理性。但伴随全球经济进入深度调整期、国际经济格局出现深刻变化以及中国经济发展进入新常态,无论是从规避对部分市场过度依赖可能会加大开放发展的风险,还是顺应全球经济市场的变化,抑或是改善中国的全球价值链分工地位的需求角度看,进一步拓展对外开放空间,都是中国进一步开放发展的重要方向。更确切地说,我们需要在继续巩固与发达国家经贸关系的基础上,还要积极扩大与广大发展中国家的经贸合作与交流,在继续向东开放的同时加大向西和向南开放的力度,以进步拓展对外开放发展空间。对此,习近平同志曾指出,要将向发达国家和发展国家开放结合起来,扩大与各国利益的交汇点。尤其是伴随着"一带一路"倡议的实施,中国未来开放发展必然在外部空间上得到进一步拓展,也会更加趋于平衡。

(三) 构建双向循环系统

开放型经济发展应该是一个既有"引进来"又有"走出去"的双向循环系统。经过近40年的开放发展,我们在"引进来"方面积累了一定经验,可以说是长于"引进来",但"走出去"经验不足。在全球要素分工体系下,"走出去"不仅是转移过剩产能、缓解贸易摩擦的有效途径,也是直接利用海外资源、拓展外部发展空间、实现资源优化配置的必由之路,更是深化与东道国平等合作、互利共赢的有效途径。因此"走出去"在很大程度上可以集中体现一个国家或地区整合和利用全球生产要素的能力以及经济国际化发展水平。一个可喜的变化是,近年来,伴随中国"走出去"战略的实施,中国企业"走出去"的步伐正在加快。联合国贸发会议2017年6月7日发布的《世界投资报告2017》统计数据显示:2016年中国对外直接投资达到1 830亿美元,超过日本首次成为仅次于美国的全球第二大对外投资国。习近平同志在二十国集团(杭州)峰会开幕式上的主旨演讲中指出"坚持对外开放的基本国策,敞开大门搞建设,从大规模引进来到大踏步走出去",在十九大报告中进一步明确强调"坚持引进来和走出去并重",必将有利于进一步加快中国"走出去"步伐、构建更加完善的双向循环的开放型经济系统。

（四）扩大开放发展范围

从开放发展领域看，长期以来，中国开放型经济主要发生在制造业领域，服务业领域开放相对不足。这种"单兵突进"和"单线发展"的模式，适合于我国开放发展的初期选择。但在经济全球化进一步深度演进趋势下，以及中国自身开放型经济发展进入新阶段后，这一传统开放发展模式的可持续性问题日益凸显，已经出现了明显的三个方面的不适应。一是不适应制造业转型升级的需要；二是不适应经济全球化发展新趋势尤其是贸易结构不断向服务贸易倾斜的发展变化；三是不适应由此所推动的全球经济规则的相应变化。因为制造业升级有赖于服务业尤其是高端生产性服务业的支撑和引领，因此，通过扩大服务业开放来反向拉动服务业尤其是高端服务业发展，不仅能够促进制造业转型升级，而且也能顺应全球经济发展新趋势，更能由此倒逼国内改革，从而与全球经济规则的新发展相接轨。"扩大服务业对外开放"也是十九大报告做出的重要战略部署。伴随开放引领不断从制造业向服务业领域拓展，中国对外开放必将在产业领域层面实现范围更广、结构更加均衡的新格局。

（五）培育创新发展动能

如前所述，全面开放不仅表现在横向维度的范围扩大，同时也表现在纵向维度上的深化与拓展。比如在产业领域开放上，从一般劳动密集型和资本密集型制造业领域，向先进制造业领域的开放拓展，就是一种深化；从制造业领域向服务业领域拓展，实质上在产业范围扩大的同时也是开放的深化。再比如在全球经济治理规则体系方面，从简单的既有规则体系的接受者向规则体系的完善者、贡献者转变，也是一种深化。而这一切的基础都取决于产业是否具有国际竞争力。伴随传统比较优势的逐步丧失，无论是要保持或者说重塑传统产业竞争优势，还是要在中高端产业领域塑造竞争优势，都离不开技术进步与创新驱动，包括商业模式的创新。创新驱动是经济发展最根本的动力，也是最持久的动力。尤其是在当前全球经济深度调整期，创新已经成为各国参与全球竞争的焦点问题，全球各主要国家均希望寄托于创新而在新一轮经济全球化中占据制高点、控制话语权。正是基于这一特定背景和现实需求，党的十八大以来我国正大力实施创新驱动发展战略，并在十九大报告中明确提出了"更加注重创新驱动"发展战略。总之,在进一步巩固和利用好传统竞争优势的同时,培育创新驱动新动能,将是开放发展的重要深化方向。

(六) 从政策到制度开放

伴随国际经济格局的调整尤其是大国力量之间朝着更加均势化方向发展,全球经济治理基本具备了朝着更加公正合理方向发展的基础和条件。尤其是伴随中国日益走近世界舞台中央,无论是从提升中国制度性话语权,从而为开放发展争取更为有利的制度环境角度看,还是从为全球经济治理提升的完善贡献中国理念、中国智慧和中国方案,从而负起一个有担当的大国责任角度看,积极参与全球经济治理,为国际社会提供更多的公共产品,将是未来中国进一步发展开放型经济的必然选择。由于全球经济治理本质上是一种规则体系设计和制度安排,而且从发展趋势上看,一定是朝着高标准方向演进。因此,要提升全球经济治理话语权和能力,中国首先要完成从政策性开放向制度性开放的优化升级。尤其是发展高层次的开放型经济,提高开放水平对政府职能和政策规范透明的制度性安排的要求日益明显,制度性开放必将成为新阶段中国开放发展的基本要求。总之,从政策性开放向制度性开放升级,不仅是开放发展进入新阶段的必然要求,也是积极参与全球经济治理的基石所在。这也是全面开放的一个重大价值所在。

三、全面开放新格局:实现路径及方略

理论创新来自实践创新,并进一步指导实践创新。十九大报告既是理论创新的概括,又是实践创新的结果。其中,在推动形成全面开放新格局方面,不仅明确了新时代的开放发展新理念,而且也明确了形成全面开放新格局的路径和方略。从党的十九大报告所阐述的丰富内容和内涵看,推动形成全面开放新格局的基本路径和方略主要包括以下五个方面。

(一) 重点实施"一带一路"倡议

在形成全面开放新格局的路径和方略上,十九大报告明确指出要重点实施"一带一路"的开放措施。之所以如此,是因为"一带一路"倡议的实施,对于形成全面开放新格局具有关键和战略性意义,甚至具有引领全局的作用。借助"一带一路"倡议,我们可以向沿线国家提供公共产品、让其分享中国经济发展的成果;借助"一带一路"倡

议,我们可以践行和探索包容、普惠、平衡、共赢的开放发展理念和模式;借助"一带一路"倡议,我们可以对完善全球经济治理,贡献中国智慧和方案;借助"一带一路"倡议,我们可以加大向西和向南开放的力度以及加快开放的速度,从而拓展对外开放空间;借助"一带一路"倡议,我们可以加快"走出去"的步伐,加快推动构建双向循环的开放型经济体系;借助"一带一路"倡议,我们可以将我国中西部地区纳入国际经济大循环,实现东中西部地区对外开放更趋平衡发展;借助"一带一路"倡议,更有助于我们发挥和利用资本、技术和先进产能优势,从而更有利于培育创新发展新动能,等等。总之,由于"一带一路"倡议与全面开放新格局的基本内容和内涵高度契合,以此为重点对于推动形成我国全面开放新格局具有重要战略意义。

(二) 坚持"引进来"和"走出去"并重

学术界有一种观点认为,目前中国已经超越了资本短缺时代,与改革开放之初的情形相比,对外资的需求已经不再那么迫切和强烈。这种观点只是就外资来理解外资,或者说把外资简单地理解为货币资本。实际上,外资利用本质上一揽子生产要素的跨国流动,包括技术、管理、营销、人才等等。只能说在开放发展的不同阶段,对外资需求的侧重点不同。诸如像美国这样的发达经济体,目前仍然在大力招商引资。中国开放型经济进入新阶段后,不是需不需要利用外资问题,而是如何引进和利用高质量外资问题。坚持"引进来"尤其是高水平"引进来"对于培育创新发展动能,也是具有极其重要意义的。至于开展对外直接投资,虽然从规模上看,目前已经与利用外资水平相当,但是在走出去的产业领域、动机以及体制机制方面,仍然与发展高水平开放型经济差距较大。习近平同志曾深刻指出:"我国对外开放进入引进来和走出去更加均衡的阶段,但支撑高水平开放和大规模走出去的体制和力量仍显薄弱。"因此,中国开放型经济发展进入新阶段后,从构建双向循环的开放型经济体系角度看,需要坚持"引进来"和"走出去"并重。

(三) 坚持制造业开放与服务业开放并重

十九大报告强调指出:"建设现代化经济体系,必须把发展经济的着力点放在实体经济上",并在推动形成全面开放新格局中指出要"扩大服务业开放"。现代化经济体系本质上是开放型经济体系,因此,作为实体经济主导地位的制造业开放,无疑是建设现代化经济体系的必由之路和重要组成部分。从形成全面开放新格局角度看，制造业开放的领域需要不断扩大，开放的深度需要不断深化，需要从原有领域不断向先进制造业领域拓展深化，据此引领制造业开放的转型升级。从产业关联角度看，制造业转型升级并非完全依赖于制造业本身，服务业尤其是高端服务业具有重要的支撑和引领作用。一方面，制造业转型升级会对服务业产生强烈的需求；另一方面，制造业发展也会对服务业发展提供需求支撑——二者之间存在着相互作用的互动机制。目前，我国服务业开放和发展滞后，不仅成为产业发展的"短板"，同时也对制造业转型发展形成了制约作用。因此，在坚持深化制造业开放的同时，还要坚持扩大服务业开放，这不仅是促进产业更加全面和均衡发展，乃至产业高度化发展的需要，同时也是顺应全球经济结构调整和贸易结构变化发展新趋势的需要。

（四）积极探索建设自贸区和自由贸易港

十九大报告在推动形成全面开放新格局中提出，"赋予自由贸易试验区更大改革自主权，探索建设自由贸易港"。这是针对推动形成我国更全面、更深入的开放新格局做出的重要战略部署和重大战略举措。无论是依托自由贸易试验还是自由贸易港的建设，实质上都是一种制度安排的新探索。这一新的制度安排和探索，一方面，不仅为我国实施创新驱动的开放型经济发展提供了重要的制度保障，比如通过政府监管模式和企业生产模式的重大创新和突破，从而有利于我国在更高层次上实现物流、商流、信息流、人才流和资金流的高效自由流动，将更加有利于集聚全球创新要素从而加快推进创新驱动的开放型经济发展，提升开放发展的质量和效益；另一方面标志着我国开放从政策性向制度性开放的全面升级，标志着我们对更高标准的要求和迈进，标志着我们正在力图通过"自我完善"为开放型的世界经济树立榜样，标志着我们将通过不断完善开放体制机制的安排，在主动顺应经济全球化治理新格局、主动对接国际贸易新规则的同时，努力为全球经济治理贡献中国智慧和方案，等等。因此，积极探索建设自贸区和自由贸易港，就要求我们在对接更高的标准中，推动形成更全面、更深入的开放发展新格局。

（五）形成沿海、内陆、沿边联动新发展

形成沿海、内陆、沿边联动新发展是优化国内区域开放布局的重要举措。东部地

区开放高地与中西部地区开放洼地的"二元结构"，既是长期以来区域间没形成良性联动发展的主要原因，也是结果。考虑到地理位置、资源禀赋、发展差距等因素，不同区域的开放发展模式不可能完全采取统一的模式，换言之，内陆和沿边地区不能简单重复东部沿海地区的开放发展道路。国家致力于优化区域开放布局之时，正是东部地区开放型经济转型升级的关键之际，而对于中西部地区来说，产业发展仍然处于"补短"的阶段。因此，沿海、内陆、沿边要基于自身的实际情况和发展阶段，确定不同的开放发展目标和发展路径。比如，东部沿海地区要着力于开放转型，尤其是扩大服务业开放实现现代服务业发展，在产业结构升级中仍然要以面向外部市场需求为主。而内陆和沿边地区则要抓住产业转移的重要机遇，围绕制造业包括现代制造业实现开放发展，与东部地区形成联动作用。通过区域间的协同合作、构建国内价值链而提升国家整体竞争实力和开放型经济发展水平。这也是贯彻实施十九大报告关于推动形成全面开放发展新格局中做出的"形成陆海内外联动、东西双向互济的开放格局"重大战略部署的关键所在。

（六）重塑以创新引领的开放发展新优势

十九大报告强调指出要"加快培育国际经济合作和竞争新优势"，其中的关键在于以创新驱动为引领，弥补以往要素驱动为引领且正在逐步丧失的传统竞争优势。在一定意义上甚至可以说，我国开放型经济发展进入新阶段后，实施创新驱动发展战略，是推动形成全面开放新格局的基础。失去创新这一基础，无论是横向维度上的拓展，还是纵向维度上的深化，其实都无从谈起。伴随劳动力成本持续攀升等因素变化，传统开放发展优势正逐步丧失。但我国人力资本日益丰富，产业配套齐全，制度和政策环境不断完善，创新发展有了一定的基础。需要指出的，通过创新引领以重塑开放发展新优势，一定是开放式的创新，而不是封闭式创新。尤其是在当前全球创新链深度演进时期，实施开放创新发展战略，不仅有助于追踪全球前沿科技和创新态势，更有利于整合和利用全球创新要素，从而更加有效地服务于创新驱动发展战略。当然，创新是多方面和多维度的，并非是指单一的科技创新，同时也包括管理模式和开放模式的创新等等。总之，要充分利用现有基础和条件，准确把握全球分工尤其是创新链深度发展带来的战略机遇，大力实施创新驱动发展战略，推动开放发展朝着以技术、标准、品牌、质量、服务为核心的综合竞争优势转变,以不断涌现的新产品、新业态、新模式参与国际经济竞争与合作,顺利实现开放发展竞争新优势的重塑。

（与戴翔、王原雪合作。原载《贵州社会科学》2018 年第 3 期）

从融入到推动：中国应对全球化的战略转变

改革开放 40 年来,中国获得了举世公认的巨大发展成就。中国的成功经验,概括起来实际上就是四个字:改革开放。改革,就是将计划经济转变为社会主义市场经济;开放,就是积极融入全球化,在扩大开放中实现发展。随着以中国为代表的新兴经济体的崛起,世界经济格局发生了转折性变化。发达经济体逆全球化思潮泛滥,纷纷转向保护主义,以中国为代表的发展中国家倡导自由贸易,建立开放型世界经济。从融入全球化到推动全球化,中国实现了应对全球化的战略转变。

一、融入全球化：中国在扩大开放中获得巨大发展成就

中国主动顺应经济全球化发展大势,积极融入全球要素分工体系,以开放的姿态承接西方产业和技术转移,实现了我国开放型经济 30 年的高速发展。正如习近平同志在 2017 年达沃斯世界经济论坛的主旨演讲中指出:"中国是经济全球化的受益者。"中国之所以能够在本轮经济全球化中成为受益者,主要得益于两个方面的因素,一是本轮经济全球化为诸如中国等发展国家带来了战略机遇;二是中国具备了基本条件并实施了正确的开放战略,抓住了这个机遇。

（一）本轮经济全球化基本特征及蕴含的战略机遇

经济全球化的浪潮自 1500 年前后新航路开辟以来一直在持续。随着英法第一次工业革命的完成和 19 世纪中后期美国内战结束、德意志统一、俄国废除农奴制改革、日本明治维新的完成,资本主义列强纷纷登上历史舞台,在蒸汽机、内燃机、电力、电报电话等两次工业革命成果的推动下,到 19 世纪中后期,资本主义列强主导的世界市场初步形成。从 19 世纪中后期到一战之前的四五十年中,全球化浪潮迅速席卷世界。但人类特别是资本主义列强没有管控和治理好这轮全球化,不平衡激化的矛盾在短短 30 年间连续引发两场世界大战,浩劫空前。落后国家更是遭到列强的殖民

和挤压,没有获得发展的机会。在此期间,中国虽然先后经历了洋务运动、戊戌变法、君主立宪改革和辛亥革命等多次救亡图存的尝试,但都未能摆脱半殖民地半封建社会的历史困境,更没能实现国家的繁荣和富强。

二战结束后特别是冷战以来,兴起了新一轮经济全球化浪潮。这一轮经济全球化呈现出两个方面的重要特征,并为具备基本条件的发展中国家和地区提供了难得的历史性发展机遇。

一是和平与发展成为时代主题。与以往具有列强侵略和殖民战争特征的经济全球化不同,本轮经济全球化进程中体现出明显的和平与发展特征。第二次世界大战结束后,世界各国经历了两次世界大战的空前浩劫,因此比以往任何时候都更加渴望和平与发展。根据战争期间形成的基本原则和战后的世界格局,在以美国为首的主要国家主导下,新的世界政治经济秩序建立了。新的政治秩序以新组建的联合国为核心,确立了美、苏、英、法、中五个常任理事的大国协调机制,每个常任理事国都拥有一票否决权,大大降低了大国之间出现战争特别是引发新一轮世界大战的风险。新的世界经济秩序包括世界贸易秩序和货币金融秩序。世界贸易秩序以关税贸易总协定(后来的世界贸易组织)为基础,反对以邻为壑的关税制度,确立自由主义的贸易原则,包括非歧视原则、互惠原则、对发展中国家和最不发达国家优惠待遇原则、在对等协议基础上公平公正处理争端的原则等。世界货币金融秩序则以国际货币基金组织和世界银行为基础,建立起以美元为中心的国际货币体系,其目的在于维护国际汇率稳定,促进国际贸易发展,并通过贷款等方式为发展中国家的发展提供资金支持。虽然二战后的国际经济秩序是在美国等发达国家主导下构建的,从而更多地体现了发达国家的利益要求,但总体而言,这仍不失为一个有利于和平、有利于发展的国际政治经济秩序。历史也证明,这一国际经济秩序在之后数十年中确实起到了促进和平与发展的积极作用。

二是国际分工出现了新特征。伴随着国际生产分割技术的突飞猛进,以及贸易和投资自由化的深入发展,世界出现了以原子能、电子计算机、空间技术、生物工程技术为标志的第三次工业革命,特别是国际生产分割技术的发展,促成了国际分工格局的深刻演变,国际分工从传统的产品分工向要素分工发展。"这种分工的边界是生产要素,是价值链上具有劳动要素密集、资本要素密集、技术要素密集或其他要素密集性质的各个环节之间的分工。要素分工是跨国公司在全球范围内进行投资和贸易活动的必然结果,其实质是跨国公司在全球范围内进行的资源整合。在要素分工条件下,各国的优势更多地体现为价值链上某一特定环节上的优势,国际分工利益不再取决于进口什么、出口什么,而是取决于以什么样的要素参与什么层次的国际分工,对整个价值链的控制能力有多少。"①这种分工模式,为发展中国家利用本国有比较优势的要素嵌入全球价值链提供了可能。产品价值链的全球分解,不仅可以降低发展中国家融入国际分工体系的门槛,也有利于发展中国家吸引发达国家现有成熟技术和资本,通过优势要素的组合从而激发着乃至创造着发展中国家的比较优势。因为更本质地看,全球要素分工实际上就是以劳动密集型产业或产品生产环节的国际梯度转移为载体,发达国家的成熟和边缘产业和技术向发展中国家不断扩散和转移的过程。

总之,二战后形成的以和平与发展的时代主题,为发展中国家融入经济全球化和国际分工体系提供了重要的外部环境,而以技术变革、贸易和投资自由化为主要动力所推动全球要素分工深入演进,为诸如中国等发展中国家参与国际分工、推动开放发展提供了难得的历史机遇。

（二）以改革构建对外开放的制度基础和条件并实施正确的开放战略

第一,中国市场化导向的经济体制改革,为融入全球化提供了制度基础。1978年的十一届三中全会做出了改革开放的重要战略抉择,这是我国能够把握这次经济全球化机遇的前提。邓小平同志指出,"再不实行改革,我们的现代化事业和社会主义事业就会被葬送"。1984年10月,中共十二届三中全会提出"社会主义经济是有计划的商品经济",这是对社会主义经济是计划经济的重大突破。1987年10月,中国十三大提出了社会主义初级阶段的理论和"一个中心,两个基本点"的基本路线,既将改革开放作为"基本点",又为改革开放中"大胆的闯"提供政治保障。1992年,邓小平发表南方谈话,当年召开的党的"十四大"明确提出我国经济体制改革的目标是

---

① 方勇、戴翔、张二震:《要素分工论》,《江海学刊》2012年第4期。

建立社会主义市场经济体制。次年《中共中央关于建立社会主义市场经济体制若干问题的决定》提出建立现代企业制度,明确了国企改革的市场化方向。中国在坚持社会主义基本经济制度的同时,推动经济体制改革,实现了由计划经济体制向社会主义市场经济体制的转变,成功地将社会主义与市场经济体制结合起来,为与国际经贸规则"对接"提供了制度基础。既坚持发展道路的自主性,又积极融入全球化发展体系。

第二,政治稳定和有效管控改革风险,为顺利推动开放提供了必要保障。改革既是解放生产力和发展生产力,同时也是一场深刻的利益调整。在改革的初期,通常是所有改革的参与者都能实现利益的增长或至少不受损失,因此能得到广泛支持。随着改革的深入,改革中的利益受损者、既得利益者都有可能成为改革的阻碍,影响社会稳定。我国在改革开放过程中,始终保持了政治的稳定。姚洋教授认为,这是由于中国有一个以"无偏的利益、有偏的政府"为特征的"中性政府",即这个政府并不确定代表某一特定团体的利益,但也因此可以在不同阶段有不同的发展侧重点,从而最终促进全局的发展。而究其根本,在我国的制度背景下,这是由于有中国共产党这样一支代表最广大人民群众的根本利益的政治力量的坚强领导。从思想认识上看,中国共产党始终高度重视政治、经济和社会的稳定,始终注意处理好改革发展稳定的关系。我国改革开放前期始终遵循循序渐进的原则,在经济改革的同时进行配套的社会改革,有效化解经济改革带来的社会矛盾。① 毫无疑问,政治稳定是融入经济全球化和发展开放型经济的前提。

第三,充分尊重和利用既有国际规则,降低我国融入经济全球化的制度成本。美国等西方发达国家主导制定的全球经济治理体系和国际经贸规则,虽然更加有利于美国等西方发达国家,但这些规则体系在一定程度上也反映了市场经济运行的一般规律,对世界经济的发展起着积极的推动作用,对于维持国际经济的运行提供了重要制度保障。从本质上看,全球经济规则同样属于全球公共产品的一种,其提供、运行和维护同样是需要成本。尤其是其制定的过程实质上是各国实力角逐的过程,最终

---

① 姚洋:《中性政府:对转型期中国经济成功的一个解释》,《经济评论》2009 年第 3 期。

结果取决于各博弈国的实力。在实力不够的条件下，接受现行经济规则相比参与规则的制定、运行和维护，成本要小得多，可以降低融入经济全球化的制度成本，直接分享现行公共产品带来的利益。通过对美国建立关贸总协定（WTO前身）和中国加入WTO两个具体案例的比较研究可以发现，直接"参加"国际公共产品的国家同样可以获取国际公共产品本身具有的软权力，而且相比于"研发和提供"国际公共产品，其制度成本要小得多。

对外开放之初，理论界还是有不少疑虑的。传统政治经济学理论认为，现有的国际经济规则和秩序是由发达国家主导的，对发展中国家是不公正、不合理的。因此，在资本主义强国占主导地位的国际经济体系下，中国能不能从对外开放中获益，理论界和实际部门都是存在疑虑的。实践总是走在理论前面。我们大胆地试，大胆地闯。地域开放，从举办经济特区到沿海开放、沿江开放，从沿边开放、内陆开放到全国开放；产业开放，我们充分发挥比较优势，顺应要素跨国自由流动为本质特征全球化，大力引进外资，充分利用丰富的低端要素优势，从产业低端融入全球价值链分工体系，把人口负担化为"人口红利"，并且成功地对接国际高端产业，把引进先进技术与自主创新结合起来，短短几十年就使中国成为世界性的先进制造业中心，并且在高铁、新能源、高端装备等领域实现跨越式发展，达到了世界先进水平。

中国的开放，一直受"低端锁定""只赚数字不赚钱""比较优势陷阱""污染天堂""妨碍自主创新""民族经济受损"等质疑。理论界一直有这样的观点：我们融入的是低端产业、低端产业链，被低端锁定了，利润都被跨国公司赚去了。我们虽然是贸易顺差，但是外汇储备很大部分买了美国国债，流向美国去了，留下的是污染和血汗工资。不能说这些质疑没有道理，在一定程度上也存在这些问题。但是，算账要算大账。我们不能光看贸易投资的直接利益（即所谓静态利益。当然这些利益也是巨大的）。本文认为，以附加价值来衡量我们的开放利益，以价值链的地位来衡量中国的开放水平，存在严重的缺陷，大大低估了中国对外开放对中国发展进步的作用。对外开放的最大利益是开放的间接利益（即动态利益，虽然很难度量）。对外开放对中国经济、政治、社会发展和思想观念的解放的作用是不可估量的。理论界、实际部门对这方面的开放利益的研究是很不够的。比如，随着对外开放的扩大和国际先进要素的源源流入,促进了我国农村巨额剩余劳动力的转移,激发了闲置要素的潜在生产力,优化了资源配置,带来了先进的市场经济观念和制度体系。开放带动了基础设施和相关产业的发展,促进了新产业的兴起,带动了城市化进程。总之,对外开放对全面小康社会建设和开启中国现代化进程的积极作用,怎么估计都不会过高。经过40年的改革开放,我国在世界经济分量迅速上升,成为世界第二经济大国、最大货物出口国、第二大货物进口国、第二大对外直接投资国、最大外汇储备国、最大旅游市场。中国已经成为影响世界政治经济版图变化的一个主要因素,中国改变了世界。通过改革开放,中国成为现行国际体系的参与者、建设者、贡献者,同时也是全球化的受益者。

二、全球化新格局：中国面临的新挑战新机遇

随着新兴经济体在融入经济全球化进程中得到快速发展,全球经济格局也随之发生了"东升西降"的微妙变化。发达经济体纷纷转向保护主义,以中国为代表的发展中国家倡导自由贸易,建立开放型世界经济,成为时下国际经济中一个特别引人注目的现象。"逆全球化"思潮的泛滥,一方面对中国继续获取开放发展红利带来了严峻挑战;另一方面,也是中国进一步提升国际影响力,推动全球经济治理体系变革和完善,提升国际分工地位和话语权的战略机遇。

（一）全球经济格局发生新变化

在本轮全球化浪潮中,随着中国等新兴市场和发展中经济体的崛起,世界经济格局在近40年出现重大变化。从经济增速上看,20世纪90年代中后期以来,新兴市场和发展中国家经济体的GDP实际增速一直高于发达经济体的增速;从经济体量上看,新兴市场和发展中国家经济体GDP占发达国家经济体的比例,从20世纪80年代较低的20％,30年间迅速上升到60％以上,上升幅度达到3倍;从对世界经济增长的贡献上看,根据世界货币基金组织的统计,近十余年来新兴市场和发展中经济体的贡献一直大于发达经济体,特别是在2008年全球金融危机期间,相比发达国家,新兴市场和发展中经济体对全球经济贡献更加凸显,发达经济体严重"拖累"全球经济,新兴经济体却发挥着强劲的拉动作用。全球经济实力朝着更加均衡的方向发展。由于世界经济秩序通常是由国家经济等实力对比和博弈的结果,比如二战后的世界经

济秩序就是以美国经济的巨大领先优势为重要条件的,因此由美国主导。同理,伴随着新兴市场和发展中经济体的崛起,全球经济新格局对原有治理体系也必将产生重要影响。

（二）全球经济失衡加重

由于生产要素的跨国流动性不断增强,尤其是资本要素的跨国流动性不断增强,产品价值链的全球分解日益深化,不同生产环节和阶段被配置到具有不同要素禀赋优势的国家和地区。这大大推动了产业和产品生产环节的国际梯度转移,特别是从发达国家向发展中国家的转移。在全球财富主要集中在发达经济从而消费主要倚重于发达经济体市场时,生产基地不断向发展中国家的转移和消费市场对发达经济体市场的倾向,必然促成以贸易为表现的所谓全球经济失衡。虽然全球经济失衡本质上是全球经济资源的优化配置和动态均衡,但确实在虚拟经济层面造成了发达国家和发展中国家的不平衡。在此背景下,部分发达国家出现巨额贸易赤字而部分发展中国家出现巨额贸易盈余,引发利益之争,导致贸易摩擦不断,保护主义抬头。在这种新国际分工条件下,现行全球经济治理的局限性日益显现,纠正国际收支失衡尤其是贸易失衡的传统手段已经显得无能为力。全球经济的持续和长期失衡,对当前的全球经济质量体系显然也是一个巨大挑战。

（三）全球收入不平等程度加大

世界银行研究报告显示,1998 年到 2013 年的 15 年间,全球不平等程度(基尼系数)一直保持在 0.6 以上。其中,全球不平等程度的 60％至 80％源自国家间收入的不平等,仅有 20％至 40％是由国内收入不平等引起的。近几年,随着发展中国家经济的快速发展,国家间收入差距不断缩小,对全球收入不平等的影响逐渐减弱,而国内收入不平等对世界不平等的影响随之逐渐加深。国家间收入不平等对世界不平等的影响从 1988 年的 80％下降到 2013 年的 65％,而同期国内收入不平等对世界收入不平等的影响则迅速从 20％上升到 35％。此外,根据安东尼·阿特金森对部分国家不平等程度的研究发现,2010 年中国和印度的基尼系数将近 0.5,几乎比瑞典、挪威、冰岛等北欧国家高出一倍,秘鲁、哥伦比亚、巴西、墨西哥、乌拉圭等拉美国家的基尼系数亦均超过 0.4。英美两国 20 世纪 80 年代以来个人工资差距一直呈上升趋势。

可见，当今世界各国的国内收入不平等程度依然较深，且发展中国家的不平等程度比发达国家更甚。不同国家及其国内的不同阶层没有合理分享到世界经济发展的成果，考验着当前的全球经济治理体系。

（四）逆全球化因素增多

特朗普当选美国总统和英国以全民公投的形式脱离欧盟，被认为是逆全球化的代表性事件。从全球治理体系的演进历史来看，这也绝不仅仅是出于偶然，它实际上可以看作是全球经济治理体系不完善的具体表现。现有全球经济治理体系一方面提供了经济全球化所必需的规则和秩序，具有适应社会生产力向全球化发展的积极作用；但另一方面，这些规则和秩序主要是在美国等发达资本主义国家的主导下制定的，主要代表的是垄断资本和跨国公司的利益。当美国赫然发现它在世界经济中的领头羊地位受到削弱时，声称"让美国重新伟大""退出 TPP"、退出北美贸易协定、增加关税的特朗普就得到了支持，"意外"当选美国总统。他的支持者，大多是全球化中处境相对恶化的美国普通民众，因为垄断资本、跨国公司的利益可以从超越国界的全球价值链中得到保障，但普通民众并不能。出于类似的情形，英国民众认为欧盟对于英国，负担更多，帮助更少。欧盟的危机此前也一直存在，还没有从欧债危机中脱困，又疲于应付中东难民问题，英国脱欧更是雪上加霜，在是否提高对外贸易壁垒的问题上争论不断，时左时右。

世界经济格局的重大变化，也为中国发展带来发展的机遇。正如十九大报告指出的，我国发展仍处于重要战略机遇期。

第一，"错位发展"的战略机遇。前一轮技术革命和产业革命已经进入生命周期的尾声，推动经济全球化发展的动力机制基本衰竭。但是基于传统国际经济学理论可知，开放经济条件下不同发展水平的国家，在技术和产业生命周期中所处位置也不同。前一轮技术革命和产业革命主要源于发达国家，现在所谓生命周期基本走道"尽头"也主要是针对发达国家而言的。但是对于诸如中国等发展中国家而言，全球成熟技术和产业的生命周期显然尚未走完。中国位于全球产业链中低端的事实就是明证。而且从产业和产品生产环节国际梯度转移的客观规律来看，通过进一步向诸如中国等发展国家转移现有成熟技术和产业的中高端部分，是延长其生命周期的必然选择。因此,在经济全球化中继续实施"错位发展"战略,对于中国迈向全球产业链中高端、促进产业高质量发展,仍然蕴含着巨大的发展机遇。

第二,重构价值链的战略机遇。从分工演进角度看,当前经济全球化进程受阻、逆全球化因素增多,意味着全球价值链分工推进速度放缓、定格乃至出现一定程度的收缩,同时也意味着全球价值链亟待重塑。这无疑为力图在全球价值链分工中寻求地位突破的中国,带来了一定的战略机遇。比如在经济全球化处于十字路口的关键期,中国提出的"一带一路"倡议,对于重构价值链有着重要作用。从微观层面看,依据权变理论,随着贸易保护主义抬头、逆全球化潮流涌现以及国际经贸规则的变迁,技术升级和市场定价权被发达国家压制的中国企业,在"一带一路"寻找价值洼地以获取技术租金、品牌租金和贸易政策租金等,构成了价值链重构的微观动力;从宏观层面看,随着"一带一路"倡议的纵深推进,政府动能形成的战略对接效应、改革动能形成的内外联动效应、合作动能形成的共建效应,构成了价值链重构的宏观动力。从能力角度看,中国领先企业具备"链主"能力在沿线国家构建包容性的全球价值链,依托资金和技术优势,形成以中国企业为枢纽、联动发达经济与欠发达经济体的双向嵌套型全球价值链体系,进而促使中国企业在探索性创新和应用性创新的平衡配置中提升全球价值链位势。

第三,提升话语权的战略机遇。全球经济治理体系和规则,通常是世界各国国家经济实力博弈的结果。因此,作为全球公共产品的一种,其提供固然需要成本,但同时也代表着一定的利益诉求。伴随全球经济格局的变化,尤其是新兴发展中国家的群体性崛起,全球各国经济实力对比发生明显变化。在现行全球经济治理体系和规则需要根据经济全球化新形势需要做出调整和完善之际,作为其构建者和主导者的美国等发达国家,却没有足够的意愿,甚至在某种程度上否定现行全球经济秩序中合理部分。因此,在全球经济治理体系和规则需要进一步向合理化和公正化方向演进的关键时期,伴随经济实力的日益提高并日益走向世界舞台中央,为完善全球经济治理贡献中国理念、中国智慧和中国方案,不失为是提升全球经济治理话语权、为自己和其他发展中国家争取更多合理利益的重要战略机遇。

三、推动全球化：中国对外开放的战略转变

经济全球化是生产力发展和科技进步的必然结果,是不以人们意志为转移的客观规律。"逆全球化"无益于世界经济的复苏和发展。随着世界经济格局的变化,中国的开放战略发生了转折,正在从"融入全球化"向"推动全球化"转变。

（一）中国发展为推动经济全球化贡献新动力

改革开放 40 年来,中国走完了发达国家几百年走过的发展道路,经济总量跃升到全球第二位,GDP 占全球的份额由 1978 年的 2.3％上升到 2017 年的 15％,7 亿多贫困人口摆脱贫困,人均国民总收入从 190 美元增长到 8 000 多美元,从低收入国家跨入上中等收入国家行列,13 亿多中国人的生活水平实现了质的飞跃。2009 年以来,中国连续多年成为世界货物贸易的第一大出口国和第二大进口国,中国成为拉动世界经济增长的最大引擎,近年来对世界经济增长的贡献率接近 30％,超过美国居全球第一位。毫无疑问,中国经济发展的巨大成就和中国在世界经济体系中的重要影响力,是中国推动全球化的重要前提。在改革开放以来的很长一段时期内,中国主要作为全球经济中的"因变量",中国的发展主要看世界。但随着中国的迅速崛起和经济体量的逐渐增加,世界的发展也开始看中国。中国已经从全球化受益者的身份,逐步向经济全球化受益者、贡献者和推动者的身份转变。中国经济的强大已经成为推动经济全球化的内在动力,也必将对全球经济治理体系带来积极影响。

（二）中国道路为推动经济全球化贡献新选择

中国开放发展 40 年的经验表明,中国始终坚持开放发展的理念,坚持走合乎世界潮流、符合本国实际的开放道路,把对外开放与建立我国现代产业体系结合起来,在融入全球化过程中获得了巨大的发展利益。回顾世界 500 年来的历史可以看到,每一个新兴大国的崛起,都莫不与殖民扩张和战争密切相关,从葡萄牙、西班牙、荷兰、英国、法国,至德国、日本、俄国和美国,概莫能外,以至于有每一个新兴大国的崛起都必然改变世界秩序并引起战争的"论断"。目前,伴随全球经济格局的调整和国际经济力量的对比变化,发达国家之所以呈"内顾"倾向和贸易保护主义抬头,不乏这种担忧。但中国崛起的过程中没有对外殖民,也没有发动战争。中国坚持走和平发展的道路,并且永远不谋求称霸。正如习近平同志在十九大报告指出的:中国的发展

道路和成就,"给世界上那些既希望加快发展又希望保持自身独立性的国家和民族提供了全新选择"。更为重要的是,这种和平发展的道路选择可以以榜样的力量,向世界表明经济全球化发展进程完全可以是和平的进程,因为担忧在经济全球化过程中崛起的大国会走殖民扩张乃至战争的道路,进而采取抵制经济全球化措施的传统思维和做法是完全没有必要的。

(三)中国态度为推动经济全球化贡献新力量

贸易和投资自由化便利化为代表的经济全球化,促进了世界和平、稳定和繁荣,符合世界各国的共同利益,代表了人类文明的发展方向。但随着中国等新兴经济体的崛起,西方发达资本主义国家转向"逆全球化",而社会主义中国则成了经济全球化坚定推动者,成为贸易和投资自由化的忠实倡导者和维护者。习近平总书记在各种场合明确表态,"反对各种形式的保护主义","要维护自由、开放、非歧视的多边贸易体制,不搞排他性贸易标准、规则、体系,避免造成全球市场分割和贸易体系分化。要探讨完善全球投资规则,引导全球发展资本合理流动,更加有效地配置发展资源",并在十九大报告中再次强调"中国开放的大门不会关闭,只会越开越大"。中国推动经济全球化深入发展,一方面表现为尊重和维护现有国际经济秩序中合理的成分,即现有国际经济秩序中能够反映社会生产力发展的客观规律和要求、适应经济全球化发展的多边贸易体系和规则。另一方面表现在为推动全球经济治理体系进一步完善正在贡献中国智慧、中国理念和中国方案。作为全球经济中的重要一员,中国坚定拥护和倡导以贸易和投资自由化为主要表现的经济全球化,无疑成为推动经济全球化的一支新生力量。

(四)中国智慧为推动经济全球化贡献新理念

全球化面临的诸多挑战,以至于当前兴起了逆全球化思潮,其根源在于现有的经济治理体系未能从根本上解决"不平衡"的问题,既不能在解决发达国家与发展中国家的平衡,也不能解决发国家内部贫富分化引起的不平衡。这是资本主义基本矛盾在全球进入要素分工时代的具体表现。全球化推进了全球经济的增长,但并没妥善解决好经济利益的分配。在经济全球化处于十字路的关键时期,2017 年 1 月 18 日,国家主席习近平在联合国日内瓦总部做了题为《共同构建人类命运共同体》的主旨演讲,提出中国关于全球治理的"人类命运共同体"新理念,为推动全球化提供了新思路,贡献了中国智慧。这与以往西方资本主义强国不顾一切地逐利、整个世界成为跨国公司和少数利益集团投资场所,崇尚"优胜劣汰""适者生存""弱肉强食""赢者通吃",有着根本的不同。"人类命运共同体"的新理念,实质上就是让各国都能平等参与其中,让各国经济有更加平衡、协调、联动的发展,通过共同发展、共享发展让普通百姓有更多、更广的参与感、获得感和幸福感。应该说,这是经济全球化发展到现阶段后的内在需求,反映的是对全球经济治理规律的正确认识,既是对当代世界经济发展实践的理论总结,也是对当代经济全球化发展方向的正确的理论指引。目前,这一理念已经被写入联合国文件,说明得到了全世界的赞同,必将成为推动世界经济治理体系变革和完善以及推动经济全球化发展的重要理念。

(五)中国实践为推动经济全球化打造新平台

如果说作为推动经济全球化所需的内生力量的中国经济实力的提升和经济体量的增大,体现的是推动的能力;积极倡导贸易和投资自由化以及为经济全球化贡献"人类命运共同体"新理念,体现的是推动的意愿;那么,中国倡导和实施的"一带一路"倡议,则是积极推动经济全球化的具体实践,标志着我国应对经济全球化已经从以往的"融入"向"推动"实施了重大战略转变,已经落实到实践层面上。具体表现为发起创办亚洲基础设施投资银行,设立丝路基金,举办"一带一路"国际合作高峰论坛等等。中国商务部有关统计数据显示,仅 2017 年一年,中国在"一带一路"沿线的 61 个国家新签对外承包工程项目合同 7 217 份,新签合同额 1 443 亿美元,完成营业额855 亿美元。"一带一路"倡议的实施和项目工作的开展,秉持的正是"人类命运共同体"新理念。在项目实施过程中,本着"坚持对话协商、坚持共建共享、坚持合作共赢、坚持交流互鉴"的基本原则,对当前全球经济治理体系的不足之处有着较强的针对性,能够通过"不平衡"的相关方的利益协调机制,在做大蛋糕的同时更要分好蛋糕,着力解决公平公正问题。这一战略的实施反映了社会主义中国"兼济天下"的宏大抱负,有助于消除由于发展水平、意识形态、制度差异、国家实力不同而产生的不平等、不公正、不公平现象,能够让经济全球化发展的成果惠及所有国家和所有人民。通过共同发展、共享发展让普通百姓有更多、更广的参与感、获得感和幸福感。这正是中国开放发展进入阶段和经济全球化面临新形势下,兼顾自身与世界两个大局,在开放战略上做出的重大战略转变。中国从此从全球化的积极融入者,已然转变为全球化的大力推动者。

（与李远本、戴翔合作。原载《国际贸易问题》2018 年第 4 期）

图书在版编目(CIP)数据

张二震自选集 / 张二震著. 一南京：南京大学出版社，
2019.4
(南京大学经济学院教授文选)
ISBN 978 - 7 - 305 - 21122 - 5

Ⅰ. ①张… Ⅱ. ①张… Ⅲ. ①国际贸易—文集 ②对外
开放—中国—文集 Ⅳ. ①F74 - 53 ②F125 - 53

中国版本图书馆 CIP 数据核字(2018)第 246073 号

出版发行　南京大学出版社
社　　址　南京市汉口路 22 号　　　邮　编　210093
出 版 人　金鑫荣

丛 书 名　南京大学经济学院教授文选
书　　名　张二震自选集
著　　者　张二震
责任编辑　刘光玉　张　静

照　　排　南京南琳图文制作有限公司
印　　刷　南京爱德印刷有限公司
开　　本　787×960　1/16　印张 23.75　字数 370 千
版　　次　2019 年 4 月第 1 版　2019 年 4 月第 1 次印刷
ISBN 978 - 7 - 305 - 21122 - 5
定　　价　108.00 元

网址：http://www.njupco.com
官方微博：http://weibo.com/njupco
官方微信号：njupress
销售咨询热线：(025) 83594756